Dispacci Di Antonio Giustinian: Ambasciatore Veneto in Roma Dal 1502 Al 1505. Per La Prima Volta Pub. Da Pasquale Villari

...

Antonio Giustiniani

DISPACCI

DI

ANTONIO GIUSTINIAN.

DISPACCI

DI

ANTONIO GIUSTINIAN

AMBASCIATORE VENETO IN ROMA
DAL 1502 AL 1505.

PER LA PRIMA VOLTA PUBBLICATI

DA

PASQUALE VILLARI.

VOLUME II.

FIRENZE.
SUCCESSORI LE MONNIER.

1876.

DISPACCI DI ANTONIO GIUSTINIAN.

———

369. Ritorno del Papa in Roma. L' Oratore, in udienza pubblica, gli annunzia la pace di Venezia col Turco. Si parla poi della fortezza di Ceri, dei fatti del Regno e della pace tra Francia e Spagna.

Roma, 1 maggio 1503.

« Essendo venuto el Pontefice heri sera, ozi son stato a Palazzo, per far a bocca l' officio de la comunicazion della pace del Turco con Sua Beatitudine; et introdotto, la trovai circondata da tutti i cardinali palatini, e mi dette una pubblica audienzia. *Qua comunicatione facta*, con quella forma de parole che si conveniva, Sua Beatitudine disse, che molto si allegrava, perchè reputava questa esser ottima nova e salutifera alla Cristianità, la qual per la discordia che si vede esser tra questi principi cristiani, poco soccorso poteva aver da loro, et era prestata una grande opportunità al comune inimico di far del male assai; con molte altre parole in questo proposito; subzonzendo che la Sublimità Vostra adesso potria poner più cura alle cose de Italia, che erano molto discordante et in gran pericolo. Al tutto fu per me accomodatamente resposo, con onor e decoro della Illustrissima Signoria Vostra. Intrò poi la Beatitudine

Sua in un lungo parlar de la fortezza de Ceri, la quale
affirmava esser cosa maravigliosa, e molto più che
non se diceva: e disse che la intenzion soa era de
spianarla; ma poi, considerato che per il sito del
luogo, facendolo desabitar, se faria un redutto de
ladri, aveva disposto non ruinar la terra, ma far taiar
el sasso de la montagna in scali, *adeo* che da più
bande si potrà montar suso, per debilitarlo; e gua-
star tutte le cisterne e pozzi che sono in la terra, di
modo che per forza convengono ussir fuora de la
terra per acqua; la qual opinion fu da quei cardinali
circostanti laudata. Si parlò poi di questa pace tra
Spagnoli e Francesi, de la qual ognuno stava dub-
bioso. Fo ditto esser lettere di Barzelona, di 18 del
passato, che non fa menzion alcuna de la pace; e *tandem* tutti messe la certezza de la cosa in el ritorno
dell'Arciduca a Lion, il quale se intende qui, per lettere di Lion, che a' 27 del passato era aspettato in
quel luogo con la risposta di Spagna, concludendose
che, intendendose che sia tornato, serà grandissimo
argumento e confirmazion de la pace; se anche non, si
potrà certamente tener il contrario. Disse poi il Pontefice che Odoardo, di ritorno di Reame, era stato con
Sua Beatitudine, e dittoli che Consalvo per niente aveva
voluto accettar questa pace senza lettere de la Maestà
di soi Re; e *non tantum* lettere, ma *etiam* li contrasegni che lui ha. Affirmò *etiam* la partita di monsignor d'Obignì de la Calabria, dove non stava sicuro,
per ritrovarse con el Vicerè et unirse con lui; e disse
che Odoardo stava con qualche fastidio, fino a tanto
che con certezza se intenderà la union con el Vicerè,

perchè non andava senza pericolo, essendo incontrato
da la zente spagnola. Stanno in gran sospetto del-
l'Abruzzo, perchè si divulga che Fabrizio Colonna
con el conte di Populi vegniva a quella banda; e però
se tien ch' el forzo de le zente mandato qui da Roma
andaranno a quella via. Tutti questi discorsi furono
fatti tra il Pontefice e tutti questi cardinali che erano
presenti, *me etiam audiente*; et al partirme il Pontefice
me chiamò e disse pian, che i cardinali non aldisse,
che l'aveva abute lettere dall'arcivescovo Tiburtino,
per le quali li accadeva parlarme, e che domattina
dovesse tornar, ch' el me daria audienzia secreta. »

370. Colloquio del Papa coll'Oratore veneto per occasione d'una
lettera del vescovo di Tivoli, legato pontificio a Venezia,
che fa sperare al Papa essere la Repubblica in buone disposizioni verso di lui.

Roma, 2 maggio 1503.

« Questa mattina, secondo l'ordene, sono andato
a Palazzo; et introdutto in la camera secreta del Pontefice, trovai la Beatitudine Soa sola con messer
Adriano e Trozo; el qual mi raccolse con una bona
cera, e disse: —Ambassador, sapiate che nui parliamo
cum vui cum gran confidenzia, non altramente che se
foste de le carne nostre. E però vi dicemo aver lettere dal nostro ambassador appresso la illustrissima
Signoria, che ne scrive che, da poi la nova della pace,
alcuni gran zitadini, che hanno il governo di quel
stado in le mano, li hanno ditto che, ora che quel-
l'illustrissima Signoria è libera da le molestie del
comune inimico, attenderà meglio ad altre cose, e che

volevano accrescer el numero de le gente d'arme e
zonzer altri 500 omeni d'arme a quelli che hanno.
Il nostro legato li ricordò che adesso seria tempo de
abrazar el Duca, e far quel che per il passato non si
aveva potuto fare, per la gran spesa che faceva quella
Signoria in le cose da mar; e ne scrive ottimamente
trovar le cose disposte con tutti quelli signori, che
veramente non potemo con parole exprimere quanto
ne sia stato grato questo aviso, perchè sapete quanto
nui desideremo questa cosa. — Poi seguitò la Beatitudine Sua e disse che li scriveva *etiam,* ch' el se dovesse strenzer con mi e parlarme sopra questa materia; — perchè, volendo nui mostrar el bon animo
nostro verso quella illustrissima Signoria, el non
dubita che lei non mancarà de abrazar el Duca e
tuorlo in luogo de carissimo fiolo. Nui (disse lo) avemo fatto risposta al nostro legato e dittoli di aver
parlato cum vui; *tamen* non avemo mandato via le
lettere, perchè abbiamo voluto parlarvi prima, perchè
intendiate el tutto. Nè bisogna che con molte parole
ve dichiariamo el desiderio nostro in questa materia:
chè tante fiate ve l'abbiamo ditto, che oramai iudicamo più presto parer fastidioso che altramente; pur
ve diremo questo, che, fidandose nui de la prudenzia
vostra e dell'amor che sapemo che vui portate a nui
et al Duca, remettemo questa cosa in vui, che la dob-
biate governar con quel miglior modo che parerà a
vui essere più expediente al fin che nui desideremo.
E promettete de nui a quella illustrissima Signoria
tutto quello che ve par poter promettere de un paterno animo verso i figlioli, chè ve promettemo de

farve onor; e da mo scrivete alla illustrissima Signoria che a questa cosa nui vegniremo con l'anima e
con el cor, con ogni sincerità e fede; e seguendo
questo effetto, prometteteli tutto el pontificato e la
persona nostra, finchè averemo vita, a saccomanno.
Nè dubiti esser da nui aggabata; perchè, essendo
prudentissima come la è, sa ben non lo potessemo
fare senza nostro danno (perchè non semo tanto igno-
ranti, che non conosciamo la segurtà e conservazion
del Duca, alla quale nui attendemo, posposto ogni altra
cosa, depender da lei sola); nè anche volemo che la
se pensi che nui vogliamo da lei cosa alcuna discon-
veniente nè aliena dalla rason e dal voler di quel serenissimo Dominio. — E parlòme Soa Beatitudine
tanto affettuosamente quanto dir se potesse, strenzen-
dome che, con mior modo che mi pareva, dovesse
scrivere alla Serenità Vostra e pregarla a lassarse intender. Respusi, rengraziandola del bon anemo suo
verso la Excellenzia Vostra, alla qual¹ io prometteva
ottima correspondenzia con una filial reverenzia da la
Serenità Vostra; e ch'el reverendo legato li scriveva
de la bona disposizion de la Serenità Vostra verso la
Excellentia del Duca, veramente li scriveva la verità;
e senza altre lettere la Santità Sua aveva visto tal
opera che superava ogni testimonio di lettere, e così
io li prometteva *in futurum;* rengraziando poi la Beatitudine Sua de la opinion bona che la faceva de la
persona mia per benignità sua; alla qual dissi che, per
l'officio mio, con ogni fede representaria quanto la
mi aveva ditto alla Serenità Vostra, la qual era pru-

¹ Cioè, *a Sua Santità.*

dentissima e tanto devota de Soa Beatitudine, che me rendeva certo, in tutte le cose che la potrà, non mancarà dal suo consueto filial ossequio verso questa. E cum questo tolsi licenza.

» Principe Serenissimo, per far quel che se convien all'officio mio, ho voluto semplice e nudamente referir *ad syllabam* alla Serenità Vostra tutte le parole di Soa Beatitudine, senza darli altro ornamento nè interpretazion, azò quella, per la sapienza soa, inteso el tutto, senza aver alcun mio iudicio, la possi iudicar e deliberar quanto alla somma soa sapienza parerà. »

371. Maneggi degli agenti del Re de' Romani e di quelli di Francia, per trarre il Papa, ciascuno, alla propria parte.

Roma, 3 maggio 1503.

Il Re dei Romani ha deliberato di far guerra ai Francesi, e vuole persuadere il Pontefice ad allontanarsi dalla loro amicizia; ma questi non stima molto nè lui nè i suoi consigli. Invece gli oratori francesi, sostenuti dal cardinale Sanseverino, eccitano il Papa a mandar genti nel Reame; ma anche costoro finora non ne raccolsero che vaghe promesse.

372.   Sconfitta dei Francesi nel Regno.

Roma, 4 maggio 1503.

Tra Melfi e Canosa in Puglia vennero alle mani Spagnuoli e Francesi, con la peggio di questi. [1] La condotta del Papa è ambigua.

[1] Cfr. il dispaccio 375, e la narrazione del Guicciardini in fine del libro V. Questo fatto d'arme è conosciuto sotto il nome di battaglia della Cerignola.

373. Mal animo del Papa contro i Francesi guerreggianti nel
   Regno. Conferimento della legazione di Bologna al Sanseverino.

Roma, 5 maggio 1503.

« Questa mattina essendo za redutto el Concistorio, dove era presente li oratori de la Cesarea
Maestà, Franza e Spagna.... el Pontefice disse, che
tutti alditeno forte: — Questi Franzesi voleno mandar
zente in Reame, e non hanno un soldo. — Le qual
parole furono ditte con qualche collera, per indignazion
che ha che, per via indiretta, el Duca li ha cavati dalle
man ducati 9000, i quali erano necessarii per la expedizion de qui de monsignor de Candes; e non possendo averli per altra via, el Duca ha fatto dar al
cardinal di Alibret questi denari, dei quali li era de-
bitor per conto di sue provision, e lui poi de quelli
l'ha servito li oratori a tal effetto. La colpa è data al
Duca de questi denari; *tamen* quel che se debba iudicar de la intenzion del Pontefice, lasso al sapientissimo iudicio de la Serenità Vostra, perchè questo è
vero che l'uno e l'altro si serveno molto ben alli propositi *ad invicem*, accusandose, come *alias* hanno fatto. »

Il Papa dà la legazione di Bologna al cardinale Sanseverino, pare per raccomandazione del Re di Francia.
La città n'è scontenta.

374. Colloquio di monsignor Adriano coll'Oratore veneto,
   per raccomandargli gl'interessi del Pontefice.

Roma, 6 maggio 1503.

Monsignor Adriano manifesta all'Oratore veneto
il vivo desiderio che ha il Papa di stare in buona ar-
monia colla Repubblica; l'assicura che i Francesi non

otterranno nulla dal Papa, perchè sono ingrati; e lo eccita a fare sì che la Signoria di Venezia li tratti in ugual modo, e si unisca in alleanza col Papa, o almeno, per prudenza, non gliene tolga la speranza. L'Oratore con parole generali lo assicura della buona disposizione del suo governo verso il Papa ed il Duca.

375.   Particolari notizie sul fatto d'arme della Cerignola.

Roma, 7 maggio 1503.

Giungono lettere dal Regno che narrano il fatto d'arme tra Francesi e Spagnuoli (accennato nel dispaccio del 4 di maggio) essere stato in questo modo: « che essendo andato el gran Capitano de Spagna a campo ad una terra, el Vicerè, che era in Canosa, venne per darli soccorso; et essendosi messo a ordine l'una parte e l'altra per esser alle mano, Consalvo dette ordine alli soi che al son de una trombetta tutti dovessero far ala; e cusì fu exequito: in modo che, essendo già appizzata la scaramuzza, sonò la trombetta, i Spagnuoli fecero ala, et in quel tempo Consalvo fece dar fuogo all'artegliaria, che era preparata a questo effetto, che fece grandissimo danno a' Francesi, i quali si messero in fuga, e furono molto mal trattati, *adeo* che pochi di loro sono campati; persero tutti i cariazzi e le artigliarie. El Vicerè [1] nella battaglia fo ferito, per le qual ferite dopoi è morto, et è sta' condutto a Napoli, dove è sepulto in la gesia [2] di San Piero Martire. »

[1] Il conte di Nemours, al quale succedette il marchese di Saluzzo.
[2] *Gesia*, chiesa.

376.   Notizie varie.

Roma, 8 maggio 1503.

L'Arciduca fino al 28 aprile non era giunto a Lione. I Fiorentini si mettono in ordine « per dare il guasto ai Pisani. » Pandolfo comincia ad esercitare la propria autorità in Siena ed a raccogliere genti, pare, a nome del Re di Francia: il che dispiace molto al Papa.

377. Notizie del Regno. Accordo del Pontefice con Francesco Colonna da Palestrina, e rinunzia di questo al proprio stato.

Roma, 9 maggio 1503.

Giungono da Napoli notizie meno sfavorevoli ai Francesi. È arrivato colà il principe di Salerno con alcuni uomini d'arme. Monsignor di Alègre attendeva a raccogliere alcune genti. Giangiordano andò a Gaeta con 500 fanti. Corre voce, sparsa dai Francesi, che i Fiorentini manderanno genti nel Reame in loro favore; ma in tal caso gli Spagnuoli faranno diversione, mandando a molestare i Fiorentini verso Pisa.

« Ozi si ha ditto *publice* (ma io però non lo affermo alla Serenità Vostra, per non aver troppo autenticamente el fundamento di questa nova) che in Aquila era fatta novità; e che Ieronimo Gaglioffo aveva fatto dalli sui amazar sedici uomini de la parte avversa, che si dice avevano congiurato di amazar lui.[1]

---

[1] Girolamo Gaglioffo era il capo del governo in Aquila che tenevasi ancora per i Francesi, ma era minacciata da vicino da Prospero e da Fabrizio Colonna. Il fatto qui accennato è nar-

» E per questo sospetto dei Colonnesi, già più zorni divulgato qui, come per altre mie ho scritto alla Sublimità Vostra, el Pontefice del tutto si ha voluto assecurar, con eradicar una sola radice di quella casa che era restata in quella parte, che era el signor Francesco da Pelestrina,[1] al quale aveva inibito[2] per un breve che dovesse cedergli Pelestrina e li altri soi lochi, *aliter* etc. El qual, sotto ombra del reverendissimo cardinal Ulisbonense,[3] è venuto a Roma, et appresentato a' piedi di Nostro Signor li ha ceduto d'accordo tutto el stado, con ricompenso di certa provision di ducati 600 all'anno, per li qual li obbliga la Camera Apostolica; e dàlli *etiam* certa altra provision, da esser estratta e scossa di denari delle lumiere;[4] li lassa portar via tutto el suo mobele e la intrada di questo arcolto,[5] con questo ch'el non possi star in loco alcun cento mia appresso Roma. El quale ha

rato più distesamente dall'oratore fiorentino Soderini, 10 maggio 1503: « Alla Aquila, per ordine di Hieronym o Gaglioffo, che oggi è capo della Aquila, sono stati tra decapitati et tagliati a pezi xvj de' primi della factione ghibellina, in tra' quali sono certi parenti et uno nipote del conte di Populi: nel qual modo, si intende, hanno voluto li amici del Christianissimo assicurarsi delli adversarii.... Erano questi che sono stati morti, secondo mi è decto, de' più richi de la terra, et li denari che si sono trovati loro, hanno servito a' fanti che sono con Giovangiordano. La qual cosa questi oratori del Re reputano che sia stata molto accomodata a' propositi loro. » (Arch. Fior. *Lettere ai Dieci*, aprile-maggio 1503, a c. 378.)

[1] Francesco di Stefano Colonna dei signori di Palestrina.

[2] *Inibito* qui significa *ordinato*.

[3] Giorgio Costa, arcivescovo di Lisbona: cfr. la nota 2, a pag. 193 del vol. I.

[4] *Lumiere,* miniere.

[5] *Arcolto,* ricolto.

deliberato vegnir a Venezia, che al tempo presente è
unico rifugio di tutti li afflitti, dove *etiam* al presente
si trova la soa donna con i fioli. »

378. Concistoro. Si riuniscono le terre di Francesco Colonna alla
Chiesa. Si distribuiscono i beneflzi del defunto cardinale
Michiel.

Roma, 10 maggio 1503.

« Per Zuan Matto corrier scrissi heri alla Serenità Vostra quanto accadeva. Ozi poi è stato Concistorio, dove, primo, fu, segondo l'accordo fatto con el
signor Francesco Colonna, unito Pellestrina e le altre
terre soe alla Giesia, et a lui concistorialmente fu
dato ducati 50 al mese de provision, i quali abbia a
scuoder de le entrade de le luminarie,[1] e non sup-
plendo quelle al numero, sia obbligata la Camera Apostolica a rifarlo. Fu *etiam, voto omnium cardinalium*,
applicato alla Camera Apostolica le spoglie di tutti i
beneficii che furono del *quondam* reverendissimo San-
t'Anzolo, allegando che a quella apparteneva il tutto,
non avendo fatto testamento el prefato cardinal, nè
fatto de' beni sui altra desposizione. Fa di questo
expedir la bolla, la qual si die mandar de lì al vescovo Tiburtino, da essere intimata a tutti. Si dolse
poi che la Sublimità Vostra avesse negato il possesso
dell'abbazia di Santo Spirito di Ravenna al cardinal di
Cosenza, per il che tolse il consenso dei cardinali
che non dovesseno dar il suo voto alla promozion del
reverendissimo cardinal Corner al vescovato di Vero-

---

[1] *Luminarie*, lo stesso che *lumiere*, miniere di allume. Cfr.
la nota 4, a pag. 384 del vol. I.

na, se prima la Serenità Vostra non deva el possesso a tutti i cardinali, alli quali erano sta' conferiti di beneficii et abbazie che furono del cardinal Sant'Anzolo. In queste due materie el cardinal Grimani volse far l'offizio suo consueto e parlar per la dignità della Illustrissima Signoria Vostra; et il Pontefice lo fece tacer, dicendo, el sapeva quel el voleva dir, e che in questa materia non voleva el suo voto. El reverendissimo Napoli, che sempre suol favorir la Serenità Vostra, per esser indisposto, non se trovò in Concistorio, dove *etiam* fo data l'abbazia della Trinità de Ravenna al reverendo monsignor Marco Lando protonotario, tolendo per fundamento el favor di molti cardinali, che l'avevano ricommandato, essendo cortesano antico, e che da venti anni in qua non aveva abuto niente: la qual abbazia è sta' aggravata di 200 ducati di pension, da esser dati ad un cardinal, el qual si riservò a dechiarir poi. Quella di Sexto si dice esser designata al reverendissimo Ulisbonense, per via di supplicazion, come si fa a' cardinali, e darghela, per quello se allega, in ricompensa delle intrade del vescovato di Porto, le quale el Pontefice si ha reservate per sè, e dato *solum* el titolo al prenominato cardinale. Altro non è stato trattato ne l'odierno Concistorio.

   » All'ora dell'audienzia, da poi disnare, me redussi a Palazzo per exequir quanto la Serenità Vostra me commanda per le sue de' 16 del passato,[1] heri sera a tardo con la consueta reverenzia mia recevute per Stefano corrier, in favor del revendissimo Stri-

---

[1] La riferiamo tra i documenti in fine a questo volume, sotto il n. I. Vedi anche il dispaccio 394.

goniense per il patriarcato di Costantinopoli, et anche per parlar, essendo sta' la opportunità, in le materie trattate in Concistorio, con quel modo che si convien al decoro de quello excellentissimo Dominio; e non ho possuto aver audienzia, perchè el Pontefice era occupato in prepararse per la cavalcata che vuol far domattina a questi luoghi de'Colonnesi, de la qual niuno di questi zorni non ha ditto niente, nè anche questa mattina in Concistorio ne feze parola. »

379. Gita del Papa e del Duca alle terre dei Colonnesi.
Notizie di Firenze e di Pisa. Notizie del Regno.

Roma, 11 maggio 1503.

« Questa mattina, avanti zorno, el Pontefice con el Duca sono montati a cavallo et andati verso Nettuno, terra dei Colonnesi, e staranno fora fino a marti proximo, per quanto Mosimpo suo secreto camerier ozi me fece intendere per parte de Sua Santità, dicendome *etiam* che, venendo questi zorni cosa alcuna dalla Serenità Vostra da esser comunicata, la dovesse far intender al ditto Mosimpo, che aveva *in mandatis* di spazzare apposta a la Beatitudine Soa, essendo cosa de importanzia.

» Essendose certificati Pisani de la preparazion che fanno Fiorentini a darli el guasto, e che za hanno in ordine 300 omeni d'arme, 400 cavalli lezieri e buon numero di fanti, loro, con quel modo che ponno, attendeno alla difension soa, et hanno mandato qui in Roma un omo che a nome loro fazi fanti, e fin qui ne ha fatto alcuni, ma non troppo. »[1]

[1] Il guasto dei Fiorentini al territorio pisano si cominciò

Da Corneto sono stati spediti grani a Pisa, a nome del Re di Spagna. I Francesi domandano una tratta del grano per Napoli, e in parte l'ottengono. Essi vanno spacciando voci di prossimi soccorsi.

380.   Messaggio di Consalvo al Papa.

Roma, 12 maggio 1503.

Un messo di Consalvo viene al Papa ad intimargli, per quanto dicesi, che non soccorra i Francesi, le sorti dei quali nel Reame volgono al peggio.

381.   Movimenti dei Colonnesi nel Regno.

Roma, 13 maggio 1503.

Paolo Morgana, della fazione dei Colonnesi, giunto verso San Germano, prende alcune castella di poca importanza.

382.   Relazioni tra Firenze e il Papa.
Notizie della pace tra Spagna e Francia.

Roma, 14 maggio 1503.

L'ambasciatore di Firenze è malcontento del Papa che gli dà buone parole, mentre di nascosto favorisce i Pisani.[1] La pace tra Spagna e Francia non fu altrimenti

(secondo il Buonaccorsi, pag. 77) il 23 di maggio, con 300 uomini d'arme, 200 cavalleggieri, 3000 fanti e 2000 guastatori; e durò circa venti giorni: ne fu commissario Antonio Giacomini. Vedi Guicciardini, *Storia fiorentina*, cap. 27 (*Opere inedite*, vol. III), e Machiavelli, *Scritti inediti* (Barbèra, 1857), pag. 135-160.

[1] Vedi anche il dispaccio 384. Varie sono le lettere dell'oratore Soderini su questo argomento (Arch. Fior. *Lettere ai Dieci*, aprile-maggio 1503); dalle quali si ricava che questi maneggi erano principalmente condotti da don Michele.

conclusa, per colpa della prima, la quale preparavasi alla guerra colla certezza della vittoria.

383. Notizie del Regno.

Roma, 15 maggio 1503.

Monsignor d' Alègre, colle poche genti rimastegli, si è ridotto per maggior sicurezza sul Garigliano, distante quaranta miglia da Napoli, verso la via di Roma, e presso Gaeta. Gli Spagnuoli vittoriosi si trovano a Poggio Imperiale, a due miglia da Napoli. Attendesi fra breve la caduta di Napoli. Il Papa non dà ai Francesi che buone parole e promesse di accoglierli fuggiaschi; al che appunto si è opposto Consalvo mediante il messaggio speditogli.

384. Notizie del Regno. Relazioni tra il Papa e i Fiorentini.

Roma, 16 maggio 1503.

Monsignor d' Alègre riceve scarsi soccorsi sul Garigliano. Si annunzia la perdita di Capua, Aversa e Cerignola. Le cose dei Francesi nel Reame si tengono disperate. Il Papa, come al solito, dà buone parole. « L' intrinseco suo non dirò che sia difficile, ma è quasi impossibile conoscerlo, e però non si può se non *ab eventu* far bon iudizio de lui. »

Il Papa fa mostra di molta intimità coi Fiorentini, sebbene in fatto abbia favorito i Pisani.

385. Notizie del Regno.

Roma, 17 maggio 1503.

Si sparge fama che gli Spagnuoli entrarono in Napoli sabato passato (13), e che la domenica cavalcò per la città il gran Capitano, il quale aveva già cominciato a bombardare il castello.

386.   Notizie del Regno.

Roma, 18 maggio 1503.

Il Re di Francia, sdegnato per le vittorie degli Spagnuoli nel Reame, prepara armi. I Francesi dicono che manderà monsignore de la Tremoille con 1800 lancie, a trattar la condotta di 10,000 Svizzeri e Guasconi, « in modo che non voleno ch'el resti più Spagnol al mondo. » L'entrata di Consalvo in Napoli non è ancora confermata.

387. Entrata di Consalvo in Napoli: altre notizie del Regno.
Fuga di Troccio da Roma. Spedizione di Romolino a Mantova.

Roma, 19 maggio 1503.

« Hora 14. Questa mattina se ha certo aviso che luni proximo, che fo 15 del presente, zonzeno le artegliarie de Spagnoli in campo, le qual immediate furono inviate a Napoli; poi el marti, a ore 18, Consalvo intrò in la terra pacifice, e per far bona zera al populo, fece subito calar el formento a carlini 5 el tumolo, chè valeva 15, e promesse mazor ubertà. L'artegliaria è posta a castel Novo, dove se trovano da 500 in 600 fanti, solum sufficienti per difender esso castello, ma non la cittadella. Spagnoli erano disposti, lassato sufficiente numero di zente alla expugnazion del castello, mandar el resto dell'exercito contra el residuo de' Franzosi, che sta ancora al di qua dal Garigliano, i qual, riducendose (come si extima) in Gaeta, per aspettar soccorso, non potranno star lungamente, *maxime* cum cavalli, per non vi esser nè strame nè vittuarie. In Gaeta sono redutti, come ho dal reverendissimo Napoli, i principi di Salerno e Bisignano, el duca de Ariano et il conte di Mattalon, Carafeschi, con alcuni altri signori. I Carafeschi vegniranno qui in Roma a spalle del cardinal,[1] che di questo successo sta malissimo contento, perchè vede la ruina di casa sua, che se ha scoperta troppo anzuina.[2]

» Questa mattina è partito de qui Trozo per le poste in gran fretta.[3] Dove el vadi, sono varii i iudizii: chi dice esser mandato a Consalvo Ferrando, et alcuni in Franza, alcuni *etiam* a Fiorenza; una di queste due ultime opinion può essere più vera, chè è sta' veduto andar a quella via verso Toscana. Altri *etiam* dicono a Mantoa, dove *etiam* andò Remolines li dì passati, benchè fosse ditto in Franza, per causa de rennovar la pratica del parentado, e cum quel mezzo, tolto el favor del marchese, persuader el signor de Pesaro, ch'è in Mantoa, a renonziar le rason del so stado, e far fare el medesimo al duca de Urbino, se li partiti ghe potranno reussir. Et intendo che a questo effetto Remolines aveva ordene, bisognando, vegnir fino a Venezia, per esser a parlamento con el duca. »

[1] Oliviero Caraffa, cardinale di Napoli.
[2] *Anzuina*, Angioina, ossia, di parte francese.
[3] Non fu partenza, ma fuga. Cfr. i dispacci 390 e 394, e la nota a quest'ultimo.

388.   Colloquio tra il Papa e l'Oratore sulle cose del Regno.

Roma, 19 maggio 1503.

Hora 24. Il Papa chiede all' Oratore veneto il suo parere circa le cose avvenute nel Regno. Questi risponde che pare che le sorti volgano a favore degli Spagnuoli, i quali contavano colà 20,000 uomini, sicchè difficilmente i Francesi avrebbero potuto riacquistarlo. Il Papa, sebbene non sia lieto di questi successi, tuttavia parla dei Francesi assai male, e pare inclinato a piegare alla parte, dove troverà maggior utile.

389.   Notizie di Perugia e varie.

Roma, 20 maggio 1503.

Nascono discordie in Perugia tra Carlo Baglioni e Girolamo dalla Penna, le quali sono cagione che la città si sollevi in armi. Il Duca comandò alle sue genti che si riducano presso Roma; credesi, per timore delle scorrerie dei Colonnesi. Il Papa è di mal umore, temendo di dover prendere scopertamente partito o pei Francesi o per gli Spagnuoli.

390.   Opinioni del pubblico sulla fuga di Troccio.

Roma, 20 maggio 1503.

« *Hora 2 noctis.* Per le alligate averà inteso la Sublimità Vostra el partir de Trozo de qui per le poste, con li varii iudicii che si facevano del luogo dove fosse andato. Questa sera mo è uscito una publica fama da Palazzo, lui esserse *clam* assentato e fuzito per sospetto. Alcuni *etiam* voleno affirmar ch'el sia sta' fatto morir, ma questo non si crede, perchè l'è sta' visto per Campio; e quantunque i secreti palatini affirmino questa fuga, et il Pontefice fazi ogni dimostrazion per farlo creder (per aver questo spazzato brevi in diversi lochi o fento di spazzarli, come è a Civitavecchia, Porto Hercule et in altri lochi, per la retenzion soa, et ha anche spazzato Mosimpo, con fama vuol lo perseguiti); nondimeno comune opinion è ch'el Pontefice l'abi lui mandato in qualche luogo, e la mazor parte iudica in Spagna, e che, per coprir la cosa, ha dato questa voce. Li indizii de questa falsità sono che non se saria tanto stato a sentir questo, essendo da heri mattina a bon'ora in qua ch'el manca, e le provision fatte questa sera se dovevano far subito s'el vero fusse. *Preterea* el spazzar de Mosimpo fa creder che mandi *etiam* lui in qualche altro loco, perchè non è rasonevole che lui possa più zonzerlo, avendo abuto tanto tempo d'avantazo. »

394.   Ancora della fuga di Troccio.

Roma, 21 maggio 1503.

Troccio è fuggito per timore di essere caduto in disgrazia del Papa e del Duca.[1] Il Papa fa ogni dimo-

---

[1] Della fuga di Troccio, e poi del suo supplizio, non sono ben certe le cagioni. Il Gregorovius (vol. VII, pag. 491) ne assegna due: o che Troccio avesse tradito alla Francia i nuovi maneggi del Papa con Spagna, o che egli si fosse tirato addosso l'ira del Valentino, perchè, non essendo stato compreso nella lista dei nuovi cardinali, aveva pronunziate aspre parole contro di lui. La prima congettura è confortata da un dispaccio del Soderini, 22 mag-

strazione, perchè s' abbia da credere ch'egli sia fuggito a sua insaputa.

392.   Notizie del Regno.

Roma, 22 maggio 1503.

Gli Spagnuoli bombardano il castello. Le schiere francesi al Garigliano vanno sciogliendosi, nè ve ne ha più alcuna che possa difendersi. Anche Gaeta è prossima a cadere. A Roma si crede che la definizione della questione sarà rimessa alla Repubblica Veneta. Il Papa sta ambiguo, ma pare che sarebbe contento di potersi volgere a Spagna.

393.   Affare di Giangiordano Orsini.

Roma, 23 maggio 1503.

Torna di Francia il messo ivi spedito per la composizione dell'affare di Giangiordano, e reca essere il Re con'ento che il Papa occupi lo stato di lui e gli dia un compenso; ma neppur questo basta a muovere il Papa in favore dei Francesi.

394. L'Oratore veneto fa istanza al Pontefice per il conferimento del patriarcato di Costantinopoli e di un'abbazia al cardinale Strigoniense; il Papa se ne scusa, dicendo di averli già conferiti. Cose del Regno.

Roma, 24 maggio 1503.

« Ozi, da poi capella, me introdussi a Nostro Signor, e, primo, lo supplicai per nome di Vostra Sere-

gio 1503: « La chagione di questa fugha è interpretata variamente, ma la commune opinione è che lui tenessi con Franzesi conto de parte, et che fusse molto partigiano del Re. » (Arch. Fior. *Lettere ai Dieci*, maggio–giugno 1503, a c. 97.)

nità si degnasse di conferir el patriarcado de Costantinopoli al reverendissimo Strigoniense et appresso una delle abazie del *quondam* reverendissimo cardinal Michiel, per le sapientissime rason toccate nella lettera di Vostra Sublimità; e per mazor expression li fezi lezer la lettera di quella, exagerandola in le parte necessarie, et il medesimo fizi per l'union da essa fatta dell'abazia di Sexto alla giesia di messer Gesù Cristo, facendoli quella instanzia, alla quale mi strinzevan le lettere di Vostra Sublimità. Sua Beatitudine mi rispose *simul* ad ogni cosa, dicendo: — Ambassador, non bisogna che la iustifichiamo molto in questa cosa, perchè vui sapete quello che poteva far in questa materia, avendo za dato via queste cose, che ora ne dimanda la illustrissima Signoria, e tutte le altre, come za ve dicessemo fin da principio. Nui ve preghiamo che ne excusiate con la illustrissima Signoria, e diteli che un'altra fiata se forzaremo satisfarli; ma ora, avendo dato via le cose, non potemo, quando ben vossamo, perchè da poi date via, non sono più in disposizion nostra. — Replicai quanto l'ingegno mi aiutò, ma non lo puoti' removere punto dal suo primo proponimento. »

Entrando a parlare delle cose del Regno, il Papa dice di avere notizia che Consalvo prepara l'artiglieria per espugnare la rócca di Napoli, la quale, come il castello, è in istato di opporre resistenza; e che intanto il Re di Francia fa grandi apparecchi contro gli Spagnuoli. Il Papa peraltro non dà gran fede alle millanterie dei Francesi e dice di loro il maggior male possibile; aggiungendo che sarebbe tempo che la Repubblica

Veneta pensasse a pigliar partito, « et ad unir questi membri disuniti d'Italia, » altrimenti tutti gli stati di Italia si ridurrano all'obbedienza di Francia.

395.   Notizie del Regno.

Roma, 25 maggio 1503.

Gli Spagnuoli hanno preso la torre di San Vincenzo di Napoli, e stanno attendendo don Ugo di Cardona, che giunge col resto dell'esercito dalla Calabria. I Francesi si fortificano al Garigliano ed in Gaeta. Le cose dei Fiorentini contro i Pisani procedono lentamente.

396. Apparecchi e pratiche dei Francesi contro gli Spagnuoli.

Roma, 26 maggio 1503.

Continuano gli apparecchi del Re di Francia contro gli Spagnuoli. Gli oratori francesi e il Sanseverino insistono presso il Pontefice per averne aiuti.

397.   Processo contro Iacopo Santacroce.
Fuga da Roma del cavaliere Orsino e di Pietro Santacroce.

Roma, 27 maggio 1503.

L'Ambasciatore raccomanda al Papa di provvedere, nelle prossime nomine di cardinali, qualche prelato veneto. Il Pontefice attende a far il processo contro Iacopo Santacroce, che dice voler far morire per i suoi reati. Il cavaliere Orsino e Pietro Santacroce, [1]

---

[1] Tra i catturati in Roma, a tempo del misfatto di Sinigaglia, il Giustinian nominò un Antonio Santacroce (cfr. disp. 223).

fratello di Iacopo, per togliersi dal pericolo, sono fuggiti da Roma.

398.   Inclinazione del Papa agli Spagnuoli,
   e sue mire ambiziose sopra una parte del Regno di Napoli.

Roma, 28 maggio 1503.

Il cardinale di Salerno (Vera) ha una lunga conferenza col Duca e col Papa circa le cose di Spagna. Il Papa pare che pieghi verso gli Spagnuoli, « perchè li vede potenti, e dubita delle cose sue per la unione che hanno cum Colonnesi. » Ma a lui, che il Regno di Napoli sia francese o spagnuolo, poco importa; bensì vorrebbe che « cadauno de questi do Re, con i quali se facesse union, si contentasse della parte soa sola, e lassar l'altra a lui. »

399. Lungo colloquio del Papa coll'Oratore intorno all'alleanza proposta a Venezia e da questa rifiutata. Durante il colloquio sopraggiunge il duca Valentino, e in fine il vescovo di Pafo, reduce dalla spedizione marittima contro i Turchi.

Roma, 29 maggio 1503.

« Ozi son stato con Nostro Signor, el qual, subito che li fu' appresentato innanti, me disse: — Ben, *domine Orator*, avete abuto le lettere de la illustrissima Signoria? — Dissi de sì, che era venuto per comunicarle alla Santità Soa. El qual, intendendo molto ben la continenzia de le lettere, per l'aviso l'aveva abuto dal reverendissimo Tiburtino suo legato, prima che io dicesse altro, me le recitò *ad litteram;* poi, con demostrazion de qualche passione, me disse: — *Do-*

mine Orator, nui siamo cascati da una grande speranza che avevamo de quella illustrissima Signoria, perochè, per lo aviso avevamo abuto dal nostro legato (che ne scriveva, comò ve dicessemo, le cose esser ottimamente disposte, e che dovessemo mandar uno omo a Venezia con bona instruzione), speravamo certo a questo tratto esser esauditi, et insieme cum quella illustrissima Signoria redrezare le cose di questa misera e lacerata Italia. Poichè a quella non piace, averemo pazienzia; e dòlene, chè forse la 'l voria fare in tempo che non si potrà, perchè le occasion non se hanno sempre a un modo. Questi doi Re, quando vedino che ognuno sta a vedere, faranno la pace; poi vedrete come starà quel che resta in Italia, e che provision se li potrà far; perchè, stando in questo modo, nè vui nè nui semo amisi de niuna de le parte, perchè tute due se tengono inzuriate da nui, e quasi che ne hanno rason. — Subiunse: — Recordative che, avanti ch'el seguisse rottura tra questi doi Re, l'uno e l'altro stimava poco nui, e le stranie parole che usavano così Franzesi come Spagnoli! E Dio ci provète [1] per la loro discordia. Pochi dì sono *etiam* che, pensandose el Re de Franza aver conclusa la pace, sapete la fama che andava attorno; se *iterum* se accordaranno, serà de mal in pezo; se anche non si accordano, el Regno certo è che romagnirà a un di loro; e sia de qual si voglia, vedrete che non si vorrà contentar. Allora si vorrà proveder, e non serà tempo. So che quella illustrissima Signoria molto ben vede el tutto; ma la difficoltà è che la non se vuol fidar de

[1] *Provète*, provvide.

nui, benchè le parole sue siano ottime; e *tamen* la
non ha causa, chè la sa ben che nui non la potres-
semo ingannar, senza nostro danno e pericolo del
Duca, avendo lei, come ha, tutti li nostri inimici in
le man, con i quali presto ne porria far male assai;
et avemo nui a temer de lei[1] che lei de nui; ma la
bona mente nostra verso quel stado ne fa star securi. —
Poi subiunse: — Scrivete alla illustrissima Signoria;
chè almanco nui averemo questo contento, che lei
averà conossuto l'animo nostro; perchè non avemo
voluto far come quando se pratica un matrimonio,
che se va per terza man, per conservar la reputazion
de una parte e l'altra, quando le cose non seguano,
ma *immediate* nui medemo l'avemo voluto recercar
con tanta efficacia quanta sia possibile. Poichè la non
vuol, per questo non restaremo di amarla e tegnir
sempre di lei quel conto che la merita; ma ve dicemo ben che per nui non fa star come stiamo.
Forza ne sarà o con uno o con l'altro assegurarse, o
per via di pace, o per quel miglior modo che si potrà; e forse che poi seremo rezercati, che non po-
tremo moversi; nè voi vi potrete doler de nui, perchè avemo fatto molto più che non dovevimo; e vui
(disse lo), *domine Orator*, ne serete sempre testimonio. — Tutte queste parole me disse, parlando con
passion, e demostrando nell'aspetto non mediocre
affanno. Al quale io, con quella destrezza che messer Domenedio, per la picciolezza del mio ingegno,
mi sumministrò, respusi, discorrendo tutte le sapientissime rason che nella lettera de la Sublimità Vostra

[1] Sottintendi, *più*.

se contieneno, dando a quelle quella vivacità e forza
che si doveva, e subzonzendo quelle altre bone parole, che mi parevano fosse al proposito, accomodatamente; e parve che da le parole mie Sua Santità
pigliasse qualche conforto, e mi pregò che non dovesse restar di replicar; — perchè (disse lo) forsi
quella illustrissima Signoria, meglio considerata la
importanzia de la cosa; considerarà che questo non è
tempo da perdere. —

» Mentre che io stava in questo conferimento con
la Beatitudine Sua, soprazonze el Duca, chiamato da
la Beatitudine Sua, disse per andar a spasso alla vigna. E qui *iterum*, in soa presenzia, el Pontefice disse:
— Duca, nui avemo ditto all' Ambassador che ti e mi
semo cascati da una grande speranza. — Et *iterum* replicò quanto prima mi aveva ditto. Et io dissi a lui
le medeme parole, voltato verso el Duca, el qual non
replicò nè disse altro; se non che, ditte alcune poche
parole in spagnolo al Papa, la Santità Soa me disse,
ch' el suo orator in Franza li scrive come l' orator
di Vostra Serenità appresso el Re de Franza aveva
fatto intender che la Beatitudine Soa più volte aveva
fatto rezercar la Illustrissima Signoria Vostra de liga
contro la Maestà Soa, con dirli molte parole, le qual
lui non se poteva immaginar che vegnissero da la
Serenità Vostra, che era prudentissima e circum-
spetta, e che per la sapienza sua cognosse quanto un
stado come el suo die existimar la fede soa, e far che
ognuno liberamente possi parlar cum lei, per dubio
di non esser messi al ponto; e la po ben molto considerar quanto danno la ne potria conseguir de questa

infedeltà. De queste parole dissi alla Beatitudine Soa che molto mi maravigliava, nè mi volevo persuader che de ordine de la Excellentia Vostra l'orator suo le avesse ditto; e manco *etiam* quel clarissimo orator, che è sapientissimo e circumspetto, da sè le averia ditte; e che la Beatitudine Soa dovesse ben considerar che forse chi li aveva fatto intender questo, l'aveva fatto a qualche fin, che la Beatitudine Soa ben se poteva persuader quale el fosse. [1] La Santità Soa mostrò pur de restar satisfatto, e disse: — Veramente, che gran meraviglia se daressimo che quella illustrissima Signoria avesse fatto una tal cosa. [2] — E ditto questo, se apozò a brazo del Duca per levarse.

[1] Contro queste smentite del Giustinian sta la lettera della Signoria di Venezia, che abbiamo pubblicata in nota al dispaccio 328.

[2] Sulle relazioni tra il Papa e i Veneziani è notevole un colloquio avuto da ser Alessandro Bracci col Pontefice, riferito in un dispaccio di Gianvittorio Soderini, 15 maggio 1503: « *Ultimo loco*, ricerchò (*il Papa*) che opinione havessino le S. V. de Venitiani, et quello fussino per fare in questi garbugli, et in qual parte fussino più inclinati. Ser Alexandro rispose che la Santità Sua sapeva molto bene la natura loro, et il modo del ghovernarsi in simili occorrentie, et che la experientia delle cose passate ce lo insegnava, perchè non erano consueti di volere andare, se non a guadagno certo. Ad che Sua Santità replicò che erano mali huomini, et che non li haveva mai potuti dimesticare nè intendere, et che erano amici solamente del proprio commodo loro, ma che forse potrebbono qualche volta pigliare la fallacia. Et messer Trosces riprese le parole, con dire che non era da maravigliarsene per la superbia loro, et che, era pur vero, sono tutti Stiavoni et nati di peschatori. Et in fine si vide, vollono dimostrare tenere mal concepto di costoro. » (Arch. Fior. *Lettere ai Dieci*, aprile-maggio 1503, a c. 440.)

» Et in questa chiamò el reverendo vescovo de
Baffo (Pafo), che stava lì a parte, el qual li basò el
piede; e la Beatitudine Soa con onorate parole parlò
de lui, comendando le operazion soe in questa sua legazion maritima, dicendo che poi con maggior comodità li daria più particolar audienzia. »

400.   Nuove voci di pace tra Francia e Spagna. Cattura
di Troccio in Corsica, e sue lettere al Papa e al Duca.

Roma, 30 maggio 1506.

Corrono nuovamente voci di pace tra Spagna e
Francia. Il Papa, secondo il solito, tiene un contegno
ambiguo, per non guastarsi con l'una parte nè con
l'altra.

« Ozi sono lettere de Trozo al Pontefice e Duca,
de Corsica, dove è retenuto dalli omeni del bergantin, [1] alli quali per la fuga l'avea promesso ducati
3000, ch'el portasseno salvo, però che all'ora del
levarse dal porto de Civitavecchia zonze Mosimpo
che li messe pena non lo levasseno; e non avendo el
modo del denaro, sta lì retenuto, il qual, *ductus peniten-
tia*, accusa la levità soa, *et petit veniam*, offerendose servitor e fidel schiavo più che mai, quando la Santità Soa
et Excellenzia del Duca li vogli perdonar. El Papa di
questo el mostra averne piacere, et tiensi lo farà ritornar; ma come li abbi poi a reussir la cosa, *Deus
novit.* »

[1] *Bergantin,* brigantino.

401.   Creazione di nove cardinali.
             Notizie del contado pisano e del Regno.

                                    Roma, 31 maggio 1503.

« Ozi è stato Concistorio, per far la promozion
de' cardinali, che ha excesso el numero de quattro,
che sempre se ha divulgato et anche affirmava el
Pontefice. Sono sta' promossi fin al numero de nove;
sette di quali sono presbiteri cardinali, zoè: l'arzivescovo de Trani, nipote del Papa; el Governator de
Roma, che lui *etiam* è arzivescovo; el vescovo *Lio-*
nensis; el vescovo de Frigiù, zenoese, de la casa
del Fiesco; vescovo di Volterra, fratello del Confalonier di Fiorenza; messer Adriano, segretario del
Papa; el vescovo Brexinense, alemanno; e duo ne
sono diaconi: uno è el vescovo di Heulna, e l'altro
don Iacomo Casanova, antico servitor del Papa, e
quello che attendeva alla persona soa.[1] In questo nu-

---

[1] Ecco i nomi e i titoli dei cardinali promossi in questo Concistoro : Giovanni Castelar, di Valenza, arcivescovo di Trani,
S. Maria in Trastevere; Francesco Romolino, catalano, governatore di Roma e arcivescovo di Sorrento, SS. Giovanni e Paolo;
Francesco Sprata, di Orense, vescovo di Leone in Ispagna, SS. Ser-
gio e Bacco; Niccolò Fieschi, dei conti di Lavagna, genovese, vescovo di Freius, S. Maria in Septifolio; Francesco Soderini, floren-
tino, vescovo di Volterra, S. Susanna; Adriano Castelli da Corneto,
S. Grisogono; Melchiorre Copis, tedesco, vescovo di Brixen nel
Tirolo, S. Niccolò tra le Imagini; Francesco Loris, di Valenza,
vescovo di Elna, S. Sabina; Giacomo Casanuova, di Valenza,
S. Stefano nel Monte Celio. I titoli di questi cardinali abbiamo de-
sunti da un elenco speditone dal Soderini ai Dieci di Balìa di Firenze il 12 giugno 1503: alcuni poi li cambiarono, e per ciò si
troveranno notati nel Ciaconio e nel Cardella con titoli diversi.

mero de nove, cinque ne sono spagnoli, tre italiani,
e uno todesco. Nel qual numero la mazor parte son
persone de qualità che ha dato assai che mormorar,
e *potissimum* el Governator e Casanova, i quali niun
puol patir, e pur hanno pazienzia. Levati dal Concistorio, sette de questi cardinali novi che sono qui
in Roma, accompagnati dal Duca, che li aveva preparato uno onorevole pasto, andarono a desinar con lui.

» A tutti questi cardinali ha costato questo capello
qualche mier de ducati, senza algun respetto a parentado nè a servitù, a chi poco a chi assai, segondo la
possibilità de cadaun; ma [1] hanno speso grossamente,
e da ducati 20,000 in suso l'uno, che son Frigiù, Volterra, messer Adriano, *Lionensis* et il Todesco. Fassi
conto che, tra tutti, l'abbi toccato da 120 in 130,000
ducati, che, mettendoli insieme cum quelli che pochi
dì sono che l'avè de la vendita de li offici novi, che
sono 64,000, e con quelli del *quondam* reverendissimo
Sant'Angelo, che non si sa el numero determinato,
ascendono ad una gran somma. Oltra che, per zornata, li correno partiti di molti vescovati in Italia et
oltramonti, e beneficii de altra sorte, che de questi
non se ne po tegnir conto; in modo che questo Pontefice, con i modi soi, ha fatto certo cadauno che
le intrade de un Papa sono tante quante lui medemo
el vuol farle esser. Governator di Roma in luoco del
novo cardinal è stato deputato Mosimpo: all'officio del
secretariato, non se sa ancora determinatamente, ma
se dice un altro messer Adriano da Viterbo, che ha

---

[1] Sottintendi, *alcuni*.

fama di esser persona molto destra, che farà molto bon paragon del suo zenso, [1] che era senestrissimo. »

Si ha notizia che i Fiorentini hanno dato il guasto a parte del territorio pisano di qua dall'Arno. I Francesi, che si trovano al Garigliano, si sono ridotti nelle fortezze.

402.   Notizie della pace tra Francia e Spagna.

Roma, 1 giugno 1503.

L'Oratore veneto fa un ufficio di congratulazione coi cardinali nuovamente eletti.

Si hanno notizie della sospensione dell'armamento in Genova, e da Lione si scrive trattarsi di pace: ciò dispiace al Papa, il quale ad ogni modo accarezza gli Spagnuoli, la cui potenza oramai gli dà pensiero.

403.   Comunicazioni del Papa all'Oratore
        sulla prevalenza degli Spagnuoli nel Regno.

Roma, 2 giugno 1503.

Il Papa fa chiamar l'Oratore e gli comunica che nell'Abruzzo molte terre, fra le quali Chieti, avevano innalzato bandiera spagnuola; Consalvo esser uscito alla volta di San Germano; il Re di Francia non essere più in condizione di nuocere agli Spagnuoli, che lo potranno costringere a pace vergognosa; di tutto questo doversi attribuire la colpa al cardinale di Roano.

---

[1] *Zenso* s'adopera in varii significati, che indicano certa comunanza di relazioni, e tra gli altri ha quello di *omonimo*, che conviene al presente caso.

404. Apparecchi di Francia per proseguire la guerra nel Regno.

Roma, 3 giugno 1503.

Credesi che il Duca, quando avrà pagato e messo in ordine le sue genti, partirà verso la Romagna.

Il Re di Francia rifiuta ogni pratica di pace, e manda genti in gran numero in Italia. A Genova sono pronte quattro navi con vettovaglie per alla volta di Gaeta.

405.   Voci d'accordo tra Francia e il Re dei Romani. Il Papa impone grosse multe a varii cortigiani fatti da lui carcerare.

Roma, 4 giugno 1503.

Si crede possibile un accordo tra il Re di Francia e l'Imperatore; la quale cosa potrebbe avere influenza nelle relazioni tra Francia e Spagna.

« El Pontefice per ogni via attende a recuperar denari. Ha donata la vita a Iacomo de Santa Croce, al qual tuol ducati 10 mila, e lo bandiza fora de Roma. Dal protonotaio, *etiam, de Spiritibus*, che fo ritenuto fin questo inverno, traze circa 6 mila ducati, et il medesimo si crede farà dall'auditor de la Camera. »[1]

406. (Al Doge e ai capi dei Dieci.) L'oratore bolognese dimanda pel suo signore la protezione della Repubblica Veneta.

Roma, 5 giugno 1503.

Carlo degli Ingrati, agente in Roma per il Bentivoglio, visitando l'Oratore veneto, gli magnifica la fede

---

[1] Cfr. il dispaccio 228.

e l'integrità del suo signore, dicendo che da lui e dal Comune di Bologna la Repubblica potrebbe trarre gran partito per le cose di Romagna, Toscana e Lombardia; e gli espone come il Bentivoglio, coi suoi, voglia darsi in protezione della Repubblica, « non possendo da se soli conservarse. » L'Oratore risponde con parole generali, promettendo di scriverne al Senato.

107.   Insistenza del Pontefice
nel desiderio d' unione con Venezia.

Roma, 5 giugno 1503.

Viene riferito all'Oratore che il Pontefice sente malamente l'accordo possibile tra il Re di Francia e il Re dei Romani, ed ebbe anche a dire: « — Se Veneziani si volesseno intendere ben con nui, non averessemo bisogno de umiliarsi tanto all'uno et all'altro.... e poteressimo assegurar le cose de Italia; — » replicando essere bisogno d'Italia « l'unirse insieme. »[1]

408.   Notizie del Regno.

Roma, 6 giugno 1503.

I Francesi, che si trovano entro il castello di Napoli, tentarono un accordo con Consalvo. Monsignore d'Aubigny fu condotto prigione a Napoli. Si conferma l'andata del Duca in Romagna.

[1] L' oratore fiorentino Soderini scrive il dì 8, che in questi giorni il Papa mandò a Venezia « uno homo a posta » a tentare nuovamente i Veneziani di lega; ma questi risposero al solito di aver « bona amicitia con Spagna et con Francia, et non volere altrimenti legarsi, » e ne fecero subito avvertito l'oratore francese in Venezia. (Arch. Fior. *Lettere ai Dieci*, maggio-giugno 1503, a c. 270 t.)

409.   Rottura delle pratiche di pace tra Francia e Spagna.
         Mire ambiziose del Papa sulla Sicilia e su Pisa.

Roma, 7 giugno 1503.

Le condizioni della pace, domandate dall'ambasciatore di Spagna al Re di Francia, erano queste: « Ch'el voleva libera tutta la Capitaneata, et anche poder castigar tutti quelli baroni che li erano stati rebelli; al qual fu resposto che, s'el non aveva altro ordine, se ne dovesse ritornar al suo Re, e dirli che questa proposta non merita risposta. Il qual orator, abuta questa risposta, propose un altro partito, zoè, ch'el Re de Franza se dovesse contentar che tutto el Reame fosse restituito al re Federigo; e fu per el Re fatta la medesima risposta; e con quella l'orator se ne ritorna in Spagna. Ma l'Arziduca pur ancora era a Lione, dove disse poi el Pontefice che si preparava molta zente etc., come *pluries* è sta' ditto. Della verità de questo me riporto a più autentico aviso che la Sublimità Vostra die aver da altro luoco. »

Al Papa è venuta, dicesi, « una nova fantasia, e molto ambiziosa, di voler per el Duca l'isola di Sicilia, » e ne ha già fatta parola al Re di Francia, offerendosi ad aiutarlo nella impresa del Regno per due terzi della spesa. Cerca anche il Pontefice di avere l'investitura di Pisa dal Re dei Romani.

410.   Supplizio di Iacopo Santacroce e di Troccio.
         Pratiche del Papa col Re di Francia relative alla Sicilia.

Roma, 8 giugno 1503.

« Quanto fina heri accadeva, scrissi alla Excellentia Vostra per Sottin_corrier, et, *inter cetera*, li avvisai ch' el Pontefice aveva composta la cosa de Iacomo Santa Croce in ducati 10,000, e lo bandiva fuori di Roma. Da poi, per aver scoperto ch'el se intendeva con do delli deputadi alla soa guardia, che li davano modo de fuzir, o forse che li 10,000 li parevano poco, ha voluto al tutto questa mattina avanti zorno alle ore 8 li sia tagliata la testa et appiccati li doi vardiani; e tutto ozi, fin presso notte, ha tenuto el corpo suo in terra al ponte di Sant'Anzolo con gran vituperio. Li ha confiscati tutti li soi beni, li ha tolto mobile e stabele quanto ne aveva; la donna et un suo fiol piccolo manda remenghi. Il processo di lui ha fatto attacar in Campo di Fior, azò che chi vol el possi veder, et è molto brutto. Si divulga che le cose non ha a star qui, ma che alcuni altri di questi Romani sono per far el medemo fin, in modo che tutti quelli che hanno fama de aver denari, e siino persone che abbino favor dal populo o seguito de parte, stanno in grandissimo suspetto e paura, e parli da tutta ora aver el barisello alle spalle.

» Trozo *etiam* è stato condutto qui da poi ritenuto in Corsica, come scrissi alla Serenità Vostra; e, benchè l'avesse boni brevi del Papa e lettere del Duca, *tamen* l'hanno mandato anche lui a far penitenzia dei soi peccati all'altro mondo. Ma tra loro è chi dice che l'è annegato, alcuni che è strangolato: la morte si ha certa; *sed*, che *genere mortis*, si parla variamente.[1] Ormai sono rimasti senza servidori de quelli che exercitavano alle loro faccende. Resta al Duca Remolines e don Micheletto, che aspettano far el medesimo fin fra poco tempo.

» Ozi el Pontefice è stato longamente con monsignor de Agramonte, credo, sopra la materia de Sicilia, scritta per le ultime mie alla Serenità Vostra; la qual intendo che va avanti, e za se ha risposta dal Re della prima general proposta fattali per el Papa, benchè poi sia divenuto ad altre particularità, e fatta oblazione de spendere a questa impresa 400,000 ducati, per far un gagliardo forzo et expedir la cosa in un tratto. Per la opinion de chi mi fa intender questa cosa, che è persona prudente e di autorità, el giudica che (non seguendo pace, o che la cosa non sia impedita per altri) el Re de Franza li abi a dar orecchie, perchè, continuando la guerra, questo è partito da non essere refudato da lui, perchè non ne po perder niente. »

411.   Notizie di Romagna.

Roma, 9 giugno 1503.

I capitoli dell'accordo di pace fra Antonio del Monte e gli uomini del castello di San Leo si compendiano nella immunità concessa agli abitanti nelle persone e negli averi. Non si conferma la partenza del Duca per la Romagna.

I Francesi, a parole, contano molto sulla Repubblica Veneta e sui Fiorentini.

assistendo all'esecuzione il Valentino « in loco dove lo poteva vedere et non esser visto. »

412. Spedizione di tre navi francesi da Genova a Gaeta. Colloquio
del cardinale Adriano coll' Oratore veneto sugli affari di
Francia e Spagna.

Roma, 10 giugno 1503.

Dicesi che siano giunte a Gaeta tre navi francesi
da Genova con vettovaglie e 5000 uomini, ma gente
di poca utilità.[1] Discorrendo della pace tra Spagna e
Francia, il cardinale Adriano dipinge all'Oratore veneto lo stato delle cose con neri colori, ed insiste sulla
necessità che la Repubblica si unisca al Papa, e sul vantaggio che le verrà da tale unione.

413. Pratiche del Papa con Perugia, Fermo ed Ascoli.
Ancora della spedizione di tre navi francesi a Gaeta.

Roma, 11 giugno 1503.

Il Papa è stato in pratica di un accordo cogli ambasciatori di Perugia: i Perugini darebbero in potere
del Duca tre castelli. È pure in trattato con Fermo ed
Ascoli, che si darebbero liberamente in podestà del
Duca.

[1] Sopra la spedizione di queste tre navi, della quale si parla
pure nel dispaccio seguente, scrive il Soderini, 10 maggio 1503:
« Monsignor di Renes mi ha decto.... come hanno hoggi lettere da
Gaieta, esservi spelagate di nuovo tre carache con grani et artiglierie et con circa MCC pedoni, venute da Genova. » E una lettera
da Gaeta, del dì 11, riferita dallo stesso oratore, ha: « Hiersera,
a ore XXIj, cominciorono apparire le tre carache di Genova, le
quali questa mattina sono qui a dieci miglia. » E un poscritto, del
12, della stessa lettera: « Le tre carache.... sono bene in ordine
d'ogni cosa apta a guerra: hanno da huomini MD in dumila, più
de'loro bisogni. » (Arch. Fior. *Lettere ai Dieci*, maggio-giugno 1503,
a c. 275 e 280.)

Non si conferma la notizia che le tre navi spedite da Genova a Gaeta vi siano giunte : in ogni modo esse non portano 5000, ma 1500 uomini.

414.   Apparecchi di spedizione
          d' un nuovo esercito francese in Italia.

Roma, 12 giugno 1503.

Il cardinale Sanseverino in Concistoro dice *mirabilia magna* delle genti francesi che sono per venire in Italia. Ne sarà capitano La Tremoille, e si uniranno loro le genti di Firenze, Ferrara, Siena e Bologna, sotto il comando del marchese di Mantova. Il Papa avvisa i sudditi che raccolgano le mèssi, per non avere a soffrire danno da quelle soldatesche ; e non vuole che esse entrino nel territorio romano nè in Roma.

415. Annunzio della spedizione di due oratori francesi in Venezia.

Roma, 13 giugno 1503.

Si annunzia essere prossimo l'invio di due ambasciatori del Re di Francia a Venezia.

416. Millanterie dei Francesi. Detto del cardinale Arborense sul
      poco senno degl'Italiani di farsi padroneggiare dalla
      Francia.

Roma, 14 giugno 1503.

Gli ambasciatori francesi divulgano che tutta la loro armata era partita da Gaeta per soccorso del castello di Napoli, e vanno millantandosi sulle speranze delle vittorie future. In un circolo di cardinali, l'Arborense, « poco respettivo nel parlar suo, » disse a questo proposito: « — Sempre questi Franzesi hanno guadagnato cum forze de altri, e cusì faranno anche adesso, se li Italiani saranno pazzi, come son stati, i quali non si hanno ancora fatti savii, e se a questo tratto non saranno, tutto el danno tornerà sopra di loro. — » E nessuno gli fece risposta.

417.   Arrivo in Roma di Odoardo Bugliotto.
Affari di Francia e Spagna in Italia.

Roma, 15 giugno 1503.

È giunto in Roma Odoardo, valletto regio, « coi capitoli circa le cose de Zuan Zordano. » Esso ha fatto la via di Mantova, Ferrara, Bologna e Firenze, per domandar gente, perchè il Re non vuol mandare di Francia se non pochi fanti. Pietro Griffo pisano insiste sull'utilità di un'unione di Venezia col Papa, e desidererebbe esser mandato nunzio a Venezia a questo effetto.

418.   Prima notizia della presa fatta dagli Spagnuoli
del castello Nuovo di Napoli e di altre castella.

Roma, 16 giugno 1503.

(Ore 16.) Gli Spagnuoli si sono impadroniti del castello di Napoli con pochissimo loro danno, e con perdita di circa 800 Francesi, conducendosi nell'impresa « modestissimamente. » Presero pure la terra di San Germano e altre castella.

419.   Conferma della presa del castello Nuovo di Napoli,
e narrazione del fatto.

Roma, 16 giugno 1503.

« Hora 24. Ozi, a ore 16, ho scritto alla Sublimità Vostra quanto mi accadeva per Cristofaletto corrier, e li avisai el prender del castel Novo de Napoli, che hanno fatto Spagnoli, che fu in questo modo: che, avendo Consalvo deliberato dar la battaglia alla cittadella sola, fece certe cave appresso le mura, dove pose polvere de bombarda et altre materie disposite a foco,[1] et incominzata la battaglia, mise foco alla materia preparata, e tanto ben li reussite la cosa, che per l'impeto del foco cascò una gran parte del muro, per la quale Spagnoli introrono dentro, e, seguitando i Franzesi che si misero in fuga, con loro insieme entrorono alcuni di loro in castello; alcuni altri entrorono per altra via; in modo che Franzesi si messero in fuga, e domandorono patti; per il che il gran Capitano di Spagna fece cessar la battaglia. E stando in parlar dell'accordo, alcuni Spagnoli si redusseno al coperto in un loco che era la tesoreria: Franzesi fecero un buso de sopra, e con certo foco artificial che buttorono giù, guastorono molti di loro. Del che sdegnati Spagnoli, comenzorono *iterum* la battaglia, dato assalto al castello, e così l'ebbero per forza, dove erano, come per le ultime mie scrissi alla Serenità Vostra, Franzesi 800, de' quali 200 ne sono sta' morti in battaglia e li altri tutti fatti presoni. Oltra le vittuarie che erano per tre anni, hanno trovata gran quantità di bella artigliaria per valuta de assai migliara de ducati, e questa el gran Capitano se ha reservata: le altre robe, della qual ne era per gran somma de denari, zoè arzenti, oro e zoie, tutte fo date in preda a soldati, che li è stata una bona prestanza. El zorno seguente da poi abuto el castello, che fo a

---

[1] Queste mine furono opera di Pietro Navarra. Cfr. Guicciardini, lib. VI, in principio.

di 13, sovrazonse l'armata francese, che vegniva al soccorso del castello; e avendo mandato un bergantin avanti da quelli del castello dell'Ovo, intesa la perdita del castello, se ne è ritornata verso Gaeta.

» El zuoba seguente, che fo a dì 15, la festa del *Corpus Domini*, Consalvo se doveva levar de Napoli, per venir alla volta de Garigliano a ritrovar le zente franzese, che si crede non lo aspettaranno per scorrer poi a Gaeta. Aveva za abuto parole di composizione da quelli del castello dell'Ovo, perchè non è loco forte, nè di grande importanzia, per quanto si dice; e per quello non restarà Consalvo de pararse, parendo che le cose siano ormai assicurate. L'armata spagnola, per non esser bastante per la francese, era redutta a Ischia per segurtà: ora vegnirà a Napoli et starà senza alcun pericolo. Monsignor d'Obignì è sta' mandato preson ad Ischia, ben onorato da' Spagnoli. Quanto è soprascritto, in summario, è tratto dalla lettera dell'illustrissimo Consalvo scritta all'orator ispano, il qual me l'ha mandata a comunicar. »

420.　　　　　Affari del Regno.

Roma, 17 giugno 1503.

Il Papa continua a tenere un contegno ambiguo. Credesi che i Francesi per ora non pensino punto alla rivincita.

421.　　　　　Notizie del Regno.

Roma, 18 giugno 1503.

A sei miglia da Aquila si trova Fabrizio Colonna con circa 2500 fanti e 600 cavalli. Le cose dei Francesi volgono al peggio, e sono molto avviliti.

422.   Macchinazioni del Papa contro Giangiordano.
Crudezzè contro gli Ebrei. Favori a don Michele.

Roma, 19 giugno 1503.

Pare che il Papa mediti qualche cosa contro Giangiordano, avendo pubblicato un bando, col quale si rinnuova, sotto pena di scomunica, il divieto a ciascuno di portar armi a Bracciano o a Vicovaro. Sonosi aumentate in questi giorni le crudezze del Pontefice contro gli Ebrei; chi dice, per gratificarsi i Reali di Spagna; chi per interesse suo proprio.[1] Dopo la morte del Santacroce, il Papa ha donato l'ufficio di Torre Savella a don Michele; « et anche, per esser el novo governador persona molto modesta e mal atta a far questo officio nel modo che questi voleno che si facci, gliel' ha dato quasi per compagno, in modo che sempre in tutti li officiali e ministri di questa corte sempre si va *de malo in peius*. »

423.   Notizie del Regno.

Roma, 20 giugno 1503.

Si scrive che l'armata francese muove da Gaeta con fascine e misture incendiarie, per dar fuoco all'ar-

---

[1] Se ne parla anche in un dispaccio del Soderini, 17 giugno 1503. Furono presi da ottanta marrani « et empiutone le prigioni et tolto loro roba et denari; » e si mandò un bando « che tucti e' giudei et marrani fra sei dì proximi futuri si debbano essere rappresentati dinanzi alla Santità Sua, sotto pena della confischatione di tucti e' loro beni. » E lo scrivente nota « che sono tucte inventioni da far denari, » e che il Papa ne ricaverà parecchie migliaia di ducati. (Arch. Fior. *Lettere ai Dieci*, maggio-giugno 1503, a c. 348 t, e 349.)

mata spagnuola ad Ischia ed a Napoli. Gli Spagnuoli
presero Rôcca Guglielma, luogo fortissimo e molto ac-
concio alle imprese future. Si parla molto dell'impresa
di Bracciano, e forse anche di Siena.

424.   Notizie del Regno.
  Arrivo di Luigi di Trans, oratore francese, in Roma.

          Roma, 21 giugno 1503.

 Gaeta sta in gran timore della venuta degli Spagnuoli. Prospero Colonna si trova a Pontecorvo, poco
distante dal Garigliano, con buon numero di gente.
Consalvo è ancora in Napoli. Il Papa, in Concistoro,
favorisce a parole i Francesi.

 « Monsignor di Trans,[1] novo orator de la Cristianissima Maestà, heri sera tardi entrò in Roma privatamente e senza niuna compagnia, et ozi insieme con
el cardinale Sanseverino ha abuto udienzia. »

425.   Colloquio del Papa coll'Oratore
   intorno alle cose del conte di Pitigliano.

          Roma, 22 giugno 1503.

 « Ozi son stato a Palazzo, per esser con la Beatitudine Pontificia sopra la materia del vescovato di Verona, siccome con efficacia la Sublimità Vostra mi
comanda per soe de' 17 del presente, con la solita reverenzia heri al tardo da me recevute, in la qual ma-

---

 [1] Luigi de Villeneuve, signore di Trans, stato già oratore
del Cristianissimo in Roma nel 1500: il Burcardo ne descrive
l'entrata sotto dì 23 agosto di detto anno (*Ms. Magliab.*, tomo III,
a c. 6 t). Trans, in Provenza, era feudo baronale della famiglia
di Villeneuve, e fu eretto poi in marchesato da Luigi XII, nel 1505,
in grazia di questo suo oratore.

teria quel ch'io abbia operato per le alligate mie a parte intenderà la Serenità Vostra. Da la qual materia expediti Sua Santità mi disse:—*Domine Orator*, vui sapete quanto umanamente nui se avemo diportato in le cose del conte de Pitiano, a le qual, per rispetto della illustrissima Signoria, se è avuto più riguardo che alle nostre medesime. Speravemo che lui *etiam* dovesse far l'officio de bon servidor verso de nui, come el predicava; *tamen* ve volemo far vedere tutto l'opposito, e ch'el facciate intendere alla illustrissima Signoria, azò che la veda quel che merita el conte de Pitiano da nui. Nientedemanco, per demonstrar a tutti la grande existimazione che nui facemo di quel serenissimo Dominio, ve dicemo che per questo non volemo nè semo per innovar cosa alcuna contro del stado del conte, ma questa grazia volemo che lui l'abi dalla Signoria, chè altramente li faressimo di versi che avemo fatti alli altri. E, detto questo, chiamò el reverendissimo cardinale Adriano (che, da sottoscrivere i brevi in fuora, fa l'ufficio di secretario come prima), e mi feze lezer la copia di una instruzione del signor conte di Pitiano e signor Iulio Orsino, *subscripta manu propria* de tutti do loro, e mandata per un suo servidor, per nome Trasco, al signor Zuan Zordano, per la qual par lo inviti ad alcune cose contro la Santità Sua; de la qual me ne ha fatto dar copia, la qual mando a la Sublimità Vostra, per la qual lei particularmente intenderà il tutto. Da poi *etiam* feze lezer la risposta ch'el signor Zuan Zordano ha fatto a questa instruzione (de la qual *etiam* mando copia alla Serenità Vostra); e disse averle abute per via del marchese de

Saluzzo, vicerè existente in Gaeta, al qual el signor Zuan Zordano le ha date, e lui le ha mandate alla Beatitudine Sua. Io iustificai questa cosa con quelle più accomodate parole che l'inzegno mio mi sumministrò a uno assalto improvvisto et inopinato di questa natura, dicendo che la Beatitudine Sua volesse ben usar la solita soa prudenzia e bontà, avanti che la prestasse fede che questa cosa vegnisse dal signor conte, el qual sempre in ogni tempo era stato divotissimo di Sua Santità, nè mai mancato dall'officio e debito de fidel servitor. Pur dissi che io ne daria aviso alla Serenità Vostra, la qual, comunicata che avesse questa cosa al conte, me daria risposta, et un'altra fiata, meglio instrutto, parlaria in questa materia alla Beatitudine Sua: e replicai che la Santità Soa dovesse ben considerar che molti rispetti potriano esser causa di far vegnir questa cosa a sua notizia; e *tamen* el signor conte ne doveva esser innocente. Mi disse che la cosa èra certa, e che la dovesse notificar alla Celsitudine Vostra; et *iterum* me replicò che per questo non era per far alcuna demonstrazion contra le cose del conte, per dimostrar el conto che tegniva de la Serenità Vostra. »

426.　　Tendenza del Papa agli Spagnuoli,
dichiarata da lui in un colloquio coll'oratore bolognese.

Roma, 23 giugno 1503.

« Questa sera l'orator bolognese mi è venuto a trovar, e ditto esser stato ozi con el Pontefice longamente, et, *inter cetera*, rasonando li disse: — Messer Carlo, nui semo stati finora franzesi, e semo e cusì continuaremo, se vedremo che loro faccino quel che dicono, di mandar tanta zente che siano sufficienti al vincer contra Spagnoli; ma se loro staranno a veder, e che vogliano che nui facciamo la guerra per loro, se delibereremo de non voler perder quel che avemo acquistato, perchè vedemo che l'è volontà de Dio quel che hanno fatto Spagnoli; e se Dio vuol così, nui non dovemo voler altramente. — E qui straparlò de' Franzesi, e parlò in comendazion de' Spagnoli, dicendo che, expedita l'impresa de Gaeta (che la reputavano expedita), volevano andar a Siena, e scorrer *etiam* più oltra. »

È certo che il Papa in segreto favorisce gli Spagnuoli, ed è di umore più allegro, sperando d'aver Siena col favore di essi; mentre intanto, con quello dei loro avversarii, cerca di avere Bracciano e Vicovaro.

427. Altri accenni alla tendenza del Papa verso gli Spagnuoli.

Roma, 24 giugno 1503.

Il Papa e il Duca fanno gran festa delle notizie contrarie ai Francesi, che giungono loro; tra le quali è che il Fracassa, che si trovava presso Aquila, fu sbaragliato. Il Papa, per dichiararsi in favore degli Spagnuoli, aspetta la caduta di Gaeta, ed ha anche in animo di « metter in travaglio Siena e Bologna et avere anche Pisa. »

428. Colloquio del cardinale di Siena coll'Oratore veneto. Il cardinale esorta la Repubblica di Venezia a porsi a capo delle cose d'Italia per liberarla dai barbari, profittando delle discordie tra Francia e Spagna e degl'imbarazzi del Papa.

Roma, 25 giugno 1503.

« Per Zanin corrier scrissi heri alla Excellenzia Vostra quanto fin quell'ora accadeva; e perchè heri el reverendissimo cardinal de Siena me feze intender desiderar de parlarmi, ozi son stato a visitazion soa, et introdutto, lo trovai in letto, per essere impedimentato in una gamba. Fatte le consuete accoglienze, Sua Signoria Reverendissima mi disse: — *Magnifice Orator,* cognosso ben che non è officio mio dirvi quello che ora vi dirò; pur, essendo costretto dall'amore della patria, dal ben comune di tutta Italia, e *demum* da la singular affezion che ho alla vostra illustrissima Signoria, ho voluto pigliar confidenzia di mandar per vui, come rappresentante quella, azò che vui fazzate poi quel che vi parerà per vostra prudenza, di darne a quella aviso alcuno o veramente non. — E qui mi disse che tutta Italia aveva molto a rengraziar Dio che li avesse prestata una tale opportunità, qual era la presente, a doverse liberar da le man de'barbari, che l'hanno redutta nella miseria dove l'è; ma, non si possendo far questo senza la Signoria di Venezia, ognuno risguarda quella, la qual, facendo quel che la può a questa liberazion, meritamente sarà chiamata padre e liberatrice di tutti, et ognuno la reconosserà con quella reverenzia che la deve essere reconossuta. Se anche la non farà, non manco tutti se doverranno doler de lei che de' Franzesi o Spagnoli; e Dio voglia *etiam* che lei stessa non se dogli de lei medema, e che qualche fiata non se attristi de aver mancato non solamente ad altri, ma a sè propria! E disse: — Li falliti de Italia (per usar le so' formal parole), convengono forzati adiutar chi Franza, come fa la mazor parte, e chi Spagna, per non esser dati in preda al lupo. (Et, a iudicio mio, cegnò el Papa.) Se vui voleste rico-

glierli appresso de vui, sappiate che ognuno ve seguitaria più volentiera vui che Oltramontani. — Poi disse:
— Vui state a veder, et il Papa, mo con uno mo con l'altro, va tirandose sotto i piè quel ch'el vole. Adesso lui se intende cum Spagnoli, e più apertamente si dimostrarà, abuta che abbino Gaeta, come si crede; con el favor di quali, *dolenter* el dico, vorrà Siena, vorrà Pisa, metterà in angonia el stato de' Fiorentini, e farà anche più avanti, chè li sarà facil cosa a farlo, perchè zente non mancano a Spagnoli: purchè lo i sovvenga de denari, faranno quel ch'el vorrà. Questa cosa, so molto ben, dispiacerà alla illustrissima Signoria, che non vorria veder costui in tanta prosperità, chè non è secura cosa per lei, *tamen* non seria nè anche ben che la pigliasse poi le armi contra Spagnoli, i quali fariano altro conto della illustrissima Signoria de Venezia che non fanno del Papa, quando lei volesse; et el Papa allora averia di grazia star bene cum Spagna e cum Venezia, e pareriali far assai, quando el conservasse quel che l'ha, senza aver altro sèguito.
— E disse: — Non vi voglio dir più avanti li beni che potresti far con questo mezzo, e di quanti pericoli schivaresti l'Italia e vui medemi. Tutto so esser più conossuto dalla illustrissima Signoria, per la prudenza soa che da me; perchè la sa ben che questa cosa non ha a star come la sta, ma necessariamente Franzesi vinzeranno, chi non provede de soccorso a Spagnoli, almanco de denari, o veramente che faranno pase e si accordaranno a ruina del resto; e cadauno di questi dui casi che avvenisse, non saria securo, nè anco per el stado vostro, perchè allora (che Dio non lo voglia!)

anche vui trovaresti pochi che volesseno porgervi
mano. — E cum questo feze fin, benchè con molte
parole, le qual me ho afforzato raccogliere *in substantia*, cum quanta brevità ho potuto, persuadendome
con gran efficacia che io scrivesse alla Serenità Vostra,
e persuaderla a voler pigliar la protezion et aver cura
che l'Italia non se redusesse a mazor miseria di quella
dove la se attrova, perchè altri che lei non poteva far
questo. Io brevemente respusi a Sua Signoria Reverendissima, rengraziandola del buon animo che l'aveva
all'onor et exaltazion de stado di Vostra Serenità, et
anche che cum paterna confidenzia la parlasse cum
mi, e li dissi che conosceva la Sublimità Vostra tanto
savia e prudente e sempre averse governata prudentissimamente, che non doveva credere che a questo
tempo la fosse per far altramente; e che se mai la non
se aveva doluto de niuna soa deliberazion, sperava, mediante la grazia del Signor Dio et iudicio de tanti sapientissimi padri, quanti sono al governo di quella
Repubblica, che non averia a dolerse de niuna deliberazion che abbino fatta o siino per far al presente.
Mi feze alcune repliche pur in conformità di quanto
è soprascritto, che non accade, replicandole, attediar
più la Sublimità Vostra, alla qual mi ha parso significar el tutto. »

429. L'oratore spagnuolo, in un colloquio col Veneto, lo esorta
  a raccomandare alla Repubblica gli affari d'Italia e l'al
  leanza di Spagna.

Roma, 26 giugno 1503.

« Ozi mi son ritrovato in camera del Papagà con
l'orator di Spagna, che tutti do eramo lì per audien-

zia, benchè nè l'uno nè l'altro l'avesse, perchè Nostro
Signor ne mandò a dir che voleva andar a spasso alla
vigna con el Duca. Stando a rasonar con Sua Signoria,
e domandandose l'uno l'altro di novo, como si fa (dicendo lui che per allora non aveva altro che dirme da
novo, perchè non aveva fresche lettere di Reame, ma
ben le aspettava), mi disse: — *Magnifice Orator*, mi
ricordo che un zorno, siando a vespero del Papa,
quando fo la novità degli Orsini e rebelion del stato
de Urbin, ve dissi che la illustrissima Signoria vostra
aveva una occasione mandatali da Dio, troppo bona a
liberar la Italia, la qual senza lei non si po liberar da
uno che non caschi in man de l'altro.[1] Allora, per troppi
respetti, fo perduta quell'occasione, e sapete quanti
mali ne sono da poi seguiti. Al presente Iddio ghene
dà una mazor, e par che la vogli despreciar anche
questa, forsi con mazor pericolo e danno. El mio Re
e Regina ha fatto proponer alla illustrissima Signoria,
e per l'orator di quella residente appresso le Sue Altezze, et anche per el nostro che è a Venezia, che vol
restituir el Regno de Napoli al re Federico et al suo
fiolo; e questo vi affermo essere sua costante opinion,
chè non potria esser partido più utile per la Italia di
questo, nè cosa che meglio possa resanar li membri
di questo corpo de Italia, che li ha tutti infermi, come
vedete, dal vostro in fuora; perchè, benchè li miei Re
siano iusti etc. (e qui me disse in laude loro molte
parole), pur confesso la verità, che la Italia sta meglio in man de Italiani che de altri. Non so quel che
farà la Signoria; ma mi dubito (disse lo) che l'esser

[1] Cfr. il dispaccio 152.

troppo prudente e circonspetta, e voler risguardar più di quello che si die, non li nuosa¹ questa fiata, come ha fatto anche altre volte. Fin qui, vi affermo, non z'è speranza di pace dopoi partito el nostro orator da Lion; ma vi dico ben che questa guerra è di grandissimo peso alla Spagna, e se averà a durar troppo lei sola, non la potrà continuar, chè ormai la comenza esser stracca; che, essendo aiutata, presto se ne vederia el fine, e seria con perpetua quiete de tutti. — E disse: — Vedete, questo Papá mi paga de miglior parole de questo mondo, *tamen* son certo che s'el vedesse vegnir Franzesi potenti, me voltaria le spalle; che non dubitaria de questo, quando la illustrissima Signoria volesse intendersene con nui, perchè, essendo questo, nè Franzesi averiano animo de vegnir più in Italia, e manco el Papa potria recalcitrar, ma di grazia staria alla voluntà delli Re e della Signoria; et in questo modo si conzariano le cose del Reame et anche el resto de Italia, quando la illustrissima Signoria de Venezia volesse; del che la ne receveria merito appresso Dio, e laude e commendazione del mondo, et anche non mediocre utilità. — E, ditto questo, mi persuase che io dovesse scrivere il tutto alla Serenità Vostra. Al qual respusi che queste cose io non poteva scrivere, se non come da mi, e questo non era mio officio *ponere os in coelum,* perchè l'officio mio era obedir, e non ricordar a quelli che vedeno più de mi; o veramente scriverle come ditteme da Sua Signoria per nome delle Altezze di suo' Re, e questo Sua Signoria poteva far per mezzo d'altri che mio. Sua Signoria,

¹ *Nuosa*, nuoccia.

che sempre mi ha dimostrato gran dimestichezza, se
la rise, e disse: — Or scrivete pur, e non disputè
cum mi, s'el dovete far o non. — E ditto questo lui
andò per una via del Palazzo, et io per l'altra. »

430.   Notizie del Regno.

Roma, 27 giugno 1503.

La nave, preparata dai Francesi per dar fuoco al-
l'armata spagnuola, fu sommersa dai nemici. In
Napoli gli Spagnuoli bombardano il castello dell'Ovo.
Consalvo è a San Germano.

431.   Notizie del Regno e di Lombardia.

Roma, 28 giugno 1503.

Il Vicerè francese di Gaeta manda a pregare il
Papa che gli conceda la tratta delle vettovaglie e aiuto
d'armi, e gli offre la fortezza a discrezione. La tregua
con Giangiordano è prorogata a metà di luglio.

Monsignore de la Tremoille è giunto a Milano;
di là deve andare a Parma, e trovarsi col duca di Ferrara e col marchese di Mantova.

432. Diverbio tra gli oratori francese e spagnuolo per la presen-
     tazione al Papa della chinea, omaggio feudale del Re-
     gno di Napoli. Cose di Gaeta.

Roma, 29 giugno 1503.

Il nuovo ambasciatore francese, monsignore di
Trans, e lo Spagnuolo vengono a parole fra loro, per
occasione dell'offerta della chinea, fatta dall'ambasciatore francese al Papa, come segno di riconosci-

mento del possesso feudale del Regno. Lo Spagnuolo vuole che sieno riservati i diritti dei suoi Re, e ottiene dal Pontefice facoltà di presentargli la chinea in altra occasione.

Al messo del Vicerè di Gaeta (vedi disp. 431) il Papa rispose con sdegno, che non occorreva che gli offerisse terre già sue, e le quali fra pochi giorni egli avrebbe per amore o per forza. Anche da questo si trae argomento per credere che il Papa favorisca gli Spagnuoli; ma « quando vedesse Francesi più potenti, presto voltaria bandiera; » intanto egli sa usare molte arti per tenersi amiche ambe le parti.

433. Visita di congedo dell'oratore fiorentino (Soderini) al Veneto. Notizie di Gaeta.

Roma, 30 giugno 1503.

« L' orator fiorentino ozi mi è venuto a ritrovare a casa, e mi disse esser venuto a tuor combiato da mi, perchè aveva avuto licenzia de partirse: qui resterà un suo secretario, che era *etiam* avanti che lui vegnisse, e starà domente[1] ch' el vegnirà et successor.[2] Fatte le debite accoglienze *hinc inde*, mi disse ch' el partiva con qualche sospetto delle cose sue, perchè

[1] *Domente*, mentre.
[2] La lettera di licenza dei Dieci al Soderini è del 22 giugno, e nella medesima viene designato per suo successore messer Antonio Malegonnelle, il quale poi non venne. Il Soderini prese congedo dal Papa il 27 di giugno, e partì il 4 di luglio; e in luogo suo rimase in Roma ser Alessandro Bracci. Ma questi, ammalatosi di febbre il 2 di luglio, cinque giorni dopo morì; e intanto tenne quell'ufficio il cancelliere di lui ser Francesco Fortucci da Sangimignano. (Arch. Fior. *Carteggio dei Dieci,* ad ann.)

vedeva el Re de Franza lento in le provision, e Spagnoli continuar la vittoria e restrenzerse con el Papa, el qual, per l'appetito suo insaziabile, dubitava non li mettere fastidio; e mostrò far conto de questa union con Spagnoli; chè altramente, disse, essendo loro [1] coniunti con Senesi, sperariano defenderse dal Papa solo. Mi andò ricercando quel che faria la Sublimità Vostra: disse che ognun iudicava (e questa era indubitata opinion a Fiorenza) che la Celsitudine Vostra *tandem* pigliarà el partito de Spagnoli, per assettar la Italia; anzi, disse, più presto si crede che za la intelligenzia sia fatta, ma che se aspetti tempo a dechiarirla. E di questo lui mostrava aver apiacer, e disse che questo era il desiderio di tutta Fiorenza per più soa segurtà. A queste parole, Principe Serenissimo, quantunque forsi (per la cognizion che mi par aver de la natura di questo orator) siano sta' ditte semplicemente, mi parse de risponder con la debita circumspezion, e non li dir parola, che lui, o altri a chi la referisse, li potessé far comento che non fosse bono, non me partendo punto da quel che cognosso esser ferma intenzion de la Serenità Vostra. E finito questo rasonamento, e fattoli per mi el debito onore, si partite.

» Questa mattina, a bon'ora, monsignor di Trans è montato in un bergantin qui a Ripa per andar a Gaeta, dove si sta con gran sospetto. Franzesi hanno abandonato el Monte, perchè non lo averiano potuto difendere: il campo tuttavia andava a quella banda, e preso che sia el Monte, per opinion de chi ha pra-

[1] Cioè, i *Fiorentini.*

tica del luogo, la terra non si potrà tegnir niente, perchè da ogni banda può esser battuta dal Monte; *imo*, che de zorno in zorno se aspetta la nuova del prender di quella terra. »

434. Consalvo spedisce a Roma un uomo a far gente, raccomandandolo agli oratori spagnuolo e imperiale. Voci di unione tra il Re dei Romani e Venezia contro i Francesi.

Roma, 1 luglio 1503.

« Ozi·è zonto qui un omo mandato da Consalvo Ferrando, con lettere all' orator ispano et altre lettere *etiam* a don Luca, orator de la Cesarea Maestà (a lui scritte dal capitan alemanno che è con Consalvo, capo delli fanti alemanni), le quali in consonanzia exortano e pregano questi do orator, che voglino con ogni soa autorità e favor aiutar quest'omo a far zente qui in Roma; el qual ha commission de dar una parte di denari qui, secondo la condizion de li omeni, e promission che, subito che siano zonti dove li serà commesso per lui, darli el compito pagamento di quello che seranno convenuti. Ozi questi do oratori se dieno trovar con la Beatitudine Pontificia per comunicarli la venuta di questo omo e la causa, per dar poi principio alla execuzion. Non se intende che resoluzion pigliaranno: pur non se dubita ch' el Pontefice ghel consentirà, volendo continuar nella sua neutralità, avendolo *etiam* conceduto, quando l'hanno voluto, a Franzesi. Ben vero è che, avendo fama Spagnoli di aver più presto bisogno de denari che de zente, de le qual ne hanno copia, si dubita che questa demostrazion di far zente qui in Roma non

sia a qualche effetto che fin ora non se intende; o che
Consalvo si vogli per questa via dechiarir de la mente
del Pontefice, o veder come el se moverà in questa
cosa; *aut* forsi la è qualche nova machinazione del
Pontefice, che vuol veder che mormoro faranno i
Franzesi, et andarse a poco a poco scoprendo per
Spagnoli; o forsi anche che con questa zente, fatta
qui a nome de Spagnoli, el vogli con favor di quelli
fare assalto in qualche luogo. Scrivo tutti li iudicii
che qui si fanno a la Serenità Vostra, la quale, con el
sapientissimo iudicio, potrà poi iudicar quel che più
consono alla verità li apparerà.

» Qui *etiam* se dice ch' el Re de Romani ha cri-
dato de far zente, e ch'el si stabiliva molto con la
Sublimità Vostra, sedando ogni contenzion de confini,
iusta el voler di quella; la qual fama fa che molti
cervelli di qua, che sono soliti et atti a far chimere,
si dipinzeno gran cose, e parli che i cieli et elementi
si debbano rivoltar contra Franzesi, e molti e molti
stanno in gran speranza di veder presto questo effetto. »

435. Arruolamenti di fanti per gli Spagnuoli in Roma.
     Spedizione di monsignore di Trans a Gaeta.

Roma, 2 luglio 1503.

« Per Pier Rizo corrier scrissi heri alla Excellenzia Vostra quanto accadeva, et, *inter cetera*, li dissi
l' esser venuto qui un messo del gran Capitano de
Spagna per far fanti a nome suo, el qual ozi a suon
di trombetta e tamburini, assistente l'orator ispano,
messe bandiere di Spagna, e comenzò a dar denari:
non dà soldo ad altri che a Spagnoli et Alemanni. Que-

sto far de fanti, come heri scrissi alla Serenità Vostra, ha fatto far qui a omeni prudenti varii iudicii, essendo fama che Spagnoli non avevano bisogno di zente; et iudicio de molti era, et è ancora, che si faccino a nome del Papa, sotto titolo di Spagnoli. *Tamen*, par pur che cominzi a verificarse che con effetto si fanno per conto de Spagnoli, però che, avendo a fornir molti luoghi e terre, se non provedesse[1] di far fanti, li romagniriano poi troppo pochi al suo bisogno; et anco s'è ditto averne mandati molti in Calabria per fornir certe rocche, per rispetto dell'armata francese, che pur scorre verso quella riviera, e dubita non facci rivoltar qualche luogo, con metter zenti in terra, che seria causa de scandolo.

» Scrissi *etiam* alla Serenità Vostra l'andar di monsignor di Trans, orator del Cristianissimo Re, a Gaeta, che è stato per tre cause: primo, per confermar e confortar li animi di quella brigata, che stanno in grandissimi sospetti e senza niuna speranza di soccorso, il che è causa di far iudicar che, appresentato il campo, tutti per via di mar si abbino a salvar; e fanno iudicio molti prudenti che quella armata sarà causa di perdere Gaeta più presto, però ch'el modo de fugir e salvarse farà vili li animi alla defensione e lenti alle provisioni, chè altrimenti saria più difficile impresa, perchè *una salus victis nullam sperare salutem*: la seconda causa è stata per portar certi denari a quelle zenti: terzo, per satisfar al Pontefice circa le cose de Zuan Zordan, che vorria *de plano* averlo, quando el potesse. »

[1] Sottintendi, *Consalvo*.

436.   Notizie di Gaeta.

Roma, 3 luglio 1503.

Le condizioni di Gaeta, rispetto alle vettovaglie, sono cattive. Il Papa dice all' Oratore veneto che inclinerà alla parte del più potente.

437. Colloquio dell' Oratore veneto con Pre' Luca sopra certe pratiche segrete tra il Papa e il Re dei Romani.

Roma, 4 luglio 1503.

« Avendo visto messer Luca, orator de la Cesarea Maestà, da tre zorni in qua averse molto restretto con el Pontefice, e questa mattina, licenziati tutti gli altri, lui solo esser sta' ammesso e longamente stato con el Pontefice, e da poi è restato a disnar con el cardinal Adriano, e subito desinato, si ridusse dal cardinal de Heuna; mi ha parso ben a proposito ritrovarmi con lui, per sottrazerli qualcosa, per esser persona facile a dir quel che l'ha. E sapendo che questa sera *etiam* lui doveva esser a Palazzo, senza che io avesse a far altro, mi son redutto in camera del Papagà, dove lo trovai, et accostato a lui, parlando come soglio domesticamente, li dissi che mi allegrava ch'el fosse fatto palatino, e che ora con il mezzo suo si poteva aver grazia da Nostro Signor. Se la rise e disse: — El Papa pochi dì fa non mi voleva vedere, et ora mi manda a pregare che io vegna a Palazzo. — Li dissi: — Ben, avete ancora partito i denari de la cruciata? — Disse de non, e ch'el sperava de averli tutti. Io li respusi che, ad aver tanti denari, doveva [1] far qualche gran profitto al Pontefice. Me·disse che io diceva el vero, e che da mo avendoli, i averiano cum gran suo interesse. [2] E perchè pur aveva inteso ch'el Papa praticava avere dallo Imperator la investitura di Pisa, Siena e Lucca, li cegnai de queste cose, e me disse de non, ma che l'aveva pratica' cosa, che era di molto mazor importanza; — la qual (mi disse) io manizo mal volentiera (benchè, reussendo, el partito serà con grande mio utile), nè per mi vorria che la fusse.—E subiunse, che da mo, se la Illustrissima Signoria Vostra voleva, non se faria niente; e che io ne dovesse scrivere alla Serenità Vostra, et aver presto risposta da lei, se la ghe vol dar intenzione; chè da mo lui rebatterà ogni pratica del Pontefice, per aver qualche altra cosa da lui. Li dissi ch'el mi dicesse qualche particolarità, perchè io non scriveria, se non sapeva che scrivere. Me rispose che non mi poteva dir altro, ma mi faceva certo che la cosa éra granda, e za lui aveva scritto, perchè la necessità costrinzeva el suo

---

[1] Intendi: *per ottenere dal Pontefice la cessione di tanti denari, doveva, egli Pre' Luca, fare qualche cosa che fosse di gran profitto al Pontefice stesso.*

[2] Intendi: *Mi disse.... che egli Pre' Luca e il suo Re avrebbero quei denari con grande interesse del Papa;* ovvero, *li avrebbero a un grande interesse*, intendendo sempre per *interesse*, il profitto che ne ritraeva il Pontefice. Nell'insieme tutto questo periodo non è chiaro: ma il confronto dei dispacci 114, 121, 291, 333, dai quali appare che Massimiliano più volte aveva chiesto al Papa la cessione de'denari della crociata, e che questi si mostrava ritroso ad aderirvi, se non a patto che il Re concedesse al Valentino l'investitura di Pisa e di altre terre di Toscana, e anche il séguito di questo stesso dispaccio, ci fanno tenere la nostra dichiarazione come molto verisimile.

Re a pigliar partito, e disse : — Spagnoli non hanno denari; el mio Re è fallito; bisogna che pigliamo el partito da chi ne lo fa, perchè el Re de Romani ha gran bisogno de denari, et el Papa di stado. — Li dissi, così ridendo, s'el praticava dar la ducea di Milano al Papa. Mi rispose che non l'andasse ricercando più, perch'el non mel poteva dir : chè, s'el se intendesse che da lui fosse ussita parola, dubitava di non esser buttato in Tevere. E ridendo disse : — Sapete ben che omeni sono questi ! — E *breviter* cum ogni mia arte mai puti' aver altro da lui. Ben questo è certo, Principe Serenissimo, che lui manizza qualche gran partito, et il Pontefice a questo effetto vorria *etiam* mandar un nuovo legato in Alemagna, e per mandar persona grata alla Cesarea Maestà, ha dato in nota al prenominato orator, sì come lui medesimo me ha ditto, certi prelati, tra i quali è il vescovo di Concordia,[1] vescovo *Agiensis*, zoè de la Cania, che è cittadin venezian, fratello de domino Vettor Orso dalla Stimaria,[2] et il vescovo *de Porcaris*,[3] gentilomo romano, azò che de tutti el Re, visto che abbi la poliza, eleza qual li piace, e quello li mandarà. El zervello di questo Pontefice, sia certa la Sublimità Vostra, essere inquietissimo, e continuamente versa circa cose grande

[1] Francesco Argentino, veneto, vescovo di Concordia, ossia di Porto Gruaro.

[2] Orso è famiglia veneta che fu ascritta tra le nobili fino alla fine del secolo XV, poi tra le cittadine, capaci di avere uffici. *Stimaria* è nome d'ufficio. Chi sia precisamente questo vescovo della Canea, non sappiamo: notiamo soltanto che la denominazione latina di tal vescovato sarebbe *Cydoniensis* e non *Agiensis*.

[3] Girolamo Porcari, vescovo di Andria in terra di Bari.

et alte imprese: si trova aver oro assai, aver comodità di queste zente spagnole, per esser appresso tutti divulgato che, abuta Gaeta, el se scoprirà per Spagnoli; in modo che, fidandose dei suoi denari e favor di queste zente, facendo qualche composizion con el Re de Romani, con buttarli in pe i denari della cruciata, non serà con alcun suo interesse,[1] non seria gran fatto, considerata la natura soa, che l'aspirasse a mazor cose di quel che la rason vorrebbe. »

438. Apparecchi militari del Papa e del Valentino: non se ne conosce il fine, ma si teme molto dalla loro ambizione.

Roma, 5 luglio 1503.

« Con fretta grande el Pontefice e Duca fanno mettere in ordine le sue zente, li danno denari, et ha fatto una gran quantità de sagioni a la divisa soa, tutti a un modo,[2] per donar a tutti gli omeni d'arme, uno per uno; etiam zente nove da pe e da cavallo; et è divulgato ch' el vol far fino al numero de 1000 omeni d'arme, e fa dimostrazion di gran preparamento. Si parla etiam assai ch' el Duca in persona cavalcarà, e vedesi a questo effetto qualche coniettura. Si parla assai de Pisa e Siena, ma le preparazion sono per mazor imprese; e forsi ch' el se pensa far questo

---

[1] Ci parrebbe da correggere: non senza alcun suo interesse.

[2] « Don Michele hieri cominciò a dare saioni a questi soldati che ci sono venuti di nuovo, et dì et nocte ne fanno lavorare in più botteghe; et sono gialli et rossi squartati, e nel pecto et nelle schiene hanno cinque lettere grandi che dicano CESAR. » Da una lettera di Alessandro Bracci, 3 luglio 1503, (Arch. Fior. Lettere ai Dieci, luglio 1503, a c. 29.)

contra la volontà de chi li volesse contrastar, e potria
esser poi che la vittoria el facesse più insolente e tender
ad altro, perchè el cor de l'uno e l'altro è indirizzato
molto in alto. Tutti li primi di autorità e prudenza di
questa Corte aspettano e temeno di veder cose dispia-
cevole, essendo quel che ognuno affirma: che, abuta
che abino Spagnoli Gaeta, el Papa se abi a scoprir, chè,
essendo loro su tanta vittoria, con molta zente, con
le preparatorie che fanno qui, che tutta serà in ordine in un punto, alla improvista potranno far tale
assalto e proceder tanto avanti, che non senza grandissima difficoltà si potrà rimediar a tanto mal. Ogni
coniettura adesso denota la mente del Pontefice esser
inclinata alle cose di Toscana, e far sì che la comodità el farà più ingordo. Ha raccolti tutti li fuorusciti
di ogni luoco, *precipue* quelli del stado de Fiorentini,
alli quali ha fatto privilegii e patente che in ogni loco
di soi siano accettati liberamente et accarezzati. In
particolare ha ordinato a Perusini (come ho dal suo
orator residente qui), che li accettino e li faccino bon
trattamento, in modo che tutta questa parte de qua
sta in grandissimo sospetto, e questo timore si extende
fin a Bologna e Ferrara; e questo potria esser causa
che faria metter ognuno al forte, e spenzer [1] el Re de
Franza a vegnir tanto potente ch'el potesse proibir la
ingordità di questi appetiti; e ciò anche non potria
esser senza pericolo, però che, con li mezzi che sa
usar, voltaria poi bandiera, [2] e forsi faria pezo. »

[1] *Spenzer*, spingere.
[2] Intendi, *il Papa.*

439. · Notizie del Regno.

Roma, 6 luglio 1503.

L'armata spagnuola è assai stretta in Ischia da quella francese, ma gli Spagnuoli dal canto loro danneggiano questa per parte di terra.

440. Comunicazioni del cardinale di Napoli all' Oratore sugl' intendimenti del Papa.

Roma, 7 luglio 1503.

Il cardinale di Napoli riferisce all'Oratore veneto, che il Pontefice s'era lagnato con esso dell'insistenza degli ambasciatori francesi per ottenere aiuto e favore; e che esso cardinale avevalo consigliato di serbarsi neutrale, essendo tale risoluzione la meglio conveniente a lui, come capo della Cristianità e padre universale dei fedeli; ma il Papa, secondo il solito, rimase ed è tuttora perplesso per cagione dello stato presente delle cose e dei possibili avvenimenti futuri.

441. Notizie di Gaeta e di Giangiordano. Concessione del vicariato di Città di Castello al duca Valentino.

Roma, 8 luglio 1503.

Monsignore di Trans riporta da Gaeta buone notizie circa il provvigionamento e la fortificazione di questa città. Dice poi che Giangiordano non cederà al Papa il proprio stato se non alla condizione, già dichiaratagli, che egli mandi genti d'arme nel Reame a favore del Re di Francia; e, per maggior guarentigia, si offerisce a star prigione.

Il Papa pubblica una bolla che instituisce vicario perpetuo di Città di Castello il duca Valentino, e sollecita quei di Perugia a sottomettersi nel medesimo modo.

442. Andata di monsignore di Trans a Bracciano. Contegno ambiguo del Papa tra Francesi e Spagnuoli. Notizie di Gaeta.

Roma, 9 luglio 1503.

« Quanto fina heri mi accadeva, scrissi alla Excellenzia Vostra per Zuane Gobo corrier. Questa mattina, a bon' ora, monsignor di Trans, orator francese, accompagnato da circa 25 balestrieri del Papa, è andato, si dice, a Brazzano, per pigliar el possesso di quel luogo, per nome della Maestà del Re, per disponere poi di quello, come più al proposito li parerà alle cose sue, e, parendoli, *etiam* liberamente consegnarlo al Pontefice. *Tamen* per questo Soa Beatitudine non è per moverse, nè in parte alcuna scoprirse per Franzesi, non vedendo in loro maggior disposizion de far fatti di quel che fin al presente se intende con verità. Ben questo è vero, che la Beatitudine Soa sta molto prolixa, *et nescit ubi reclinet caput*, perchè l'uno e l'altro lo costrenzeno a dechiarirse, parendo *maxime* a' Franzesi che non fazzi più per loro star a parole: e questo è causa che la Santità Sua è fatta scarsa di audienzie a tutti, per poterse *etiam* excusar con l'uno e con l'altro di questi oratori; chè per lui si fa aver tempo, e per veder che faranno Franzesi con la pubblicata fama per loro del gran soccorso, e anche intender el fin de la impresa de Gaeta, la qual

fin qui non par riesca cusì facile come a principio si
diceva. »

I Francesi fortificarono ottimamente il Monte di
Gaeta con quattro bastioni. Il presidio di Gaeta, 500
fanti e 70 lance, pare che sia sufficiente alla difesa.

443. Informazioni sulle pratiche corse tra il Papa e Pre' Luca. Notizie varie.

Roma, 10 luglio 1503.

« La pratica, che scrissi per le mie de' 4 del presente alla Sublimità Vostra esser tra el Pontefice e
l'orator de la Cesarea Maestà, parmi esser assai ben
chiarito (e per altri mezzi tenuti et anche per conietture del parlar dell'orator medesimo), che non è altro
che la investitura di Pisa, Piombin e Lucca; et anche
questa non è in quella caldezza che appareva questi
zorni. *Tamen* pur l'orator ha spazzato a posta sopra
questa materia, et aspetta risposta; e me ha ditto che
partirà presto de qui, e farà la via de Venezia, dove
el comunicherà delle sue consuete gran cose alla Serenità Vostra.

» Di campo di Spagnoli non se intende altro da
heri in qua, se non ch'el signor Prospero Colonna era
partito con zerte zente alla volta dell'Abruzzo per
unirse con el signor Fabrizio, per attendere unitamente alle cose de l'Aquila. »

L'Arciduca partì da Lione, e doveva anche partire
monsignor di Roano per abboccarsi col Re dei Romani.
Si trovano in Roma molti soldati stradiotti fuggiaschi
dal Dominio Veneto.

444.   Comunicazioni del Papa all' Oratore veneto
sulle cose di Francia e di Spagna.

Roma, 11 luglio 1503.

« Ozi son stato a Palazzo, et introdutto nelle intime camere, trovai Nostro Signor disteso sopra un letto, vestito però; e con bona cera mi raccolse, dicendo che da tre zorni in qua un poco di flusso, non però cattivo, li aveva dato un poco di molestia, *tamen* sperava che anche di questo poco, da ozi in là, non saria più niente. Respusi alla Beatitudine Soa quel che convenientemente si doveva rispondere a simil proposta. Poi Soa Santità mi domandò, se io aveva cosa alcuna da novo. Dissi de no, e che io andava da la Santità Soa, che era copiosa, per intendere da lei. Qui la Beatitudine Soa mi disse la gran molestia che li davano questi oratori francesi, che li servisse delle sue zente contra Spagnoli, e la resposta soa era che non poteva con segurtà ne le cose soe scoprirse contra Spagnoli, essendo, come erano, potenti, non vedendo preparazion dal canto del Cristianissimo Re, che si potesse sperar vittoria, e che li persuadeva a confortar la Maestà del Re a far bona composizione insieme, e remetter queste loro differenzie in lui, come a patron del diretto dominio del Reame, con altre bone parole a questo effetto, *si credere dignum est; tamen*, che trovava durezza grande in loro e niuna disposizion a pace. Poi mi disse aver da uno venuto da Lion per le cose di monsignor Ascanio, che parte de li a 2 del presente, che le cose erano in Franza molto disposte alla guerra, e che monsignor

de la Tramoglia doveva esser fin ora mosso da Parma
con le 500 lanze de Lombardia, e che za erano zonti
a Como 4000 Sguizzari, et altri 4000 si aspettava.
Tamen la Santità Soa mi parlò in modo ch'el mostrava
prestar poca fede alle cose preditte; nè dimostra più
nel parlar suo l'antiqua sua affezione a Franza. Poi
mi disse, mostrando maravigliarsi de li modi che
usano Franzesi, come el suo legato li scrive da Venezia, che monsignor de Trans, orator francese qui residente, ha scritto de lì (e le lettere sono sta' lette nel-
l'excellentissimo Consiglio di Pregadi) come la Santità
Soa era franzese, e che aveva promesso mandar le
zente soe da pe e da cavallo e la persona del Duca in
favor del Cristianissimo Re. E qui ridendo disse: —
Vardè, Ambassador, se questi Franzesi usano ben el
proverbio de' Fiorentini che dice: Al tempo della
guerra cum busìe se governa. — *Tamen* disse ch'el
legato li scriveva che la Vostra Illustrissima Signoria,
che è prudentissima, aveva dato a queste lettere
quella credulità che le meritano. E subiunse *etiam*
ch'el legato continuamente li scriveva la ottima disposizion de la Serenità Vostra verso la Beatitudine
Sua e signor Duca, e la speranza che l'aveva de unirla
ad un voler con la Beatitudine Sua, affermando che
molto onoratamente sempre li scriveva de la Serenità
Vostra. Per il che disse: — *Domine Orator*, nui semo
obbligati a quella illustrissima Signoria, e da parte
nostra volemo li scriviate che za lei sa la intenzion e
desiderio nostro, nel qual persistemo e continuaremo
sempre con disposizion di far quello che abbiamo
ditto ogni fiata che quel serenissimo Dominio ne

vorrà. — Rengraziai la Beatitudine Sua in nome dell' Excellenzia Vostra. »

445.   Notizie varie.

Roma, 12 luglio 1503.

Dicesi che 10,000 Svizzeri movano in favore dei Francesi, e 10,000 Tedeschi per gli Spagnuoli.

Il Papa, facendo poco conto del suo male, « è stato al fresco alle soe consuete loze a veder mostra de alcuni fanti, e dice prepararne una ordinaria di tutte le soe zente. »

446.   Gli Spagnuoli prendono il castello dell'Ovo.

Roma, 13 luglio 1503.

A dì 11 del corrente fu preso dagli Spagnuoli il castello dell'Ovo, mediate una mina di ottanta barili di polvere e di altre materie. La difesa dei Francesi fu magnanima, ma ebbero danno anche dall'incendio di altra polvere che avrebbe dovuto volgersi a danno dei nemici. Presto si attende la caduta di Gaeta.

447. Querele del Papa all'Oratore veneto contro il conte di Pitigliano.

Roma, 14 luglio 1503.

« Ozi son stato a Palazzo, et introdotto da Nostro Signor, lo trovai in sala de Pontefici nella consueta sedia, ben però un poco fiacchetto, ma non ch'el non fosse de bona vogia. Subito Sua Santità intrò in querelar contro el signor conte de Pitiano, dicendo che pur lui continuava in macchinar contro la Sua

Beatitudine con dar favor a Brazzano; e che oltra li denari mandati li dì precedenti, mi disse li aveva mandati alcuni altri, et *etiam* aveva mandato el signor Zuan da Ceri cum certi cavalli. E dice aver *etiam* lettere da monsignor de Trans, che da quelli di Pitiano l'era sta' maltrattato, dicendo: — Vui l'intenderete bene. — E non discese ad altra particolarità, ma die esser perchè non li hanno voluto dar el fiol de Zuan Zordan,[1] come per le alligate scrivo alla Sublimità Vostra. E per confirmar quanto Sua Beatitudine diceva, allegava l'autorità di madonna Maria di Brazzano,[2] che questo affirmava per soe lettere, e disse: — Ambassador, el conte ne fa guerra con i vostri denari, e ben lo puol fare, perchè l'avvanza assai con quella illustrissima Signoria. — Ditto che ebbe la Beatitudine Sua quanto volse circa ciò, li respusi in iustificazion del conte, come si conveniva, iuxta la instruzion mandatami per la Serenità Vostra, adiunzendo quelle altre[3] che per l'inzegno mio sepi far, reiciendo *etiam* l'autorità di madonna Maria, alla quale in questo caso non si doveva prestar integra fede; perocchè, per favorir le cose sue, faceva quel che la Santità Sua qualche fiata e pochi dì sono mi aveva ditto, che al tempo

---

[1] « Monsignor di Trans non ha havuto el figliuolo di Giovangiordano. El conte Bernardino, figliuolo del conte di Pitigliano, dice haverlo in custodia dal padre, et non da Giovangiordano, et che non lo darà mai, se non col contrasegno suo. » Da una lettera di ser Francesco Fortucci, da Roma, 14 luglio 1503. (Arch. Fior. *Lettere ai Dieci*, luglio 1503, a c. 115 t.)

[2] La moglie di Giangiordano, Maria Cecilia d'Aragona, figliuola naturale del re Ferdinando il Cattolico.

[3] Sottintendi, *cose, parole.*

de la guerra le persone se governano con busìe. *De-mum* promisi a la Beatitudine Sua che, per le ammonizion che la Serenità Vostra aveva fatte al conte, et *etiam* per la bona servitù ch'el conte sempre aveva abuto alla Santità Sua, la vedaria tali effetti da lui che la non averia causa de più querelar. Qui mi ruppe e disse ch'io non dovessi far questa promissione, perchè el conte me faria parer busiaro e mancador di fede. — E persuaderàsselo (disse lo), *domine Orator*, di farlo, che nè la illustrissima Signoria nè vui lo saperete. — *Multis hinc inde dictis, tandem* Sua Santità mi disse: — Vedete, Ambassador, facciamo libro novo. Le cose passate nui se le volemo domentegar, e non tegnir conto di quello; *tamen*, avemo voluto far che la illustrissima Signoria le intenda. Pregatela da parte nostra, che da mo innanzi la fazzi tal provision cum el conte, ch'el non ne abi a dar più causa de gravame. — E cusì io li promisi.

» Iudico, Principe Serenissimo, se l'iudicar mi è licito, che queste tante querele, mazor assai che non sia el demerito, se fazino acciò che (seguendo quel che già è impresso nella mente di tutta questa terra, che, presa Gaeta, el Pontefice abi ad attendere alle cose di Toscana, *precipue* de Siena, con el favor de Spagnoli) li sia licito deviar alquanto verso Pitiano, che molto li è a core, come sempre ha dimostrato, per la opportunità di quel luogo alle cose di Toscana. E quanto le parole soe in fin son più bone, e che promettono speranza di quiete, più devono far dubitar quelli che hanno della natura sua qualche cognizione, che è, a quelli far più carezze, alli quali el prepara far mazor mal. La Sublimità Vostra è sapientissima e farà quel iudicio che li parerà. »

448. La terra d'Aquila negli Abruzzi si dà agli Spagnuoli, ed è occupata da Fabrizio Colonna.

Roma, 15 luglio 1503.

« Questa mattina si ha lettere dall'Aquila, che intendendosi in quella città el vegnir verso l'Abruzzo del signor Prospero Colonna, per conzonzersi con el signor Fabrizio, come già scrissi alla Serenità Vostra, li animi di quel populo comenzò a titubar, manazando de far qualche novità. Fracasso, che era dentro, temendo non essere tagiato a pezzi con i soi, in compania de Ieronimo Gaglioffo, sono ussiti fora de Aquila e redutti a Civita Ducata (Ducale). Pur non restò Ieronimo Gaglioffo che all'ussir non facesse vendetta di qualche suo inimico, e dicese averne fatti morir alquanti. Ussiti che furono, subito la terra chiamò Spagna; e, levate le insegne di quelle Maestà, accettorono el signor Fabrizio dentro in nome di quelle.[1]

» Di queste prosperità de Spagnoli, in Palazzo se ne fa demostrazion grande de allegrezza; e quanto sono più intimi del Pontefice, tanto la fanno mazor; che confirma quel che è iudicato, che non se aspetti altro ch'el prender de Gaeta a far manifesta demostrazion delli animi soi, et oltra molte altre conietture. Questa notte sono sta' mandate de qui in campo de Spagnoli sessanta some de polvere de bombarda,

---

[1] Secondo il Guicciardini (lib. VI, in principio), l'Aquila fu presa da Prospero Colonna.

con fenzar[1] che l'orator ispano le mandi, e ben se intende che lui non ha polvere, se altri non ghela danno. Franzesi vanno con la testa bassa, e come sogliono far quando hanno triste nuove. »

Dicesi che di Spagna movano per l'Italia sei galere con molti fanti, denari e provvisioni di guerra.

449. Lagnanze di monsignore di Trans al Papa per gli aiuti dati segretamente da questo agli Spagnuoli.

Roma, 16 luglio 1503.

Monsignore di Trans, tornato da Pitigliano, si lagna fortemente col Pontefice della spedizione di polvere, e pare anche di denari, da lui fatta o permessa agli Spagnuoli. Il Papa si giustifica come può, anche negando, e l'ambasciatore, per prudenza, accetta le sue scuse, temendo peggio.

450. Assedio di Gaeta.

Roma, 17 luglio 1503.

Gli Spagnuoli riuniscono l'esercito contro Gaeta, ma l'impresa non è facile.

451. Contrarietà generale ai Francesi.

Roma, 18 luglio 1503.

Credesi che il Re dei Romani, che si trova in Augusta, sia per consigliare gli Svizzeri a non muovere in favore dei Francesi. Il danno dei Francesi « è universalmente desiderato da tutti. »

[1] *Fènzar*, fingere.

452. L' oratore bolognese chiede al Papa il richiamo del cardi-
     nale Sanseverino dalla legazione di detta città, e ne ha
     buone parole. Il Papa si mostra avverso ai Francesi, ma
     pauroso del Re.

Roma, 19 luglio 1503.

L'ambasciatore di Bologna, per parte dei governatori della sua città, prega il Papa di voler rivocare
la nomina fatta del cardinale di Sanseverino in legato di
detta città, pregando che venga nominato in sua vece
il cardinale Elnense. Il Papa gli dà buone speranze;
anzi si crede che questa pratica sia mossa da lui
stesso, il quale, vedendo che le cose dei Francesi
volgono a·male, ed inclinando agli Spagnuoli, vuol fare
questa ingiuria al Sanseverino.

Lo stesso ambasciatore riferisce al Veneto, che la
Beatitudine Sua « sta molto sopra de sì, e, sapendo
la mala contentezza che ha el Re de Franza de lui, el
dubita che (ben ch' el non fazzi valide provision al-
l' impresa de Reame, e *quamvis* ch' el, non possendo
altro, el cedesse quello volontariamente), mosso da
qualche passion contro la Beatitudine Soa, non li
fazzi quel mal che porria, e tuorli li stadi de Romagna, con metter suso tutti li foraussiti, e penzer [1] a
questo Fiorentini, Senesi, Bolognesi e li altri inter-
venienti. A questo dubio suo si è aggiunta una nova
invenzion trovata da Franzesi qui, autor monsignor
di Trans, che è ottimo maestro de simil trame, el
quale ha fatto vegnir a orecchie de la Beatitudine Soa,
che la tardità di monsignor de la Tramoglia è causata, perchè el signor conte di Pitiano li ha of-

[1] *Penzer,* spingere.

ferto 350 omeni d'arme e 2000 fanti fin a guerra finita contra Spagnoli, *hac conditione* che lui li dia favor a reacquistar li stati de casa soa, e restituir in casa tutti i signori de Romagna ; alla qual promission monsignor de la Tramoglia ha porto orecchie e accettato el partito. E, da poi tornato monsignor de Trans da Pitiano, ha augumentato questa fama con dir che za molta brigata se reduseno verso Pitiano ; et adiunge, che si divulgava esservi el signor Bartolomeo d'Alviano ; cosa che, benchè appara difficile al Pontefice (che sa questo non poter esser *sine consensu* de la Celsitudine Vostra, dalla quale non aspetta questo per adesso), pur, siccome per bona via intendo , non resta che non li dia molestia. »

453. Voci d'accordo tra la Repubblica Veneta e la Francia.

Roma, 20 luglio 1503.

Si sparge in Roma la voce che la Repubblica Veneta sia d'accordo coi Francesi : essa avrebbe tutta la Puglia e parte della Romagna, perchè l'accordo si farebbe principalmente contro Spagna ed il Papa ; ed ai Fiorentini si darebbe Pisa. Ma sono tutte favole.

454. Affari beneficiali. Conferma della legazione bolognese al cardinale Sanseverino.

Roma, 21 luglio 1503.

Si trattano in Concistoro varii affari beneficiali. Circa il vescovato di Verona, *ne verbum quidem:* l'abbazia di San Fermo Piccolo di Verona si conferisce a « don Zuan Zuliano » per pratiche dell'Oratore. Si dà quindi lettura delle lettere dei Bolognesi al Sacro Collegio contro il Sanseverino: tutti i cardinali deliberano in favore di lui.

455.   Voci della venuta in Italia del Re dei Romani contro i Francesi. Millanterie di questi. Ambiguità del Papa.

Roma, 22 marzo 1503.

« Questa mattina mi son trovato a caso con l'orator de la Cesarea Maestà a messa, el quale mi comunicò alcune lettere che l'ha de Alemagna, per le qual par che quella Maestà al tutto fosse disposta intrar in Italia, e che fra cinque o sei zorni si doveva resolutamente deliberar questa cosa, e che l'aveva mandato tre solenni oratori, *videlizet*, duca Iuliacense, el conte de Frusemberg, e don Ioanne Bontemps, con 100 cavalli dall'Arziduca suo fiol. *Item*, che la Maestà Sua aveva posta discordia tra i Sguizzari, e che una parte de loro, che era la mazor, non voleva vegnir a' servizii de Franza, e l'altra parte, che vorria vegnir, per dubio di altri non vegniria, in modo che de quella nazion el Re de Franza non se podeva servir de niente. El che vien *etiam* confirmato per lettere di Bologna, che apresso dicono: Franzesi, fatto ogni suo forzo, non se poter servir de più de 300 omeni d'arme de Lombardia, e poi quelli ch'el potrà aver dalli amici soi italiani, che seria un poco numero al suo bisogno; *adeo* che per indubitato se tien qui, che non siano per vegnir più Franzesi in Reame; quantunque loro affermino l'opposito, e predichino che de Sguizzari ne averanno quella quantità che voleno loro medesimi, et anche numero sufficiente de zente d'arme; e dicono aver già dato al marchese corone 15,000, perch'el si metta in ordine e cavalchi. E quantunque, quanto possino, Franzesi se aiutino de parole, non però li vien creduto più de quel che si può crederli qui con el pegno in man; *adeo* che si tien che questo vegnir qui di monsignor de la Tramoglia sia burla, e *maxime* che è affirmato lui esser ammalato a Parma. Il che fa star el Papa ambiguo e timoroso de quel[1] *faciliter* potria intravegnir, e non sa che partito pigliar. Spagnoli *etiam* lo stimolano, et ogni zorno li è a'fianchi questo orator, el qual domanda *etiam* altra polvere da bombarda, oltra quella li mandò li zorni avanti. E va così tergiversando più che può; *tamen* le zente soe tutte sono in ordine, e, secondo che io intendo per omeni de suo'intrinsechi, non passarà otto zorni che tutte le soe zente da pe e da cavallo, che tutte sono in ordine et hanno abuto danari, seranno tra el contado de Perosa e Civita di Castello, per esser ben propinquo, e far quel mal che li parerà di far. Per il che tutto sta in spavento, e tutti pendeno de la impresa di Gaeta, el fin de la qual, che presto se aspetta, par a tutti che abbi ad esser principio di novità. »

456.   Lettere di Francia. Notizie dell'assedio di Gaeta. Voci d'una lega tra Francia e Venezia.

Roma, 23 luglio 1503.

« Per Taiagola corrier scrissi ieri alla Serenità Vostra quanto mi accadeva. Ozi poi è venuto per le poste de Franza un valetto regio, che partì de lì a 16

[1] Sottintendi, *che*.

del presente, con lettere longhe, che vien ditto essere
de grandissima importanza, con le quale monsignore
di Trans è stato a Palazzo, e senza audienzia è ritornato con ordine de andar doman da poi disnar. Quello
che se contenga in queste lettere non se intende ancora: comunicate che siano al Pontefice, se ne potrà
forse aver qualche notizia, e darasse aviso alla Sublimità Vostra. Alla quale significo esser *etiam* aviso
da Gaeta che, essendo sopragionto in campo Pietro
Navarra capitano spagnolo, essendo in contenzione del
loco dell'allozzar con altri capitani (el qual cadauno
cercava aver più propinquo alli inimici, per più onore), lui da mezzo zorno, inconsiderato, si andò a
ponere tra mezzo le mura et il loco dove era allozzato
quell'altro con el qual el contendeva. Li Franzesi de
la terra con certe artegliarie li fecero danno assai, e
ne morite molti, in modo che con danno e con vergogna convenne ritornare indietro. Qui de zorno in
zorno se aspetta che Spagnoli abbino data battaglia,
et è divulgato *apud primores*, nonchè appresso vol-
gari, ch'el zorno de San Iacomo, che è loro protet-
tor, la daranno. Fasse iudicio che la vittoria, se pur
seguirà per Spagnoli, abbi ad essere sanguinolente
e con occision di molta brigata *ex utraque parte*. Dentro de Gaeta sono 5000 omeni da fatti, che cadaun
de loro contende de vita, perchè, benchè l'armata sia
lì, par che alcuni pratici del loco dicano che con facilità Spagnoli li potranno tuor la via del porto.

» Ogni zorno qui se reduseno, per segurtà, de
quelli zentilomeni napoletani de la parte de Franza,
che da Napoli erano redutti in Gaeta. Monsignor di

Trans non resta *assertive* predicar a cadauno, esser conclusa intelligenzia nova tra la Illustrissima Signoria Vostra e la Maestà del suo Re con novi capitoli contra Spagna; e tanto la asserisce che, sebbene in tutto non li è creduta, non è ch'el non metta qualche dubio in li animi di qualcuno; e pochi sono che vorriano sentir la verità di queste cose, a le qual lui se sforza dar credulità con el star de l'orator Lascari [1] appresso la Eccellenzia Vostra. Da molte bande son rezercato di questa cosa; *precipue* el reverendissimo Napoli me ne ha ricercato con instanzia. A tutti respondo e, con quella destrezza che si conviene, fazzo nota la verità. »

457. Maneggi del Papa coi Pisani. Udienza concessa dal Papa a monsignore di Trans. Notizie dei Francesi.

Roma, 24 luglio 1503.

« Qui sono alcuni ambasciadori pisani che tutti questi zorni hanno manizzata pratica di composizion con el Pontefice e Duca, introdutti con el mezo de don Piero Griffo pisano, intimo servidor del Papa, et ozi, dopo disnar, sono sta' introdutti con la cosa fatta, e sigillati certi capitoli, di quali non se ne ha possuto aver notizia alcuna, benchè in perscrutar questa cosa io non abbi mancato della debita diligenzia, in la quale *etiam* continuarò. Ussiti fora questi oratori, i quali erano ridutti a bon'ora, fo introdotto

---

[1] Costantino Lascari, « che già aveva letto greco in Firenze, e dipoi l'anno 94 andatosene in Francia, era favorito da Roano, » era stato mandato dal Re oratore ai Veneziani « per intrattenerli. » (Guicciard., *Stor. Fior.*, cap. XXVII.)

monsignor de Trans, secondo l'ordine de heri, con le sue lettere, e stette longamente e fino a notte, in modo che l'impedite l'audienzia a tutti li altri. »

Monsignor de la Tremoille si trova a Parma, ammalato con pericolo di vita: ivi è pure il marchese di Mantova, che attende di essere pagato. I Francesi magnificano molto i soccorsi degli Svizzeri.

458. Lettera della Signoria di Venezia in favore del conte di Pitigliano. Lamenti di monsignore di Trans contro l'Oratore veneto per la poca sua deferenza verso di lui. Prossima partenza del Valentino verso Perugia, con intendimento segreto di fare l'impresa di Siena.

Roma, 25 luglio 1503.

« Per una della Sublimità Vostra de' 21 del presente, con la solita reverenzia heri, circa ore 24, recevuta per Santin corrier, ho inteso, primo, quanto quella mi scrive in iustificazion del signor conte de Pitiano, in la qual materia, *quoties* accaderà, procederò iuxta la intenzion de la Serenità Vostra, non mancando in cosa alcuna, come mai ho mancato, di quel che per mi far si possi in favor e comodo de Sua Signoria.

» *Deinde* ho *etiam* inteso el gravame fatto per li clarissimi oratori franzesi alla Serenità Vostra, che io manchi di far la consueta cera a monsignor di Trans; cosa che veramente mi ha data ammirazion e fastidio, perocchè sempre mi ho sforzato talmente procedere, *non solum* cum lui, ma con tutti li altri oratori di quella Maestà e delli altri potentati, che niuno potesse cognosser in mi più dependenzia a una parte che all'altra; e con tutti ho tenuto bona amicizia,

come può la Sublimità Vostra per la prudenzia sua
aver qualche fiata compreso dal scriver mio. Vero
è che con monsignor de Trans fino a ora non ho
troppo praticato, perchè, da poi ch'el venne a Roma, poco è stato fermo in questa terra; chè, come significai alla Serenità Vostra, primo, l'andò a Gaeta,
dove, tra l'andar e 'l ritorno, consunse qualche zorno; ritornato di lì, subito andò a Brazzano, e de lì a
Pitiano, ch'è più stato fora che in Roma. E prudentissimamente e cum verità li ha risposo la Serenità Vostra, avendoli ditto ch'el mancamento forse procede
da monsignor de Trans, che è de natura superbo e
de costumi alieni da li miei: non ho però mai mancato, dove è accaduto che io l'abbi visto, de farli
quella demostrazion de amor in ziera et in parole,
che convenientemente ho dovuto; ma forse lui vorria
con il mezzo mio dar fomento e riputazion alle chi-
meriche sue invenzion e nove pensate, e che io li
fosse regazo [1] andarlo a trovar a casa e sentar [2] con lui
a banchetto, che, per onor de la Sublimità Vostra, non
mi par onor mio a farlo. Prometto alla Serenità Vostra
far tal portamento con lui e con tutti li altri, che
nullo potrà certamente agravarsi de mi, nè anche de
alcun mio andamento far iudicio, se non de quella
neutralità, in la quale è la Sublimità Vostra tra queste
due potenze, de Franza *videlizet* e de Spagna.

» Scrissi li precedenti zorni alla Sublimità Vostra,

---

[1] *Regazo*, forma del dialetto veneto per *ragazzo*. Intendi:
che io mi comportassi come suo ragazzo. Ha significato simile a
quello di *zago* nel dispaccio 185.

[2] *Sentar*, sedere.

e fo de 22 del presente, ch'el Duca aveva messo in
ordine tutte le sue zente e dovevano ridurse su quel
de Perosa. *Iterum* ghel replico et adiungo, ch'el Duca
etiam in persona sè attroverà, el qual partirà de qui,
per quanto se affirma, al più fin a domenega proxima.
La fama pubblica è ch'el va per far la mostra su quel
pian di Perosa e reveder le sue zente, che non li è
però creduto, anzi è iudicato da prudenti ch'el vadi
per far, reussendoli el partito, qualche assalto a Siena o ad altro luogo; e quando che non, con scusa
di aver fatto la mostra, ritornerà a Roma, perchè già
ha pubblicato de tornar presto. Il numero delle soe
zente per li soi vien affirmato esser omeni d'arme
700, cavalli lezieri 600, e 5000 fanti; *tamen·* quelli
che hanno voluto con fondamento intender la verità,
fazando el conto di soi capi, con quel che ha cadauno
così da pe come da cavallo, non trovano più de
500 omeni d'arme, anche questi scarsamente, 600 cavalli lezieri, e 4000 fanti, i quali sono d'avvanzo per
le cose di Toscana, non avendo mazor contrasto de
quello che fin a ora si vede ch'el sia per aver. »

459. Colloquio del Papa coll'Oratore veneto sulle faccende di
     Francia e di Spagna e sulla prossima cavalcata del duca
     Valentino.

Roma, 26 luglio 1503.

« Questa mattina fui introdotto alla Beatitudine
Pontificia per exequir quanto quella mi comanda circa
el canonicato di Padoa, da esser conferito al reverendo domino Cristoforo Marzello, in la qual materia
quanto abbi operato, per le alligate mie a parte in-

tenderà la Excellenzia Vostra. Subito che io fui al co-
spetto della Beatitudine Sua, ridendo, mi disse: —
Domine Orator, avete vui ancora conclusa questa liga?
— E poi mi disse: — Questo monsignor di Trans più
convenientemente si può chiamar *delle Trame*. A nui
dà ad intendere che vui sete franzesi, e che la Maestà
del Re vi ha promesso la Sicilia, et a vui dice che
nui semo spagnoli. — E qui mi disse aver aviso dal
suo legato residente appresso la Serenità Vostra, ch'el
ditto Trans aveva fatto dir alla Excellenzia Vostra
ch' el Pontefice apertamente era con Spagnoli; e principal opposizione li fanno della polvere mandata a Spagnoli, della quale se iustificò, e disse lui non l' aver
data, ma che l' orator ispano l' aveva comprata; — perchè (disse), *domine Orator*, nui avemo dato libertà ad
una parte e l' altra, che comprino tutto quello che trovano in Roma, polvere, salnitro, arme ec., che facci
al loro proposito, da formento infuori, del quale nui
ne avemo bisogno. Et avemo *etiam* ordinato al governator nostro de Terracina ch' el suvvenga di quelle
vittuarie, ch' el po, l' una e l' altra parte, perchè (disse)
ne hanno ditto che questo medemo ha fatto la illustrissima Signoria in le terre sue della Pugia (Puglia). —
E qui disse che, non avendo altra necessità, deliberava
imitar l' exempio de la Excellenzia Vostra e star neutro; per non restar[1] di straparlar un poco dei Franzesi, *precipue* del cardinal de Roan e de questi ministri del Re, che negoziano appresso la Beatitudine
Sua, e laudar li Spagnoli di prudenza e bon governo.
Poi discorse alquanto circa el vegnir de Franzesi

---

[1] Intendi : *pur non restando* ec.

qua, e concluse più presto el non ch'el sì; ma per certo metteva el non vegnir de Franzesi, seguendo la presa di Gaeta, per molte ragion; allegando l'esperienzia di quel che per il passato aveva fatto il Re di Franza, el qual mai aveva abuto in Italia tante zente soe quante sariano necessarie a questa impresa, in la qual l'era solo, et aveva più potente inimico di quel che erano stati li Re passati, contra i quali nè lui nè il precessor suo ebbe vittoria, se non per favor d'altri. Allegò *etiam* el movimento che menazava far el Re de' Romani, al qual bisognava che l'avesse respetto, perchè el ditto mai abandonaria Spagnoli. Subiunse el novo parentado delli Reali di Spagna cum el Re d'Inghilterra, la conclusion del qual qui se ha per novi avisi. [1] Aggiunse *etiam* che, non avendo altro appuntamento con la Serenità Vostra, non se fideria de intrar in la impresa; e sopra ciò discorse con molte parole.

» *Demum* mi disse che, in nome de la Sua Beatitudine, facesse intender alla Serenità Vostra, ch'el Duca domenica proxima o il luni cavalcaria et andaria dove per le alligate mie scrivo alla Serenità Vostra, e tornaria fra venti zorni, dicendomi che dovesse far certa la Excellenzia Vostra, che in questa

---

[1] Trattavasi allora da Enrico VII, re d'Inghilterra, il matrimonio tra il suo secondogenito, che fu poi Enrico VIII, e Caterina d'Aragona, figliuola di Ferdinando il Cattolico e d'Isabella di Castiglia, rimasta vedova da circa un anno di Arturo, primogenito del re Enrico. Il nuovo parentado si celebrò negli ultimi del 1503, ottenute le opportune dispense da papa Giulio II; e, com'è noto, Enrico VIII ripudiò poi la moglie nel 1527; ond'ebbe principio la riforma religiosa anglicana.

soa cavalcata non era per dannificar, nè offender alcuno; e nominò Fiorentini e Siena; i quali, disse la
Santità Soa, sono intradi in spavento senza causa; e
che solo questa andata era per custodia de le cose
soe. Pur, come ho per bona via inteso, el Duca disse
martidì: — Io son ora qui, ma non serà doi altri
martidì, ch' io serò in luogo che io potrò far del ben
alli miei, o io mi disfarò del mondo. — Subiunse, el
numero de le soe zente d' arme esser de 700 omeni
d' arme: non nominò cavalli lezieri, perchè iudico io,
i metta nel conto d' omeni d' arme a due per uno. E
poi disse: — *Domine Orator*, nui avemo messo in
ordine queste nostre zente, perchè, vedendo le cose
nel travaglio che sono, è bon che abbiamo queste
zente appresso de nui per ogni buon respetto. —
Intrò poi in dir della bona mente soa verso la Serenità Vostra, e quanto desiderava el Duca esser servidor e raccomandato de quello excellentissimo Dominio, el qual poteva comandar e disponer di lui,
non manco che del conte di Pitiano. In questi discorsi
e ragionamenti Sua Beatitudine me tenne lungamente:
ad partes come accadeva al proposito, me afforzava
responder convenientemente, *servato gradu et decoro*
della Sublimità Vostra. »

460. Affare di Giangiordano. Tendenza sempre maggiore del
     Papa agli Spagnuoli. Sospetti del pubblico circa la pros-
     sima cavalcata del Duca. Notizie di Lombardia.

Roma, 27 luglio 1503.

« Per Zuanin corrier scrissi ieri alla Sublimità
Vostra quanto accadeva. Ozi li oratori franzesi sono

stati *ad longum* cum el Pontefice pur sopra le cose de Zuan Zordano, e che risoluzione abbino presa, non se intende, se non che monsignor de Trans domattina monta a cavallo, e va a *Portu Hercules,* dove è el signor Zuan Zordano, el qual fu retenuto .lì, e non fu lassato andar in Franza, segondo come era sua intenzion, et io ne scrissi alla Sublimità Vostra. Intendendosi cosa de conto, si notificarà alla Serenità Vostra.

» Questi Franzesi, per quanto per bona via intendo, usano dui extremi cum el Pontefice: l'uno è umanità e promission grande, volendo la Beatitudine Soa esser con loro; l'altro è superbia e minazze, seguendo el contrario. *Tamen,* sin qui el Papa, di soe[1] parole non vedendo altri fatti, poca stima ne fa, anzi più se astrenze ogni zorno con Spagnoli; et è ditto qui da molti (che io però non l'affermo alla Serenità Vostra, per non intender bene el fundamento) ch'el gran Capitano di Spagna li manda 600 cavalli lezieri di soi zanettieri, che andaranno con el Duca, et anche ch'el signor Prospero Colonna dall'Aquila descenderà verso Perosa a ritrovarse con lui, che seria manifesto unir, seguendo questo effetto.[2]

» El Pontefice ha fatto far una crida a Viterbo et a tutti i luoghi circumvicini, che alcun non debbi portar vittuaria a Brazzano, nè anco a Pitiano *sub poena* ec.

» Questa cavalcata del Duca mette molti in sospetto, quantunque el Papa, quanto può, afforzi assegurar ognuno di parole che poco sono credute, anzi,

[1] Qui *soe* sta per *loro,* come usa spesso il Giustinian.
[2] Intendi: *quando seguisse questo effetto, sarebbe manifesta l'unione del Papa cogli Spagnuoli.*

quanto sono mazor le demostrazion de non voler far male ad alcun, tanto mette più li animi de la brigata in sospetto, che sanno la natura sua esser tale, dir ben quando vuol far male, non.temendo poi di esser depreso[1] in bugìa, per fidarse tanto nell'inzegno suo, che li par sempre poder trovar scuse che lo iustifichino.

» Di Lombardia non se intende ch'el vegni alcun, anzi par che li avisi sono in contrario, però che, appresso la infirmità di monsignor della Tramoglia, si adiunge *etiam* ch'el marchese di Mantova è partito da Parma ammalato, e dui altri capitani che erano con el Tramoglia sono *etiam* loro ammalati. »

161. Dichiarazioni del Pontefice in Concistoro circa la prossima cavalcata del Duca in Romagna. Assassinio di due capi stradiotti eseguito da don Michele.

Roma, 28 luglio 1503.

« Ozi è stato Concistorio, fatto principalmente per dechiarir la cavalcata del Duca non esser se non per far la mostra, regolar le sue zente, et *etiam* per sua defension, dicendo che le cose de Romagna stavano in qualche suspension de animo per le cose de San Leo, che questa andata del Duca potria dar favore a quelle cose, in modo che fa entrar la brigata in qualche suspetto che, sotto coperta di queste cose de San Leo, non scorra fin in Romagna ad altro effetto che non se intende. Ognun sta in sospeso, e *tamen* alcun con certezza non po intender el fin de questa mozion de zente, ma ben tutti concludeno che la sia qualche mal, se 'l partido li reussirà; perchè a niun

---

[1] *Depreso,* sorpreso, dal lat. *deprehensus.*

par credibile quello ch' el Pontefice dice; chè, per far mostre etc., non faria la spesa ch' el fa in fantarie, delle qual qui ogni zorno se ne fa mostre di quelle: poche¹ sono, ma el forzo fa far fora de Roma su quel de Perosa, Castello e Romagna, e qui ha dato i denari alli contestabili: el numero de tutti serà de 4000 fin a 5. E, per dar più fede alle parole soe, ha ditto ozi in Concistorio che questa intenzion sua della cavalcata del Duca me l' ha fatta intendere *etiam* a me, azò che di quella ne desse aviso a la Serenità Vostra, a la qual lui non diria busia. La Sublimità Vostra intende el tutto, e farà quel iudicio che alla sua somma sapienzia apparerà. Fense poi dolerse che circa otto galie spagnole, che sono qui verso Ostia, che tengono assediato el naviglio delle farine franzesi, che dovevano andar a Gaeta, avesseno brusato un suo bergantin etc.

» Dui capi di questi stratiotti,² che erano qui al servizio del Duca, tolsero licenzia da lui, perocchè li voleva metter sotto al governo di Micheletto tutti; e, cum lettere di sua bona licenzia, partiti de qui con alcuni pochi soi compagni, li ha fatti seguitar a ditto Micheletto; e zonti ha taiati a pezzi li doi capi, li altri, spoiati in camisa, ha lassati andar; che ha messo li altri romasi qui in gran spavento, e conosseno la differenzia che è servire la Serenità Vostra e servir altri Signori. »

¹ Correggiamo il testo, che ha *poco*. Sottintendasi, *in Roma*.
² *Stratiotti*, lo stesso che *Stradiotti*; nome d'una speciale cavalleria, formatasi in Grecia nelle guerre contro il Turco. La Repubblica di Venezia fu la prima ad assoldare gli stradiotti e a condurli in Italia; furono poi assoldati anche da altri stati della Penisola. Degli stradiotti ai servigi di papa Alessandro e del Valentino, in massima parte Albanesi, fanno più volte menzione i dispacci del Giustinian.

462. Intorno alla cavalcata del Valentino in Romagna.

Roma, 29 luglio 1503.

Il Duca si prepara alla partenza. I Bolognesi ne sono malcontenti; e il loro ambasciatore insinua al Veneto che la Repubblica per questa andata può correre qualche pericolo.

463. Notizie dello stato fiorentino. Sospetti dell'ambasciatore di Bologna per la prossima cavalcata del Duca, e assicurazioni dategli dal vescovo d'Elna e dal Papa.

Roma, 30 luglio 1503.

« Heri scrissi alla Sublimità Vostra quanto mi occorreva per Lorenzo da Camarin. Ozi poi, per diversi avisi da Fiorenza, se intende in Cortona esser sta' scoperto certo trattato dei fuorussiti, per il che alcuni della terra, conscii del trattato, sono sta' presi e fatti morir, parte *etiam* sono sta' condutti a Fiorenza.[1]

---

[1] La Repubblica Fiorentina aveva giornalmente minuti e importanti ragguagli dei movimenti delle genti ducali da' suoi commissarii, Piero Compagni in Cortona e Giovanni Ridolfi in Arezzo; dai quali si ricava che questi movimenti erano minacciosi allo stato fiorentino, e che vi era accordo palese fra gli Aretini fuorusciti e i Ducali; ma non che ne derivasse alcun disordine o pericolo urgente in Cortona, come si potrebbe arguire da questo passo del Giustinian. La notizia della scoperta del trattato dentro Cortona, e del supplizio o carceramento dei colpevoli, non è comprovata dai dispacci del Compagni: solo qua e là si accenna a sospetti vaghi. Così, in un dispaccio del 25 luglio: « E' rebelli di qui.... sono iti a trovare il prefato Duca (Valentino), et hanno mandato a dire a certi sbanditi, che sono qui a' confini, che stiano di buona voglia, et non si partino donde e' sono, chè fra pochi dì saranno in paese, et che hanno questo cassero nel pugno. Honne advisato el castellano: mi dice non vi conoscere huomo dentro di

Questa novità è stata causa di far aver risguardo alli altri luoghi, e da tutti sono sta' levati via li suspetti. Fiorentini, intendendo la cavalcata del Duca, hanno spinte quelle zente che hanno, alle confine verso Perosa, per segurtà sua; benchè 'l Papa con ogni suo forzo se affatichi e continua in questo de cavar de opinion la brigata, ch' el sia per novità contra alcun. Et avendo inteso che l' orator bolognese stava *etiam* lui in sospetto, e come poteva procurava al beneficio delle cose soe, questa mattina ha fatto che monsignor de Heuna (che è quello a chi lui fa capo, e con chi maneza tutto quello ha da trattar, per respetto del parentado) interrogato, primo, esso orator, e trovandolo esser in sospetto, si afforzò di assegurarlo, zurandoli che il Papa et il Duca erano di ferma intenzion di mantenir la fede datali e non variar nè romper in parte alcuna li capitoli che hanno insieme. E da poi che lui avè predicato un pezzo questa fede,

---

chi non si possa fidare. Et ho ordinato raddoppi le ghuardie et non vi lassi entrare nè di dì nè di notte alcuno Cortonese, per amico o parente che gli sia. Et qui per la terra, con questi pochi fanti che ci sono, et con li homini d'epsa, facciamo quelle ghuardie e sopraghuardie è possibile. » (Arch. Fior. *Lettere a' Dieci*, luglio 1503, a c. 299.) — E in altro dispaccio del giorno stesso: « Il duca Valentino e don Michele ha promesso a tucti e' fuorausciti del borgho (di Cortona), che infra pochi dì ve gli rimetterà: » essere quindi opportuno che esso commissario « habbia ben l' ochio a quelli di dentro, perchè detti fuorausciti vi hanno buona parte, et del continuo vi tenghano delle pratiche. » (Ivi, a c. 302.) — Il 29 poi scrive: « Qui m'ingegnerò colli huomini della terra provedere quanto è possibile, quali stamani mi hanno dato intentione al tutto volersi difendere, et che manderanno a V. S. due ambasciatori, richiedendo a quella quanto hanno di bisogno per difensione di questa ciptà. » (Ivi, a c. 377.)

lo condusse dal Papa, el qual fece el medemo con assai larghe parole e sagramenti, alli quali esso orator tanto crede quanto ch'el Papa non abbi opportunità de farli mal, ma, possendo, non se inganna della bona volontà; e questo fanno tutti gli altri. E veramente che le gran demonstrazion che fa in questa cosa, dà mazor suspetto non vegni in proposito; undechè tutti dubitano de mal; *tamen*, non è alcuno che possi intender el particolar, *etiam* i soi intimi e familiari, nè è in petto de altri che della Beatitudine Soa e del Duca questa partita, de la quale ancora che fusse ditto questi zorni passati de bocca del Pontefice, che la saria per doman, *tamen* par se vadi pur slongando, e fasse iudicio che *etiam* per tutta la presente settimana el non sii per partirse. Pur tuttavia ogni zorno va inviando le zente a parte. »

464.   Intendimenti del Pontefice
          sopra Siena, Pisa e la Romagna.

                                    Roma, 31 luglio 1503.

« Già si comincia aver qualche indizio de la mente del Pontefice in questa cavalcata del Duca, benchè però la execuzion de quella dependerà dalli effetti franzesi e spagnoli, e secondo come li parerà che le cose li abbino a reussire, perchè opinion soa è far la cosa alla sprovveduta. La Sublimità Vostra adonche intenderà quel che ozi, ritrovandome con el reverendissimo Capaze, ho da Sua Signoria Reverendissima. Mi disse ch'el Pontefice ha mandato a domandare a' Senesi quella quantità di danari (che lui disse esser de ducati 300,000), la qual fo imposta per pena a loro Senesi, nella composizione che questo inverno passato el Duca feze con loro, *quoties* loro recettava Pandolfo in Siena. *Item*, che ha scritto un breve a Troilo Savello, che è a stipendi de'Senesi, che, come suddito e vassallo della Gesia, si debba lievar dal loro soldo *sub pena etc.; tamen* questo breve, dissemi, non saper ancora se era sta'mandato o intimato al ditto, ma ch' el sa esser scritto. Mi afferma *etiam* che, in execuzion della capitulazion fatta li dì passati cum li orator pisani, ha mandato a pigliar el possesso de Pisa; si crede però ch' el tegnirà la cosa secreta perfina ch' el veda come succederanno le cose tra Franzesi e Spagnoli, et anche perfina che abi le investiture de la Cesarea Maestà, de la qual el tien sollecitato l' orator de quella ad aver risposta di quanto li zorni passati fo trattato tra loro. E per indurlo a far quanto el desidera, li fa scriver che, non se risolvendo presto, lui serà costretto a pigliar partito cum Franza, el qual li offerisce el Regno di Napoli quieto, e la Beatitudine Soa li renunziava el stado di Romagna e le rason che ha in Bologna; da le qual parole mosso l' orator, sì come per via bona ho inteso, ha espedito in fretta alla Maestà Cesarea, che si risolva presto in questa materia. Mi ha *etiam* ditto el prenominato cardinal, che la pratica de Ascoli e Fermo è conclusa, e darà Ascoli al Principe, [1] e Fermo a uno de questi dui putti, don Zuanne *aut* don Roderigo; [2] e

[1] Giuffrè, principe di Squillaci.

[2] Giovanni, ultimo figliuolo di Alessandro VI, che l'ebbe, fra il 1494 e il 99, forse da Giulia Farnese; Roderigo, figliuolo di Lucrezia Borgia e Alfonso duca di Bisceglia, nato nel 1499. Cfr. le note 1 e 2 al dispaccio 78.

per non dar tanto che dire al mondo, ch' el se appropriì tutte le terre de la Chiesa, ha deliberato in ricompenso di queste 'due terre dar alla Chiesa l'equivalente de questi stadi de Orsini *noviter* acquistati; e crederà aver satisfatto alle larghe oblazioni fatte tutto questo anno de voler unir tutti li stadi di baroni di Roma alla Chiesa. »

465.   Notizie del Regno.

Roma, 1 agosto 1503.

Si ha nuova essersi vedute a Civitavecchia sette navi grosse (chi dice con 4500 tra venturieri e fanti, chi con soli 3000), di maniera che le condizioni di Gaeta sarebbero migliori. Corre anche voce della ferita, ed anzi della morte di don Ugo di Cardona, [1] che sarebbe « gran danno a Spagnoli, perchè era omo di gran faccende e molto utile a questa impresa. »

466.   Morte del cardinale di Monreale.
            Notizie di Giangiordano Orsini.

Roma, 2 agosto 1503.

« Heri, circa l'ora de l'*Ave Maria,* el cardinal de Monreal [2] è passato di questa vita, morte quasi repentina, per non esser stato infermo più de due zorni. Per la morte del quale el Pontefice ha abuto una bona zera, benchè li fosse nepote, però che aveva

---

[1] Fu ucciso sotto Gaeta da un colpo d'artiglieria. **Cfr.** Guicciardini, libro VI, in principio.

[2] Giovanni Borgia, nipote del Papa: vedi la nota 1, a pag. 102 del vol. I.

fama de aver denari et anche zoie per assai denari, oltre mobile de casa, del qual l'era ottimamente in ordine. Si stima averà el Papa, *omnibus computatis*, da 10,000 ducati, oltra quello ch'el trazerà del vender i soi beneficii. Io, per far quanto conosco esser la mente di Vostra Serenità, per la commission ho da quella, questa mattina andai a Palazzo, per usar con la Beatitudine Pontificia la debita diligenzia ch'el patriarcato di Costantinopoli[1] sia conferito al reverendissimo Strigoniense, e non avendo possuto aver audienzia (chè Nostro Signor si excusò esser fastidito per la morte di questo cardinal suo nipote, et el fastidio doveva esser in contar danari e manizar zogie), volsi parlar cum el reverendissimo Adriano, per prevegnir che poi el Pontefice non me dicesse averlo promesso ad altro, e non puti' averlo, perchè era allo officio di questo morto. Dopoi disnar, all'òra solita della audienzia, son tornato e trovai tutte le porte del Papa serrate, e data licenzia ad ognuno, e nè puti' etiam parlar al cardinal Adriano che era dentro. Tornarò domane e non mancarò di fare la debita diligenzia, e del seguito per altre mie darò notizia alla Sublimità Vostra. »

Monsignore di Trans trovasi a Portercole, sorpreso dalla febbre, e tiene a sua discrezione Giangiordano, anche con intendimento di chiuderlo nella ròcca d'Ostia.

---

[1] Questo patriarcato era stato già chiesto dalla Repubblica Veneta per lo Strigoniense dopo la morte del cardinale Michiel, ma non l'aveva ottenuto (cfr. i dispacci 378 e 394), avendolo il Papa concesso invece al suo nipote cardinale di Monreale.

467.   Affari del Regno.
      Altre notizie del defunto cardinale di Monreale.

                                        Roma, 3 agosto 1503.

Pare che il patriarcato di Costantinopoli verrà conferito al cardinale di Trani [1] o all' Elnense.

« Scrissi *etiam* alla Sublimità Vostra che le navi franzesi con el soccorso erano sta' vedute a Civitavecchia, le qual da po' sono sta' viste passar per Ostia. Se iudica che ozi seranno a Gaeta, per aver usato tempo prospero per el navegar de quelle, e per questo par che Franzesi in tutto si siano assicurati de quella impresa. Questo *etiam* retarda le voglie del Pontefice, et ha raffredito molto la cavalcata de la persona del Duca, la qual non serà così presta come se pubblicava; de la qual dilazion se attribuisce *etiam* causa al scoprir di trattati che sono sta' scoperti in Cortona, et anco che ha fatto assai romore in Fiorenza con farli *etiam* più aveduti alle cose loro; *adeo* che quasi con certezza la brigata scopre che tutte le azion del Pontefice abbino a dependere da l'exito de le cose francese e spagnole, e segondo quelle lui se governerà. »

Del cardinale di Monreale si sono trovati fra denaro, argenti, tappezzerie e gemme ducati 100,000. « È pubblicato et affirmato che lui *etiam* sia sta' mandato per la via che sono tutti gli altri, da poi che sono bene ingrassati, e dassi di questo la colpa al Duca, che in ogni tempo lo ha abuto in grazia. » [2]

[1] Giovanni Castelar: cfr. il dispaccio 404, e la nota relativa.

[2] Così il codice. Forse dopo il verbo *abuto* è da aggiungere *poco*, seppure la frase non è ironica, come si potrebbe arguire da tutto il periodo.

468. (Al Doge e ai capi dei Dieci.) Affari ecclesiastici di Venezia.

Roma, 4 agosto 1503.

L' Oratore ha un colloquio col cardinale di Napoli circa la riforma del convento dei Santi Giovanni e Paolo di Venezia, desiderata dalla Repubblica. Il cardinale, essendo disturbato dalla morte recente del suo fratello arcivescovo,[1] non viene ad alcuna definitiva risoluzione, e prende tempo a rispondere.

469. Lettere di Gaeta e di Francia. Voci dell' unione di Venezia con Francia. Continuano le ambiguità del Papa. Ristabilimento del cardinale Ascanio Sforza nell' ufficio della vicecancelleria.

Roma, 4 agosto 1503.

« Ozi è stato Concistorio, dove *de rebus publicis* poco è sta' parlato, se non che sono sta' lette certe lettere indritte al cardinal Santa Croce,[2] che vengono de campo da Gaeta, de primo del presente, che fra duo zorni se daria *omnino* la battaglia, e mostravano tegnir la cosa certa de vittoria. Sono *etiam* lette lettere de Franza, date a Macon a' 28 del passato, private però, per le qual si dice de gran sdegno ch' el Re ha contra Spagnoli, e che è disposto non lassar cosa alcuna intentata alla vendetta del torto che lui reputa aver abuto dal Re de Spagna. Et in queste lettere, lette in Concistorio, non se contiene alcuna particolarità; *tamen* da Franzesi vien pubblicato che alla

[1] Alessandro Caraffa, arcivescovo di Napoli, morto il 31 luglio 1503.

[2] Bernardino Carvaial: cfr. la nota 1, a pag. 196 del vol. I.

Serenità Vostra seranno fatto i partiti tanto larghi e grassi, che, quasi forzata, convenirà fare a modo suo, e par che ogni sua speranza abbino messo in la Excellenzia Vostra, per quanto predicano. Questo ha fatto entrar un tal pùlese in la recchia [1] al Papa, che, benchè mostri non creder che la Serenità Vostra sia per accettar mai alcun partito da Franzesi, per farli signor del Reame cum manifesto pericolo delle cose soe; nondimeno li dà molto che pensare, e tutto sta sopra de sè. Questa et altre cause, che per le alligate scrivo alla Serenità Vostra, lo fanno andar lentando li suo appetiti, nè se scoprirà in cosa alcuna de importanza, s'el non vede bona resoluzion de queste cose. Vero è questa tardità lo molesta, perchè li par di star in su la spesa infruttuosamente, e anche con qualche pericolo de ritrovarse agabato con poca grazia de'Spagnoli, i quali *vere in essentialibus* li sono fin a ora poco obligati, e manco de'Franzesi, i quali veramente sono pieni di sdegno de sopra li occhi contra la Beatitudine Soa, *adeo* che alla fine el dubita romagnir in mala mente de tutti duo.

» Sua Santità *etiam* è risolta in l'offizio della vizecanzelaria al reverendissimo Ascanio, *etiam* con le utilità straordinarie del vender li ufficii: vero è che li fa pagar ducati diecimila, dei quali però li dà il modo da cavarli da quelli, alli quali per el tempo passato sono sta' venduti li officii per qualche cosa manco del solito, per la porzion spettante al vicecancellier, alli quali s'impone o che paghino quel di più al vicecancellier, *aut* che lassino gli ufficii, chè li

---

[1] *Pùlese in la recchia*, pulce nell'orecchio.

sarà *integre* restituito li suoi denari che exborsarno per quelli. »

470. La cavalcata del Duca in Romagna viene disdetta. Supplizio d'un soldato albanese ai servigi del Valentino.

Roma, 5 agosto 1503.

« Questa cavalcata del Duca si va ogni zorno più affreddandosi, tal che ormai quasi non se ne parla più; anzi si rasona ch'el vol mandar don Micheletto lì nel piano di Perosa, per non tor in tutto via la fede che non si volesse far mostre. E dicesi ch'el Pontefice non vuol che per ora el Duca eschi de Roma, per cauto rispetto : non se intende nè polsi conietturar questo rispetto, salvo che per excusar la prima busìa ch'el cavalcava per far mostre.

» Incominciano a dar stranie paghe a' soi soldati. Questa notte passata appiccorno un Nicolò albanese, omo per comune voce de tutti molto valente, e che aveva avuto con loro gran condizion, e dicesi per alcuni, che lo videro menare alla morte, ch'el diceva che, per avere addimandato licenzia (perchè non li davano quello che li avevano promesso; anzi, per amor di don Micheletto, che non si vuol veder se non solo, lo lassavano aver disasio del vivere) e avendoli dato licenzia, per resto de soi ottimi servizii, non li servando alcuna fede, lo facevano morire; et altre parole più terribile del mondo. Facendo in questo modo, non troveranno, nè de soi nè de forestieri, chi li vogliano servire. »

471. Notizie della venuta di soccorsi francesi dalla Lombardia.

Roma, 6 agosto 1503.

Si hanno notizie della venuta dei soccorsi francesi dalla Lombardia: saranno in tutto 1100 uomini d'arme, 1400 cavalleggieri e circa 8000 fanti, dei quali 4000 saranno Svizzeri. Queste nuove mettono sottosopra gli Spagnuoli, il Papa e il Valentino.

472. Notizie di Giangiordano. Colloquio dell'Oratore col Pontefice. Si parla delle malattie che sono in Roma, della cavalcata del Duca in Romagna, della venuta di nuove genti francesi, e dell'assedio di Gaeta.

Roma, 7 agosto 1503.

« Ozi son stato con Nostro Signor, con el quale *etiam* sono stati li oratori della Cesarea Maestà e Spagna separatamente. Però quel d'Alemagna è sollecitato dal Pontefice per le investiture, delle quali già ho scritto alla Sublimità Vostra; lo Ispano è per confermare el Pontefice in fede, el qual già comenza dubitar e star pensoso per la venuta de questi Franzesi, e fasse iudicio che, venendo Franzesi potenti, se da loro non mancarà, ch'el Papa debba esser con loro, per seguitar sempre quella parte dove el vede più speranza de vittoria. Per questo iudicio se tuol per coniettura una fama publicata che Zuan Zordano sia retenuto da Franzesi in nome de Sua Santità; e sono chi dicono lui *etiam* in secreto esser sta'condutto a Roma, benchè la cosa sia difficile da creder. Pur questo è certo, ch'el povero signor non è in libertà, ma tenuto da Franzesi a requisizione del Papa, ognora

ch' el vogli far quello che è richiesto; e, per evitar
qualche calunnia che per tal retenzione patisse la fede
franzese, dicono averlo retenuto de volontà soa, per
non lassar alcuna scusa al Papa, *quominus* el fazzi la
volontà del Re; *tamen*, che non li serà per questo
fatto torto alcuno.

» Intrato che fui dentro, trovai la Santità Soa non
troppo allegro, più renchiuso da l'aere del consueto,
e mi disse: — *Domine Orator*, questi tanti ammalati
che sono a Roma adesso, e che ogni zorno moreno,
ne fanno paura in modo, che semo disposti aver
qualche più custodia che non solevamo alla persona
nostra. [1] — Poi me disse ch' el Duca in ogni modo
partiria passato doman per far l'effetto che *alias* mi
aveva comunicato, affirmando et iurando, mettendosi
le mani al petto, *in verbo vicarii Christi*, che la
mente soa non era di far impresa contra alcuno, ma
per far le mostre et assegurar le cose soe, *presertim* el stado de Urbin, nel qual, disse, quelli di San

---

[1] Sulla mortalità di Roma in codesto tempo, ecco alcune
notizie ricavate dai dispacci ai Dieci di Firenze. Francesco Fortucci scrive il 7 luglio: « Ci sono di molti malati di febre, e ce ne
muore assai bene. » — E il 20: « Ringrazio la S. V. (*della licenza
ottenuta*), che Dio sa non potevo havere maggior gratia in questo
mondo, perchè mi sono sentito et sento di mala voglia, et sono
mezo fuori di me, oltre allo spavento che ho, perchè qui ne muore
assai di febre, et ancho intendo che c'è qualche cosa di peste. »
— E il 22: « Io ho visitato hoggi lo arciveschovo di Firenze, el quale
ho trovato indisposto, per havere havute certe febre, et hieri ne
hebbe una grandissima. È mezo sbigotito il povero signore, et
sendo vecchio, et in questi tempi, porta assai periculo. » — E
Antonio Zeno, il 17 agosto: « Le conditioni della città per la moltitudine grande delli infermi che ci sono et per i caldi excessivi
non sono accepte a molti. »

Leo ogni zorno fanno qualche novità; e che fra dieci zorni tornaria, mostrando che con dispiacer el sentiva che Fiorentini avessero fatto movere i Franzesi per vegnir in Toscana, il che non bisognava che avessero fatto, avendo abuto la fede da lui, che non era per farli dispiacere. E subiunse: — Ma lassateli far, chè portaranno la penitenzia, e saria meglio che avessero condutto le cavallette nel paese, che li fosse tempestato; et oltre el danno del paese, li tegniranno *etiam* assuti [1] de danari, nè voranno esser venuti a posta soa, di bando. [2] — E voltato al cardinal Adriano, li disse: — Fate venir qui doman questi mercanti fiorentini, chè li volemo assegurar che la cavalcata del Duca non è contra de loro nè de altri, salvo che alcuno ne provocasse con iusta causa. — Di queste zente franzese non mostrava Sua Santità dubitar che avessero a vegnir di longo verso Reame, nè passar la Toscana. Et intrato a parlar de Gaeta, disse che la impresa andava molto prolongandose, e mostrava dubitar di quella. E disse: — Benchè l'ambassador [3] pur adesso ne abbi ditto ch'el spiera in ogni modo che l'averanno, *tamen* (disse) nui credemo che se non l'hanno fin domenega, non l'averanno più. — Stette su questi conferimenti la Santità Sua non troppo di bona vogia, per quanto mostrava nello extrinseco, et essendo già l'ora tarda, mi dette licenzia. »

---

[1] *Assuti*, asciutti.
[2] *Di bando*, gratuitamente.
[3] Intendi: *l'ambasciatore spagnuolo*.

473. Notizie del campo spagnuolo. Pratiche insistenti dell'oratore di Spagna presso il Pontefice per impedire che questi si volga nuovamente alla parte francese.

Roma, 8 agosto 1503.

Si dice che nel campo degli Spagnuoli « è il morbo grande, » e che le sorti dei Francesi vanno migliorando.

« La varictà de la natura del Pontefice e poca soa stabilità fa che molti iudicano che la mala contentezza, ch'el mostra aver dell'avvento[1] di queste zente franzese, sia finta; anzi, che con bona intelligenzia soa le vengano, e che la cavalcata del Duca sia per ritrovarsi et unirse con loro. Et affirmo alla Sublimità Vostra che l'orator ispano non ha in tutto segurtà ch'el Papa non depona la neutralità, in la quale fin allora si ha dechiarito, ben però con qualche inclinazion a Spagnoli; e questo lo fa esser sollecito, et ogni zorno star alli fianchi a Soa Beatitudine, con el qual ozi *etiam* se ha ritrovato; e *non solum* cum lui, ma con li cardinali che hanno manezzo de le cose palatine, pratica di continuo, però ch'el vede la manifesta ruina de le cose sue consistere in la mutazion del Pontefice, nel qual, per la natura sua, non è alcun che possi far stabile fondamento. »

474. *Provvista di chiese. Notizie del Regno.*

Roma, 9 agosto 1503.

Nel Concistoro di oggi, 9, il Papa ha provveduto al patriarcato di Costantinopoli ed all'arcivescovato di Trani. Si è poi lagnato dei sospetti dei Fiorentini, che asserisce essere ingiusti.

---

[1] *Avvento*, venuta.

Consalvo si lagnò pubblicamente di Prospero Colonna, che era stato principale cagione della sua andata a Gaeta, da dove gli Spagnuoli dovettero ritirarsi con qualche danno.

475. Prossima venuta di genti francesi, assoldate dai Fiorentini e dai Senesi per propria difesa contro il Valentino. Malumore del Papa.

Roma, 10 agosto 1503.

Si confermano le voci della venuta dei Francesi: ma pare che siano solamente 300 lance, assoldate dai Fiorentini e dai Senesi, collegatisi per propria difesa contro il Valentino.

« Di questa zente franzese non si sa ancora chi venga capitano in luogo del Tramoglia, perchè si aspettava la resoluzion del Re; *tamen* per fin a ora si pubblica del marchese di Mantova. Le zente italiane, che dieno accompagnarse con le franzese, intendo che non passeranno Fiorenza, quando ben Franzesi volessero scorrere in Reame, salvo che il Duca di Valenza lievi le zente soe da lì; per non lassar le cose soe a descrizion del Duca (che non ne ha niente, dove va a tuor quel del compagno che puol manco) per andar a defender quel d'altri.[1] E questo è quel che dà

---

[1] Ci pare da interpretare così: Le genti italiane, ausiliari delle francesi, non passeranno oltre Firenze, nè procederanno con queste nel Reame, quand' anche vi vadano i Francesi, salvo il caso che anche il Valentino s'allontani dalle parti di Toscana e di Romagna; perchè, nel caso contrario, non vogliono, per andare a difendere le cose degli altri, mettere le proprie a discrezione del Duca, benchè sia alleato dei Francesi e di loro; perchè egli della discrezione non ne ha punta, quando si tratta di derubare un compagno, che ne può meno di lui.

passion grande al Pontefice, che si vede costretto a
far una di queste cose, venendo Franzesi grossi: di-
chiarirse per Francia, et in soa compagnia andar in
Reame; over essere alle man con Franzesi, che è
pericolosa cosa; overo star neutral, e levar le zente
de li confini de Fiorentini e Senesi, il che facendo
dubita molto de le cose di Perosa, Castello e molto
più del stato de Urbin, nel qual si sente malissima
disposizione de quelli popoli. E non po negar el Pontefice che fin qui non sia malcontento de aver fatta
tanta demostrazion di queste soe zente, de quanta ha
fatto, con mettere in sospetto Fiorentini, con i quali,
quanto po, cerca iustificar che contra loro non ha mal
animo, e non lassa mezzo alcuno a questo effetto per
veder se con questa sicurtà potesse far che queste zente
non se spinzessero avanti; che si crede sarà tarda provisione, perchè di ora in ora se atende aviso del passar suo sul Bolognese e zonzer su quel de Fiorentini. »

476. Ancora della venuta dei Francesi. Voci d'un accordo tra
     Venezia e Francia. Colloquio del Papa coll' Oratore
     veneto.

Roma, 11 agosto 1503.

« Ozi si ha celebrato qui la solennità de la elezion del Pontefice, e la Beatitudine Sua è ussita in
capella non con la consueta iocondità, che in simel
zorno è consueto dimostrare, ma tutto suspeso nel-
l'animo e travagliato nella mente, e tutto el studio
suo per adesso è investigar la verità del vegnir de
Franzesi, el numero de le zenti, e la disposizion di
quelle verso la Santità Sua; e, per quanto ho inteso
da buon luogo, già cominza a metter in consulto, in

casu che Franzesi vengano grossi e non ben d'accordo con lui, se lo i die [1] aspettar in Roma, *aut* redurse in altro luogo per più segurtà. Fra le altre fantasie questa è una, che dubita la Sublimità Vostra aver bona intelligenzia con Franzesi, e pàreli che senza tal intelligenzia Franzesi non averiano abbandonato la Lombardia e disfornita de tutte le soe zente, come se dice che hanno fatto : il che vien pubblicato per Franzesi esser vero; et ozi, essendo in camera del Papagà, uno dignissimo prelato et affezionato della Sublimità Vostra mi disse aver veduto heri una lettera in man de li oratori franzesi, che vien da Venezia, scritta da li oratori residenti appresso alla Excellenzia Vostra, *aut saltem* finta d'esser scritta da loro, per la quale avisano *noviter* la Serenità Vostra averse dechiarito di un voler con el Cristianissimo Re, amico de amici, e nemico de inimici, e che i ditti hanno questa lettera mostrata al Papa. E questo è stato causa che ozi, da poi la messa, Sua Beatitudine mi feze entrar dentro, e sopra questa materia suttilmente me andò examinando, per trovar qualche verità; al qual respusi conveniente, iuxta la instruzion de la Serenità Vostra. E poi me disse che l'intendeva che Bortolomio di Alviano et alcuni altri pur di questi Orsini, con li forussiti de la Romagna, si dovevano mettere in campagna capitani di ventura. —Il che (disse) essendo, non potrà essere senza sentimento della illustrissima Signoria et a' danni nostri, che non ce lo potemo persuadere per la bontà di quella Signoria, da la quale, per l'amore che nui li portiamo,

---

[1] *Se lo i die,* se egli li deve.

più presto speramo favore che disaiuto. Et in verità
(disse), *domine Orator*, nui abbiamo tanta confidenzia
in quella illustrissima Signoria, che in ogni necessità
nostra non saperessimo dove nè da chi ricorrere con
più sicurtà che da lei. Nè credemo ingannarse dell'amor che quella ne porta, perchè mesuriamo l'animo
suo per la bona disposizion del nostro verso di lei.
— E commendando la Celsitudine Vostra, improperò
molto Fiorentini, digando che de ogni mal loro sempre erano la principal causa, e che ora che le cose de
Italia se erano per assettar e quietar alquanto, loro
con questi soi bestial suspetti cercavano *iterum* de
metterla in confusion. E con parole affezionate mi
disse: — Vedete, *domine Orator,* quanti mali seguitano per non se intender nui bene e particolarmente
insieme cum la illustrissima Signoria. Siate certo
che tutte queste cose cessariano e ognuno se accostaria a nui e lei, e nui insieme potressimo governar
il tutto pacificamente, e redur presto la Italia ne la sua
antiqua libertà. Però, vi preghiamo, non restate di
ricordarlo alla illustrissima Signoria, la quale, benchè sie prudentissima, e che conosca meglio di quel
che nui possiamo pensar, nondimeno qualche fiata,
per non essere aricordate, le cose non sono cusì particolarmente considerate. — E qui si dilatò in li discorsi *sepius* fatti con molte parole. Fu per me in
poche parole fatta la conveniente risposta, iuxta la
intenzion de la Serenità Vostra, a cadauna delle parte,
con onor e dignità di quella, e parse che Sua Santità restasse satisfatta, e dettemi licenzia. Non restai
che io non li recordassi la espedizione del vescovato

di Verona, e mi disse che bisognava che Lodovico [1] li andasse a parlar, senza el qual non si poteva
far niente. E mi pregò che io raccomandasse alla Serenità Vostra el cardinal de Heuna, *saltem* per adesso,
nel possesso dell'arzivescovato de Trani, dove non era
difficultà, perchè lo avea abuto per via *resignationis.* » [2]

477.   Notizie del Regno.

Roma, 12 agosto 1503.

Nel campo degli Spagnuoli a Castiglione, a due miglia da Gaeta, infierisce la peste (vedi il dispaccio 473):
tuttavia gli Spagnuoli tesero un'imboscata ai Francesi,
e ne uccisero 300. Ma le speranze dei Francesi rivivono.

478.   Notizie di Giangiordano. Venezia e Frància.

Roma, 13 agosto 1503.

Giangiordano è custodito a requisizione degli
ambasciatori francesi, ma non si conosce il luogo
dov'è ritenuto.

Gramont ed il vescovo di Rennes, agenti pel Re
di Francia, mentre monsignore di Trans è ammalato
a Viterbo, accolsero con piacere la notizia che la Repubblica abbia, rispetto alle cose di Milano, dimostrato favore al Re.

---

[1] Verisimilmente il cardinale Lodovico Borgia, al quale forse
il Papa aveva promesso il vescovato di Verona; mentre la Repubblica Veneta lo chiedeva per il suo cardinale Corner, che
l'ottenne poi da Giulio II nel novembre del 1503.

[2] Cioè, per la renunzia fattane dal cardinale Castelar, che
aveva ottenuta la chiesa di Monreale in Sicilia. L'arcivescovato
di Trani fu conferito al cardinale d'Elna nel Concistoro del 9 agosto: vedi il dispaccio 474.

479. Malattia del Papa e del Valentino.

Roma, 13 agosto 1503.

« *Hora 2 noctis.* Questa sera per bona via ho inteso che la causa che heri Nostro Signor non tenne signatura segondo l'ordinario, e come aveva fatto intimar di voler far, è stato perchè dopoi manzar li venne uno accidente, e vomitò il pasto cum alterazion di febre, la quale li durò tutta la notte et ozi *etiam* ne ha sentito.[1] Per il che el Palazzo, zoè le sue camere, son sta' serrate, e non ha lassato introdur alcuno; non però ch'el se dicesse la causa vera, ma *solum* che la Santità Soa era occupata con el Duca per questa soa partita, e non voleva impazzo da alcuno per ozi. El Duca *etiam* lui è in letto cum febre, e par che l'origine del male dell'uno e dell'altro si

---

[1] Cfr. Burcardo, *Diario:* « Sabato, die xij augusti, in mane, Papa sensit se male habere: post horam Vesperorum xxj, vel xxij, venit febris, que mansit continua. Die xv augusti extractae fuerunt ei xiiij unciae sanguinis vel circa, et supervenit febris tertiana. » (Ms. Magliab., tomo V, a c. 1.) La parte di questo *Diario*, che comprende il racconto tra la malattia di Alessandro VI e la elezione di Pio III, trovasi compendiata in volgare, sotto il titolo: *Conclave, nel quale fu creato papa Pio Terzo di casa Piccolomini*, nella filza Strozziana 238 (ant. 232) del R. Archivio di Stato in Firenze, di scrittura del secolo XVI: altra copia, assai più recente, è nel codice Riccardiano 3167. Il prof. Enea Piccolomini ne pubblicò per saggio due brani relativi alla morte e sepoltura di Alessandro, negli *Atti e memorie della Sez. letter. della R. Accademia dei Rozzi di Siena*, Nuova serie, vol. I (an. 1871), pag. 26, 27. Pubblichiamo ora questo documento per intero in fine al volume, sotto il n. II; anche perchè l'antichità della prima delle due copie citate è una prova di più dell'autenticità, da taluni impugnata, del *Diario* del Burcardo.

è che uno di questi zorni, e fo ozi otto dì, andorno a cena ad una vigna del reverendissimo Adriano e stettero fin a notte, dove intravennero *etiam* altre persone, e tutti se ne hanno risentito. El primo è stato el proprio cardinale Adriano, che venere fo in capella alla messa, e dopoi manzar li venne un grandissimo parosismo di febre che li durò fina la mattina seguente; heri *etiam* l'ha abuto, et anche ozi li è ritornato; e, da poi lui, li altri sono andati drieto, come è sopraditto. Da mattina investigarò con pari verità el particolar de la cosa, e subito ne darò aviso alla Sublimità Vostra. »

480.　　　　Ancora della malattia del Papa.

Roma, 14 agosto 1503.

« Continuando la febre a Nostro Signor, questa mattina li è sta' tratto sangue, e benchè si dica de la quantità variamente, chi quattordici e chi sedici onze, *tamen* intendo la verità esser dieci onze, che par *etiam* troppo e maraviglioso in un omo di 73 anni, come si dice esser la Beatitudine Sua. Pur per questo non par la febre cessi, et hala *etiam* abuta ozi, ma non tanta quanta heri, e verso sera *etiam* per bona via ho inteso, esserli sta' ventada [1] un poco la vena, che è segno pur che la materia non manca.

» El Duca ozi è stato pezo che non fece heri; e, segondo come per bona via ho inteso, stando le cose in qualche sospetto di pericolo (chè altro non

---

[1] *Ventare la vena* vale *salassare. Sventolada, sventoladina*, dicono i Veneziani anche oggi per *salasso*.

se po iudicar in un vecchio e repleto come è il Pontefice), per ogni bon rispetto ha mandato a far redur le gente in qua; e dubitando che questa fama non li facci danno e qualche novità alle cose di Romagna, già ha spazzati in li luoghi de importanza, per dar aviso alli soi e far smorzar la fama. »

481. Ancora della malattia del Papa. Il cardinale di Napoli prega l'Oratore veneto di scrivere alla sua Repubblica, che in caso di morte di papa Alessandro abbia a cuore la libertà della nuova elezione.

Roma, 15 agosto 1503.

« Per le mie de heri, scritte a quella per Evanzelista corrier, la Serenità Vostra averà inteso in che stato si trovava Nostro Signor et *etiam* el duca Valentino. Ozi son stato vigilantissimo, e con ogni mezzo possibile ho investigato intendere come el sia stato. Non si trova alcun fondamento di verità, però [1] non ha alcun che possi penetrar al luoco dove è la Beatitudine Sua, e quelli che vi entrano non escono fuori: per conietture se arbitra piuttosto mal che bene, perchè tanta secretezza non causa da bene. Poi tutti li soi, e che desiderano la salute soa, affirmano che sta bene e non ha più febre; che è cosa da non credere e contra ogni rason; chè, avendo abuto do parosismi, come è manifesto a tutti, e trattoli non manco de otto onze de sangue, non è nè vero nè verosimile che in quel corpo non continui ancora la febre a far suo corso; e tanto più, che le zente soe sono sollecitate ad accostarse verso Roma,

[1] *Però*, perocchè.

et in tutti i luoghi de importanzia sono sta' replicate lettere de bona custodia. Li cardinali soi famigliari e domestici ozi sono entrati in le prime camere: non se intende con certezza se sono sta' introdutti più oltra, ma si crede che non: ussiti fuori mostrano allegrezza, l'intrinseco non se intende. Del Duca si parla più liberamente, che non è senza mal, e de lui si dice esser pezorato.

» Tra tutti li altri reverendissimi cardinali più intento è alla verità di questa cosa el reverendissimo Napoli che alcun altro, come quello che per autorità e per età li pare aver più parte in questo Pontificato; con el qual ozi me son ritrovato, e parlando con mi, come è solito, con ogni confidenzia, mi disse per ozi non aver possuto aver alcuna verità, e poi mi disse: — *Domine Orator*, nui dovemo sperar che Nostro Signor debba star bene; nondimeno, essendo mortal e della etade che lui è, potria anche esser che l'ora soa fosse venuta. Vedete che tutto el mondo è in armi, e forse che chi potrà più, vorrà che la elezione de un novo Pontefice se fazza con le arme, che serà grandissimo scandalo e pericolo della Chiesa de Dio; la qual, come sempre è stata, così deve al presente, *dato casu*, esser ricomandata alla illustrissima Signoria, che è sola che può rimediar a questa cosa, e far che le risse [1] procedano iuridicamente e senza violenzia, azò non segua qualche scisma e pericolo nella fede. — E pregò me che de ziò ne dovesse dar notizia alla Sublimità Vostra. »

[1] *Risse,* qui ha significato di *discussioni.*

482. Ancora della malattia del Papa. Notizie del Regno.

Roma, 16 agosto 1503.

« Stando in continua vigilanza per intendere come succede la malattia del Papa e del Duca, per bona via ho inteso che finora la febre non abandona nè l'uno nè l'altro, e continuamente l'hanno. Vero è ch'el Duca l'ha più gagliarda, et ha i parosismi subintranti [1] et accidenti strani; e questa notte passata a mezza notte ha mandato a chiamar i medici che sono a la sua cura, che non son palatini, i quali ha retenuti lì e non li lassa partir, e fa *etiam* mazor difficultà in intender el star suo. El Papa ha *etiam* lui la febre, e questa mattina *etiam* lui l'aveva, ma più lenta del Duca; pur mai.... [2] El sangue che li hanno tratto, et in tanta quantità, è stato necessarissimo remedio; chè certamente fin al presente *actum esset de eo*, chè za la materia *tendebat ad caput*, cum principio di subetìa; [3] pur ancora non è senza pericolo e l'uno e l'altro. Quel che più nocerà al Pontefice è le

---

[1] Diconsi dai medici *febbri subintranti*, quelle in cui ad un parossimo febbrile ne succede immediatamente un altro, con distinzione però degli stadii di ciascuna febbre.

[2] Lacuna nel codice. Forse, *non cessa*.

[3] Cfr. il dispaccio 516: « la materia *tendit ad caput* con pericolo di subetìa; » e il dispaccio 591: « sonno de subetìa. » — *Subât* (pron. *Subêt*) è parola araba, che significa *letargo*. La troviamo nel *Lexicon* di Pietro Castelli, medico siciliano del secolo XVII, scritta *Subeth* e spiegata con *carus sive somnus;* quindi *Subeth sahara,* nel significato di *coma vigil.* Ora il coma, che si distingue in sonnolento *(carus)* e in vigile, è uno stato d'assopimento del malato, e spesso è un sintomo che indica la congestione sanguigna.

varie fantasie, de le qual per la natura soa in queste occorrenzie non si potrà spogliare la mente, le qual, adiunto l'affanno per el mal del Duca, faranno el caso più pericoloso.

» Non mancarò de star in continua inquisizione de la verità, per dar subito aviso a la Sublimità Vostra de ogni occorrenzia ; alla quale non accade dir altro per adesso, se non che pur la fama del vegnir de queste zente franzese et italiane de verso Lombardia continua. E dal campo de Spagnoli se intende che sei de le soe galie sono venute a Terracina, dove hanno brusato certe barche e ruinati quelli molini *funditus,* dei quali Franzesi di Gaeta se servivano de farine. Il campo sta pur dove prima, e se altro non succede, par che quasi *voluntarie* si toleno [1] la speranza de aver quella terra.

» Quanto succederà, la Serenità Vostra ne sarà avisata, a la quale ho voluto spazzar el presènte corrier con quanto è scritto, per non la teguir in longa expettazion de mie, che so denno esser da lei desiderate da poi el zonzer de le mie ultime. Ben li significo che, continuando in pezo questo caso del Pontefice, e che Dio volesse far altro de Sua Santità, averò bisogno de corrieri, nè de qui mi resta se non un altro, et a questi tempi non mi pare che le lettere de la Serenità Vostra debbano esser date in man de altri che non se sappia chi siano. Però li ricordo, *debita reverentia adhibita,* che la fazi quella provision che a la sua somma sapienzia parerà. Nè mi par fora di proposito dirli questa parola che, a que-

---

[1] *Toleno,* tolgano.

sto bisogno, intravenendo el caso, ogni corrier de quelli che ordinariamente fanno l'officio per la Sublimità Vostra, non sarà da esser adoperato : non dico per fede, ma perchè molti non sanno vegnir in manco tempo del suo ordinario. »

483. Ancora della malattia del Papa. Notizie dell' avvicinarsi di trecento lance francesi, accompagnate da milizie di Ferrara e di Bologna.

Roma, 17 agosto 1503.

« Heri scrissi alla Sublimità Vostra per Ieronimo Passamonte corrier quanto mi accadeva. Ora mi accade significarli come questa mattina Nostro Signor ha preso medicina, e pur la febre continuamente lo molesta, e non senza pericolo; sì come ozi per bona via ho inteso, ch' el vescovo di Venosa, primario medico di Sua Beatitudine (che è però creatura del cardinal San Zorzi),[1] ha fatto intendere al suo agente qui, che la egritudine del Pontefice è di grandissimo pericolo, e però debi spazzar al cardinal ch' el se appropinqui in qua; e così el ditto ha fatto. Essendo poi io andato a visitazion del reverendissimo Napoli, pur per intendere alcuna cosa in questa materia, Sua Signoria Reverendissima me ha confirmato el medemo, e mostròmi una poliza scritta a lui per un dei medici che sono a quella cura, nominato maestro Scipio, nella qual li scrive el Pontefice star molto grave con febre continua e grande, e che quasi pongono ogni speranza nella odierna medicina. Questa sera al tardo tutto el Palazzo era sottosopra, e

---

[1] Raffaello Riario: cfr. la nota 4, a pag. 85 del vol. I.

come meglio ponno, ciaschedun cerca de salvar el suo, tuttavia con gran secretezza: e quanto ponno li Papalisti e Ducheschi si sforzano nascondere la gravezza del male del Pontefice, e lo fanno tanto poco, ch'el saria quasi.... [1] quando dicessero el vero. Et *inter cetera* ho inteso che li dui putti, [2] overo li governatori sui, hanno dato principio a mandar via quanto ponno de la robba sua de valuta, e per via de mar la mandano a Piombino. È stata *etiam* questa sera deputata custodia grande per tutti i luoghi de suspetto; se fenze, per esser venuta fama che in Brazano son zonti molti cavalli e fanti, ma non se dice de chi; pur se iudica che la principal causa de la custodia sia per el pericolo che si vede nel mal del Papa. Sto vigilantissimo, e per ogni via e mezzo mi afforzo intendere quanto segue, per tegnir ben avisata la Serenità Vostra di quel che ora per ora acade.

» Se adiunge al mal del Pontefice l'aviso zonto che le zente francese, lanze 300, erano passate Bologna, et in soa compagnia erano 100 omeni d'arme et altrettanti cavalli lezieri del duca de Ferrara: si crede che fino questo zorno siano zonte suso quel di Fiorenza. Le zente de Bologna, che sono 100 omeni d'arme e 100 cavalli lezieri, dovevano fra tre o quattro zorni esser a camin. Fanti non se intende niente siano con loro, ma ben erano avisati quei da Bologna preparar gli alozamenti *etiam* per i fanti, ma non se intende quantità alcuna. »

---

[1] Lacuna nel codice. Forse, *meglio.*

[2] Cioè, Giovanni figliuolo del Papa, e Rodrigo figliuolo di Lucrezia.

484. Peggioramento del Papa. Notizie del campo di Gaeta.

Roma, 18 agosto 1503.

« Sentendo Nostro Signor el pericolo del mal suo, questa mattina, a bon'ora, se ha comunicato, e, sono stati ammessi da la Beatitudine Sua alcuni de li cardinali de Palazzo: questa comunione però è fatta secretamente, perchè, quanto ponno, i soi se afforzano de tegnir el mal suo occulto. [1] Pur io ho inteso ch'el vescovo di Venosa questa mattina a bon'ora avanti la comunion ussite di camera del Papa, piangendo, dolendosi e dicendo con alcuni di soi ch'el

---

[1] La cosa era veramente tenuta tanto segreta, che Antonio Zeno, scrivendo da Roma ai Dieci di Balìa di Firenze il 17 d'agosto, non fa alcuna parola della malattia del Papa e del Duca; vero è che lo scrivente non era « uscito di casa già 40 giorni a causa del male, » e conseguentemente non aveva potuto « praticare, » nè raccogliere notizie. (Arch. Fior. *Lettere ai Dieci*, agosto 1503, a c. 274.) I Dieci ebbero avviso della malattia non prima del 18, e lo stesso giorno scrissero ad Alessandro Nasi in Francia: « Sonsi da poi oggi havuti varii advisi, et da più bande, della malattia del Papa et del Duca, qual si dice esser terzana, et il Duca esser malato a dì xj, et il Papa a dì x, et haversi il decto Papa tracto fino ad 9 once di sangue. Li advisi si hanno da Roma, et questa hora, che siamo ad xxiiij, ci è adviso le gente sua, che eran tra Perugia et Castello, essersi levate et itosene strecte alla volta di Roma, et il primo dì haver facto 25 miglia, che può nascere, essendo vera la malattia loro, di voler essere in Roma et fare spalle etc. Quando fussi simulato, è forza che habbi seco qualche inganno: il che però noi non crediamo, ma ci pare esser certi, et lo crediamo absolutamente, che in facto e' siano amalati, tanti riscontri se ne ha. Et parci che questa sia una occasione da non la lasciare passare, perchè non tornono ogni dì simili tracti, et hora sarebbe il tempo da condurre con una facilità grandissima tucto quello che si è pensato. » (*Lettere dei Dieci*, 1503, a c. 63.)

pericolo era grande, e molto se ramaricava che la medicina de heri non avesse dato a Sua Beatitudine quel iuvamento che doveria aver dato. Tutta questa terra sta interditta: pur, essendo la cosa del pericolo secreta, non si vede alcuna palese novità, perbenchè tutti stiano sopra de sè, con desiderio però de ognun che questa infermità debba esser el fin de le tribulazion de la Cristianità. El Duca *etiam* continua a star male, e per quel che palesemente vien ditto, si affirma che lui stia in mazor pericolo ch'el Papa; *tamen* queste sono parole ditte de li soi proprii, chè li par esser di mazor pericolo el publicar el mal del Papa che quel del Duca, e però di esso li più prudenti ne fanno poco conto, e mettono el pericolo dove el die esser posto.

» Dal campo di Gaeta, che se attrova *etiam* al Castiglione, se intende de qualche scaramuzza fatta tra loro e Franzesi, e che in più volte erano sta' morti 600 Franzesi, e che Villamarin loro capitano [1] aveva preso una galia, doi galioni e do fuste de Franzesi, che andavano a Gaeta, e seguitava una galeazza chè era in conserva de una galia sottil, che sperava de averla; e *tamen* per altra via se intende che erano stati alle man, e che quelli della galeazza avevano fatto danno grande agli Spagnoli. »

[1] Intendi, *degli Spagnuoli.*

485. Colloquio del cardinale di Napoli col segretario
dell'Oratore veneto. Il Papa è in fine di vita.

Roma, 18 agosto 1503.

« *Hora 19.* In quest'ora el reverendissimo Napoli, per uno di soi palafrenieri, mi ha mandato a dir che li dovesse subito mandar el mio secretario, chè aveva a comunicarli cose de importanzia; el qual subito andò, et essendo in conferimento con Sua Signoria Reverendissima (nel qual li diceva, per novo aviso abuto, el pezorar del Pontefice, e ch'el stava in grandissimo pericolo; dechiarandoli la singular fede e reverenzia che lui e tutta casa sua avevano ogni tempo abuta a la Illustrissima Signoria Vostra, et onestamente ricercando el favor de la Sublimità Vostra, in caso di elezion de novo Pontefice, non però de altra cosa, se non che con l'autorità soa lei dovesse far che questa elezion, dovendose far, se facesse libera e senza violenzia nè forza d'arme; che non poteva esser se non con incarco di questo serenissimo Dominio, che solo era in Italia che potesse provvedere a questo bisogno, e defensar la libertà ecclesiastica, de la quale sempre era stato defensor), soprazonse un messo mandato dal vescovo de Carinola, [1] vicario del

---

[1] Pietro, vescovo di Carinola in Terra di Lavoro, vicario di Roma e confessore di papa Alessandro. Varii codici del Burcardo hanno *episcopus Calmensis* (invece di *Callinensis*): Raynald e Gregorovius lo dicono vescovo Culmense, cioè di Culm nella Polonia Prussiana. Ma sono da tenersi per lezioni errate: perchè vescovo di Culm dal 1495 al 1509 fu un Niccolò Krapitz (cfr. Mooyer, *Onomastikon Hierarchiae Germanicae,* Minden, 1854), mentre, secondo il Burcardo stesso, il confessore del Papa aveva nome Pietro.

Papa, el qual *continue assistit* a la Beatitudine Soa; et essendo sta'(fatta la imbassata à Sua Signoria Reverendissima, fatto redur el secretario mio in uno camerotto, parlò a questo messo; el qual partito, chiamò el secretario mio, e disse: — *Domine Secretarie*, non più ceremonie nè belle parole. Andè adesso e fe' che l'Ambassador spazza *immediate*, e dia aviso a la illustrissima Signoria ch'el Papa *graviter laborat*, e custui me ha fatto intender, per nome del suo patron, ch'el dubita, se Dio non fa miracolo in lui, ch'el non po scappar troppo, et el più longo termine che per li medici li sia dato è il far della luna. Et in gran celerità li dette licenzia, facendoli pressa al spazzar. El qual essendo in quest'ora ritornato, per far quanto si conviene al debito mio, ho voluto spazzar el presente corriero alla Sublimità Vostra, a la qual significo che, tuttavia scrivendo, per via de uno che sta in Castel Sant'Anzolo, son avisato a quest'ora esser andato al castello uno dei palafrenieri del Papa, et avendo parlato con el castellan secretamente, subito el ditto fece serrar el Castello, e metter tutti in arme, e con gran diligenzia faceva cargar le artegliarie. »

486. Altre informazioni sullo stato mortale del Pontefice. Ristabilimento del Duca, e suoi provvedimenti per assicurarsi nel caso di morte del Papa.

Roma, 18 agosto 1503.

« *Hora 23.* Ozi, a le ore 19, furono le ultime mie alla Sublimità Vostra per Lorenzo da Camarin corrier, e da poi el partir suo è stato da me maestro Scipio, medico che viene da Palazzo, e mi ha fatto

intendere che dalle 16 ore in qua, volendosi levar
Nostro Signor per aver beneficio del corpo, el ca-
tarro se li mosse, et andò in angossa, e da quello in
qua è sempre andato di male in pezo, *adeo* che, per
el iudicio suo, questa notte terminerà la vita. E, per
quanto mi ha narrato, per el discorso de tutto el mal
et accidenti accaduti e remedii fatti, è da iudicar ch'el
principio del suo mal sie stato apoplessia, e di questo
parere è questo medico, omo excellente nell'arte soa.
Del Duca me ha affirmato che sta senza pericolo alcun, senzer [1] de febre, e che a piazer suo se po levar
del letto; el qual tuttavia, per quanto el ditto me ri-
ferisse, che ora vien da lui, si preparava per redursi
questa notte in Castel Sant'Anzolo, e lì farse forte per
sua segurtà, dove *etiam* za sono sta' mandati i doi
putti, e per el corridor coperto tuttavia dal Palazzo
al Castello si conduseva roba del Duca e de li altri
soi. Questa mattina, a bona ora, fo spazzato che le
zente dovessero vegnir in qua con ogni celerità, e
per esser più presto, dovessero vegnir legiere senza
impedimento de arme; e za ne è zonta una parte, e
tuttavia si vede vegnir soldati. Tutti si riduseno in
Borgo, et è andato *etiam* el tamburin per la terra,
chiamando tutta la guardia, con pena de la forca a
cadaun, che se debano apresentar al suo capitano in
Palazzo, *adeo* che tutta la guardia da pe e da cavallo
è tutta attorno al Palazzo, e tutta la zente se riduse
in Borgo. La terra tuttavia va sottosopra, *precipue* attorno Banchi, li quali sono serrati, e cadauno cerca
de assicurarse el meglio che po. Sto attento per in-

---

[1] *Senzer*, sincero, libero.

tender la extrema ora, et *immediate* spazzar alla Sublimità Vostra. »

487.   Morte di Alessandro VI.

                              Roma, 18 agosto 1503.

« *Hora prima noctis.* In quest'ora è venuto da mi don Alvarotto *de Alvarotis*, cittadin padoano de la Sublimità Vostra, e *similiter* domestico del reverendissimo Santa Briseida, e me ha riferito che, essendo con el suo cardinal, venne lì don Remolines camerier del Duca, e feze intender a Sua Signoria, come Nostro Signor in quell'ora *expiraverat; qui in pace requiescat:*[1] el suo signor Duca et *etiam* la persona sua raccomanda a Sua Signoria Reverendissima. El ditto *etiam* li feze intendere che questa mattina el Duca aveva spazzato un messo al signor Prospero Colonna a farli intender che volesse esser in favor suo, chè da mo li offeriva restituir tutto el so stato. Questo caso de la morte me è sta' *etiam* confirmato per via del revendissimo cardinal de Trani. »[2]

[1] La morte del Pontefice accadde, secondo il Burcardo, all'ora del vespro, e fu pubblicata a ore 23.

[2] Il Gregorovius, tomo VII, pag. 495-499, ha raccolto diligentemente molte testimonianze contemporanee sopra la cagione della morte del Papa, e sembra convenire nella più comune opinione del popolo e degli storici, che quella accadesse per avvelenamento, quantunque riconosca che la cosa non sia provata. Il Giustinian non fa pur cenno di tale sospetto, riferendo semplicemente, con piena adesione, il parere di maestro Scipione medico « che il principio del suo mal sie stato apoplessia. » (Disp. 486.) Neppure ne fa cenno il Burcardo, ma parla di febbre terzana. (Cfr. la nota 1 al disp. 479.) Nei dispacci florentini non troviamo su ciò diretti ragguagli, perchè la Repubblica non aveva allora in

488. Il Valentino avvia pratiche d'accordo con Prospero Colonna e con l'oratore spagnuolo. Congregazione dei cardinali nella chiesa della Minerva, convocata dal cardinale di Napoli, decano del Collegio.

Roma, 19 agosto 1503.

« *Hora 15.* Per le mie de heri sera la Sublimità
Vostra averà intesa la morte del Pontefice, e ch'el
Duca desiderava la union et amicizia de' Colonnesi; e,
continuando in questo desiderio, questa notte ha spazzato el vescovo della Valle [1] con un altro suo fidato
nunzio al signor Prospero Colonna, azò el venga inanti;
a li quali ha dato tutti li contrasegni de le loro terre,

Roma nessuno in istato di darle informazioni. Il Bracci era morto di
febbre il 6 luglio (cfr. la nota 2 al disp. 433); il suo cancelliere Fortucci, rimasto per alcun tempo in luogo suo, ebbe licenza agli ultimi di luglio; e messer Antonio Zeno, sostituito al Bracci, non
potè scrivere mai nulla ai Dieci delle cose di Roma, per esser tenuto chiuso in casa dal male. (Cfr. la nota 1 al disp. 484.) Ma
due cose sono certe: che la mortalità in Roma in quel tempo era
grandissima, e il Papa se n'era già risentito prima dell'ultima malattia (cfr. i dispacci 444, 445, 447 e 472 del Giustinian, e la nota 1
a quest'ultimo); e che a Firenze, come in altri luoghi, gli avvisi
portarono essere il Papa e il Duca malati di terzana. (Cfr. la pre-
citata nota 1 al disp. 484.) L'ambasciatore di Ferrara, Bertrando
Costabili, le cui lettere sono nell'Archivio di Modena, scriveva in
data 14 agosto 1503 che il Papa aveva vomitato « una collera citrina, non sensa alteration de febre. » E chiudeva la lettera col
notare che non c'era da maravigliarsi se il Papa e il Duca erano
ammalati, perchè quasi tutti gli « homeni de compito » in Roma
erano ammalati, massime in Palazzo, « per la mala condictione
de aere. » (Vedi questa lettera in Appendice, n. III.) Le voci
di veleno nacquero dopo la morte del Papa, a cagione della ra-
pida corruzione del cadavere, il che bensì potè esser conseguenza
naturale della malattia. (Cfr. la nota 1, a pag. 125.)

[1] Andrea della Valle, vescovo di Crotone.

azò che piglino el possesso de quelle. [1] Non si sa
ancora che risoluzione pigliaranno: fama è che vengono, ma alcuni dicono come amici, altri *etiam* dicono come inimici. El Duca se mostra ora tutto spagnolo, e questa mattina mandò el cardinal de Borgia
stravestito, accompagnato da molti fanti, a parlar a
l'orator ispano, el qual in quest'ora medema in compagnia soa montò a cavallo, et andò dal Duca, che
ancora si altrova in Palazzo, perchè el castellano, richiesto di darli el Castello, li disse che, se la Excellentia Sua sola voleva intrar per salvarse, che molto
volentiera lo accettaria, ma se voleva entrar con zente,
non li daria adito, perchè voleva conservar quel Castello a nome del Collegio dei reverendissimi cardinali, e che Sua Signoria l'avesse per excusato: il che
ha dato gran commendazione a questo castellano appresso li boni. *Tamen*, per esser tutto el Borgo pieno
de soldati e zente del Duca, li reverendissimi cardinali, che per consueto dovevano redurse a Palazzo a
deliberar *de agendis*, non l'hanno voluto far; et el
reverendissimo Napoli, come capo del Collegio, fece
intender a tutti che, non li parendo secura cosa per
il tumulto dei soldati, essendo loro inermi, di andar secondo il solito a Palazzo, se dovesseno redur
tutti in chiesa de la Minerva; e cusì hanno fatto, ex-
cetti cinque de quelli che hanno dependenzia dal Duca,

---

[1] Nota il Guicciardini (lib. VI) che il Duca si risolvè a ricercare l'amicizia dei Colonnesi piuttosto che quella degli Orsini,
volendo fidarsi « più presto di quegli, i quali aveva offesi solamente nello stato, che di quegli, i quali aveva offesi nello stato e
nel sangue. »

che non se intende *qua causa* non se hanno redutti;
e sono el cardinal de Borgia, Heuna, Casanova, Sorrentino (che è quello che era governator) e Trani: [1]
tutto el resto de quelli che sono in Roma (excetto
Adriano e Capaze, che per indisposizione non l'hanno
possuto fare) se sono redutti. Quello che abino concluso, *hactenus* non se intende, che tuttavia ancora
sono in Conclave. Ussiti che siano, dopo pranzo darò
un poco de volta in visitazion de alcuni reverendissimi cardinali, con i quali son solito a praticar. »

489. Materie diverse trattate nella congregazione dei cardinali.
    Messaggio al Valentino, perchè si sottometta al Sacro
    Collegio e gli consegni il Palazzo dei Pontefici. Esposizione
    del cadavere di papa Alessandro in San Pietro, e sua
    sepoltura. Notizie del Duca. Giudizii e congetture sul
    futuro Pontefice. Colloquio dell'Oratore col cardinale
    di Napoli, e dimostrazioni di grandissimo affetto di
    questo alla Repubblica Veneta.

Roma, 19 agosto 1503.

« *Hora 24.* La principal materia che questa
mattina abino trattato i signori cardinali nella soa
congregazion è sta' di aver in potestà soa el Castel
Sant' Anzolo, e ch'el Palazzo non sia pieno, com'è,
de soldati; però che, benchè el castellano dichi bone
parole de volerlo tegnir a nome del Collegio, e che
etiam el Duca non le abi triste, pur essendo el castellan spagnolo e creato di papa Alexandro, non si

[1] Crediamo che con questa denominazione di Tranense sia
indicato il Castelar, come si è conservata quella di Elnense
(*Heuna*) per il Loris, sebbene questi avesse già ottenuto la chiesa
di Trani, e quegli la chiesa di Monreale.

fidano che dopoi queste bone parole non seguisse qualche mal effetto, che seria dare *errorem peiorem priore*. Nè ad altro attendeno tutti i boni cardinali, se non che la elezion sia libera senza violenza d'arme e di ogni altro non conveniente modo. E *tandem* la resoluzion della congregazione è stata, dopoi fatto l'arzivescovo de Ragusi governator della terra, et ordinati certi fanti *de more* per custodia de le porte e ponti, e fatto qualche provision per la ubertà della terra, hanno deputati do reverendissimi cardinali, *videlizet* Santa Crose e Salerno, i quali abino ad essere con el Duca, e persuaderlo a far quanto vuol el Collegio; con questa opinion, non lo facendo, loro non sono *ullo pacto* per passar el Ponte Sant'Anzolo, nè andar a Palazzo, a far niuna de le debite cerimonie, e tutti sono disposti far in la Minerva, dove *etiam* se dieno redur doman, per intendere la resoluzion del Duca in questa materia. Questi do cardinali sono stati a Palazzo fin ora, nè sono ancora tornati; pur è comune opinion ch'el Duca farà quello che vorranno, per esser a suo proposito non comenzar sì presto tuor el Collegio avverso, e dar materia di qualche scandalo che li avesse a nuoser. Avendo i cardinali soa intenzion, doman daranno principio a redurse in Palazzo, per far l'exequie del Pontefice defunto, el qual heri[1] a mezzozorno fu portato *de more* in chiesa de San Pietro e mostrato al popolo; *tamen*, per esser el più brutto, monstruoso et orrendo corpo di morto che si vedesse mai, senza alcuna forma nè figura de

---

[1] Così il codice, ma è senza dubbio un errore. Bisogna leggere *ozi*, o considerare come soppressa la parola *heri*.

omo, da vergogna lo tennero un pezzo coperto, e poi avanti el sol a monte lo sepelite, *adstantibus duobus diaconis cardinalibus* di suoi di Palazzo. [1]

» Al Duca, parte per el fastidio, parte *etiam* da qualche straco, è soprazonta più alterazion che non aveva prima, e la brigata sta con expettazione e desiderio di vedere che l'abi a seguitar presto suo padre. In la terra fino a ora, *gratia Dei,* non è stata novità alcuna, delle solite a essere in simili casi; ben è vero che le botteghe stanno serrate e li banchi cum qualche custodia, nè si vede alcun Spagnol andar per la terra, chè tutti latitano per paura de' Romani, che li hanno mal animo per le insolenzie usate per loro. È *etiam* ussita fama, *incerto tamen auctore,* che il signor Fabio Orsino questa notte doveva intrare in Roma, che ha messo più suspetto a quelli di Palazzo, i quali, per questo e per ogni altro rispetto, non stanno senza grandissimo pensier, *precipue* el Duca, del quale intendo che sta molto perplexo, *et nescit quo se vertat nec ubi reclinet caput.* De denari trovati, i quali sono in man del Duca, finora si parla variamente: chi dice 300, chi più, chi manco, mila ducati de contadi; arzenti et altre robbe *sine numero;* dalle cose vecchie de Palazzo in fuora, tutto sta a requisizion del Duca, e za ne ha mandato una parte nella rócca de Civita Castellana.

» Li iudicii di futuro Pontefice sono varii, e ca-

---

[1] Il Costabili scrive in data del 49 agosto: « El corpo del » Papa he stato tuto ogi in Sancto Petro, scoperto, cossa bruttis- » sima da vedere, negro et gonfiato, et per molti se dubita non » li sia intravenuto veneno. » (Arch. di Modena.)

daun iudica per l'appetito suo; pur el comun iudicio
e desiderio dei boni è sopra doi, zoè Napoli e Siena.
Seria *etiam* nel reverendissimo Ulisbonense, ma la
etade, chè par sia troppo antico, et anche el nome de
ispano, benchè lui sia integerrimo signor, li noce assai.
Questi tre reverendissimi, et anco el Capaze, che è un
poco indisposto, ma non che stia in letto, sono sta'·vi-
sitati ozi da me, dalli quali me son sta'fatte demostrazion grandissime de reverenzia et affezione a la Illustrissima Signoria Vostra. *Precipue* el reverendissimo
Napoli mi ha confirmato quel iudicio che io aveva za
di prima di Sua Signoria Reverendissima, e che quella
sepius mi aveva ditto, dell'affezion sua natural verso
quel serenissimo Dominio, commemorando molte
cause che lo astringono a questo, *inter ceteras* lui
esser fattura della santa memoria di Paulo;[1] allegò el
tempo ch'el stette legato apostolico in armata con
la felice memoria del *quondam* messer Piero Moce-
nigo, nominando diversi magnifici zentilomeni, che a
quel tempo erano in armata: poi li chiarissimi oratori, che *per tempora* erano stati qui da poi l'asson-
zion soa al cardinalato, che son trentacinque anni,
con i quali ha sempre visso tanto unitamente quanto
tutti sanno; e *demum* disse, che molto *etiam* a questo lo astrenzeva la affezion che l'aveva alla Italia,
nella qual adesso el non vedeva altro lume che quel
de la Serenità Vostra, el qual lui sperava dovesse il-
luminar *etiam* el resto, affirmando che, se a Dio piacesse cusì che questa sorte toccasse a lui, bench'el

---

[1] Pietro Barbo veneto, che fu papa col nome di Paolo II, e
nel cui pontificato il Caraffa fu promosso cardinale.

sia immerito, la Sublimità Vostra potria tener *prò certo* de esser lei Pontefice. Al qual fu da me commodamente con bone e general parole satisfatto e con questo me parti'. Fra questi signori cardinali, che se attrovano qui, a Sua Signoria Reverendissima par aver bon fondamento; pur sta in qualche suspetto che, venendo li fuorussiti, *precipue* San Pietro *ad Vincula* et Ascanio (*de quo varia dicuntur*, e li più prudenti, che non vegnirà), non mettano in qualche confusion el Collegio, secondo el solito suo. »

490. Pratiche tra il Sacro Collegio e il duca Valentino per la cessione di Castel Sant'Angelo. Notizie del Regno. Offerta di milizie fatta dall'oratore bolognese al Sacro Collegio.

Roma, 20 agosto 1503.

« (Ore 14.) Questa mattina ho inteso la resoluzione del Duca con i do cardinali circa el Castello esser stata bona; el quale ha deposto alquanto l'arroganzia, e, quanto po, se umilia a tutto el Collegio in generale; et in particolar *etiam* si manda a recommendar a cadauno de' cardinali. Quanto al Castello, ha ditto non lo tegnir per voler far se non quello che è il debito suo verso il Collegio, ma che *solum* faceva qualche demostrazion per segurtà soa, attento el numero delli inimici che lui aveva, *precipue* per li partesani de Orsini e Colonnesi. Li fo risposto ch' el Collegio se offeriva prontamente farli ogni cautezza e segurtà, e questa mattina i cardinali *iterum* se redusseno in congregazion alla Minerva per essere sopra questo. Del seguito la Sublimità Vostra sarà avisata, ma opinion de tutti è ch'el Duca non se abi a mostrar più brusco de quel che se li conviene. Già comenza a vegnir fama de Romagna ch'el stato de Urbino comenza andar sottosopra, e benchè se creda dover esser cusì, *tamen* per adesso questa fama non può aver troppo fondamento di verità. Il tutto die esser noto alla Sublimità Vostra per altra via più certa. » [1]

Notizie del Regno recano che circa 400 Francesi andarono a Rocca Guglielma e la presero, ma furono poi messi in fuga e inseguiti dagli Spagnuoli, e la terra messa a sacco e fuoco.

Stamani, 20 agosto, l'oratore di Bologna si recò dal cardinale di Napoli, come capo del Collegio, ad offerirgli « la città di Bologna con tutte le zente soe, che già sono in cammino, ad ogni comando de Sua Signoria Reverendissima. » Fu ringraziato.

491. Disordini dei fanti del duca Valentino in Roma. Maneggi dei cardinali spagnuoli per creare un Papa della loro nazione. Il Sacro Collegio riceve profferte di difesa dai gentiluomini e dal popolo romano e dall'Oratore veneto.

Roma, 20 agosto 1503.

« *Hora 18.* Ozi, alle 14 ore, furono le ultime mie per Nicolò da Cattaro che vegniva di Spagna; et in fine li scrissi, come era divulgata la fama de la morte del

---

[1] Appena conosciuta la morte di papa Alessandro VI, il ducato d'Urbino insorse, e, cacciato il governatore pontificio, richiamò il suo antico signore Guidubaldo da Montefeltro, che, partitosi tosto da Venezia, rientrò in Urbino il 28 d'agosto, accolto, come dicono i dispacci fiorentini, « con gran demostration di amore di tucto il paese suo. »

Duca, che è stata finta da loro medemi, per poter più facilmente dar loco ai loro cattivi pensieri.[1] Et èssi *etiam* scoperto che le bone parole, date alli cardinali, del Castello sono molto disforme della mente de chi le dise; et ozi, avanti disnar, se ha incomenzato veder qualche cattivo segno e principio de mal, se Dio e la prudenzia de li omeni non li provede; perchè, essendo già serrati in congregazione i reverendissimi cardinali, vennero in su la piazza de la Minerva molti cavalli de balestrieri et altre zente da pe e da cavallo, che messe tutto el Collegio e brigata che erano redutti in quel loco in terrore, non però che facessero novità alcuna. Ussite fora el cardinale de Salerno, e li fece tornar via. Molti zentilomeni romani, sdegnati di questo, se andorno a offerir al Collegio di proveder, se loro ghel comandavano. Forno rengraziati, et ordinato che stessero in ordene, bisognando. Soprazonse in quello el Governator de Roma et alcuni capi de' rioni, criando *Roma, Roma!* e *Chiesa Chiesa!* che assigurò alquanto el Collegio. Non poco di poi la terra comenzò di andar sottosopra, e zerti fanti ducheschi, che erano in Monte Zordan, messano foco nelli palazzi delli signori Orsini, che ne ha brusato una bona parte, e presero la via del Borgo, e 'l Castel Sant' Anzolo comenzò a trar alla terra; principio di grandissimo scandalo. E quantunque li oratori franzesi si avessero offerto di dar zente al Collegio e far etc., *tamen* el Collegio e tutta la terra poco se fida de uno e manco dell' altro. Nomino el Collegio per i boni e che vanno

---

[1] Quest'ultima notizia non apparisce nel dispaccio precedente.

a bon fin; perchè l'error procede dalli cardinali spagnoli, che tutti si hanno legati ad uno de far un Papa spagnolo, e danno le miglior parole del mondo al Collegio per sedurlo che vadi in Palazzo, e lì far qualche gran novità e scandalo; el qual benchè poi ritornaria *in eorum pernitiem, tamen* sono de la scuola de papa Alexandro, che non hanno tanto respetto a quel che potria seguir, purchè *de presenti* faccino el fatto suo.

» Essendo adunque ogni speranza del Collegio e di tutta questa terra posta nella Sublimità Vostra, *cuius finis est bonus,* mi parse per dignità e decoro di quello non lassar che lei sola, in cui era la speranza di tutti, paresse morta, e che li fosse mancato l'antico suo vigor; et in quel tumulto mi appresentai al Collegio, *nomine* della Illustrissima Signoria Vostra, e senza descendere ad alcuna particularità, con bone et accomodate parole zeneral, li dissi che la Illustrissima Signoria Vostra non era de altra intenzion di quella che in ogni tempo la era stata in beneficio e conservazion de la libertà ecclesiastica, *pro qua totiens* aveva assunte le arme e difensatala con somma gloria e trionfo contra potentissimi signori principi, e che mi persuadeva al presente faria el medemo, quando la vedesse la Sede Apostolica dover esser per questi mezzi suppeditata,[1] e che questa elezion del futuro Pontefice non fosse libera, sincera e santa, come comandano i sacri canoni; confortando le Loro Signorie Reverendissime a star di bon animo, e far quello che si appartien all'officio suo gagliardamente, chè la Excellenzia Vostra cristianissima e santa non era

---

[1] *Suppeditata,* conculcata.

per mancar al benefizio della repubblica cristiana.
Queste parole, Principe Serenissimo, furono udite con
grandissima commendazion e laude de la Serenità Vostra, le qual fecero ritornar gli spiriti alli boni e mancar l'arroganza alli tristi; li quali, remasti confusis-
simi et attoniti, non seppero dir altro se non scusar
che questa cosa non vegniva da loro nè dal Duca, e
volendose excusar, non essendo accusati (perchè io
non nominai alcuno), si accusavano loro medemi. Fo
licenziato el Collegio con deliberazion de far subito
2000 fanti, i quali, uniti con questi zentilomeni e populo di Roma, attendessero alla securtà de la terra;
e deputati *etiam* do altri cardinali appresso quelli de
heri, zoè Medici e Cesarino, che andassero al Castello,
per pigliar qualche bono appuntamento con el castellano. »

492. Colloquio tra l'Oratore veneto e il Valentino, dove si discorre delle vertenze tra questo e il Sacro Collegio, senza
venire ad alcuno accordo. Timori di disordini.

Roma, 20 agosto 1503.

« *Hora 24*. Alle 20 ore è venuto a ritrovarmi a casa
l'arzivescovo di Ragusi, governator de la terra, e con
lui erano i Conservatori di Roma, e per nome del Collegio, primo, referitteno alla Sublimità Vostra cumula-
tissime grazie, extollendola *usque ad astra, et ab omni
parte* laudandola, però che con l'ombra sola di quella
si reputavano esser securi da cadauno, e che questa
elezion del futuro Pontefice dovesse esser fatta con
quelli ordini e modi che se conviene, pregandola che
dovesse continuar nel suo antiquo e laudabile insti-

tuto di non lassar suppeditar la libertà ecclesiastica e
religion cristiana; azò che Dio, che fin a questo tempo
ha augumenta' e conserva' quella serenissima Repubblica, si fazzi più benigno e clemente a lo augumento
e conservazion de quella. *Demum* mi dissero che, vedendo loro sotto coperta di bone parole assai tristi
effetti, non li pareva *ullo pacto* di andar a Palazzo a
far quel che accade per la futura elezion, se prima
non avevano el Castello, e che le zente d'arme si le-
vassero dal Borgo, e che la custodia fusse posta per
loro e non per altri; pregandome, in nome de tutto
el Collegio, che io assumesse el cargo de andar dal
Duca et exortarlo a far quello che è l'officio suo, azò
che securamente e senza suspetto loro possino attendere a far quello che accade, e sopra ciò si extesero
in molte parole.

» Parendome, Principe Serenissimo, che questo
non fosse officio mio, non avendo in ciò altro mandato da la Serenità Vostra, come seppi, mi afforzai
di excusarme; e *tandem*, essendo astretto da una
parte dal Governator per nome del Collegio, dall'altra dalli Conservatori per nome di tutta la terra, considerato che quest'opera non poteva essere se non
bona e con laude de la Sublimità Vostra, assunsi el
cargo di far l'officio con quella modestia che si conveniva. Et andato a Palazzo, prima che fussi introdotto alla camera del Duca, stetti un pezzo con una
frotta di questi soi cardinali, che lui tiene per soi ca-
pellani; e qui tutti con le mior parole del mondo mo-
strorno desiderar un bon Papa, e che la elezion si facesse secondo Dio, dolendosi ch'el Collegio fusse

intrato in questo suspetto di loro e del Duca che li
era bon fiol; e che ben sanno loro lo error che seguiria, se volesseno far violenzia al Collegio; ma ch' el
Castello el castellan lo vol tegnir per onor suo, come
è consueto, per consignarlo al futuro Pontefice; le
zente *etiam* el Duca le tegniva per sua segurtà, avendo
tanti inimici da ogni banda, le qual tutte seriano ad
ogni comando del Collegio. Alle qual rispondeva convenientemente, stando *in terminis meis*, e non mi
lassando ussire di bocca parola che non convenisse
esser ditta da mi. *Tandem*, introdutto al Duca, lo trovai in letto flacco alquanto, ma non con troppo mal
al iudicio mio, con el qual mi dolsi *primo* in nome de
la Sublimità Vostra del caso di Nostro Signor, e li
usai quelle parole che convenientemente li poteva dir
de la Sublimità Vostra; poi fezi l' officio impostomi
dal Collegio, *etiam* quello accomodatamente, non trans-
gredendo i limiti; e *tandem*, pieno di bone parole,
mi parti' da lui senza niuna risoluzione e conclusione:
dicendo che lui non se impazzava in niuna de queste
cose, e che tutto aveva lassato in arbitrio de cardinali;
del Castello lui non aveva autorità; le zente le tegniva
per sua custodia; attendeva a guarir, per andarsene
con Dio; e già seria andato, s' el mal non l' avesse
impedito. In modo che manifestamente si comprende
una strettissima unione tra tutta la nazione ispana,
favorita *etiam* dall' orator, che è quel che li dà fomento, cum prometter de far vegnir innanti le soe zente
in favor suo; el qual *etiam* ha accordato i Colonnesi
con el Duca, che ora si mostra tutto spagnolo. È da
dubitar grandemente che, s' el Collegio si lassa condur

a Palazzo, che non abi le debite segurtà, seguirà qualche inconveniente. Li Franzesi *etiam* loro minazano di far vegnir avanti le soe zente per soa defension, dovendose accostar li Spagnoli, in modo che fin qui, se altro non accade, si vede principii di grandissimi inconvenienti. »

493. Continua la vertenza per la cessione di Castel Sant' Angelo al Sacro Collegio. Il castellano si rifiuta a cederlo, limitandosi al giuramento di fedeltà.

Roma, 20 agosto 1503.

« *Hora prima noctis*. Essendo io in Palazzo con el Duca, venne un nunzio a chiamar el cardinal di Salerno che andasse a Castello, perchè erano zonti li altri tre cardinali deputati a ciò, *videlicet* Santa Crose, Medici e Cesarino, i quali desideravano, de ordine del Collegio, non volendo ussir el castellan, metterli un prelato per compagno in nome del Collegio, che avesse con lui altrettanta zente quanta era nel Castello, azò potessero esser più seguri de la fede soa. A che non volle consentire el castellano, dicendo che questo non li seria manco cargo che l'ussir fora, e *manifeste* si vede ch'el tutto fa con intelligenzia del Duca e questi cardinali spagnoli et oratori; e duo dei deputati, Santa Crose e Salerno, sono de quelli de la intelligenzia, come chiaro se conosce. *Tandem* si è risolto el castellan a voler zurar omagio e fedeltà al Collegio, et appresso per segurtà darli l'orator di Spagna e quelli di Franza, di attendere al Collegio quanto li promette. Di questa materia fo parlato fin questa mattina in congregazione, e l'orator ispano si offerse far

la segurtà, ma li Franzesi non vosseno. Per tal causa
l'una parte e l'altra di questi oratori venne dal Duca,
con el quale io li lassai quando mi parti' da lui : non
so quello averanno concluso. Ritornando io a casa,
viti [1] che i cardinali erano ancora in Castello, e non
troppo da poi zonto a casa si sentite trar artegliarie
di allegrezza, e mi è sta' riferto ch'el Castello crida:
Collegio, Collegio! Tamen iudico che non sia altro se
non che dato el sagramento al castellano : lui die aver
fatto far quella demostrazione de allegrezza per dar
segurtà al Collegio, al che quanto può se afforza lui e
gli altri, per star in quel luogo e dar opera alli soi
cattivi pensieri. »

494. Colloquio dell' Oratore veneto col cardinale di Napoli: questi gli parla dei pericoli che circondano la elezione del
nuovo Pontefice, e raccomanda alla Repubblica la difesa
della libertà ecclesiastica.

Roma, 21 agosto 1503.

« *Hora 14.* Questa mattina, a bon'ora, che non era
appena zorno, monsignor reverendissimo di Napoli mi
ha mandato a dir ch' io li andassi a parlar; e cusì fezi. E
posposte le parole zeneral e rengraziamenti de le opere
fatte per nome di Vostra Serenità, mi pregò, come
decano e capo del Collegio, che io lo recommendasse
cum la libertà ecclesiastica alla Serenità Vostra, la
qual sola era, alla qual con fede si poteva ricorrere;
chè tutti li altri potentati erano inclinati al ben parti-

[1] *Viti*, vidi.

cular e privato, sola la Excellenzia Vostra attendeva
al ben publico; pregandola che si degnasse a questo
ponto far tal demonstrazione, che ognuno cognossesse
la bontà e religiosità sua; e che *saltem* si degnasse di
scrivere una bona lettera al Collegio, et exortarlo a
non temer violenzia da alcun, et usar quelle grave et
accomodate parole che quella saperà far. — Perchè
veramente (disse), magnifico Ambasador, nui semo
tutti spaventati. Da un canto se vedemo aver li Franzesi, dall'altro i Spagnoli; non sapemo a chi ricorrere, se non alla illustrissima Signoria. — Poi mi
disse che, aspettandose de ora in ora li signori Colonnesi con gran quantità de Spagnoli, tutti questi zentilomeni napolitani de la parte franzese, et *etiam* li oratori,
volevano ozi levarse de qui per andar verso Siena a
ritrovar le soe zente: e questo medemo in questa ora
me ha confirmato don Antonio de Mileto, zentilomo
napolitano, che è uno di quelli che die andar, el qual me
disse che monsignor de Trans avè heri da bocca del
Duca la venuta di costoro, el quale *etiam* lo confortò a
levarse de qui.

› *Ulterius* esso reverendissimo Napoli me disse
del iuramento che heri fese el castellano di Sant'Anzolo, di esser fedele al Collegio etc., el quale *etiam*
era contento de accettar in Castello cento fanti per nome
del Collegio, in modo che, quanto aspetta al Castello,
reputano di aver assettata la difficoltà. Questa mattina
mi disse sariano sopra el Palazzo e praticar de averlo
libero de zente d'arme, et anche el Borgo, dove loro
abino a metter soe zente; *aliter*, che per niente non
se riduranno in Palazzo: la qual cosa credo sarà diffi-

cile, nè mai el Duca contenterà[1] darghelo, *maxime* sentendose vegnir el favor de Spagnoli cum questi Colonnesi. Undechè si vede principii di grandissimi tumulti e pericoli, e che questa elezion, se Dio non provede, abi ad esser scandalosa; che tutto procede, per essersi disposti questi al tutto far un Papa spagnolo.

» Me toccò *etiam* el prenominato reverendissimo cardinal, ne la prima parte del parlar suo, ma con qualche timidità, che, quando la Sublimità Vostra facesse qualche demonstrazion di mandare in qua el signor Bartolomeo de Alviano con qualche cavallo, non per altro che per defension de la libertà ecclesiastica, e non per offender alcun, che questo seria un singolar remedio e de non minor gloria alla Sublimità Vostra di quel che sia stato le soe passate operazion verso questa Santa Sede, la quale invero non è in minor pericolo di quel che la sia mai stata. Io risposi a Sua Signoria Reverendissima bone e general parole in conformità di quel che dissi ben in congregazione, e li promisi darne subito aviso ala Sublimità Vostra, alla quale spazzo el presente messo, che è di quelli che sta alle poste per desasio di cavallari, nè ho possuto aver altri a mandar, il che è con mazor spesa e manco segurtà de le lettere. La supplico dunque provedi a quel che *sepius* le ho scritto, perchè a questi tempi mi par cosa necessaria ogni zorno expedir un corrier a quella per la gravezza e la importanzia delle occorrenzie presenti. »

---

[1] Cioè, *si contenterà*. Ricorre più volte in questi dispacci la forma attiva del verbo *contentare* in luogo del neutro passivo *contentarsi*.

495. Maneggi del duca Valentico e dei cardinali spagnuoli per apparecchiare l'elezione del nuovo Papa a modo loro.

Roma, 21 agosto 1503.

Hora 16. Si afferma che sabato, presente il Duca, undici cardinali abbiano giurato sull'ostia di non voler altro Papa che il cardinale di Salerno (Giovanni Vera), altrimenti farebbero uno scisma; essi cercano di avere con sè altri cardinali, cioè il Napoletano, l'Alessandrino e Santa Prassede.

« Son *etiam* certificato ch' el Duca ha messo diversi intoppi alli reverendissimi San Pietro *ad Vincula* e San Zorzi per farli retegnir, et ha diviso queste galìe spagnole per tutti questi porti, dove loro potriano vegnir, et il medemo ha fatto per via di terra. »

496.   Transazione tra il Valentino e il Sacro Collegio, e tra la parte spagnuola e la francese.

Roma, 21 agosto 1503.

« *Hora 20.* Ozi, a le ore 16, furono le ultime mie alla Serenità Vostra per un corrier forestier, non avendo di nostri, e tuttavia allora era il Collegio di cardinali in congregazione: fu trattato di aver segurtà del Palazzo, per essere assettata la difficultà del Castello, come per le mie averà inteso la Serenità Vostra. E volendo questi signori di Collegio, per il poco favor che sin qui si vedono aver da niuna banda, avendo da un canto Spagnoli e da l'altro Franzesi, far, se ponno, le cose quiete, credeno a questo Duca più che non deveno; il che dubito non produca qualche cattivo effetto; però che lui si ha offerto iurar fedeltà al Collegio e far *etiam* iurar al Collegio, e loro se inclinano a crederli, e lo confirmano capitano e confalonier de la Chiesa; et allo incontro fenze voler *etiam* lui securità dal Collegio per la persona soa, di soi e de la facoltà, et hase obligato far che le soe zente d'arme non vegniranno in Roma. Questo iuramento se die far doman *in manibus* de quelli cardinali, che seranno deputati *nomine Collegii*. E perchè, come per le ultime mie averà inteso la Sublimità Vostra, li oratori franzesi, spaventati da la fama del vegnir de Spagnoli, se dovevano levar de Roma, deliberorno comparer in Collegio, e domandorno segurtà dal Collegio del suo star qui; e folli data quella che si potè; e per più cautezza fo mandato per l'orator ispano, el qual promesse al Collegio che le soe zente non vegniriano dentro di Roma: ben disse che vegniriano in queste terre e castelli de Colonnesi per tuor el stato de quelli signori, ma non per offension de alcuno; la qual cosa è stata causa di far che li oratori franzesi non sono mossi de qui. E par *etiam* che questi reverendissimi cardinali si vadino a poco a poco assegurando de una segurtà, che, a iudicio mio, è con qualche pericolo, considerata la natura di chi li assegura, che è pianta di quella radice che era pronta a dir bene e far male con poco rispetto del far del sì no, del no sì. Tutte le azion del Duca sono unite con l'orator ispano, che è quello che fa e dice, promette e despromette di lui, in modo ch'el Duca si è discoperto manifesto spagnolo, e buttato nelle brazza loro; et è opinion de la mazor parte

che, benchè per adesso par che la elezion sia bona, a
la fin se ne abbi a pentir. »

497. Arrivo di dugento lance del Valentino alle porte di Roma.

Roma, 21 agosto 1503.

« *Hora prima noctis.* Da poi scritte le alligate, el
reverendissimo Napoli mi ha fatto intendere ch'el
cardinal Santa Briscida (el qual se fenze amalato per
non andar in congregazione, finchè durano questi garbugli, e per temporizar con una parte e con l'altra,
italiana *videlizet* et ispana, con speranza di aver l'una
e l'altra in favor a questo pontificato, al qual *totis viribus incumbit*) li ha mandato a dir che ha praticato
con li altri cardinali palatini, i quali tutti sono concordati ch'el Conclavi si fazzi dove parerà al Collegio, in la Minerva *aut* a San Marco, *vel* in qualunque
altro luoco che parerà a quello, offerendosi pronti a
dover andar : il che è accettato per bona cosa da alcuni, e saria in effetto bona, quando la malizia di chi
la propone e promette non la facesse suspetta ; e
tanto più, che già sono zonte a questa sera 200 lanze
del Duca, et il resto se dice vegnir drieto. E questi
sono accampati qui in prati fora de Roma, verso Monte
Mario, cum moltissimo danno de le facultà de Romani, però che li tagliano vigne, albori e fanno quanto
mal ponno ; e benchè li poveri omeni cridino, non ci
è chi li fazza rason, e loro non se ponno cazzar la
paura d'intorno, e farsela da soa posta, come *alias*
hanno fatto, [1] chè pur ancora par resti la reputazion et

---

[1] Cioè, *farsi ragione da sè come altre volte hanno fatto.*

autorità del Duca: el qual però se ha scusato, queste zente esser venute qui contra la volontà soa, e che le mandarà via tutte, e dividerale qui fora verso Castelnovo e parte a Civita Castellana; che saranno però in luogo, che in quattro o cinque ore, stagando lui in Roma, le averà al suo comando. Le cose pareno alquanto mitigate e quietate, ma non è da assicurarse, anzi da dubitar grandemente, che questa apparente quiete non sia per ingannar e produr mazor inconveniente de quel che seria, quando ch'el Collegio, temendo quel che *de facili* potria intravegnir, facesse le debite provision; da le qual credo non mancariano, potendole far, ma non hanno un soldo, che tutto è in man del Duca, et *etiam* li par esser abbandonati da ognuno. »

498. Arrivo di altre soldatesche del Duca, che sono fatte ritirare. Provvisioni del Sacro Collegio per impedire la venuta in Roma degli Orsini e dei Colonnesi, per la riunione del Conclave e per l'esequie di papa Alessandro. Liberazione dell'abate d'Alviano. Notizie della moglie di Giovambattista Caracciolo e della principessa di Squillaci, chiuse in Castel Sant'Angelo.

Roma, 22 agosto 1503.

« El resto de le zente del Duca sono zonte et alozate nel loco dove erano le altre. E continuando nella sua consueta insolenzia di far danno alle vigne e possession di questi zentilomeni romani, gran numero di loro sono comparsi questa mattina, essendo i cardinali in congregazion; e dolendose de questo, con qualche menazza *etiam* di far etc., fo fatto intendere al Duca il tutto, el quale se ha mandato a excusar che queste zente erano venute da se medeme, avendo intesa la morte del Pontefice, non che lui le abbi chiamate, e subito le faria levar. E così fo' fatte retirar in loco che non ponno far danno, e tuttavia se vanno retirando, e, per quanto promette el Duca, le farà retirar tanto, che non si averà alcun sospetto di quelle.

» Essendo *etiam* aviso ch'el signor Prospero Colonna ozi doveva intrar in Roma, disarmato però, e con pochi soi servitori; per evitar ogni inconveniente, perchè il medesîmo vorriano far li Orsini, che da poi loro intrariano li Spagnoli per Colonnesi, e Franzesi per li Orsini, che potria partorir mal frutto (*maxime* che li oratori franzesi comparsero in Collegio, e protestò, za che vegniva questi Colonnesi con favor di Spagnoli, fariano *etiam* loro vegnir le soe zente, le qual ozi dieno zonzer a Viterbo, con molto brusche parole); subito el Collegio spazzò una patente al signor Prospero, exortandolo e comandandoli che, per le cause soprascritte dovesse soperseder el vegnir in Roma; et a questo hanno *etiam* usato el mezzo de l'orator ispano. [1] Hanno *etiam* fatto intendere per altro nunzio il medemo alli Orsini, che non vengano. Fo trattato nella congregazion di questa mattina do cose principal: una, del far de le exequie; l'altra, del loco del Conclave, poichè non hanno el

---

[1] Il Colonna ciò nonostante entrò: cfr. il dispaccio 500, e il *Diario* del Burcardo: « In sero, post xxiiij horam, Prosper Columna intravit Urbem cum centum equitibus vel circa ex suis partialibus, et extra portam dominus Nicolaus praedictus (de Capranica) praesentavit sibi literam, quam ille non legit, sed intravit Urbem, laetus et gaudens, in domum suam. »

Palazzo libero fin ora; et è stato deliberato, *pro nunc,* se altro non intraviene, che, finiti li dieci zorni da poi la morte, che finisseno domenega proxima, 27 del prexente, intrar in Conclavi; che le exequie si faccino da poi. Del loco sono convenuti redursi in Castel Sant'Anzolo; in modo che, se altro non intravien, luni proximo, 28 del prexente, con el nome del Spirito Santo, intraranno in Conclavi; el qual sia quello che lo illumini et inspiri a far bona elezion et utele a la religion cristiana: pur non se sta senza qualche suspetto, che ancora fin a quel zorno non segua qualche novità.

» E sia certa la Sublimità Vostra che tutta la speranza di questo Sacro Collegio, dico dei boni, et *etiam* de tutta la città de Roma, è in la Excellentia Vostra, in ogni avverso caso che li potesse intravegnir, della quale tanto onoratamente al presente se parla de qui che non se potria desiderar più; nè par che a questo tempo sia resta' potentado in la Cristianità, dal quale si possino sperar commodo nè beneficio, che dalla Celsitudine Vostra. Alla qual significo che da poi la morte del Pontefice ho procurato con questi reverendissimi cardinali del Collegio per la liberazion del reverendo abate d'Alviano,[1] e questa mattina, a onor de la Sublimità Vostra, l'avemo tratto *de lacu leonum,* sano e di bona vogia, de la qual cosa la Serenità Vostra si degnerà darne notizia al signor Bortolomio suo fratello. Ditto Abate mi ha referito che in Castello se attrova *etiam* la donna del Caraz-

[1] Circa alla sua carcerazione vedi il disp. 223.

zolo,[1] capitano de le fantarie da Vostra Sublimità, che dopoi la morte del Papa è stata mandata lì in compagnia de la Principessa.[2] Darò opera che *etiam* lei sie posta in luoco dove la stia secura e con l'onor suo, domente chc abi altro aviso da la Sublimità Vostra overo dal prefato capitano. »

499. Nuove provvisioni sull'esequie e sul Conclave. Desiderio dei cardinali italiani che la Repubblica Veneta mandi gente armata per difendere la libertà del Conclave.

Roma, 23 agosto 1503.

« *Hora 20.* Per Lorenzo da Camerin corriero scrissi heri alla Sublimita Vostra quanto mi accadeva. E poi questa mattina i reverendissimi cardinali *iterum* sono redutti in congregazion in casa del reverendissimo Napoli, et hanno stabilito l'appuntamento de heri, de far il Conclavi in Castel Sant'Anzolo, poichè non ponno aver el Palazzo. *Tamen* per far la cosa *cum* mażor segurtà, voleno aver el Castello più libero nelle man de quel che hanno fin qui per el iuramento ch'el castellan feze l'altro zorno, e metter di cento fanti:[3] e questo cargo d'averlo è sta' dato alli reverendissimi Napoli, Alexandrino e Siena. E, benchè heri deliberassero di suspender l'exequie e entrar in Conclavi finiti li dieci zorni; ozi, meglio considerata la cosa, e vedendo la union de Spagnoli, che tutti sono disposti far Papa al modo loro (et a questo el Duca, unito con

---

[1] Fatta rapire dal Valentino o da uno dei suoi capitani nel 1501. Vedi Brown, *Ragguagli di Marin Sanudo*, I, 27-29.

[2] Sancia d'Aragona, principessa di Squillace. Cfr. i dispacci 146 e 162.

[3] Intendi: *e per avervi messo il Collegio cento fanti.*

l'orator ispano, attendeno quanto ponno, cum opinion
de non sparagnar danari, i quali non mancano al Duca, che li ha abuti tutti); e visto che alcuni de li Italiani, come è Santa Briseida e lo Alexandrino, decli-
nano da Spagnoli, [1] per averli loro dato ad intendere
di farli Papa, non possendo far uno de soi; e *de facili*
potria seguir qualche inconveniente, ogni poco che li
Italiani si desordenasseno; hanno deliberato che le
exequie se fazzino avanti, *contradicentibus* però Spagnoli, quali vorriano celerità: le quali si faranno in
chiesa di San Pietro, *hac tamen conditione* che chi
vuol andar sì vada, e chi non vuol lassi star; chè si
crede niun di questi Italiani dover andar, essendo tutto
el Palazzo e Borgo armato di zente duchesche, bench' el ditto questa mattina abbi solennemente iurato
fedeltà al Collegio per lui e tutti i soi, al qual è prestata quella fede che *merito* se ha acquistato per le
preterite sue operazion e de suo padre. Queste exequie staranno ancor avanti che se incominzano, per non
esser niuna provision fatta, e duraranno nove zorni:
interim potranno venir li cardinali assenti, *precipue* el
reverendissimo *ad Vincula* e San Zorzi, e certo che
la presenzia soa è necessaria a questo bisogno, perchè
questi altri sono mezzi persi. Si excusano per vederse
in casa questo Duca armato con el favor de Spagnoli,
che li sono in sulle porte, e dall'altro canto li Franzesi, dei quali fanno pochissimo fondamento; e non li
resta altri che la Sublimità Vostra, ne la quale benchè sperino, pur non hanno fin qui certezza alcuna,
come molti di loro, essendo confortati da mi a star

---

[1] Intendi: *inclinano agli Spagnuoli.*

di bon animo, mi hanno risposto, e dittome: — *Domine Orator*, se voi ne promettete certo el favor de la illustrissima Signoria per la bontà vostra, e *tamen* altro che con parole general, che non promettono niente, vederete che saremo più gagliardi, e non ci lasseremo suppeditar a un Duca de Valenza, *etiam* che l'avesse spalle da Spagnoli; ma per nui soli, lassati mendichi e senza un soldo, che per far 2000 fanti avemo impegnata la crose e i càlesi,[1] e per far le exequie convegnimo tuor i denari a interesse, non è possibile che possiamo resistere: e furse seguirà qualche scandalo, che non serà poi facile da rimediar; e de questo ne averà qualche cargo la illustrissima Signoria, la qual sapemo ben che con parole sole ne può liberar da le man de questo tiranno, che ancora ne vol dominar, come faceva in tempo de papa Alexandro. E quando quella Signoria mandasse pur un contestabile con cento fanti, che apparesse qui in nome suo per difension del Collegio, vederesti che ognun ne averia risguardo, e nui con miglior core potressimo far el bisogno universal de la Chiesa, la quale, tornando un'altra fiata in man de questi che l'hanno tirannezata fino ad ora, *actum est de ea*. — Io, Principe Serenissimo, con bone parole pur li vado confortando e temporezando, fino che venga qualche ordine de la Serenità Vostra, che è da tutti con sommo desiderio expettato. Potrà adunque el reverendissimo cardinal Corner, deliberando ritrovarse a questo Conclavi, vegnir con mazor sua comodità, ch' el scorrerà *ad minus* ancora dodici zorni prima ch' el se asserri. »

_____
[1] *Càlesi*, calici.

500. Giungono in Roma i capi di parte Orsina. L' Oratore veneto
     esorta il conte Lodovico di Pitigliano alla moderazione.
     Le genti degli Orsini saccheggiano varie case di Spagnuoli.

Roma, 23 agosto 1503.

« *Hora prima noctis*. Come per le mie de heri
averà inteso la Serenità Vostra, el signor Prospero Colonna, non ostante el comandamento del Collegio, intrò in Roma,[1] disarmato però, e cum poca brigata,
benchè ozi siano entrati alcuni cavalli e zente de le
soe: il che è stata causa che la parte Orsina, che
aveva el medemo comandamento, al qual voleva obedir e non intrar in Roma, è intrata ozi a ore 22: li
primi capi son stati el signor Lodovico, fiol del signor conte de Pitiano, et el signor Fabio, e con loro
hanno 400 cavalli e circa 1500 fanti, tutta bona zente.
In quell' ora che zonzeno, a caso me riscontrai con
loro, et abrazato el signor Lodovico, lo persuasi a non
voler far novità nè scandalo alcuno in la terra, e non
si movere nè lui nè alcun di soi, se non nel caso che
fosse richiesto dal Collegio per difension de quello;
il che facendo, farà cosa grata alla Illustrissima Signoria Vostra et al signor suo padre, con altre bone parole. El qual mi rispose non aver altra intenzion de
questa che io li aveva ditta, ma che, essendo intrati
li inimici soi in casa, li aveva parso conveniente vegnir *etiam* loro. Li dissi che non era tempo adesso di
chiamarsi inimici con i signori Colonnesi, anzi amici
e boni fratelli, i quali unitamente dovevano attendere

[1] Questa notizia non apparisce chiara nel dispaccio 498, al
quale pare che qui si accenni. Cfr. la nota 1, a pag. 142.

alla salute e conservazion delle loro cose e stati, perchè hanno per experienza conossuto in quanta ruina de una e l'altra casa li ha condutti queste lor dissensione e discordie. Mi promesse di star ad ogni mia obedienzia. Pur, facendo capo con el cardinal de San Severino et orator franzesi, dubito che non siegua qualche disordine per la indignazion che hanno contro Spagnoli, la qual da la morte del Pontefice in qua è augumentata *usque ad summum gradum*. E za si è comenzato a sentir qualche principio, perchè, appena che io l'aveva lassato, che da alcun di soi furono messe a sacco alcune case de Spagnoli; et essendo io richiesto di rimedio, mandai subito el mio secretario a parlarli; e certo ch'el feze bona provision de remedio; impose pena a tutti li soi insieme con el signor Fabio, che non facesseno danno ad alcun; e per più paura piantarono le forche davanti la casa in Monte Zordano dove sono allozzati, et hanno cavalcato un pezzo per la terra per segurtà d'ognuno. Vero è che molti altri sotto le spalle di costoro si sono levati e fanno delle tristizie, et in un momento sono sta' sachizate molte botteghe, tutte però de Spagnoli, che fa dubitar ognuno de qualche grande inconveniente; perchè questo darà causa che venghino in Roma zente spagnole e *consequenter* franzose, che sarà poi impossibile a remediar el pericolo; i quali tutti cessariano quando ch'el Duca si levasse de qui, al che credo doman attenderanno questi signori cardinali de Collegio, benchè lui se excusa non si poter partir per respetto de la infirmità. Zonti che fono questi Orsini in Roma, più di 200 di quelli del Duca, che sono partesani della casa, tra schioppeteri, ballestrieri et altri, sono fuziti da lui e venuti dalli soi antichi patroni, e cusì si crede che a poco a poco si andaranno dissolvendo tutta quella zente. »

501. Apparecchi di difesa dei Ducheschi contro le genti Orsine. Notizie dei cardinali di parte spagnuola.

Roma, 24 agosto 1503.

« *Hora 16.* El remor de le zente Orsine de heri sera ha messo in spavento li Ducheschi, i quali questa notte se hanno fortificato in Borgo et in Palazzo più del solito, hanno tirato la cadena, e non lassano passar alcuno de lì a cavallo nè a pe con arme, nè anche lassano che alcuno di questi di là passino di qua. Hanno preso el Monte de Santo Onofrio e fortificatose in quello, e *demum* tutti i passi per i quali si potesse passar in Borgo, e stanno tutti in arme con suspetto. I Colonnesi manazano *etiam* loro di far vegnir zente da pe e da cavallo per defensione de Spagnoli, e che questa sera seranno qui 3000. El Collegio questa mattina è redutto per provedere a questi inconvenienti, e far provision che questa zente de una parte e de l'altra si slarghino de qui, se pur lo potranno far. I cardinali spagnoli che stanno in Palazzo, territi da questo romore, questa mattina non hanno voluto passar de qui, nè è venuto altro Spagnolo in Collegio che monsignor di Santa Croce, accompagnato dal signor Lorenzo da Ceri, che è uno di questi signori Orsini, che l'ha assigurato. De Lisbona non dico, perchè lui non è nel numero delli Spagnoli coniurati. Santa Briseide questa mattina è venuto in congregazion, che per avanti non era venuto, e già è reputato da tutti li altri Italiani quasi rebello da loro, e l'hanno pezo che Spagnolo. Le cose sono in grandissimo suspetto, se Dio non li mette mano. Quanto seguirà, ora per ora, serà per me significato. »

502. Allontanamento dei capi Orsini da Roma. Prospero Colonna, favorito dall'oratore spagnuolo, rimane in città. Maneggi di quest'oratore, d'accordo col Valentino, per creare un Papa spagnuolo.

Roma, 24 agosto 1503.

« *Hora prima noctis.* Ozi, alle 16 ore, furono le ultime mie per Bernardo della Schienza con quanto accadeva, e tuttavia allora el Collegio era in congregazion, dove non fo trattato altro che de la segurtà de Roma, e far che questi signori Orsini e Colonna si partissero de qui per quietar le cose. La azion de far partir li Orsini fu data alli oratori franzesi e cardinal de San Severino, i quali hanno exequito, e fatto che i ditti questa sera sono partiti; benchè la obedienzia è stata più facile, perchè non stavano qui senza manifesto pericolo, per la fama che è, che molta zente ispana et altri fanti paesani dovevano vegnir con el signor Fabrizio, el qual è qui intorno Roma in questi soi castelli. La partita del signor Prospero Colonna fo commessa all'orator ispano, el qual però non è partito, anzi si è excusato, dicendo star qui come privato e senza alcuna zente, nè per lui o alcuni di soi è seguito desordene alcuno, come è fatto per la parte Orsina, e che pretendesse al presente lui come licenziato dal Collegio, parerà che questa soa

expulsion sia per qualche suo demerito, che non può
essere senza cargo e vergogna soa. Nè par che l'orator ispano molto se abi curato de questa partita,
anzi lui va cavillando la cosa con astuzia, per tegnir
la parte sua potente, e per continuar in quel che la
principiato con ogni arte e studio, unitamente con el
Duca, far un Papa spagnolo. E parmi che vadi assai
ben assettando le cose, pigliando alcuni di cardinali
italiani, di quali non vedo alcuno che si porti in questi bisogni con quella gagliardezza che bisognaria,
perchè alcuni sono accecati da la ambizion del pontificato, alcuni *etiam* da la paura, e parte da cupidità
de denari; i quali, per quanto si vede, el Duca non è
per sparagnar, per stabilir le cose sue cum un Pontefice che sia a suo proposito. Al che, con tutto l'inzegno mio e con quella destrezza che si convien, mi
oppono: pur vado forsi più riservato di quello che
saria al bisogno, expettando ordine de la Serenità Vostra, la tardità del quale mi fa stare ambiguo e con
sommo desiderio di averlo presto, per non mancar,
con el favor de la Illustrissima Signoria Vostra, far
quelle provision che ricerca el bisogno. A la quale al
presente questo sacratissimo Collegio e tutta questa
città ha più risguardo che ad alcun altro potentato
per aver ognun questa opinion, che tutti li altri si moveno per el particolar, e sola la Illustrissima Signoria
Vostra è quella che ha rispetto al bene universale
della repubblica cristiana. »

503. Congregazione dei cardinali, alla quale, invitati, intervengono gli oratori residenti in Roma. Diverbio tra il Francese e lo Spagnuolo per causa delle parti Orsina e Colonnese. Si accetta la proposta dell' Oratore veneto di far
partire da Roma Prospero Colonna e il Valentino, rimet-
tendosene l' esecuzione al Giustinian stesso e agli altri
oratori.

Roma, 25 agosto 1503.

« *Hora 21*. Questa mattina essendo redutti in congregazion i reverendissimi cardinali, mandorono per
tutti noi oratori, zoè Cesarea Maestà, Franza, Spagna
et io, per consultar insieme *quid agendum* circa la segurtà del Collegio per el Conclave futuro. Proposta
che fu la materia per el reverendissimo Napoli come
capo del Collegio, fu primo resposto per l' orator franzese che, per quanto a loro se appartegniva, avevano
satisfatto e fatti partir li Orsini, e che desiderava intender l' operato *etiam* per l' orator ispano circa el
partir dei Colonnesi. Al che rispose l' orator ispano
quanto per le alligate averà inteso la Sublimità Vostra; poi intrò a querelar de li insulti fatti per li Orsini contro Spagnoli, che erano stati robati, sachizati
e morti. In conformità di quello parlò *etiam* l' orator
alemanno, dicendo che, per la union et affinità che
aveva la Cesarea Maestà con li Re di Spagna, era costretto parlar in favor di quella nazion, pregando el
Collegio a proveder alla segurtà et indennità loro;
aliter, forzato, convegniria dar de ziò notizia alla
Maestà Sua, la qual con molestia el sentiria. Toccando
poi parlar a mi, dissi che non era dubbio de li inconvenienti segulti, ma che de quelli, *pro maiori parte,*

né era stata causa el signor Prospero, el quale, se avesse obedito a quanto li fo imposto per el sacratissimo Collegio, e non fosse venuto in Roma, li Orsini non vegnivano, e *consequenter* non sariano seguiti li inconvenienti occorsi; i quali non sono tanto stati fatti dalli Orsini, quanto da altri iotti,[1] che si hanno fatto scudo di loro. E dissi che alli scandali seguiti el Collegio dovesse con i ministri soi provveder con el modo che si poteva, castigando li delinquenti, e facendo restorar alli dannificati, se non in tutto, in quella parte che si poteva: a quelli veramente che potevano seguir, el signor Prospero poteva remediar, partendosi da Roma. E qui, voltatomi all' orator ispano, con quella accomodata forma di parole che si conveniva, lo persuasi a farlo, perchè la cosa stava in arbitrio suo. E seguitai che, tra li altri, el principal remedio mi pareva ch' el duca Valentino facesse slargar le soe zente da Roma, e non tanto le zente, ma che la persona soa *etiam* se levasse dal Palazzo, e quello libero, con el Borgo e Castello Sant' Anzolo, fosse dato al Collegio, ove non fosse altre arme nè zente che quelle che seranno deputate per el Collegio. E qui addussi tutte quelle rason et onestà che dir si poteva, che dovevano persuader el Duca a far questa obedienzia, avendo promesso fidelità al Collegio, dal qual lui era sta' onorato e confirmato capitano e confalonier della Chiesa, adducendo tutti i beni che da questa soa partita seguiriano e li inconvenienti *ex opposito*, quando contra la intenzion de le Signorie Soe Reverendissime lui volesse tener occupata questa terra. E qui, cum

[1] *Iotti*, scioperati.

quelle bone parole che lo inzegno mio mi summinìstrò, non trapassando però i termini che si convien, detti conforto, anima e speranza alle Soe Signorie Reverendissime in conformità di quanto *etiam* per avanti li aveva ditto, come per altre mie la Sublimità Vostra averà inteso; nè però dissi de la persona del Duca, se non quanto si conviene a un orator de la Illustrissima Signoria Vostra. Finito che io ebbi di parlar, non dico questo a mia iattanza, ma a onor de la Sublimità Vostra, *omnes devenerunt in sententiam meam*, e d'accordo tutto el Collegio mi rengraziorno e pregorno che, per la execuzion di quanto aveva ricordato, tutti nui oratori dovessimo andar, dopoi disnar, dal Duca, e *nomine Collegii* e de cadaun dei principi representati per nui, dovessimo persuadere el Duca a far quanto io aveva proposto; e fo d'accordo per el Collegio e orator concluso che io, in nome de tutti, avesse a far le parole: el cargo veramente de far partir el signor Prospero fo commesso all'orator ispano solo, adiunto *etiam* el reverendissimo cardinal de Santa Crose. E con questa determinazion fo resolta la congregazion, che era passate le ore 19. »

504. Conferenza degli oratori col Valentino. Il Giustinian, a nome di tutti, lo esorta ad allontanarsi da Roma colle sue genti. Il Duca vi si rifiuta con varie scuse. Transazione.

Roma, 25 agosto 1503.

« *Hora 2 noctis*. In esecuzion de quanto questa mattina fo deliberato, ozi, alle 22 ore, tutti noi oratori se ritrovassimo in la chiesa de Santo Celso, et insieme andassimo dal Duca, dove trovassimo tutti que-

sti cardinali spagnoli de Palazzo, *qui assistunt ministe-*
rio suo con più reverenzia che non facevano a papa
Alexandro. El Duca era buttato sopra una carriola,
vestito però, e per opinion mia più presto con fizion
de mal che altramente. Al qual, segondo l'ordine, io
fezi le parole, persuadendolo con molte rason conveniente, primo al dover e debito suo, poi al comodo
particolar e beneficio di Sua Signoria, a doverse mostrar obediente fiol e reverente al sacratissimo Collegio et a questa Santa Sede Apostolica; il che lo faria
meritar la grazia del Collegio e di tutti li potentati per
nui representati; chè il ricordavemo questo, senza
la grazia dei quali lui poteva reputar esser niente, e
con quella poteva operar la conservazion soa e di stati
soi, *potius* con augumento che con alcuna diminuzion:
et in parlar mio fezi li convenienti discorsi. El quale
con umanità e reverenzia respose molto bone parole,
dicèndo che da poi la morte del Pontefice per lui non
era seguito nè seguiria scandalo alcuno, nè cose contrarie alla libertà ecclesiastica e del Sacro Collegio,
del quale lui era reverente et obbedientissimo fiolo;
con molte parole, alle quali se corrispondesse el core,
ognun se ne potria contentar. A le do petizion, primo,
del partirse, disse che chi desiderava questo, desiderava la morte sua; perchè, essendo lui costituito nel-
l'essere che lui è, per il male non poteva moversi
non tantum di Roma, ma neppur del letto, senza grandissimo pericolo de la vita soa, come per i medici
che lo visitavano qui potevemo essere certificati: al-
l'altro, del partir de le zente, disse el medemo, che
era desiderar la morte sua; avendo tanti inimici e po-

tenti, come lui ha; promettendo che subito ch' el
fosse in termini che lo potesse far, ad ogni obedienzia
del Collegio di levarse con tutte le zente di Roma; e
con quello feze fin. Consultata tra nui oratori questa
soa cavillosa risposta, tutti tre altri pareva che la ap-
probasseno: el Franzese, perchè lo blandisce per tirarlo dalla soa; l'Ispano, per esser d'accordo con lui;
lo Alemanno, per esser l'omo che è ben noto alla Sublimità Vostra. Io, Principe Serenissimo, che vedo el
pericolo per el star suo qui con queste zente, che
certo non è senza cargo de tutti i principi cristiani
(del chè ognuno ne mormora, che un tal, qual lui è,
tegna in spavento la libertà ecclesiastica), detto tra
nui quello che mi parse circa ziò, aricordai che mandasse le zente lontano de qui 20 o 25 mia, e lui cum
la persona si redusesse in Castello, dove era certo di
star seguro, fin ch'el variva; [1] e poi, con segurtà che li
faria el Collegio e de le zente soe, [2] potria andarsene
dove li piacesse. E fono contenti che io li propo-
nessi el partito, al qual lui non volse assentire, se non
li davano tutto el Castello in libertà soa, con tante de
le soe zente quante bastasseno solamente alla defension di quello; et el resto prometteva mandar via,
offerendose *etiam* iurar fidelità al Collegio et a tutti
nui oratori in nome di Signori nostri, di restituirlo
liberamente al futuro Pontefice ad ogni suo comandamento: e questo volse che si dovesse riferir al Collegio, el qual, son certo, non se dover contentar,

---

[1] *Variva*, guariva.
[2] Cioè, con la sicurtà che gli farebbe il Collegio, e con quella
delle sue genti.

perchè la cosa è pericolosa, ma pezo è la vergogna; e tanto manco lo accetteranno, quanto si vederanno favorir dalla Serenità Vostra, in la qual sola sperano.

» Per ogni via si cognosse, Principe Serenissimo, ch'el Duca con el favor di Spagnoli vuol far el Papa a suo modo; i quali, per essere adesso qui potenti e non veder incontro, sel fanno licito. Li Franzesi, per non aver forze eguale a resister, mostrano di accostarse all'onestà: che le arme cessano, e che la elezion sia libera; che per loro non si farà violenzia, nè qua vegniranno sóe zente: ma pochi si lassano ingannare da loro, et ognun cognosse la mente loro non esser miglior di quella di Spagnoli. Et *ideo* la laude di questa elezion, essendo libera, serà de la Sublimità Vostra, che cum la neutralità soa ognun sa che non desidera se non el ben publico. E però con desiderio si expetta el lume di quella. »

505. Minacce delle genti duchesche in Roma. Il cardinale di Napoli incarica l'Oratore veneto di pregare la Repubblica che prenda qualche provvedimento efficace contro la tracotanza del Valentino e in favore della libertà della Chiesa.

Roma, 26 agosto 1503.

« *Hora 14.* Li romori non cessano in Roma ogni notte, e tutto a causa del star qui delle zente del Duca e de la persona soa, la qual partita, come potria, ogni cosa staria quieta. Questa notte venne spia de Borgo che le zente duchesche si mettevano in arme, il che messe tutta Roma sottosopra; e quantunque el Castello possi proibirli el transito con serrar la cadena, nondimeno la brigata non se fida del castellan, per esser creatura del Duca, nè ancora è data execuzion al metter dentro i fanti del Collegio, *adeo* che finora se po reputar el Castello essere in man del Duca. Per il che questa mattina el reverendissimo Napoli, a bon'ora, mandò per mi, e come capo del Collegio si lamentò degl'insulti che ogni zorno e notte seguivano, e disseme ch'el vede li Spagnoli tirar a un segno e li Franzesi a un altro, e che senza la Sublimità Vostra non si poteva far cosa bona, pregandome che io la supplicassi a far qualche provision presta et expediente, in far intender al Duca che si dovesse levar di qui con le zente, chè non era onesto che l'occupasse questa terra a suo dispetto, con scusa di malattia, che non è causa sufficiente ad impedir la partita sua; dicendome non voler per niente assentir che lui abbi el Castello libero, come heri se risolse, perchè in tre ore sempre ch'el volesse faria tornar le zente e seria pezo che prima: pertanto se ricomanda alla Serenità Vostra. Promisi far l'officio di scriver subito alla Excellenzia Vostra; alla qual non dirò delle cose che qui si dice delli stadi di Romagna, chè la verità dee esser nota alla Serenità Vostra. »

506. Gli oratori riferiscono al Sacro Collegio i resultati della conferenza da loro avuta col Valentino.

Roma, 26 agosto 1503.

Hora 24. Gli oratori di Germania, Francia, Spagna e Venezia si radunano in casa del cardinale di Napoli, e riferiscono al Sacro Collegio i resultati della conferenza avuta col Valentino. Il Veneto insiste nella sua proposta che il Duca parta colle sue

genti, potendo egli ridursi in sicurezza fino a Civita
Castellana o in alcuno dei castelli dei Colonnesi, coi
quali egli è ora d'accordo; ovvero licenzi le soldatesche, e si riduca nel Castello con persone di servizio; ma che questo venga in potestà del Collegio.
I cardinali ringraziano gli ambasciatori: dicono poi
ai medesimi di avere deliberato che le esequie di
papa Alessandro si facciano in San Pietro, e il Conclave in Castel Sant'Angelo; e li pregano di far in
guisa che le soldatesche del Duca escano di Roma.
Ma in generale la condotta dei cardinali è incerta: si
radunano da una settimana ciascun giorno senza nulla
risolvere.

507. Continuano le difficoltà tra il Valentino e il Sacro Collegio.
    Dispersione delle fanterie del Duca in Romagna: una
    squadra di cavalleggieri, condotta dal fratello del cardi-
    nale Romolino, è tagliata a pezzi da Fabio Orsini.

                              Roma, 27 agosto 1503.

« Hora 18. Essendo questa notte zonti, appresso le
zente che aveva el Duca, 80 fanti e 300 cavalli, aveva
augumentato el suspetto a questi reverendissimi cardinali, parendoli che le cose soe vadano di male in pezo,
perchè in luogo del partir de la zente del Duca, ne
soprazonzeno delle altre: pur sono alquanto sullevati
per aviso che questa mattina si ha abuto che a Palo,
luogo lontano de qui mia 30, era zonto el signor Zuan
Zordano con 2000 fanti, i quali seriano pronti alla
conservazione della libertà ecclesiastica; e si ha *etiam*
aviso che da Bologna erano passati 5000 Sguizzari,
che vegnivano a questa volta, e dietro seguitava el

marchese de Mantoa con assai zente: il che dà speranza al Collegio che Spagnoli non abbino a vegnir qui a molestarli, come se divulgava, e che *etiam* el duca Valentino abbia a star più nelli soi termini. El qual, sia certa la Sublimità Vostra, che se non vien rafrenato da chi può, è disposto *quomodocumque* far Papa uno di soi; chè senza quello si vede restar privo de ogni bene; e non manca el suspetto che, vedendo non poter far a suo modo, non fazzi qualche sisma nella Chiesa, per aver da circa otto cardinali, che *in omnem eventum* lo seguono. E benchè, per la fama del vegnir di queste zente, el Collegio sia alquanto riavuto e preso un poco di speranza, non però si fidano che, se Franzesi saranno più possenti de Spagnoli, che loro poi non faccino quel che ora si dubita de Spagnoli. E però ogni speranza di questo Sacro Collegio è costituita nella Sublimità Vostra, che solo tende al ben publico, in la qual sperano che abbi ad esser el temperamento delli appetiti de una et altra parte, per el rispetto che meritamente se le die aver; e non solamente el Collegio, ma tutta questa terra spera la libertà della tirannide passata dalla Sublimità Vostra. Alla quale *etiam* notifico che 2000 fanti, ch'el Duca faceva vegnir di Romagna avanti el caso della morte del Papa, intesa quella, tutti sono dissipati: li capi con alcuni cavalli lezieri, con i quali era *etiam* Remolines, fratello del cardinal di Sorrento, che era governator qui appresso Roma, sono sta' assaltati da Fabio Orsino, el qual li ha dissipati e morti la mazor parte, e tra li altri è morto Remolines. Questo Fabio se va insanguinando le man quanto può contro questi

Spagnoli, *presertim* quelli che hanno dependenzia dal Duca, per vendicar la morte de suo padre[1] e delli altri della casa. »

508. Colloquio dell' Oratore veneto con Prospero Colonna.

Roma, 27 agosto 1503.

« *Hora 24.* Circa le 20 ore il signor Prospero Colonna è stato a visitarmi a casa per onorar la Sublimità Vostra; e da poi le general parole *hinc inde* ditte, intrassemo in le presente occorrenzie della elezion del futuro Pontefice. E qui lo exortai a voler essere bon ecclesiastico et operar che questa elezion se facci libera senza alcun impedimento de sorte, che avesse a perturbar la mente de alcun, perchè, se la elezion sarà libera, dissi, potevemo sperar di aver Papa bon e santo, el qual redrizarà questa povera Chiesa, la quale non solamente minazza ruina, ma, per esser già ruinata, ha bisogno di un ottimo padre che la redrizzi alquanto, el qual sia pastor e non lupo, e che attenda a redrezzar questa lacerata Italia, depredata per el modo ben noto alla Signoria Soa; recordandoli che questi erano tempi da remettere ogni rancor e passion che fosse stata tra casa Colonna et Orsina, et unirse tutti insieme da boni fradelli al bene universale della Santa Sede Apostolica e comun benefizio de Italia. Subiunsi che non era alcun miglior testimonio de lui, delle obligazion che lui e casa sua in particolar aveva a papa Alexandro, et anco al suo

[1] Paolo Orsini, strangolato in Castel della Pieve il 18 dicembre 1502, per ordine del Valentino.

Duca; le qual erano tali che adesso doveva costrenzer, quando non ne volesse far altra demostrazion, almanco non lo favorir a far un Papa che facesse resussitar un'altra fiata papa Alexandro, el qual *iterum* lo mandasse remengo; con molte altre accomodate parole e ben a proposito. El qual *etiam* mi respose molto benignamente, dicendo de accettar li ricordi mei con ogni amor e carità, offerendosi a non mancar in niente a quanto io li aveva ditto, e che la persona soa non era qui se non per ben del Collegio, e che mai da lui nè da alcun di soi si sentirà inconveniente alcuno, dicendome: — Magnifico Ambassador, vi dago la fede mia, e così voglio che scriviate alla illustrissima Signoria, che io non son per dar favor ad alcun, che cercasse di perturbar questa elezion; e se mai avete questa relazion de mi, voglio essere in disgrazia de la illustrissima Signoria, alla quale io ho quella reverenzia che debbo, e so che non è altro ben al mondo che lei.—E disse:—Ormai son stuffo a star con barbari. Desidero veder la Italia in libertà, e non star sottoposto a persone che me le reputo inferior. — Del Duca di Valenza disse che la necessità l'aveva fatto far qualche demostrazion, e per obedir al Re di Spagna, al qual non voleva mancar di fede; ma che non era tanto ignorante, ch'el non cognoscesse l'animo del Duca non esser verso di lui miglior adesso di quello che era stato per el passato, se ben la necessità li aveva fatto restituir le soe terre. E qui disse: — Avisandove, magnifico Ambassador, che sopra la fede mia ve dico, che fin ora non avemo ancora fermezza con lui per il Re di Spagna, ma, imitando li costumi

paterni, ne va tegnendo in bilanza, e non stago senza
suspetto che, se Franzesi vengono potenti come si
dice, e che li para più securo esser con loro che con
nui, el non ne fazza el gabo, et a noi et al Re. — Li
dissi che però el doveva ben avvertir come si fidava
de lui. Stessemo circa un'ora in questo conferimento,
e ben edificato si partite da mi, pregandome che lo
raccomandasse alla Sublimità Vostra. »

509.   Lettera della Repubblica Veneta al Sacro Collegio.
       Ritardo delle esequie di Alessandro VI.

Roma, 28 agosto 1503.

Hora 13. L'Oratore veneto presenta al Sacro Collegio una lettera della Repubblica del dì 23 corrente,[1]
dalla quale si ripromette buon effetto.

Le esequie di papa Alessandro non sono ancora
cominciate per mancanza di denaro e pei tumulti
accaduti.

510. Congregazione dei cardinali. Ancora della lettera della Re-
      pubblica Veneta. Discussione di nuove pratiche da farsi
      col Duca pel suo allontanamento da Roma.

Roma, 28 agosto 1503.

Hora 20. L'Oratore veneto interviene alla congregazione dei cardinali, i quali lo ringraziano della
lettera scritta loro dalla Repubblica. Il cardinal di Napoli aggiunge che, contrariamente ai voti espressi
dalla Repubblica, il Sacro Collegio non ha ancora la

---

[1] La pubblichiamo in fine al volume, sotto il n. IV, insieme
con altra del 24 agosto diretta all'Oratore.

conveniente libertà, nè un luogo in sua libera disposizione per raccogliersi in Conclave e far le esequie del
Papa defunto; e prega l'Oratore di scrivere alla Repubblica che i cardinali si raccomandano interamente
al suo aiuto. L'Oratore quindi si allontana dalla congregazione, ma poco dopo vi viene richiamato, leg-
gendovisi, presenti anche gli altri ambasciatori, la lettera della Repubblica. Il cardinale di Napoli si duole
del continuo giungere di gente d'arme a Roma, che ac-
cresce il sospetto e la paura di brighe nella nuova elezione; e prega gli altri ambasciatori di volerlo aiutare
nel conservare la libertà della Chiesa. Questi rispon-
dono non esservi altro rimedio che far nuove pratiche
col Duca, affinchè voglia allontanarsi da Roma e licen-
ziare i soldati; e sono pregati dal Collegio di andare
novamente a parlargli. L'Oratore veneto, sebbene i
cardinali e l'ambasciatore di Spagna insistano perchè voglia tornare dal Duca per la terza volta, reputa
ciò non essere conveniente alla dignità del proprio Governo, stimando che anche questo nuovo colloquio
non debba riuscire a nulla. Anche gli ambasciatori
francesi si rifiutano di andarvi; e la commissione è
perciò riserbata solamente a quelli di Spagna e di
Germania.

511. Colloquio tra l'Oratore veneto e il segretario del Valentino.

Roma, 28 agosto 1503.

Hora prima noctis. Il segretario del Duca si reca
presso l'Oratore, per comunicargli che al suo Signore la Serenissima Repubblica avea chiesto il pas-

saggio per le terre pontificie di genti d'arme da mandare a Ravenna con a capo Bartolomeo d'Alviano e Giambattista Caracciolo capitano della fanteria, dichiarandogli che questo invio di milizie era per difesa e a favore del Collegio. Al Duca dispiace questa spedizione, anche per la scelta di quei due capitani, che gli sono capitali nemici; e prega che vengano cambiati. L'Oratore risponde non saperne nulla, ma che del resto era ben persuaso che la Repubblica, occorrendo, manderebbe non solo a Ravenna, ma fino a Roma tutte le sue forze a difesa della Santa Sede; e ne prende occasione per novamente consigliare al Duca che rispetti il Collegio e la libertà della Chiesa, e non promuova, come si teme, qualche scisma. Il segretario replica che il Duca teneva le soldatesche soltanto per propria difesa; che alla fine il Castello era in arbitrio del castellano; e che se l'Oratore volesse recarsi dal Duca, ne tornerebbe soddisfatto. Al che l'Oratore soggiunge non bastare le promesse, ma dovere il Duca attendere alle opere, pensando bene quale sia il suo dovere e quanti obblighi di gratitudine egli abbia verso il Collegio.

512.   Continuano le difficoltà del Sacro Collegio.

Roma, 29 agosto 1503.

Hora 19. Il castellano di Sant'Angelo, dopo avere preso un giorno di tempo per rispondere ai cardinali, che gli andarono a chiedere la consegna del Castello, scrive non poterlo fare, avendo promesso di tenere il Castello predetto a nome del Duca, e consegnarlo soltanto al futuro Pontefice. Gli ambasciatori tedesco e spagnuolo ebbero dal Duca buone parole, ma nulla più. I cardinali, non avendo denari nè forze, non osano chiedere aiuto a chi glielo potrebbe dare, per timore d'essere frattanto oppressi dalle forze del Duca, sebbene siano assai scarse.

513. Il duca Valentino manda a chiamare il cardinale Sanseverino, per trattare con esso l'accomodamento delle proprie differenze col Sacro Collegio.

Roma, 29 agosto 1503.

Hora prima noctis. L'Oratore veneto augura al cardinale di Napoli di poter riuscire eletto. Questi gli è gratissimo dell'augurio, ma non si dissimula la gravità del pontificato.

« Poi intrato in altro parlar, mi disse ch'el Duca aveva fatto più fiate intender al cardinal di San Severino di volerli parlar, el qual sempre aveva abuto respetto di andar; et avendo mandato il protonotario suo fratello più volte per intender quello el voleva, scusandose non poder andar lui, mai ha voluto dir niente, se non: — Dite al cardinal che venga qui, chè senza lui non mi posso risolvere. — Et azò ch'el vadi securamente, li promette ogni segurtà, e darli do e tre de soi cardinali ne le man. *Tandem* disse: [1] — Ozi li ha dato qualche speranza di assettar queste nostre differenzie e voler far quanto vorrà esso San Severino. — Subiunse: — Non so se la fama de la protezion che par vogli pigliar la illustrissima Signoria de fatti

[1] Intendi: *il cardinale di Napoli.*

nostri, per il mandar de le zente a Ravenna, l'avesse fatto un poco più piasevole, in modo ch'el ditto San Severino, abuta prima bona segurtà, doman li andarà a parlar per veder quello el vorrà dir. »

514. Colloquio tra il Sanseverino e il Duca. Disposizione di questo alla partenza, e patti in suo favore ottenuti dal Sacro Collegio.

Roma, 30 agosto 1503.

« Per Cristofaletto corrier scrissi heri alla Sublimità Vostra quanto accadeva, et *inter cetera* li significai ch'el cardinal di San Severino doveva andar a parlar al Duca, e cusì ha fatto questa notte passata. Con el qual essendomi ozi ritrovato, mi confirmò quello ch'el reverendissimo Napoli poco avanti mi aveva ditto, zoè, ch'el ditto trovò el Duca de una mala vogia e pieno di paura e suspetto della Sublimità Vostra per la fama delle zente che la manda a Ravenna, le qual *publice* qui se parla che vegniranno de lungo fin a Roma; il che ha fatto alquanto più umano el Duca che non era, e dà tanta reputazion alla Illustrissima Signoria Vostra appresso questo Sacro Collegio e tutto questo popolo di Roma, che certo non si potria desiderar più. In ogni parte di Roma si predica la laude de la Serenità Vostra, in modo ch'el prelibato cardinal mi ha affirmato ch'el Duca al tutto li ha promesso voìerse partire fra tre zorni. Del loco dove l'abi andar, non par ancora sia ben determinato: pur me disse ch'el cignò[1] de Tivoli, e mi su-

_____
[1] *Cignò*, accennò.

biunse *etiam* ch' el Duca mostrava aver a caro che, per più soa securtà, el ditto cardinal lo accompagnasse; e lui par che inchini a volervi andar, perchè spera di voltarlo alla parte franzese. E za *publice* se parla che finora l'appuntamento è fatto, ma, per iudizio mio, credo che, continuando nelle paterne astuzie, inganni fin qui l'uno e l'altro: ma temporizando per veder dove con più securtà si possi attacar, e tanto è l'arte soa, che l'uno e l'altro si crede di averlo. E per dar ad intendere che la partita soa sia per esser vera, ozi ha fatto proponer in congregazion zerti capitoli per questa sua partita: el primo è, ch'el sia confirmato, come fu fatto li dì passati, capitano e confalonier de Santa Chiesa *usque ad creationem Pontificis;* ch' el sia assegurato in la persona lui, et *etiam* li cardinali spagnoli di Palazzo, che hanno dependenzia da lui; *item* ch'el Sacro Collegio debba scrivere una lettera in suo favor alla Illustrissima Signoria Vostra, e pregarla che, essendo lui capitano e fiol di questa Santa Sede, non debba per lei esserli fatto molestia alcuna nelli stadi di Romagna, e un'altra lettera a cadauna di quelle comunità di quelle terre, che debbano esser fedeli al Duca, per esser quel che è con la Chiesa. » Il Collegio accettò tali condizioni nella speranza che il Duca sia per partire quanto prima: ma la cosa è ancor dubbia, e intanto nuove soldatesche s'avvicinano a Roma in favore di lui.

515. Nella congregazione dei cardinali si discute
circa la partenza del duca Valentino e di Prospero Colonna.

Roma, 31 agosto 1503.

Trattandosi nella congregazione dei cardinali della partenza del Duca, nasce qualche difficoltà circa la persona di Prospero Colonna, che il Sanseverino e gli oratori francesi vorrebbero partisse subito, e non fra tre giorni insieme col Duca. Da parte sua il Colonna sarebbe pronto a partire; ma il Valentino vuole trattenerlo pel timore che, lui assente, gli Orsini non lo assaltino. Si delibera di fare ufficii al Duca, perchè acconsenta a tale partenza.

Le esequie di papa Alessandro non sono ancora cominciate: si crede che dureranno solamente due o tre giorni, e poi comincerà subito il Conclave.

516. Disposizioni per la partenza del Valentino. Colloquio dell'oratore spagnuolo col Veneto sui fatti di esso Duca e sugl'intrighi francesi.

Roma, 1 settembre 1503.

Tra il Duca, il cardinale Sanseverino e l'ambasciatore di Spagna si stabilisce che Prospero Colonna partirà domattina (sabato, 2 settembre), e dopo di lui partirà il Duca, al quale si concede di portar seco le artiglierie. Gli ambasciatori di Francia, di Spagna e di Venezia promettono che le loro genti non verranno a Roma; e si obbligano inoltre, quel di Francia per una parte degli Orsini, e quel di Venezia per

Lodovico, figliuolo del conte di Pitigliano. Le forze, delle quali il Collegio può disporre, ascendono a 3000 fanti.

« El Duca per ora va a Tìvoli con favor di questi signori Colonnesi, et alla via del camino par inchini più a Spagnoli che a Franzesi, perchè a quella banda si reduseno tutte le zente ispane, le quali sono 600 omeni d'arme che vengono, e con quelle vien Consalvo Ferrando, lassato sufficiente presidio al Castilione, dove è il campo; oltre le qual 600 lanze è il signor Fabrizio Colonna con 140 omeni d'arme e circa 200 cavalli lezieri. Sperano, unendo el Duca con loro, unir le soe zente con queste altre, che faranno una somma de 1100 omeni d'arme et altrettanti cavalli lezieri e fanti, si existima che averanno in tutto da 8 in 9000; e fanno pensier, venendo pur li Franzesi innanti per passar in Reame, esser alle man con loro e non li lassar vegnir avanti. Et a questo effetto attestano li Spagnoli esser venuti in qua le soe zente non per far novità alcuna in Roma, nè molestar la elezion del Pontefice, e manco per defension del Duca; come *etiam* mi ha confermato l'orator ispano, con el qual domesticamente parlando sopra questa materia, come ho sempre fatto con lui, me ha ditto: — Non vi pensate, magnifico Ambassador, che non sappiamo i meriti di Valentino et anche li portamenti soi contra de nui, e poca causa avemo de favorirlo; ma il favor che li damo a lui apparentemente, è *potius* favor nostro, perchè el tempo recerca così, che alle fiate se favorisse chi non se vorria. Lui se attrova aver assai bona zente: convien di necessità esser con

noi o con Franzesi all'impresa de Reame, et a cadauna
de le parte è un gran fondamento averlo. E sappiate
(disse lo ambassador) che li Franzesi hanno fatto ogni
ponta per averlo, e non hanno mancato di prometterli
Siena, Pisa e lo stato di Zuan Zordano, nè son ancora
seguro che non lo corrompano con questi soi larghi
partiti; e però son molto ben contento e desidero
ch'el vadi via presto, azò che non abino el comodo de
esserli da tutte ore a le orecchie. — Il qual Duca, per
informazione de la Excellenzia Vostra, non è senza pericolo della vita di questa soa infermità, e da tre zorni
in qua è pezorato: la materia *tendit ad caput,* non
senza pericolo de subetta; [1] vero è che questa notte la
natura da sè se ha aiutata, e li è ussito gran quantità
di sangue dal naso. »

517. Partenza da Roma del Valentino e di·Prospero Colonna. Timori di nuovi disturbi ed intrighi per l'annunziato ritorno dei cardinali che sono in Francia. L'Oratore veneto,
in risposta a un messaggio di varii signori Orsini, li scon-
siglia dal venire in Roma colle loro genti, finchè non sia
fatta la nuova elezione.

Roma, 2 settembre 1503.

« *Hora* 17. Essendo sta' risoluti tutti li capitoli
pertinenti alla partita del Duca, in quest'ora el ditto
è ussito di Roma con tutte le soe zente da pe e da
cavallo cum le soe artegliarie, e vassene a buon viazo
verso Tivoli. Poco avanti era ussito il signor Prospero
Colonna, el qual lo aspetterà fora de Roma et andarà

[1] Cfr. la nota 1, a pag. 111.

in soa compagnia. L' orator ispano, quel del Re de
Romani l' hanno accompagnato fora de la terra: drieto
li andò monsignor de Trans, che già era ussito fora
della terra, et accostato a lui, gli parlò da solo a solo.
El Duca si fa portar in sbarra, [1] e veramente ha del
mal assai e pericoloso.

» Or ch' el ditto è fora, è da sperar che le cose de
la elezione abino ad esser quiete e senza romore, perchè ognuno averà respetto e reverenzia al Collegio,
purchè Franzesi non la disturbino, però che la venuta
de Odoardo [2] qui è stata con provisione de denari e
partidi grandi per far Papa monsignor di Roano. E
quantunque heri mi dicesse monsignor di Trans ch'el
cardinal Ascanio, nè alcun degli altri ch'erano in Francia, da San Zorzi in fuora, non vegniva a questa elezion, *tamen* da heri sera cominciò la fama, e questa
mattina se ha confirmata, che Roano, Ascanio, San
Malò [3] et Aragonia, [4] vegnivano, e che za erano in via;
che, s'el serà vero, darà gran disturbo a le cose, perchè seranno una gran maona [5] et omeni sediziosi e
scandalosi, e con astuzie et arte soe perturbariano

[1] *Sbarra,* bara; e qui propriamente, *lettiga da malati.*
[2] Odoardo Bugliotto, valletto del Re di Francia, più volte
menzionato in questi dispacci.
[3] Guglielmo Brissonet di Tours, vescovo di San Malò, creato
cardinale da Alessandro VI nel 1495, col titolo di Santa Pruden-
ziana.
[4] Luigi d'Aragona, della casa reale di Sicilia, diacono cardinale del titolo di Santa Maria in Cosmedin, promulgato da Alessandro VI nel 1497.
[5] Il vocabolo italiano *magona* ha, tra gli altri significati, quello
di *gran traffico:* qui ci pare che abbia il senso di *grande imbroglio,
gran confusione.*

ogni gran quiele. Iddio, per soa clemenzia, resguardi al bisogno de la repubblica cristiana! »

518. Accordo del Duca coi Francesi, all' insaputa e con grave
    scorno della parte spagnuola. Partenza della principessa
    di Squillace con Prospero Colonna. I signori di Piombino,
    di Rimini e di Pesaro rientrano nei loro stati, richiamativi
    dai popoli.

Roma, 2 settembre 1503.

Hora 3 noctis. Si è scoperto che il Valentino all'insaputa di tutti s'era accordato coi Francesi, offerendo loro le sue forze, che sono circa 2000 lance e 9000 fanti, e avendo promessa dal Re di essere protetto nei suoi stati di Romagna: la pratica è stata condotta tra gli oratori francesi, il cardinale Sanseverino, il protonotario suo fratello e Odoardo valletto regio. [1] Gli Spagnuoli ne sono rimasti grandemente sorpresi.

Prospero Colonna, partendo da Roma, molto avvilito per il nuovo inganno del Duca, ha condotto seco la principessa di Squillace, « che li darà qualche conforto; » mentre il Principe è andato col Duca. « Se n'è andata (la Principessa) di buonà vogia, con speranza di aver li stati soi in Reame, chè in ogni modo poco amore è tra lei e il marito, e sono di natura molto disforme. »

Lettere di Pandolfo Petrucci da Siena annunziano essere stati richiamati in patria per volontà di popolo

---

[1] Pubblichiamo in Appendice, sotto il n. V, i documenti di quest'accordo, con le lettere della Repubblica Veneta ai suoi oratori in Francia e in Roma.

gli antichi signori di Piombino, di Rimini e di Pesaro. [1]

« Dubito *etiam* che venendo questi cardinali con simulazion de compagnia, non faccino entrar zente d'arme in Roma, e za ne ho qualche suspetto, perchè questa mattina a bon'ora è venuto da me un nunzio cum lettere de credenza, mandato da li signori Lodovico e Fabio Ursini, un altro di questi signori de l'Anguillara, et un nipote del signor Bortolomeo de Alviano, che tutti erano suscritti a la letera, i quali me hanno a bocca per questo messo fatto intendere che li oratori franzesi li stimolavano che dovessero tornare a Roma con le lor zente: vero è che forsi questa inchiesta doveva esser fatta avanti lo apuntamento del partir del Duca e promission fatta da tutti li oratori del tegnir la zente fora. E perchè questi signori mostrano aver più fede e dependenzia a la Sublimità Vostra che ad alcun altro, hanno voluto sopra questo el parer mio; et io li ho fatto risponder che per alcun modo non vengano, fin a tanto che non siano pacificate le cose e fatto novo Pontefice, per molte rason che io li addussi, e che non accade attediar la Sublimità Vostra in dechiarirle; e cusì me ha promesso questo nunzio suo che faranno; sì che, se per una via la cosa par sia pacificata, dubito che per l'altra non si disturbi.

» Le exequie si comenzarà luni, a Dio piacendo, le quali non seranno se non per due o tre zorni, salvo

---

[1] Iacopo IV Appiano, signore di Piombino; Pandolfo di Roberto Malatesta, signore di Rimini; e Giovanni Sforza, già marito di Lucrezia Borgia, signore di Pesaro, privati dei loro dominii dal Valentino negli anni 1500 e 1501.

se li prelibati cardinali non fanno qualche protesta-
zione de esser aspettati. Quanto seguirà, sarà per mi
significato a la Celsitudine Vostra. »

519. (Al Doge e ai capi dei Dieci.) Lettere e pratiche del Re di
Francia e dei suoi agenti per fare eleggere Papa il cardinale di Roano. Scoramento dei cardinali residenti in Roma. Esortazione alla Repubblica di tutelare la libertà del
Conclave contro gl' intrighi francesi.

Roma, 3 settembre 1503.

« Heri, circa le ore xxj, ritrovandome con il
reverendissimo Napoli, el cardinal Adriano ha mandato per mi e mi ha fatto intendere quel che in quel-
l'ora me diceva el Napoli, che Odoardo era stato da
lui con lettere credenziali del suo Re, et appresso li
mostrò una instruzione tutta scritta de man del Re
de circa un fogio de carta, per la qual conforta, prega
et essorta cadaun reverendissimo cardinale che, in
gratificazion sua, voglino far Papa il cardinale di Roano; et a questo effetto usa tutte quelle blandizie, promissioni, allicitamenti possibili ad usar a chi vuol
persuader, e *breviter* se conduce a prometter a caduno
che farà Papa Roano, lui dover esser non solamente
Papa, ma *etiam* Re de Francesi, tacitamente manazando[1] a chi farà el contrario.[2] E questo officio li ora-

---

[1] *Manazando,* minacciando.
[2] Nello stesso giorno 3 di settembre i Dieci di Balìa di Firenze
scrivevano ad Alessandro Nasi, loro agente in Francia: « Vuolsi
ancora monstrare alla Maestà del Re ch'o' Viniliani circa la electione del novo Pontefice non possin più ci possiamo noi, perchè

tori franzesi et Odoardo con loro vanno facendo ad
uno ad uno con questi signori cardinali, in modo che
tutti sono concussi de tanto timor e paura, che *ne-
sciunt quo se vertant*. Et oltra le gravi et accommodate parole che Napoli mi ha detto del pericolo che
seco porta questa cosa contra la Chiesa de Dio, la qual
con sua total rovina sarà tirata in Franza, contra la
Italia in generale, et in particolare contra cadauno;
el reverendissimo Adriano con le brazze in croce,
pianzendo, me disse: — *Domine Orator*, siate certo che
io patirò più presto la morte che consentir a questa
cosa: pur, quando i peccati nostri el volessero, fazzo
vodo a Dio, qui in vostra presenzia, che in quella sera
medema che io uscirò del Conclavi, montarò a cavallo
e me andarò a buttar in le brazze di quella illustrissima
Signoria. — Alla quale me disse che io raccomandasse
la misera Italia e povera Chiesa de Dio, e disse: —
Domine Orator, *cavete vobis*, chè l'è più danno vostro
che d'altri. Son stato tanti anni secretario di papa
Alessandro; so la intenzion de Franzesi contra de noi,[1]

nè co'cardinali (chè non son se non dua di non molta reputa-
tione), nè con forze (chè le hanno et lontane et distracte in diversi luoghi) possono essere di momento alcuno: però non bisogna che cotestoro li temino, o disegnino valersene, et molto meno
che li dieno od offerischino alcuna cosa per tale effecto. Et desi-
deriamo che questa parte si dia bene ad intendere costì; et si
monstri da altro canto la electione del nuovo Pontefice depender
tucta dai cardinali, e' quali s'indurranno più o meno al proposito del Re, secondo che saranno o più o meno li rimedii che vi
si useranno. » (Arch. Fior. *Lettere dei Dieci*, 1503, a c. 75.)

[1] Parrebbe più proprio *voi*; ma, poichè il codice ha chiaramente *noi*, se la lezione non è errata, deve interpretarsi *noi
Italiani*.

ma non vi posso dir il tutto. — Per espediente alcuni de questi signori, con i quali ho parlato e con ogni efficazia fatto quell'officio che me se convien, hanno deliberato espedirse presto. Doman faranno una congregazion, per deliberar de principiar luni le essequie, che abino a durar un zorno solo; e marti da mattina far dir la messa et intrar in Conclavi, e far subito la elezion, avanti che zongano questi cardinali che vengono di Franza a perturbarli: ma dubito che li oratori franzesi non l'impediscano per via de protesti, e non li constrenzino ad aspettar con manazarli de far ritornar la zente del Duca e le soe; e questi poveri signori, che non hanno alcuna defensione, conveniranno cedere et aspettar la loro rovina.

» Principe Serenissimo, sè el caldo della Serenità Vostra non aiuta questi cardinali con darli speranza de defensione a chi sarà Pontefice *canonice electo*, unito con altri potentati cristianissimi, facil cosa sarà che precipitino; e questa speranza sarà necessaria a dar alli cardinali che vengono de Franza, *precipue* San Piero *ad Vincula*, che, stufi de Franzesi, quando se vedano fiato della Serenità Vostra, non credo che voglino tornarli più in le man. Io ho riverito una parte de questi cardinali heri sera sin a notte, e fatto buon officio de inanimarli, e con accomodate parole, con buona circumspezione, li ho ditto quel che ricerca il bisogno di questa materia de tanta importanzia, e continuerò con tutti quelli altri che mi pareranno a proposito: pur me par necessario che la Sublimità Vostra mi dia più spirito di quel che io posso porger, *precipue* con li venturi, zoè San Piero *ad Vincula* e San Zorzi. » [1]

520.   Notizie di Roma, del Regno e del duca Valentino.

Roma, 3 settembre 1503.

Hora 16. Domattina cominceranno le esequie: del Conclave non s'è stabilito ancor nulla. Temesi che i cardinali palatini, d'intelligenza col Duca, possano dare il voto al cardinale di Roano.

Dal Reame di Napoli si ha notizia della ricuperazione di Salerno colla morte di circa 500 Francesi.

Il Duca si ridusse a Nepi colle sue genti, e v'andò pure il cardinale Sanseverino. Uno dei capitoli stabiliti tra lui ed i Francesi è che questi gli promettono di tenere per nemici gli Orsini, eccettuato Giangiordano.

[1] A questo dispaccio la Repubblica rispose, il 7 settembre, lodando la condotta dell'Oratore, e commettendogli di promuovere alacremente, per il bene d'Italia, la pace tra i Colonnesi e gli Orsini, e tra questi e i cardinali spagnuoli; di esortare tutti i cardinali « ad attender solo al bene universale de la electione del novo Pontefice da esser facta *rite* et canonicamente de persona qualificata, per modo che sia conveniente al supremo locho de la Sede Apostolica; » e di mostrare in tutte le pratiche l'animo della Repubblica, « religioso et cattolico et non tendente ad alcuno particolare affecto, ma *solum* al commodo et benefitio de la libertà ecclesiastica et de la repubblica christiana, advertendo *etiam* che in decte tractatione, dove intervenisse nominatione et interesse o de Francesi o de Spagnoli, vui non habiate a metter nè opera nè parolle per li respecti a vui ben noti. » (Arch. gen. di Venezia. *Senato Secreti*, Reg. 54, a c. 106.)

521. L'Oratore veneto esorta i Colonnesi e gli Orsini
a unirsi tra loro.

Roma, 3 settembre 1503.

Hora 21. Al segretario di Prospero Colonna, venuto a dolersi dell'inganno del Duca coll'Oratore veneto, questi consiglia d'intendersi cogli Orsini per
sicurtà vicendevole. Un simile ufficio viene a fare il
nunzio degli Orsini, e ne riceve consimile risposta.

522. I cardinali palatini, traditi dal duca Valentino, fanno istanza
all'Oratore veneto, perchè promuova la pace tra loro e gli
Orsini.

Roma, 3 settembre 1503.

« *Hora 2 noctis.* Questa coniunzion del Duca con
Franzesi ha tanto sbigottiti li Spagnoli, che veramente
pareno persi, et il principale è l'orator ispano, parte
per la vergogna, parte per il danno. Li cardinali palatini similmente tanto sono impauriti de l'umor degli Orsini, che non sanno dove ascondersi, e ozi, da
poi disnar, mi hanno mandato a pregar che io li andasse a parlar, e son andato. Li trovai tutti insieme,
e con loro era l'orator ispano; i quali, premesse le
parole generale, a regata [1] comenzarono a dir mal del
Duca, dicendo che la principal causa di farlo far
quello che ha fatto, è sta' perchè non li ha possuti
persuader alla soa voglia, de far sisma et altri scandali, che lui per la natura soa cativa designava, e che
li aveva lassati abandonati pieni di odio et inimicizia

---

[1] *A regata,* a gara.

per le cattive opere sue e di suo padre. Descendendo *ad particularia*, dissero la inimicizia, che senza soa colpa avevano con questi Orsini, i quali, benchè siano stati offesi dal Papa e Duca solo, *tamen* cercavano la vendetta contro de loro, che non hanno colpa; pregandome che, essendo già cessata la causa de la loro inimicizia, che dependeva dal Duca, al quale ora loro erano fatti inimici per il gabo che li ha fatto, volesse[1] operar con questi signori Orsini, che cessasse *etiam* l'odio che li hanno, e non cercar vendetta contro di loro; et *ex nunc* si offerivano di far bona amicizia con loro. E per più chiarezza di questo suo voler si offerivan, quando volessero, darli segurtà di far vegnir da le soe parte el fior de le zente del Duca, li capi de le qual sono chi fradello, chi cusin e chi nipote di questi cardinali; subiungendome: — Vedete, *domine Orator*, niun'altra causa ne potria far inclinar la mente a voler Papa Roano, ch'el timor di non poter star sicuri in Roma, perchè semo certi che, essendo lui Papa, la Corte si trasferiria in Franza; — dove non averiano paura de Orsini; pregandome che io volesse interponere, con l'autorità de la Sublimità Vostra, a far una bona pace insieme, tale che potessero esser sicuri etc.; offerendosi in questa elezion non desiderar altro ch'el benefizio universal dell'Italia e della Sublimità Vostra. » L'Oratore ringrazia i cardinali palatini della confidenza che mostrano di avere nella Repubblica. Circa l'elezione del Papa, raccomanda loro che lo scelgano « buono, *recte et cano-*

---

[1] S'intende che qui la voce *volesse* è della prima persona.

nice electo, ita che se potesse sperar el comun beneficio dell'Italia, la pace e tranquillità della Cristianità. »

523. Incominciano le esequie di papa Alessandro. Congregazione dei cardinali. Arrivo in Roma del cardinale Della Rovere.

Roma, 4 settembre 1503.

Incominciansi le esequie di papa Alessandro: i cardinali poi si raccolgono in congregazione. Sono ancora in via, ammalati, i cardinali di Roano, d'Aragona e di San Malò. Continuano gl'intrighi dei Francesi per far riuscire Roano non voluto dagli Spagnuoli. Il cardinale di San Pietro in Vincoli è giunto a Roma, riverito come se dovesse esser eletto Papa: l'Oratore veneto finora non ha potuto visitarlo.

524. Visita dell'Oratore veneto al cardinale Della Rovere. Congregazione dei cardinali.

Roma, 5 settembre 1503.

« *Hora 20.* Questa mattina, avanti l'ora di cavalcare alle exequie, son stato col revendissimo *ad Vincula;* e, da poi le general parole, intro in querela contra el Re de Franza, dicendo ch'el non credeva ch'el dovesse preponer altri a lui a questo papato, per le promission che aveva abuto za più tempo da la Maestà Soa. Poi disse: — Io son qui per fare il fatto mio, e non quel d'altri, nè son per dare il voto mio al cardinal di Roan, salvo ch'io lo vedesse aver tanti altri voti, che senza il mio lui potesse essere; che, credo, non li averà. — Et affermò di voler esser bono italiano, e non possendo essere lui, forzarse de far un Papa, che fosse ben per la religion cristiana e pace e tranquillità de l'Italia; promettendo *etiam* aver risguardo al benefizio della Sublimità Vostra, alla qual lui disse esser affezionatissimo. » L'·Oratore loda i savi proponimenti del cardinale.

Nella congregazione tenutasi dopo le esequie, si tratta di far un ponte sul Teverone pel passaggio delle milizie dei Francesi verso il Reame, e di provvedere al loro mantenimento, accennando essi che il difetto di vettovaglie potrebbe costringerli a venire a Roma.

525. Notizie del duca Valentino e di Prospero Colonna.

Roma, 5 settembre 1503.

« *Hora 2 noctis.* Essendo ritornato heri sera da Nepi un nipote del vescovo de·Santa Iusta, che è medico del Duca, e referite el mal del Duca esser molto pericoloso, e che per opinion di suo barba [1] non poteva campar; ha fatta questa relazion nascer e publicar per tutta Roma una fama che ha penetrato *etiam ad magnos,* ch'el Duca era morto questa notte passata alle 3 ore di notte, e la cosa vegniva molto particularizzata con dir ch'el cardinal de San Severino aveva abuto lettere per un cavallaro che allora era zonto. Dal qual [2] avendo mandato el mio secretario per intender el vero, ha trovato che l'era una zanza. Ben è vero che un cavallaro è arrivato al prelibato cardinale con lettere del Duca *subscripte manu propria,* per le qual prega et exorta el cardinal ad essere con questi

---

[1] *Barba,* zio.
[2] Cioè, *dal cardinale.*

signori Franzesi, e persuaderse, che avendose lui dato
nelle mani soe, voglino procurar la indennità soa, e
farlo ristorar de le cose soe de Piombin, e far *etiam*
procurar appresso la Illustrissima Signoria Vostra che
non sia molestato nelli stati di Romagna. I quali Franzesi, per quanto posso comprendere, pochissimo conto
fanno de lui; anzi, per quanto ho compreso dal parlare
di questi oratori, più presto lo calefano,[1] e di lui si
ridono, chè li par averlo ben deluso, e dicono pezo
di lui adesso, che non facevano prima. E sperano che
debba morir, e loro aver i denari; e forse anche li
faranno anticipar el tempo, per non perdere un così
bon bottino. El ditto Duca ha *etiam* mandato don Agapito suo secretario, el quale è passato per Roma, al
signor Prospero; non se intende la causa, ma si divulga per iustificar la novella che li ha fatto; ma forsi
potria esser ad instanzia de Franzesi, i quali, per
quanto me ha ditto el secretario del signor Prospero,
non restano di farli ogni partido per tirarlo alla divozion soa. Il qual *etiam* mi ha ditto che, quantunque
el signor Prospero sia pronto de più presto patir ogni
ruina, che mancar de la fede soa al Re de Spagna,
nondimeno che tanto più volentiera el farà, quando
el cognossa aver la grazia de la Sublimità Vostra, e
che quella nelli bisogni soi e de casa soa non li abi a
mancar: et usòmi parole molto affezionate per nome
del so' signor verso la Illustrissima Signoria Vostra.

---

[1] Il vocabolo *calefare*, del quale sono altri esempi in questi
dispacci, non è registrato dal Boerio; ma pare che significhi *im-
pegolare, imbrogliare alcuno*, ovvero *ingannare alcuno, dandogli ad
intendere d'essergli amico.*

Al qual per mi fo accomodatamente risposo, facendoli intender che la Sublimità Vostra sempre aveva amata quella casa e la amava, *etiam* con fermo proposito de non li mancar mai in tutte le cose .che licitamente potesse far per quella; e ch' el signor Prospero era savio e prudente, e che io mi rendeva certo si governeria con quella prudenza che l' aveva fatto: e senza discender .ad alcuna particolarità, li detti licenzia. »

526. Intendimento dei capi degli Orsini di volgersi .alla parte degli Spagnuoli, abbandonando quella dei Francesi.

Roma, 6 settembre 1503.

Raccoltisi i cardinali in congregazione dopo le esequie, gli Spagnuoli si lagnano dei Francesi che vanno avvicinandosi a Roma, ma non viene presa su ciò alcuna risoluzione. Il messo di Lodovico da Pitigliano e di Fabio Orsini espone all' Oratore veneto che i suoi signori hanno buona quantità di soldati senza mezzi d' alimentarli; di modo che sono inclinati ad accettare le offerte degli Spagnuoli, non avendo finora dai Francesi altro che parole: ·tuttavia attendono il parere della Repubblica. L' Oratore li consiglia a discutere prima la cosa fra loro.

527. La congregazione dei cardinali manda a proibire ai Francesi e agli Spagnuoli l' ingresso in Roma. Notizie del Valentino.

Roma, 7 settembre 1503.

L' Oratore veneto assiste alla congregazione in San Pietro insieme cogli altri ambasciatori. In assenza del cardinale di Napoli, San Pietro in Vincoli si lagna che, contrariamente ai capitoli stabiliti, vengano continuamente a Roma Spagnuoli e Francesi; ma questi ultimi, in maggior numero. Gli ambasciatori respettivi si scusano. Delegansi due nunzii, uno per il campo degli Spagnuoli, l'altro per quello dei Francesi, col mandato di ordinare ai capitani delle due parti che non facciano entrare le loro genti in Roma.

Il Duca oggi doveva partire da Nepi e ridursi a Civita Castellana; « el quale ha convenuto accordarse con el castellano in ducati diecimila, avanti che li abi voluto dar la fortezza. »

528. Maneggi dei cardinali di Roano e di San Pietro in Vincoli per essere eletti al pontificato.

Roma, 8 settembre 1503.

Monsignore di Trans si è recato dal Duca, col quale ha trattato di due cose: ch'egli debba mandare le sue genti in compagnia di quelle del Re Cristianissimo nel Reame (e s'è stabilito che per ora mandi dugento uomini d'arme); e che procuri voti al cardinale di Roano, perchè sia eletto Papa. Credesi che debba andare dal Duca per lo stesso oggetto il cardinale Sorrentino. È giunto segretamente in Roma Prospero Colonna, e con lui si abboccò il cardinale di San Pietro in Vincoli; dicesi, per procurarsi il favore dei cardinali spagnuoli nella futura elezione col mezzo di lui e dell'oratore di Spagna, o forse per tener lontano il Colonna dai Francesi.

529. Dimande di monsignore di Trans alla congregazione
dei cardinali. Lettere di Civita Castellana.

Roma, 8 settembre 1503.

Hora 21. Nella congregazione dei cardinali, tenuta
al solito dopo l'esequie, monsignore di Trans domanda, in primo luogo, che, avendo il duca Valentino
data sicurtà nella persona e negli averi, gli si debbano restituire le artiglierie che sono trattenute in
Roma; e inoltre, che si debba provvedere all'elezione del Pontefice, al passaggio delle genti francesi,
ed al loro vettovagliamento. Gli viene risposto essersi
già provveduto quanto alle genti francesi; circa poi al-
l'artiglieria del Duca, si sarebbe deliberato domani.
Lettere del castellano di Civita Castellana avvisano che
il Duca ha aperte pratiche con esso per avere la fortezza; ma egli continua a tenerla a nome del Collegio
e del Papa futuro; e dimanda soccorsi.

530.   Unione degli Orsini coi Colonnesi;
      e pratiche d'unione cogli Spagnuoli.

Roma, 8 settembre 1503.

Hora 2 noctis. L'arcivescovo di Nicosia, figliuolo
del conte di Pitigliano, si reca dall'Oratore veneto, per parte di Giulio e degli altri Orsini, tranne
Giangiordano, e gli comunica la loro unione coi Colonnesi e le insistenti domande degli Spagnuoli per
guadagnarli al loro partito. L'Oratore loda l'unione
coi Colonnesi; e circa a quella cogli Spagnuoli, vuole
che sia rimessa al consiglio del conte predetto.

531. Lettere di Venezia al Sacro Collegio. La domanda di monsignore di Trans per la restituzione delle artiglierie al Valentino è rigettata.

Roma, 9 settembre 1503.

Hora 18. L'Oratore legge nella congregazione dei cardinali una lettera della Repubblica al Sacro Collegio, ricevendone dal cardinale di Napoli le debite grazie, con promessa di risposta. Circa alla restituzione delle artiglierie al Duca, la congregazione delibera di respingere la domanda.

532. Condotta ambigua del Duca circa la prossima elezione del Pontefice. Arrivo di due cardinali in Roma.

Roma, 9 settembre 1503.

Hora 2 noctis. Dicesi che il Duca si opponga all'elezione del cardinale di Roano al pontificato; ma siccome « è uso truffar, » si può credere che lo faccia per non disgustare gli uni nè gli altri. Esso Duca è assai migliorato di salute.

Sono entrati in Roma i cardinali di San Giorgio e Colonna. [1]

533. Notizie del Valentino.

Roma, 10 settembre 1503.

Hora 17. L'ambasciatore di Bologna riferisce al Veneto di aver saputo dal tesoriere del Duca che que-

[1] Giovanni Colonna, diacono cardinale del titolo di Santa Maria in Dominica, promosso da Sisto IV nel 1480.

sti era eccitato dal cardinale Sanseverino e dagli ambasciatori francesi a rinunziare al Re gli stati di Romagna, promettendogli un compenso nel Reame.

534. Cose di Perugia e di Romagna. Raccomandazione del cardinale Riario per il ristabilimento dei suoi nipoti nello stato
di Forlì.

Roma, 10 settembre 1503.

Hora 1 noctis. Ieri Bartolommeo d'Alviano e Giampaolo Baglioni presero per forza una porta di Perugia,
e si impadronirono della città : i nemici fuggirono. [1]
Il cardinale di San Giorgio raccomanda all' Oratore
veneto i proprii nipoti, [2] temendo che l' Ordelaffo, [3]
coll' aiuto della Repubblica, possa occupare Imola e
Forlì; mentre invece, tornando queste in mano dei
suoi nipoti, la Repubblica poteva tenerle come terre
proprie. Entrarono in Roma i cardinali Roano, Sforza
e Aragona.

[1] Giampaolo rientrò in Perugia con messer Troilo vescovo
e Gentile e gli altri di casa Baglioni, e con molti fuorusciti, cac-
ciandone gli Oddi e Carlo Baglioni e la loro parte. Cfr. la *Cronica*
del Matarazzo e le *Memorie Perugine* di Teseo Alfani, in *Arch.
Stor. Ital.*, tomo XVI, parte II.

[2] Cioè, i figliuoli di Girolamo Riario e di Caterina Sforza,
ai quali il Valentino nel 1502 aveva tolto per forza lo stato di
Forlì, già degli Ordelaffi, donato al predetto Girolamo da Sisto IV
suo zio.

[3] Antonmaria di Francesco degli Ordelaffi, spodestato da
Sisto IV. Su questi fatti, e in generale sui movimenti di Romagna,
contengono importanti notizie le lettere di Giambattista Ridolfi,
commissario fiorentino a Castrocaro, e le risposte direttegli dal
Machiavelli in nome dei Dieci di Balìa di Firenze, che si conser-
vano in gran numero, inedite, nel R. Archivio Fiorentino. L'istruzione dei Dieci al Ridolfi, del 22 agosto 1503, quando fu spedito

535. Congregazione dei cardinali, dove si tratta della prossima
adunanza del Conclave.

Roma, 11 settembre 1503.

Hora 20. Nella congregazione dei cardinali si discute sopra il tempo per adunare il Conclave. I cardinali spagnuoli mettono innanzi alcune difficoltà per causa delle genti francesi, e pregano monsignore di Roano di far sì che partano e stiano lungi da Roma almeno otto miglia.

536. Visite dell'Oratore a varii cardinali.

Roma, 11 settembre 1503.

Hora 2 noctis. L'Oratore veneto va a visitare il cardinale di Roano, e discorrono in generale dell'elezione del futuro Papa: va poi a Palazzo per riferire ai cardinali spagnuoli ciò che avea saputo dagli Orsini, per loro sicurezza; parla infine col cardinale Colonna dell'unione dei Colonnesi cogli Orsini, e lo trova assai ben disposto.

537. Il cardinale di Roano invia un suo gentiluomo all'Oratore veneto per averne favore nella prossima elezione pontificia. Altri maneggi del detto cardinale allo stesso effetto.

Roma, 12 settembre 1503.

« *Hora 14.* Per Piero corriero scrissi heri alla Sublimità Vostra quanto accadeva. Poi questa mattina

commissario, è stampata dal Canestrini, *Scritti inediti* del Machiavelli, pag. 256. L'Ordelaffi rientrò poi in Forlì, più col favore dei Fiorentini che dei Veneziani, il 22 d'ottobre.

el reverendissimo cardinal di Roan ha mandato qui
da mi a casa un suo zentiluomo cavalier et onorata
persona appresso Sua Signoria Reverendissima, per
dimostrar a tutti che la union, che è tra el Cristianissimo Re e la Sublimità Vostra, è *etiam* in quelle persone che rappresentano l'uno e l'altro stado : *tamen*
la principal causa de questa visitazion è stata per praticar e ricercar favor da mi, con la autorità de la
Sublimità Vostra, a questo Pontificato dalli nostri doi
reverendissimi cardinali e con qualcuno altro, appresso el qual l'autorità de la Celsitudine Vostra avesse
loco; forzandose de persuaderme che a questa Santissima Sede non poteva esser collocata persona che
più fosse a comodo e beneficio de la Excellenzia Vostra
de quel che seria monsignor de Roan, sì per le cose
de Italia, come *etiam* per la expedizion contra Turchi.
Al qual respondendo me afforzai, con la parvità del-
l'ingegno mio, satisfar di bone parole, non descendendo ad alcuna particolarità, nè a parole che mi
obbligassero ad altro che a beneficio publico de la religion cristiana, e ben satisfatto lo licenziai. Da questo
antecedente infero una conclusion, che mi fa manifesti
i mezzi che questo reverendissimo cardinal tiene per
conseguir el fin del suo instinto, *quamvis* che lui in
parole *publice*, e quelli che favorisseno le parte soe, se
fenzano alieni da questa ambizion : i quali però non
ingannano alcun, chè tutti ben conosce la sede [1] che
l'ha a questa dignità. E certo, Principe Serenissimo,
che considerando il modo con el qual sì ha forzato

---

[1] *Sede*, sete.

de persuadermi a mi, mi fa non poco dubitar, cogno-
scendo molti di questi signori cardinali esser facili di
attacarse a quel vischio, adiunzendo a questo l'arte e
la sagacità de Ascanio, el qual, se in effetto andarà
con quella realtà verso di lui ch'el mostra in parole,
meterà la cosa in grandissimo pericolo. Pur è da sperar nella bontà divina che non debbi abandonar el
suo grege. »

538. Provvedimenti per il prossimo Conclave. Approvazione dei
   capitoli proposti dagli Spagnuoli per la sicurezza del
   medesimo.

Roma, 12 settembre 1503.

« *Hora 2 noctis.* Segondo l'ordine de heri sera,
ozi semo stati chiamati tutti noi oratori in congregazione, dove se trattò de la osservanzia de capitoli formati li
zorni avanti, zoè che tutte le zente ispane e franzese
dovessero star larghe de Roma otto in dieci mia. Sopra
la quale materia si hanno doluto li Spagnoli, perchè
le gente franzese ogni zorno venivano in Roma a poco
a poco; il che dava a loro causa de grandissimo suspetto, et hanno proposto in congregazione certi capitoli pertinenti alla segurtà loro. El primo è che se
osservi quanto è sta' promesso per cadauno. El secondo, che se per caso, essendo serrato el Conclave,
vegnissero zente d'arme in Roma e fusse suspetto de
violenzia, ch'el sia in libertà de quelli che temeranno,
romper el Conclave, ussir fori, e per segurtà soa
redursi in Castel Sant'Anzolo; e che *interim* li altri
non podessero procedere ad alcun atto de la elezion,
insino che non fosse provvisto che tutti potessero

ritrovarse in Conclave con segurtà. » Ai fanti che
hanno la custodia del Palazzo e dei cardinali spagnuoli, se ne aggiungessero altri 500, ai quali spettasse
la custodia del corridoio dal Palazzo al Castello. Si
eleggessero tre prelati o cinque, che avessero obbligo
« de iudicar, in caso ch'el vegnisse zente in Roma,
aut che seguisse scandalo alcun. » Tutti i cardinali
promisero di osservare i capitoli suddetti, e specialmente il cardinale di Roano con gli altri che dipendono
dalla Francia.

539. (Al Doge e ai capi dei Dieci.) Visita dell' Oratore veneto
al cardinale Della Rovere.

Roma, 13 settembre 1503.

L'Oratore veneto, di commissione della Repubblica, visita il cardinale Della Rovere.[1] Questi gli dichiara il suo grande amore per Venezia, della quale,
e come cardinale e come Papa, « se Dio li darà grazia
di ascendere a quel grado, » sarà sempre servitore.

540. Maneggi cardinalizii relativi alla prossima elezione pontificia. Pratiche del cardinale Ascanio Sforza per guadagnare i voti a sè. Condotta esemplare del cardinale veneto Corner.

Roma, 13 settembre 1503.

« Questi Franzesi non restano di continuar pratiche grandissime et usar ogni possibel mezzo; e non

---

[1] La Repubblica aveva scritto il 9 di settembre all'Oratore,
commettendogli di visitare in nome di essa il cardinale Giuliano, e
dirgli di avere ordine da quella di favorire la promozione di lui
al pontificato coi voti dei cardinali veneti. Vedi il documento VI
in fine al volume.

li parendo aver le cose soe ben assettate, vanno mettendo tempo all'entrar in Conclavi con tegnir i Spagnoli in suspetto, e tuttavia vanno condugando zente in Roma, e fenzeno *etiam* loro temer e dir che in Roma sono molti Spagnoli; e per dar credito alla soa timidità, monsignor di Trans ha cominzato ozi andar con zente armata per Roma. E perchè el cargo del far i fanti, novamente deliberati far, è dato al cardinal San Severino, lui *etiam* va intertegnando la cosa con dir che non ha i denari, in modo che ozi, che era el zorno ordinato, non sono intrati, nè anco intraranno doman, come si affirmava; e se la va così due o tre zorni che non entrino, la cosa non sarà senza pericolo di scandalo e molta dilazion. Li Spagnoli si mostrano pronti ad intrar in Conclavi, senza desiderar altra mazor securtà de quella che fo heri deliberata.

» Un altro garbugio è sussitato novamente a Roano, perchè Ascanio publicamente se ha scoperto voler zercar el papato per lui, e che non è obligato de alcun favor al cardinal Roano che del suo voto solo, del qual non li mancarà; et oltra li altri mezzi, per i quali questo se ha publicato, el reverendissimo Corner questa sera mi ha fatto intender esser sta' rezercato del suo voto da lui per mezzo dell'arcivescovo Quirini, el qual non ha mancato de usar ogni mezzo a persuaderlo con promission grande de ogni condizion; e li disse che ad altro fin Ascanio non aveva persuaso Roan a vegnir a Roma, se non per liberarse de preson[1] e pro-

---

[1] È noto che Ascanio Sforza fu nel 1500, insieme col proprio fratello Lodovico il Moro, condotto prigioniero in Francia, dove al tempo della morte d'Alessandro trovavasi tuttora.

veder a la recuperazion del suo stado: il che non po esser se non con esser lui Papa, *aut* con grazia de la Serenità Vostra, alla qual, disse, voleva esser affezionatissimo. A la qual proposta fo savia et accomodatamente risposto per Sua Signoria Reverendissima, che la sua intenzion era di elezer un Pontefice bon et utele a la religion cristiana, benemerito della Sede Apostolica; *tamen,* che ancora non aveva determinato la mente sua ad alcun, nè voleva determinarse, finch' el non entrava in Conclavi, dove poi faria segondo come Iddio lo inspirasse al benefizio de la Chiesa; e con questo li dette licenzia. Questi cardinali venuti di fora, e quelli che erano, vanno tutto el zorno torniando e visitandose l' un l' altro, e facendo le soe pratiche, certo con poco decoro de la dignità e pessimo exempio al mondo. El nostro reverendissimo Corner va *etiam* facendo le sue ordinarie visitazion con gran satisfazion de tutti, i quali si promettono de Soa Signoria Reverendissima speranza de degnissimo prelato, se Dio li conserverà la vita. »

541. Lagnanze del cardinale di Roano contro la Repubblica Veneta, che egli crede contraria alla sua promozione al pontificato.

Roma, 14 settembre 1503.

Hora 16. Giovanni Lascaris visita l' Oratore veneto a nome del cardinale di Roano, e si lagna con lui che la Repubblica abbia commesso ai suoi cardinali di dar voto contrario ad esso Roano. L' Oratore risponde che i cardinali veneti seguiranno l' ispirazione divina, per eleggere un Papa « benemerito del vicariato di Cristo. »

542. Colloquio tra l'Oratore veneto e il cardinale di Roano.

Roma, 14 settembre 1503.

L'Oratore veneto si reca da monsignor di Roano e lo assicura della imparzialità della Repubblica nella nomina del Papa futuro.

543. (Al Doge e ai capi dei Dieci.) Ancora del colloquio suddetto. Il cardinale di Roano si lamenta coll'Oratore veneto della lega fatta tra molti cardinali, perchè non riesca eletto un Papa francese.

Roma, 14 settembre 1503.

« Retrovandomi ozi con el reverendissimo cardinal de Roano me disse: — Ambassador, intendo che molti cardinali hanno fatto conventicula insieme de non voler Papa franzozo nè amico del Re de Franza, et a questo se hanno obbligati per scrittura e sagramento; cosa che molto mi ha turbato, nè so con che rason vogliano escluder dal pontificato la nazion franzosa, nè credo ch'el Re de Franza, che è primogenito figliolo della Chiesa (el qual, *pace aliorum principum*) ha fatto più per la fede apostolica che alcun altro, meriti biasimo a cercar di aver un Papa franzoso, avendo visto che un Spagnolo l'ha pessimamente amministrata, et anche qualche Italiano. Questa cosa (disse lo) è pervenuta a notizia dei nostri capitanei, i quali se hanno doluto con mi che sopporti questa inzuria fatta al Re, dicendome che per niente loro non la sopportaranno. E benchè io (disse lo) li abbi raffrenati e dettoli che questo non era vero, pur sono persone pericolose, e non stago troppo securo che non siano per far qualche scandalo. — Poi disse *etiam* che molti contratti se facevano in comprar voti al papato, che era vituperio della fede nostra. — Il che (disse) vi prometto, *domine Orator*, che se lo vedarò, non sopportarò mai, ma cridarò tanto forte che sarò aldido. [1] — Queste parole, come stanno, hanno buon sentimento; *tamen* lui le disse con certo modo, che pareva quasi volesse summer occasion qui da questo a far scandalo, quando le cose non li reusissero; delle qual quasi si vede disperato, e comenza a dir che l' è sta' truffato, e si ha avveduto che Ascanio procura per sè con far poco conto di lui. Disse *etiam* el prefato cardinal, che aveva inteso che molti volevano far il Papa per ballotte secrete, e questo *etiam* mostrò che molto li dispiacesse, dannando la cosa, dicendo che non si doveva lassar l'antiquo instituto et ordinazion de nostri progenitori. A tutte queste parti io resposi con quella circonspezion che se doveva, facendoli intender la mente delle Illustrissime Signorie Vostre in questa elezion esser quale lei aveva dechiarito per le lettere soe al Sacro Collegio destinate. »

544.   Voci intorno ai proposti al pontificato.

Roma, 15 settembre 1503.

Pare che domani si serrerà il Conclave. Continuano i maneggi del Roano per far riuscire, non potendo

[1] *Aldido,* udito.

essere eletto egli stesso, altri che sia favorevole al
Re di Francia. Gli Spagnuoli sono finora inclinati ad
esso cardinale; e mettono per secondo quello di Santa
Prassede. [1] Quelli bensì che hanno maggiore probabilità di essere eletti, sono i cardinali di Siena, Napoli
e San Pietro in Vincoli.

545.   I cardinali entrano in Conclave.

Roma, 16 settembre 1503.

« *Hora 18*. Questa mattina, con el nome de Dio,
è stata cantata la messa del Spirito Santo, e *de more*
fatto el sermone persuasivo a bona et a santa elezione;
e poi *processionaliter* li reverendissimi cardinali sono
intrati in Conclavi. Resta a pregar el Signor Dio, che
illumini tutti a far elezion de un Pontefice che sia
utile al comune benefizio de la repubblica cristiana. »

546. Notizie del Conclave. Fatti di Bartolommeo d' Alviano.

Roma, 17 settembre 1503.

Hora 10. Tra i cardinali ve ne sono alcuni malati. Domattina si comincerà il primo scrutinio.

Giunsero notizie di danni recati a terre della
Chiesa da Bartolommeo d'Alviano, e di crudeltà contro
i Colonnesi.

[1] Antoniotto Pallavicini di Genova. Cfr. la nota 2, a pag. 15
del vol. I.

547.   Notizie del Conclave.

Roma, 18 settembre 1503.

Hora 16. Il Conclave tira in lungo per le diverse opinioni dei cardinali.

548.   Voci intorno all' elezione del Pontefice.

Roma, 19 settembre 1503.

Corrono voci circa l'elezione del Papa: si dice che sia il cardinale di Siena, ma per ora non v'è nulla di certo. Monsignore di Roano va dicendo che sarà Papa egli stesso o qualcun altro da lui favorito. V'è anche probabilità pel cardinale di Santa Prassede.

L'ambasciatore spagnuolo tenta di avere al soldo di Spagna Bartolommeo d'Alviano.

549.   Notizie del Conclave.

Roma, 20 settembre 1503.

Non trapela nulla del Conclave. Gli ambasciatori, secondo le costituzioni canoniche, diminuirono il cibo ai cardinali, dando loro a pranzo un piatto solo.

550. Mali umori suscitati in Roma dalle tracotanze dei **Francesi**.

Roma, 21 settembre 1503.

« Ozi qui siamo stati in gran tumulto, perchè li oratori franzesi affirmavano ch'el campo suo tutto doveva entrare in Roma per vendicarse del scandalo seguìto l'altro zorno. La terra si è messa in arme e

voleva opponersi; per il che mònsignor di Trans è
montato a cavallo et è andato in campo per ovviar
che non venisseno; e spero lo farà, perchè saria cosa
molto pericolosa per loro el voler venir per forza
contra el voler de Romani, tanto mal disposti quanto
si mostrano contra la nazion franzese, et a questo
tempo *maxime*, per i danni che li ha fatto el campo
questi zorni. Questa cosa sarà causa de affrettar la
elezion del Pontefice, la qual spero sarà domattina in
ogni modo, per li zegni che ozi abiamo avuti dal Conclavi; e credo sarà el cardinal de Siena. »

551.   Proclamazione del nuovo Pontefice,
            cardinale Francesco Piccolomini di Siena.

                                Roma, 22 settembre 1503.

« In quest'ora, che è 15, è stato dichiarato e
publicato Sommo Pontifice el reverendissimo cardinal
di Siena, el qual, per la vita soa preterita, è da sperar
che abi ad esser onorifico et utile per la Chiesa de
Dio e de tutta la repubblica cristiana et affezionato in
particular alla Illustrissima Signoria Vostra; e cusì
prego l'Onnipotente Dio che sia. »

552. Il nuovo Pontefice assume il nome di Pio III. Storia di que-
     sta elezione. Condotta del cardinale di Roano. Notizie
     del Valentino.

                                Roma, 22 settembre 1503.

« *Hora 1 noctis*. Per le mie de ozi, alle ore 15,
mandate per Pasinetto corrier, la Sublimità Vostra
averà inteso la elezione del novo Pontefice; e perchè

de nomine variamente si parlava in quel tumulto, e chi diceva uno e chi un altro, per scriver la verità, ho voluto indusiar a darne aviso de quello alla Sublimità Vostra, alla quale ora significo la Beatitudine Soa aver assonto el nome de la felice recordazion de suo barba, che si ha imposto el nome de Pio, e serà *Pius Tertius*. Subito dopoi data fuora la croce, intrassimo dove era la Beatitudine Soa tutti noi oratori e li basassemo el·piede, et accompagnato da tutti li reverendissimi fo portato in chiesa de San Piero, dove *iterum* li reverendissimi cardinali et oratori li basorno el piede *publice*, e fo riportato di sopra.

» Questa elezione è stata di sommo gaudio e satisfazion di tutto questo populo, imperò che li par questo novo Pontefice dover esser per la experienza della anteatta vita pieno di bontà, pacifico e caritativo, che serà l'opposito del passato. È stato *etiam* eletto *summo omnium consensu et nemine discrepante*, quantunque a principio dentro in Conclavi di lui non si parlasse el primo zorno. Avanti che si scortiniasse,[1] Santa Briseida se reputava Papa col favor de Spagnoli, et el cardinal de Roano fo desconzato[2] per opera de San Piero *ad Vincula*, e lui se tirò fin a ventidue voti, et avanti che se facesse el scortinio, Ascanio el desconzò. Tutti poi d'accordo declinorno in questo che è fatto, el qual non vose esser scortiniato el zuoba[3] del 21 del presente, che fo el primo scortinio, benchè

---

[1] *Scortiniare*, parola corrotta di dialetto, per *squillinare* o *scrutinare*.

[2] *Fo desconzato*, fu scavalcato, gli furono guasti i disegni.

[3] *Zuoba*, giovedì.

fin allora le cose fosseno assettate, nel qual scortinio
San Piero *ad Vincula* ebbe 15 voti, Napoli 14, Roan 13,
et Agrigentino[1] 13, li altri de lì in zoso; e visto che
in niun de altri la cosa poteva reussir, el cardinal de
Roan ha voluto, non possendo lui esser Papa, non se
veder questo altro scorno ch'el se facesse uno contra
el voler suo, e, come prudente, seguitò el corso del-
l'acqua, e avè questa riputazion dalli soi, concessali
etiam dalli altri, ch'el paresse ch'el favor suo l'abi
fatto Papa. El qual cardinal de Roano si vede esser
sta' deluso da Ascanio, e de lui poco se contenta, nè
credo sia stato fin a quest'ora a pentirsi di esser
partito di Franza et aver *etiam* lassato vegnir Ascanio
in qua; el qual non è da creder che più debba tornar
in Franza, per aversi molto gratificato el novo Pontefice, e lui fo che persuase Roano a favorirlo, e quasi
per lui si reputa esser Papa. Ma sopra tutti el cardinal de Roano si tiene offeso dal Duca di Valenza, contra el qual el disse parole di mala sorte, dal qual el
se reputa tradito per non aver mai potuto, per partito che l'abi fatto, piegar pur un Spagnolo dalla
sua; e tutto attribuisce al Duca, per esserli capitate
alle mano lettere soe a questi cardinali soi molto af-
fezionati contra Roano; il che lo ha mosso a grandissima indignazion, perchè a lui aveva dato adintendere
lo opposito. Per il che da questa mattina in qua è
uscita fama, de bocca de Remolines secretario del
Duca, el qual era in Conclavi, ch'el ditto era partito
da Nepe e redutto a Civitavecchia con animo di farse

[1] Giovanni De Castro di Valenza, vescovo di Girgenti, promosso cardinale, col titolo di S. Prisca, da Alessandro VI nel 1496.

spagnolo: il che però non affirmo per ora alla Serenità Vostra, ma li dico come e da chi l'ho; ben è cosa credibile, vedendose esser in poca grazia de Franzesi, et è da iudicar che *etiam* cum Spagnoli ne debba aver non molta; e già me l'ha ditto l'orator ispano, con el qual ozi ho parlato per intender se l'era vero ch'el Duca avesse deliberato ritornar da loro, e me disse che Dio li fa far queste mutazion quotidiane per darli penitenza de soi peccati. »

553.   Colloquio dell'Oratore veneto col nuovo Papa,
dove si discorre principalmente delle cose di Romagna.

Roma, 23 settembre 1503.

L'Oratore si reca dal Papa, ed è ricevuto in udienza particolare, alla quale sono presenti i cardinali veneti Corner e Grimani. Il Papa dice essergli stato riferito che la Repubblica aveva mandato genti per impadronirsi di Cesena e d'altri luoghi della Romagna, ma che egli non voleva crederlo. « E subiunse che la Sublimità Vostra cum la prudenzia soa dovesse avvertir, che ora el Duca de Valenza era tolto in protezion per el Re de Franza, el qual potria per questo far qualche novità, che non saria al proposito. E disse: — *Domene Orator*, vui vedete in quante travaglie nui siamo stati a questo tempo passato: dovemo con ogni studio nostro cercar di quietar le cose, e dove vediamo male, forzarci di metter bene. L'officio vostro è di dar di queste nostre parole notizia alla illustrissima Signoria. — Rispusi, circa le cose di Cesena, iusta la instruzion che la Sublimità Vostra mi mandò novamente per le lettere sue di quattordici del presente, non mi

partendo punto da quella;[1] e poi, sumto fondamento
dalle copie delle lettere di Vostra Sublimità al suo
clarissimo orator in Franza, dissi, in conformità di
quelle, che quei signori de la Romagna erano con la
grazia di messer Domene Dio ritornati in casa soa,
chiamati dalli populi, i quali hanno voluto più presto
i soi natural signori ch'el duca Valentino, intrato nel
dominio di quelle terre per il modo molto ben noto
alla Beatitudine Soa; la qual io pregava che con la
bontà soa si degnasse di riguardar alla iustiza di quei
poveri signori, e voler che con grazia soa potessero
quietamente vivere in casa soa. La Beatitudine Soa
iterum me replicò, quanto alle cose di Cesena, che di
quello non poteria se non laudar e ringraziar la Illustrissima Signoria Vostra. De li altri signori disse,
che Dio li aveva voluti castigar per i peccati soi ancor
con un tristo instrumento, e che la Excellenzia Vostra
dovesse ben avvertir che tutti i fastidii de Italia hanno
principio in Romagna. Poi surridendo disse: — Forsi
che messer Domene Dio vorrà ristorar quei signori
dopo fatta la penitenzia! — E disse: — *Domine Orator*,
quanto nui parlemo più lungamente insieme, tanto
sarà meglio; per ora non è tempo, però che mi bisogna satisfar a tanti signori quanti vedete qui. — Dissi
che continuamente sarei a' piedi di Soa Santità, e con-
firmai con la parola de Dio quanto Soa Santità aveva
ditto di quei signori, che dice: *Vindicabo me de inimicis meis cum inimicis meis;* e che avevano portato
assai penitenzia fin qui, e che erano ritornati in grazia

---

[1] Vedi il documento VI in Appendice.

de messer Domene Dio. Volesse *etiam* Soa Beatitudine
esser contenta di questo, e che la permettesse che i
demeriti di Valentino fusser puniti, perchè messer Domene Dio pareva che li avesse dato principio, che era
cosa iustissima. Me rispose, *iocose* però, che molto
meglio era a star l'estate che l'inverno fuori di casa.
Dissi che Valentin non era fuori di casa, però che delle
spoie de San Piero lui si aveva coperto molto ben,
e molto ben se ne puol aveder la Santità Vostra al
Palazzo che l'ha trovato fornito di ogni desasio. Disse
che io diceva el vero; e con questo presi licenzia da la
Beatitudine Soa. »

554. Notizie varie del nuovo Pontefice e di alcuni cardinali.
    Nuove raccomandazioni del cardinale Riario in favore dei
    suoi nipoti.

Roma, 23 settembre 1503.

« *Hora 2 noctis.* Per le alligate averà inteso la
Sublimità Vostra quanto mi ha ditto Nostro Signor,
il che iudico abi fatto per soddisfar a qualche obligazion che li par avere a questi cardinali ispani, con el
favor dei quali veramente è Papa, non per amor ch'el
porti al Duca di Valenza; nè credo che di ciò li abi
fatto cegno el cardinal de Roano, per tegnirse poco
satisfatto del Duca, come per le alligate scrivo alla
Sublimità Vostra. Del qual non se ha zertezza che sia
partido da Nepe, benchè alcuni lo dicano; pur, per
meglio intendere la mente del Pontefice, domattina
mi ritrovarò con la Beatitudine Soa, e con bon modo
l'andarò rizercando, e mi darò *etiam* el modo di ritrovarmi con el cardinal de Roano, per veder se lui di
questo, non ricercato da mi, me ne farà parola. »

L' Oratore esorta la Repubblica Veneta a mandare un' onorevole legazione a prestare obbedienza al Pontefice, ed a spedire anche un nuovo ambasciatore in luogo di esso scrivente. « Le cose di Roma sono per essere di grandissima importanzia, come quella per soa prudenzia po considerar, essendo per star in Roma qualche zorno el cardinal de Roan, el qual se iudica doverse redur a stanziar in Palazzo, deve già è redutto Ascanio et el cardinal de Sanseverino, i quali forse con le arti soe potriano pervertir la natura di questo Pontefice, che da sì [1] è ottima et inclinata al bene: e questo rispetto li ha fatti deviar dal reverendissimo Napoli, parendoli ch' el non sia omo da esser *ita de facili* governato; el qual è sta' excluso da Spagnoli, perchè lo reputavano franzoso, nè però li Franzosi l'hanno voluto favorir, benchè al iudizio de boni non era da esser posposto ad alcuno. »

Il cardinale Riario esprime novamente all' Oratore veneto il suo desiderio di restituire i suoi nipoti nel possesso d'Imola e di Forlì (vedi dispaccio 534); e gli dice che ha in questa cosa il favore del Re di Francia, ma non vuole far niente senza consiglio della Repubblica Veneta.

« So che la Sublimità Vostra averà piacer intender la etade del Pontefice, la qual le significo esser, per el comun ditto, de anni 63 in 64. *Tamen* è forse mal condizionado, *precipue* de le gambe, alle qual, per una infermità che l'ha abuto quest'anno, li son dissèsi certi umori, e li è stato forzo tagiarsi,[2] e fin

---

[1] *Da sì, da sè.*
[2] Cioè, *farsi fare un taglio.*

qui due fiate si ha dato el foco, il che fa iudicar che
in poco tempo abi a dar luogo ad un altro. Pur, dovendo esser bon, come se spiera, è da pregar el Signor Dio che lo conservi per molti anni. »

555. Colloquio dell'Oratore còl cardinale Della Rovere.

Roma, 24 settembre 1503.

Hora 20. Il cardinale di San Pietro in Vincoli,
abboccatosi coll'Oratore, loda molto il contegno dei
due cardinali veneti nel Conclave. Gli dice poi che
aveva domandato al Papa alcuni brevi in favore del
ristabilimento del Prefetto[1] nello stato di Sinigaglia;
e che quegli vi si era ricusato « con gran modestia, »
dicendo che non potrebbe aderire così presto a tali
domande, senza esser accusato d'ingratitudine verso
i cardinali spagnuoli, dai quali specialmente ricono-
sceva il pontificato.

556.   Conferenza dell'Oratore col Papa.

Roma, 24 settembre 1503.

Hora 2 noctis. L'Oratore va a visitare il Papa
nell'ore della sera, e lo trova a letto pel male alla
gamba. Gli dice di avere interpretato il contegno suo
favorevole al duca Valentino non per affetto verso di
lui, ma come conseguenza della importunità degli aderenti di esso : la quale cosa il Papa conviene esser vera.
« E di quanto steti con la Beatitudine Soa, do e tre
volte con riso mi disse ch'el me ringraziava del comento e bona interpretazion data alle soe parole; e

---

[1] Francesco Maria Della Rovere, nipote del cardinale: cfr.
la nota 1, a pag. 39 del vol. I.

del Duca parlò secondo i meriti soi, cum quella modestia però che è solita a far per soa natura la Beatitudine Soa, dicendo ch'el aveva spoliato questo Palazzo de ogni ben, e, non contento di quel che lui aveva portato via, aveva voluto che *etiam* tutti li soi ministri si abino fornito de le robe di Palazzo; — *adeo* (disse lo) che bisogna che andiamo a tuor imprestedo robe, se volemo abitar questo Palazzo. — E dolsese che l'aveva trovato la Camera Apostolica carga de debiti, senza niun credito, subiunzendo: — Non vorressimo za ch'el Duca capitasse mal, perchè è officio del Pontefice aver pietà de cadauno; *tamen* vedemo che, per iudizio de Dio, convien capitar male. — El qual se trova ancora a Nepe, non senzier del suo male, che fa iudicar a tutti che, s'el non serà mortal, *ad minus* serà longo. » Il Papa si diffonde in proteste di affetto verso la Repubblica, rammemorando anche i meriti di essa sotto il pontificato di Pio II suo zio.

557.   *Notizie degli Orsini e del campo dei Francesi.*

Roma, 25 settembre 1503.

Hora 22. Giulio Orsini e Lodovico da Pitigliano si recano dall'Oratore veneto, ripetendogli essere ricercati dai Francesi e dagli Spagnuoli d'entrare al loro soldo, e chiedono consiglio. L'Oratore ripete loro che egli non può far nulla; che, trattandosi di cosa di tanta importanza, voglia il signor Lodovico chiedere consiglio al padre. Ma, avendo essi fretta, perchè dicono che vivono del mestiere dell'armi, è probabile che inclinino ai Francesi, i quali li eccitano con grande istanza.

Le genti francesi sono presso Roma fuori di Ponte Molle in cattivo stato. Dicono di essere lance 1200, 5 a 6000 fanti e 1000 cavalleggieri: pare che l'esercito spagnuolo sia di 11 in 12,000 uomini. La Tremoille è mezzo malato, di modo che il governo dell'esercito è nel marchese di Mantova.

558.　Visita dell'Oratore al cardinale di Roano. Prima congregazione dei cardinali sotto il nuovo Pontefice.

Roma, 25 settembre 1503.

Hora 3 noctis. L'Oratore va a visitare il cardinale di Roano, il quale ebbe a dolersi con qualche passione che la Repubblica Veneta mostrasse disfavore al Valentino, dandogli anche molestia nelle cose di Romagna.

Nella prima congregazione dei cardinali il Papa li ringrazia del favore ottenuto nella elezione; dice doversi riformare la Chiesa, e a questo doversi dare principio subito dopo la coronazione; ed infine metter pace fra i principi della Cristianità.

559.　Intendimenti del Papa contrarii a ogni intervento straniero. Notizie del campo francese.

Roma, 26 settembre 1503.

Il Papa narra all'Oratore gli eccitamenti avuti dai cardinali spagnuoli e da altri per parte del Duca; in seguito ai quali scrisse alcuni brevi in favore del Valentino alle genti della Romagna.[1] Ma aggiunge che

---

[1] Uno di questi brevi, del 25 settembre 1503, diretto ai Perugini, è stampato nell'*Arch. Stor. Ital.*, tomo XVI, parte II, pag. 595. In esso il Papa si duole della lega formatasi tra Giampaolo Baglioni, Fabio Orsini, Lodovico degli Atti e Bartolommeo d'Alviano e altri loro complici, con perturbazione di alcune terre della Chiesa, *contra dilectum filium nobilem virum*

non gli darà altro soccorso, « — perchè non volemo
esser Papa de arme, ma tutto el studio nostro volemo
sia in pacificar le cose de la Cristianità;... nè volemo
che alcun, sotto ombra de volerne favorir, se fazzi
pensier de condur arme in Italia. — » E ciò disse rispetto a certe offerte, fattegli dall'ambasciatore del Re
de' Romani, di fornirgli genti d'arme ad ogni suo desiderio. Circa al Valentino il Papa consiglia la Repubblica a non far nulla, perchè egli si consumerà da sè,
e nel principio del suo male poteva vedersi il castigo
divino.

Stamani si levò il campo dei Francesi, che som-
mano appena 4000. Se ha effetto la pratica coll'Alviano, il quale dicesi abbia 6000 soldati, la vittoria
può volgere alla parte dei Francesi.

560.   Pratiche dei Francesi per trarre a sè gli Orsini,
        e specialmente Bartolommeo d' Alviano.

Roma, 27 settembre 1503.

« Come per le alligate averà inteso la Sublimità
Vostra, tutto l' exercito franzese heri è passato, et
avendo questi baroni del Regno forussiti, che si trovano qui in Roma, considerato il numero delle zente
non essere sufficiente al bisogno, per aver i Spagnoli
all' incontro più di 1000 cavalli lezieri e fanti da 10,000

*Cesarem Borgia de Francia, ducem Romandiole et Valentie, Sancte
Romane Ecclesie confalonerium, qui sub nostra et Apostolice Sedis
obedientia ad mandata nostra paratus persistit;* dice che, se essi
non desistono, procederà irremissibilmente contro di loro con le
debite pene; ed ingiunge ai Perugini di tenersi lontani da tali conventicole e di non far cosa alcuna contro il Duca, se non vogliano
incorrere nelle pene preaccennate e nell'indignazione pontificia.

in suso, che tutti se unisseno a' passi per non lassar passar Franzesi, hanno fatto intendere questo a monsignor de Roano e capitani franzesi, per il che è fatto restar il çampo qui appresso Roma mia tre, cum qualche mormorazion del populo e nobili di Roma, che di ciò ne sentono detrimento. E la pratica di Orsini è molto più sollicitata da Franzesi, chè li par senza loro non poter far cosa che sia bene; e facendo più fondamento in Bortolomeo de Alviano che in alcun di altri, per la qualità dell'omo e per aver *etiam* le zente pronte, li hanno ozi spazzato un omo, azò ch' el venghi in qua, e non mancano di farli ogni promission; e cussì fanno a questi altri che son qui, de stadi e condutte, in modo che sono contaminadi,[1] nè resta alla conclusion se non la resoluzion de lo Alviano, dal qual non hanno fermezza. Lo ispano orator e il cardinal di Santa Crose li hanno *etiam* loro spazzato un altro messo con altre tante promissione all'incontro, parendo cussì all'uno che all'altro che tutto el fatto consista in solo Bortolomeo de Alviano, senza el qual se iudica che Franzesi non andaranno avanti, *aut* che, andando, non possino andar senza manifesto pericolo. La pratica non è tanto avanti che ancora li Orsini non siano in libertà di retrarsi, e mostrano di star ambigui: pur credo concluderanno, se i Spagnoli non seranno più che valenti omeni a retegnirli: il che bisogna che sia fatto con larghe promission e qualche demostrazion, cóme fanno *etiam* i Franzesi che non si sparagnano niente. E perchè molti

---

[1] *Contaminar* significa in dialetto *corrompere* e anche *commuovere.* Qui deve intendersi *guadagnare con promesse.*

ancora de qui credeno lo Alviano esser omo della
Excellenzia Vostra, in qualche modo mi ha cegnato el
cardinal di Santa Crose ch'io debba operar in retegnirlo; al qual ho fatto intender la verità de la cosa,
e me disse: — Ambassador, più me doleria, in caso
che Bortolomeo de Alviano se accosti con Franzesi,
per la riputazion che li daria la Illustrissima Signoria
Vostra (essendo questa opinion appresso la mazor
parte ch'el sia omo di quella) che non faria quanto potesse far Bortolomeo con tutte le soe zente. — Io,
Principe Serenissimo, avendo ordine de la Sublimità
Vostra de non me impazzar dove va interesso de Spagnoli e de Franzesi, son andato più reservato in questa materia di quel che forsi seria stato el bisogno,
dico, in confortarli a declinar più a una parte che
all'altra, come se averia possuto far, se non *expresse*,
saltem tacitamente; e da alcuni zorni in qua ho toccato
questa pratica per più mie alla Celsitudine Vostra,
dalla qual non avendo abuto ordine alcuno in questo
proposito, non mi ha parso arrogarmi più autorità di
quel che si conviene all'officio mio. »

561. (Al Doge e ai capi dei Dieci.) Pratiche insistenti del cardinale Riario, perchè la Repubblica Veneta favorisca il ristabilimento dei nipoti di lui nello stato di Forlì e d'Imola.

Roma, 28 settembre 1503.

Il cardinale di San Giorgio prega l'Oratore veneto
di volere scrivere nuovamente alla Repubblica che
prenda a cuore le ragioni dei nipoti di lui. Quanto ai
Francesi, egli troverà modo di tirarli a sè; dal Papa
non si avranno aiuti, ma nè anche opposizione:

« —questo Papa seria uomo quieto, lasseria far a ognuno a modo suo. — » Se la Repubblica pertanto vuole acquistare per sè quegli stati, non ha miglior via che quella di dar favore ai nipoti di esso cardinale; il quale in tale pratica preferisce Venezia ai Francesi per naturale affezione, e perchè le cose di questi non hanno fondamento sicuro.

562.   Notizie del Papa. Indignazione del popolo
romano contro i Francesi.

Roma, 28 settembre 1503.

Al Papa sono stati fatti due tagli alla gamba con molto dolore. Per mezzo di suo fratello Giacomo [1] il Pontefice fece comporre certe difficoltà che erano tra i Colonnesi ed il cardinale di Roano, il quale voleva avere in mano tutte le fortezze, e passaggio sicuro per le sue milizie: quanto alle fortezze, fu deliberato di depositarle in mano del Papa.

Continuano i danni recati dai Francesi nel paese, sicchè oggi la città sorse in armi e tolse loro armi e cavalli. Il popolo desidera grandemente di trarne vendetta.

563.   Notizie del campo francese, degli Orsini
e del duca Valentino.

Roma, 29 settembre 1503.

Il campo dei Francesi è stato portato più distante da Roma. Procede la pratica cogli Orsini, e si attende la risposta dell'Alviano.

« Li messi del duca Valentino ogni zorno vanno

---

[1] Giacomo Piccolomini Todeschini, signore di Montemarciano.

da Roma a Nepi e da Nepi a Roma, per sollecitar el Papa ad aiutarlo, el qual finora non è risolto in darli altro favor che de brevi, come per altre mie ho scritto alla Celsitudine Vostra.[1] El ditto *etiam* è visitato spesso da messi del cardinal di Roano, e tuttavia al presente è con lui monsignor di Trans: quel ch'el pratichi, non se puol ben intendere, ma se iudica vogli da lui danari, chè altro non die sperar, perchè de zente ghe ne ha data quella parte ch'el puol. » Non gli restano che 200 uomini, essendo partito anche don Ugo di Moncada con altri Spagnuoli. Alessandro Spannocchi, tesoriere del Duca, oggi ha cercato di mandar denari in deposito a Firenze, Milano, Bologna e Ferrara per 17 e fino a 20,000 ducati. Dicesi che i Fiorentini abbiano offerto al Duca passaggio e vettovaglie, se volesse trasferirsi in Romagna.[2]

564.   Notizie del duca Valentino.

Roma, 30 settembre 1503.

Il Papa ha pubblicato certi brevi, coi quali infligge la scomunica a chiunque ritenesse cose o danari tolti nel Palazzo Apostolico dal principio della malattia di papa Alessandro; e si riferiscono evidentemente al duca Valentino ed ai suoi ministri. Il Duca è sempre a Nepi, in salute malferma, abbandonato dagli Spagnuoli, con circa 1500 fanti e 500 cavalleggieri. Dal Papa ha buone parole, ma non se ne fida: il cardinale di Roano gli manda quel soccorso che può di gente raccogliticcia.

[1] Vedi il dispaccio 559.
[2] Vedi in fine a questo volume, sotto il n. VII, la lettera di ringraziamento del Valentino alla Signoria di Firenze, scritta da Nepi il 22 di settembre 1503.

565. Messaggi di Bartolommeo d'Alviano all'Oratore veneto per ottenere dalla Repubblica la licenza della propria compagnia, affine di adoperarla a combattere il Valentino.

Roma, 1 ottobre 1503.

« Questa mattina, a bon'ora, vene da me un omo del signor Bortolomeo d'Alviano, el qual mi portò la alligata lettera de man soa, qual mando alla Sublimità Vostra per mazor informazion di quella, et oltra le due parte principal che si contengono in ditta lettera (primo, intendere la mente della Serenità Vostra; secondo, che quella si degni licenziarli la soa compagnia), il messo a bocca mi affermò per nome di Soa Signoria, che mai el pigliaria risoluzion alcuna nè con una parte, nè con l'altra, senza voler de la Serenità Vostra; *interim* attendeva a far l'impresa contra el Duca de Valenza, el qual voleva *omnino* andare a ritrovar a Nepe, e per più facilitar l'impresa, aspettava alcune altre zente del duca de Urbino, Camerin e di Vitelli, et anche certa artegliaria, in modo che averia da cerca 200 omeni d'arme, 400 cavalli lezieri e da 5 in 6000 fanti, che tutti andavano volentieri per l'interesse particular, in modo ch'el se promette certo di averlo in le man, contra el qual mostra desiderar grandissima vendetta. Dopoi, questa sera, mi è venuto a ritrovar Zuan Forte da Orta, suo condottier, mandato dal ditto con lettere di credenza date heri, el qual è venuto in compagnia di un messo mandato di qui al ditto signor Bortolomeo dal cardinal di Santa Crose et orator ispano, e mi ha parlato in consonanzia di quello che mi aveva ditto l'altro, facendomi mazor prestezza in le doe cose principal, zoè in aver notizia de la mente de la Sublimità Vostra, et anche di aver la compagnia; affirmandome, che per modo alcuno el signor Bortolomeo non voleva servir altro signor che la Serenità Vostra, de la qual molto amplamente parlò, e disse che quando, non possendo aver la mente de la Excellenzia Vostra, la necessità lo costrinzesse a pigliar partito con una di queste due parte, se afforzaria declinar a quella che manco potesse noser alla Celsitudine Vostra; alla quale [1] però disse che non si obbligaria se non per zornata, nè accettaria alcuna condizion, per esser in libertà soa di retornar al servizio de la Illustrissima Signoria Vostra. Ben mi pregò con grandissima instanzia che, in nome suo, dovesse supplicar la Excellenzia Vostra che si degnasse far i conti della sua compagnia e licenziarla, chè tutta sempre seria in ordene ad ogni cegno de la Excellenzia Vostra; dicendo che la servitù soa et il desiderio di continuar in quella meritava, primo, che la Serenità Vostra lo avesse excusato, se la affezione et interesse de la soa parte l'aveva costretto a partirse da quella nel modo che l'aveva fatto, e poi che lo exaudisse in questa petizione. Mi subiunse che Fiorentini li offerivano partiti grandi e farlo suo capitano, alli quali non voleva prestar orecchie, e tanto manco lo voleva far quanto ch'el cognosceva esser pratica de Franzesi. Disse *etiam* che la madonna di Forlì [2] desiderava intrar in questa soa liga, e li faceva gran promission de danari, alla qual *etiam* non voleva consentir, perchè poi seria forzato favorirla alla recupera-

---

[1] Intendi: *alla parte con la quale l'Alviano pigliasse partito.*
[2] Caterina Sforza, vedova di Girolamo Riario.

zion de stadi; che non potria esser senza offension de
la Celsitudine Vostra. E parlando de le cose de Romagna, disse che l'aveva inteso come erano passate le
.cose di Cesena, e li doleva; promettendo che, expu-
gnato che l'abi el Duca, del che mostra non ne far un
dubio al mondo, daria tutte quelle cose in man a la
Excellentissima Signoria Vostra in quindici zorni,
senza alcuna difficoltà. Et in ogni parte del parlar suo
si afforzava questo suo [1] a mostrar la devota servitù
del patron suo verso la Celsitudine Vostra, et el gran
desiderio de farli cosa grata, con animo grando di far
cose magne, pur che l'abi un solo cegno de la Sublimità Vostra. Ascoltai quanto el me vose dir, poi laudai el signor Bortolomeo de la bona mente ch'el tegniva
verso la Excellenzia Vostra, adducendoli qualche rason
per le qual lui *merito* el doveva far. Quanto alle do
cose ricercate, dissi che io non li poteva dar alcuna
risoluzion, ma che ne daria aviso alla Serenità Vostra,
dalla quale aspettaria risposta; e ben accarezzato questo nunzio, li detti licenzia. El qual *etiam* disse che
quanto alla union de Colonnesi era per far quanto la
Serenità Vostra comandava.

» Non resterò con ogni sincerità, Principe Serenissimo, dir questo alla Serenità Vostra, ch'el signor
Bortolomeo de Alviano è in tutto questo paese appresso cadaun in tanta existimazion che non potria
esser in mazor; ha séguito grandissimo di zente, et
è attissimo instrumento a far ogni gran faccenda de
qui, e da quella parte dove si accosterà si tien certa
vittoria; però l'una e l'altra lo ricerca con partidi

---

[1] Sottintendi, *nunzio.*

meravigliosi; ma lui, che conosce la natura dell' uno
e dell' altro esser più facili al prometter che all' attender, sta sopra de sì, nè se voria desabrazar [1] dalla
Sublimità Vostra, e da lei sola mostra aver dependenzia: pur quando el se vedesse derelitto da quella,
potria esser che la necessità el constrinzesse a peri-
clitar; el che po considerar la Sublimità Vostra, per
la prudenzia soa, de quanta importanzia seria, quando
presertim si accostasse a quella parte, la vittoria de
la quale importa mazor pericolo; e però l' intertegnirlo
con qualche bona speranza e parola, per il poco veder mio, non seria fuor di proposito, con farli *etiam*
intendere, con quel prudente modo che saperà fare
la Serenità Vostra, qual sia la intenzion de quella. »

566.   Notizie del Valentino. Suo prossimo ritorno in Roma
         sotto la protezione del Pontefice.

Roma, 2 ottobre 1503.

Il duca d' Urbino manda un suo agente a Roma,
con una lettera al Papa, dove gli dice di avere tentato
vanamente di ridurre alla devozione della Santa Sede
la città di Fano, ch' è in potere del Valentino, e domanda
facoltà di costringerla con la forza. « Con el qual
agente questa mattina il reverendissimo *ad Vincula*
si ha presentato a Nostro Signor, e fattogli intendere
el tutto, li rispose che lui non poteva far alcuna aperta
demostrazion contra el Duca; *tamen* disse che l' era
contento ch' el duca de Urbin facesse quello ch' el
poteva, chè a lui seria gratissimo: il che fa manifesta
la mente del Papa esser che a questo Duca de Valenza

---

[1] *Desabrazar*, disgiungere, separare.

se fazi el pezo che si può, purchè non para la cosa
vegna da lui.

» Si ha *etiam* risolta la Santità Soa ch'el Duca
debba vegnir a Roma, e questa notte el se aspetta con
quelle zente ch'el se attrova; al qual el Pontefice fa
dar per alozamento la casa del cardinal de Ferrara,
contigua a San Piero; et ha abuto a dir Soa Santità,
che mai se averia persuaso redurse a termini, che
avesse convenuto aver pietà del Duca, al qual vedendo
esser preparate insidie da ogni canto, non po far che
non abi compassion; nondimeno, per quanto da bon
loco intendo, principal causa che ha mosso Soa Beatitudine a questa indulgenzia, è che li è stato dato ad
intender el Duca star molto mal, e che è impossibile
ch'el campi; et essendo di natura molto tenace et
avido, spera con questo mezzo per la morte del Duca
metter man ne la robba e denari che lui ha portati
fora de Roma; benchè io credo, et è iudicio de molti,
che la cosa non li abi a reussir, perchè si dice che
la robba de mazor pregio lui l'ha fatta condur in la
rocca de Furlì, e li denari son sta' rimessi in diversi
luoghi; e za, per le mie de 29 del passato, scrissi alla
Excellenzia Vostra del cercar che faceva el tesorier
del Duca de remetter denari in più luoghi. »

Causa della domanda del Duca di ridursi a Roma
è la paura che ha dell'Alviano, il quale cerca in tutti
i modi di averlo nelle mani.

567.   Ritorno del Valentino in Roma. Notizie varie.

Roma, 3 ottobre 1503.

« El duca Valentino, che fin heri doveva vegnir, questa sera è entrato in Roma con tutto quel numero di zente che ha, che son da circa 150 omeni d'arme e 500 fanti con pochi cavalli lezieri, li quali tutti ha promesso el ditto dar a Franzesi come se conduseva a Roma; e però, appresso quel che ha operato i cardinali di Palazzo, per questa venuta ha fatto assai el cardinal di Roan, el qual adesso attende con el Pontefice alle cose soe particolar. »

Il cardinale di Roano sollecita per sè la confermazione della legazione di Francia e la concessione di quella di Avignone (cedutagli dal cardinale di S. Pietro in Vincoli); e per un suo nipote, che è arcivescovo di Narbona,[1] il conferimento della dignità cardinalizia.

Si conferma la notizia della venuta dell' armata spagnuola a Livorno.

568.   (Al Doge e ai capi dei Dieci.) Faccende degli Orsini.

Roma, 4 ottobre 1503.

« Il signor Iulio Orsino, e questi altri della casa che sono a Roma, mi hanno fatto intendere che la risposta avuta dal signor conte di Pitirano circa la resoluzion da esser fatta per loro in servir Franzesi o

---

[1] Francesco Guglielmo di Clermont, figliuolo d'una sorella del cardinale di Roano, col quale egli in quei giorni trovavasi in Roma. Fu poi promosso cardinale da Giulio II il 29 novembre di questo stesso anno.

Spagnoli, è che non debbano far se non quanto che io li dirò: per tanto con ogni instanzia mi ricercano, scusandose con mi che, se la Serenità Vostra non si lassa *tacite vel expresse* intendere, e che, per ignorar la mente di quella, loro facesseno cosa che a lei non piacesse, non voleno meritar reprensione; perchè a loro è necessario pigliar partito.... Io li vo intertegnendo con buone parole : pur ho voluto *iterum* scriver queste poche parole alla Serenità Vostra per escusazion mia, in caso seguisse quel che non se voria, perchè in una materia de tanta importanzia ho bisogno di particolar ordine della Serenità Vostra, senza il qual non ardiria farne un minimo cegno. »

569.   Colloquio dell' Oratore veneto col Papa.
                      Notizie del Valentino.

Roma, 4 ottobre 1503.

Hora 22. L' Oratore è ricevuto in udienza dal Papa (il quale, secondo il solito, trovasi in letto malato alle gambe), e gli legge una lettera della Repubblica.[1] Il Papa, « come è suo costume di intenerirsi, *effusit aliquas lacrimas :* » dice poi di desiderare la pace

---

[1] La lettera è del 28 settembre. Dice che Venezia è stata indicibilmente (*inexplicabiliter*) lieta dell' elezione del Piccolomini ; « et cum primum accelerate ille et brevissime littere vestre nobis reddite sunt, gaudii et consolationis nostre in hac urbe et in universa nostra terrestri et maritima ditione manifesta signa edidimus, qualia magnitudini gaudii nostri convenire arbitrati sumus. » Commette poi all' Oratore di recarsi quanto prima ai piedi del Pontefice, e di esprimergli « vehemens gaudium nostrum; » raccomandandogli d' essere, « in hac parte exprimendi gaudii nostri, diligentissimus et facundissimus, ut veritatem propius accedatis. » (Arch. gen. di Venezia. *Senato Secreti*, Reg. 54, a c. 143.)

universale, e di serbare buona opinione della Repubblica, nonostante le mene dei nemici di essa: tocca dei
fatti attribuiti alla Repubblica in Romagna, mostrando
di credere, che le maligne voci sparse contro di essa
muovano da invidia: e aggiunge che la concessione
al Duca di tornare in Roma era stata a fin di bene; e
che egli, come Papa, non si partirà mai dalla giustizia.

Il Duca è alloggiato nella casa che fu del cardinale
di San Clemente, e molti dei suoi cardinali si reca-
rono a visitarlo. Ha il suo solito male, e si crede che
ne morirà.

570.   Contrarietà del cardinale Della Rovere ai Francesi.

Roma, 4 ottobre 1503.

Hora 2 noctis. Le insinuazioni a carico della Repubblica per i fatti di Romagna sono state messe
fuori dall'arcivescovo di Narbona, come l'Oratore
veneto ha potuto sapere in una visita fatta al cardinale Della Rovere.

« Soa Signoria Reverendissima mi disse: — *Domine Orator,* so che la illustrissima Signoria è savia
e molto megio de mi cognosse el mal animo di questi
Franzesi; pur, per l'amor che li porto, ve digo questo che, se la disgrazia vuol che spontino in Reame,
non li bastarà poi, nè se vorranno contentar di Roma
nè di Venezia, et allora mal si potrà far remedio. — E
disse: — Fazza la Signoria quel che la vuol, non farà
mai mutar questa mala volontà di costoro; e però
saria prudenzia non perder le bone occasion, ma
tuorli, con quel reservato modo che se poterà, le forze
de poter eseguir questa sua mala volontà; perchè

(disse lui) coprive quanto volete, loro mesurano l'animo vostro per el suo, e non potete vadagnar niente per questo; e se ora, che hanno più presto bisogno de vui che altramente, non restano de mostar, almanco con parole, la sua mala volontà, pensate quel che faranno, se la fortuna voltasse in suo favor! — E commemorò molti mali pensieri che facevano questo anno, quando credevano aver la pace cum Spagnoli. — E certo, disse, che se la pace reussiva, allora pigliavano impresa contra de vui. — »

571.   Notizie del duca d'Urbino, e dei campi
francese e spagnuolo.

Roma, 5 ottobre 1503.

L'agente del duca d'Urbino partecipa all'Oratore veneto che il suo signore scrisse al cardinale di Roano una lettera, nella quale, notificandogli la recuperazione del proprio stato, resogli dalla volontà dei suoi popoli, si raccomanda a lui, offerendosi al Re di Francia.

Il campo dei Francesi è tuttora a Valmontone, circa 24 miglia da Roma. Gli Spagnuoli si trovano a San Germano e a Pontecorvo con migliore speranza di vittoria che i Francesi, perchè hanno migliori soldati. La cosa per altro potrebbe cambiare, se gli Orsini e Bartolommeo d'Alviano si voltassero alla Francia.

572.   Notizie dei campi francese e spagnuolo,
del duca Valentino e del Papa.

Roma, 6 ottobre 1503.

Il campo dei Francesi, secondo le notizie d'oggi, si trova nel piano d'Anagni. Dicesi che gli Spagnuoli abbiano 1000 uomini d'arme, 1000 cavalleggieri e 10,000 fanti. Pare che tutti in Roma desiderino la rotta dei Francesi.

Il duca Valentino non sta tanto male quanto si crede; parla con arroganza, e dice che presto tornerà in possesso di tutto il suo. A questo lo incoraggiano i Fiorentini, e forse anche i Francesi. Oggi Roano andò a visitarlo, ed ha potuto cavargli, chi dice 30,000 e chi 50,000 ducati. Quanto al Papa, sebbene non sia troppo bene disposto verso di lui, il Valentino, per procurarsene il favore, dicesi gli abbia dato in prestito alcune somme di danaro per l'incoronazione. Credesi che il Papa riterrà questi denari come cosa sua, oltre tutti gli oggetti raccolti dopo la pubblicazione dei brevi di scomunica (vedi il dispaccio 564), com' anche 14,000 ducati, trovati in deposito in un banco « a nome dei Duchetti. »[1]

Si smentisce la notizia della venuta dell' armata spagnuola nel mare toscano.

573.   Colloquio del cardinale Della Rovere col Papa
per lagnarsi della venuta del Duca in Roma.

Roma, 7 ottobre 1503.

« *Hora 17.* Sapendo io che li reverendissimi *ad Vincula* e San Zorzi heri, in diversi tempi, tutti do furono a Palazzo per una causa medema, che è dolerse con el Pontefice de la venuta del Duca in Roma, questa mattina mi ha dato il modo di ritrovarmi con el Vincòla per intendere qualche cosa; el qual mi ha

[1] Cioè, i giovinetti don Giovanni e don Rodrigo, più volte menzionati.

ditto aver ditto a Nostro Signor, che la venuta del
Duca in Roma, stando de la persona assai ben come
el fa, avendo con sè zente d'arme, essendo deputati
alla vardia del Palazzo quelli medemi che erano al
tempo de papa Alexandro, che hanno dependenzia dal
Duca, et essendo in Castel Sant'Anzolo quel medemo
castellan con li medemi omeni, bench'el mostrasse
essere a obedienzia de Soa Santità, faceano molto
dubitar la Soa Signoria Reverendissima. *Imo* li disse
che *etiam* la Beatitudine Soa non era ben segura; e li
fece intender che li brevi scritti li zorni passadi da la
Beatitudine Soa in Romagna, ampliati dal duca Valentino, cum dar fama di vegnir a Roma come fiol di
Soa Santità, suo Capitanio e Confalonier (il che era
stato poi confirmato in opinion della brigata per la
venuta del Duca in Roma), era stato causa non solamente di far star sospesi gli animi di quei populi,
che volentieri desideravano ritornar nel grembo della
Chiesa, a non vegnir; ma molto pezo, che aveva dato
ardir a molti di perturbar la città di Arimano (Rimini),
sachizarla e ruinarla et expellere quel povero signor
Pandolfo,[1] el qual per pietà divina era ritornato in casa

---

[1] I Dieci di Balìa di Firenze scrivono, sotto dì 5, ad Alessandro Nasi in Francia: « Fucci anchora nuova avant'hieri Dionigi di
Bresighella essere rientrato in Arimino, et tenerlo preso per il
Duca et sachegiata la terra.... Il signor Pandolfo et il fratello se
ne son fuggiti. » E aggiungono: « Che sono quelle cose, in che i
Veneziani sperano et disegnano ogni dì più. » (Arch. Fior. *Lettere*
dei Dieci, 1503, a c. 89). — E infatti di quei giorni Pandolfo Malatesta, per mezzo del duca d'Urbino, aveva offerto il suo stato a
Venezia: alla quale offerta il Senato Veneto il 12 d'ottobre deli-
berò di rispondere come appresso: « Nuy, per la Idio gratia,
habiamo stato amplissimo, nè affectamo quel d'altri, *immo* re-

soa con grazia dei suoi popoli, con animo de esser
bon e devoto fiol de la Sedia Apostolica; e faria *etiam*
seguir mazor inconvenienti, se 'l non se provedeva. »
Il Papa rispose dolersi molto di essere stato ingannato; avere accolto il Duca a Roma, perchè gli era stato
detto che esso era vicino a morte: promise di provvedere e di far in modo che il Duca non tenesse
genti d'arme in Roma; e che cambierebbe il castellano
di Sant'Angelo. Il cardinale spera di poter persuadere
il Papa a lasciar che si proceda liberamente contro
il Duca nell'impresa degli stati di Romagna.

574.   Colloquio tra il Papa e l'Oratore circa l'affare
del duca Valentino.

Roma, 7 ottobre 1503.

Hora 2 noctis. Il Papa entra coll'Oratore in un
lungo discorso di scuse sulla venuta del Duca, dicendogli: « — Nui non semo un santo nè un anzolo, ma

pudiamo *quotidie* offerte ne viene facte, et ogni volta ch'el signor Pandolpho possedi et conservi el stato suo, lo potemo repular nostro senza nostra spexa. Pur, andandone per mente le cose sopradicte, et vedendo questa replicata propositione ne fa el vostro signor, ne è parso confidentemente aprirli questo discorso, et facemoli questa conclusione: che, se el signor Pandolpho, come afferma el signor vostro (qual se persuademo ben intendi la mente sua), è contento cederne quel stato, nuy siamo prompti dar a lui et sui heredi bona et honorevole recompensa, da esser per lui galduta cum grande tranquillità et reposso de animo, et *similiter* per tuti li soi. » (Arch. gen. di Venezia. *Senato Secreti*, Reg. 54, a c. 117 t, e 148.) — Dopo la morte di Pio III, le genti del Valentino si ritirarono da Rimini, rientrandovi il Malatesta, dal quale poi il Senato ottenne, mediante varii privilegii, la cessione di quello stato. (Cfr. i disp. 606 e 649.)

un omo, et anco di quelli che non ce persuademo saper ogni cosa. — » Confessa che in questa faccenda del Duca è stato ingannato; e si mostra dolente che questa cosa sia dispiaciuta ai cardinali Della Rovere e Riario. Crede che il Duca finirà col chiedergli d'essere nominato Capitano della Chiesa; ed egli allora gli dirà che non ha denaro pei soldati. Ma se gli offerisse denaro, come dovrebbe contenersi? Chiede su ciò consiglio all'Oratore veneto. E questi, ringraziandolo della fiducia, gli risponde che, prima di tutto, metta castellano in Sant'Angelo un uomo di sua piena fiducia, e ne cambi il presidio. Gli dice poi non esser opportuno che il Duca resti in Roma con soldati, perchè naturalmente gli Orsini vorrebbero pure tenerne altri a propria difesa, e quindi ne sarebbe turbata la pace della città: aggiungasi che anche alcuni cardinali protestavano che, se il Duca rimaneva in Roma, avrebbero dovuto allontanarsi dal Papa. Il Papa ringrazia l'Oratore di questo suo parere.

575.   Notizie del Valentino.

Roma, 7 ottobre 1503.

Hora 3 noctis. Corre voce che sia stata presa la città di Pesaro a nome del duca Valentino, [1] come fu già presa Rimini. Tutte queste cose si compiono coll'aiuto dei Fiorentini; e intanto il Valentino s'insuperbisce e minaccia. I Francesi ed il cardinale di Volterra fanno pratiche per condurlo al soldo dei Fiorentini.

[1] Questa voce non ha alcun fondamento.

576. Incoronazione di Pio III. Maneggi dei Fiorentini
contro Venezia in favore del Valentino.

Roma, 8 ottobre 1503.

Il Papa stamani ha cantato la prima messa,[1] seduto
sopra una cattedra a posta; dopo di ciò è stato inco-
ronato in San Pietro, differendo ad altra volta le cerimonie solite a farsi in San Giovanni Laterano.

Continuano le pratiche dei Fiorentini col Valentino, il quale segretamente raccoglie soldati per
andar poi in Romagna. I Fiorentini mostrano mal
animo contro la Repubblica Veneta. L'agente del
duca d'Urbino narra all'Oratore che il cardinale di
Volterra (Soderini) volle sapere da lui in qual modo
la Repubblica di Venezia avesse data protezione al
suo duca, e cercò di dimostrargli che questi ora non
aveva più bisogno di tale protezione, essendo morto
papa Alessandro: dissegli che anzi poteva venirgli
danno dal secondare gl'intendimenti della Repubblica, ch'erano di signoreggiare la Romagna, perchè
contro lei moverebbero il Valentino, il Re di Francia
e gli altri, e così il duca d'Urbino perderebbe per la
terza volta lo stato: quindi lo consigliava ad acco-
starsi ai Fiorentini ed ai Francesi. Il nunzio del duca
d'Urbino dice d'avergli risposto in favore della Repubblica.

---

[1] Prima d'incoronarsi Papa, il Piccolomini, che era del numero dei cardinali diaconi, dovè essere consacrato prete e vescovo: queste due consacrazioni furono fatte, secondo il Burcardo,
il 30 settembre e il 1 ottobre dal cardinale Della Rovere. Vedasi
anche nel Burcardo la descrizione della prima messa e dell'incoronazione in San Pietro.

577. Radunanza degli oratori presso il Papa per provvedere circa
    i fatti di Bartolommeo d'Alviano, che ha invaso le terre
    della Chiesa.

Roma, 9 ottobre 1503.

Essendo giunta notizia che Bartolommeo d'Alviano continuava a danneggiare le terre della Chiesa,
e s'era presentato a Viterbo, minacciando di voler
prendere e rovinare la rócca; il Papa chiama a sè i
varii ambasciatori residenti in Roma, e, presenti alcuni cardinali e Giulio Orsini, aggrava assai il caso,
accusando l'Alviano d'insolenza e temerità, e lagnandosi che le cose della Chiesa dovessero essere dila-
niate « sotto ombra de vendicare le inzurie del pre-
decessor suo. » E poichè agli oratori la cosa non pare
di molta gravità, il Papa soggiunge che talvolta da piccola scintilla nasce gran fuoco, e che l'Alviano non
era solo all'impresa, ma eranvi altri con lui, con-
giurati ai danni della Santa Sede; e chiede che tutti
insieme operino in modo che l'Alviano desista da
tale impresa. Gli ambasciatori si raccolgono in disparte, per deliberare su di ciò. Parla prima il Veneto in difesa dell'Alviano, e attenuando la cosa: parlano pure gli ambasciatori di Ferrara e di Bologna, e
Giulio Orsini. Questi pure difende l'Alviano, prote-
stando bensì che, se esso ribellavasi al Papa, la casa
degli Orsini sarebbe la prima a prendere le armi contro di lui.

578.   Pratiche di Annibale Bentivoglio
col Papa e con alcuni cardinali contro il Valentino.

Roma, 10 ottobre 1503.

Giunge Annibale Bentivoglio per far atto di riverenza al Papa e investigare le opinioni di lui circa le
cose del Valentino, il quale gli ha usurpato Castel Bolognese. Il Papa gli risponde che i brevi in favore del
Duca egli li aveva scritti in buona fede, e che d'ora
innanzi non darà più alcun favore alle cose di lui; ma
che d'altra parte non vuol fargli direttamente verun
danno. Il Bentivoglio, poco contento, si reca dal cardinale Della Rovere, perchè gli ottenga dal Papa, almeno per via segreta, il permesso di danneggiare il
Duca. Il cardinale gli risponde che s'affaticherà a quest'effetto, e lo stesso gli promette il Riario; ma aggiungono che sarà fatica vana, se la cosa non è presa
a cuore dalla Repubblica di Venezia.

Corre voce che l'Alviano voglia da Viterbo recarsi a Roma.

579.   Notizie degli Alviano e degli Orsini.

Roma, 10 ottobre 1503.

Hora 4 noctis. L'Oratore veneto viene a sapere
dall'abate d'Alviano le offerte fatte dai Francesi al fratello suo Bartolommeo; che sono, di fare esso Bartolommeo capitano dei Fiorentini, e Giampaolo Baglioni
dei Senesi, con promessa di dare stato all'uno e all'altro
per 10,000 ducati, e benefizii all'abate. Ha poi notizia
dall'arcivescovo di Nicosia, figliuolo del conte di Pitigliano, che Giulio Orsini, tornato allora allora in Ro-

ma, gli aveva detto d'essersi accordato coi Francesi;[1] la quale cosa l'arcivescovo riferisce « con gran passione, » per timore che la Repubblica di Venezia la prenda in mala parte.

580. Colloquio di Bartolommeo d'Alviano coll' Oratore veneto.

Roma, 10 ottobre 1503.

« *Hora 10 noctis*. In questa ora 10 di notte è venuto a ritrovarmi fin al letto il magnifico Bortolomeo de Alviano in compagnia de Zuan Paolo Baglioni, nè vossero lassarsi cognossere fin a tanto che mi furono appresso. Abbrazzai l'uno e l'altro con le debite accoglienze, e, domandata la causa di questa venuta in questo modo all'improvisa, mi disse el magnifico Bortolomeo che la principal era per veder de aver in le man el Duca de Valenza, el qual al tutto volevano perseguitar fino alla morte: dicendo che, se 'l Papa non l'assegura in Castello over in Palazzo (al qual voleno aver risguardo, non che con facilità non lo potessero aver, *etiam* stando lì), che al tutto deliberavano averlo; dicendo che avevano le zente soe poco lontano de qui, le qual fariano vegnir in Roma al suo piacere; dolendosi del Pontefice che voleva defendere el Duca e proteggerlo con despiacer de tutti et incargo di Soa Santità, la qual sempre l'aveva dannato insieme con suo padre, e che ora lo excusasse con dar gravezza a lui che iustamente cerca prevalerse contro el suo inimico; adiunzendo a questo qualche appassionata parola e molto gagliarda, come sa Vostra Serenità esser suo costume. Al tutto li rispusi cum quella

[1] Vedi la nota 1, a pag. 238.

prudenzia e circumspezion che a me si appartegniva,
pregandolo che di queste sue passion facesse quel che
li pareva, e non si curasse di far che io le intendesse;
offerendome che, in tutte le cose che io potesse, era
sempre per farli appiacere, ma che in questo non lo
voleva cognoscere. Da poi me disse che l'era *etiam*
per pigliar partito, perchè non poteva più star cusì,
chè non ave el modo de mantenerse. Mostrò cegnar a
Franza, allegandome molte rason che lo persuadevano,
che sono in parte queste: el capitanato de Fiorentini e Senesi per lui, e per suo cognato la exaltazion de la parte ghelfa; il che non poteva aver da Spagnoli, i quali, per la obligazion che hanno a Colonnesi
più che a loro, sempre li vorrano tegnir inferiori;
dicendo poi che, ogni fiata che le cose de Franzesi
declinassero, lui e li soi, con l'apozo de Fiorentini
e Senesi et anche Bolognesi, che vegniriano, in
parte commemorando Perosa, averiano modo di conservar le cose loro e star securi; e molte altre soe
rason disse per questa parte, che seria lungo e te-
dioso alla Serenità Vostra a narrarlo. Pur, disse lui,
non obstantibus, quando la Illustrissima Signoria Vostra si volesse lassar intendere, con il modo che la
poteva, licenziarli la soa compagnia (chè con onestà
el poteva far, avendo compita la sua firma), far i soi
conti e pagarla, e che li comandasse a far altro, che
lui seria sempre pronto a farlo, per non desiderar altro che la grazia di quella, dalla qual poteva sperar
assai; ma non intendendo chiara la mente di quella,
nè sapendo quel ch'el potesse sperar da lei in un
suo bisogno, possendo lei dirli sempre di ogni delibe-

razion ch'el facesse, se li seguisse mal, ch'el fosse
suo danno, e che contra sua volontà l'avesse fatto,
restava molto confuso, e non sapeva ben deliberar;
pur ch'el pregava messer Domine Dio a farlo pigliar
quel partito, che fusse più securo; pregando la Serenità Vostra che non voglia accusarlo, se in questa
deliberazion, come ignaro della mente di quella facesse alcun error; dicendo che ancora el staria per
due zorni cusì, nelli quali convenientemente el poteva sperar aviso de la Serenità Vostra. Lo confortai
ad aspettar, dicendoli che iudicava la Sublimità Vostra mal potersi risolvere in questa materia per li respetti che lei doveva aver, ma che, avendo lui quella
bona mente ch'el diceva (come con ogni dover el doveva aver per li beneficii che l'ave recevuti da quella), ben el saperà, essendo prudente come sempre io
l'aveva conossuto, quel che si convegniva all'ufficio
suo. Mi replicò: — Magnifico Ambassador, io non intendo niente questo parlar. Non vorria che la Signoria dicesse: Tuo danno. Se lei, che ha il principal
interesse, per aver più da perdere che niun altro,
non vuol parlar con mi, che le son servitor, in el
modo che la può parlar; come volete ch'io, che
sono un verme, che cusì son suddito a una via come
all'altra, mi pigli presonzion di far quello che non
posso e non spetta a mi? Vogliame la Illustrissima
Signoria aver per servidor e parlar con mi solo, chè
io so poi ben quello che debbo far per servirla, perchè io li son quel Bortolomeo d'Alviano e servitor
che li fui sempre, nè mai potrà la mente mia esser
di altro voler. — Li dissi ch'io non li poteva parlar

altramenti, nè sapeva che dirli più di quello ch'io ho ditto, e volendo aspettar fino ch'el vegnisse aviso per mi, l'averia a caro; se non, che l'era savio, ch'el facesse come li pareva. E con questo si partite, con animo di star occulto per tutto doman, e veder che resoluzion pigliarà el Papa delle cose del Duca, da poi che l'averà aldido l'abate suo fratello. E perchè el ditto mai disse che a quest'ora l'era intrato in Roma, e non sapeva che cosa fosse seguìto, nè mi parse anche a mi dirli quanto aveva inteso del signor Iulio, ben mi persuado che lui non vorrà pender dalla vogia soa, nè lassarse governar da lui. »

581. Nuovo colloquio di Bartolommeo d'Alviano coll'Oratore veneto, al quale riferisce le conferenze avute col Papa, col cardinale di Roano e coll'oratore spagnuolo. Vien proposta privatamente in Concistoro la nomina del nipote di Roano a cardinale, e vi ha poco favore.

Roma, 11 ottobre 1503.

« *Hora 4 noctis.* Le ultime mie furono questa notte passata alle ore 10 per Pelalosso corrier. Poi questa mattina, a ora del Concistorio, l'abate de Alviano ha abuto audienzia dal Pontefice, el qual l'udite benignamente et intese le sue iustificazion, e che da loro non era sta' fatto quel mal che alla Beatitudine Soa era sta' dato ad intendere. Quella restò molto ben satisfatta, e persuase all'abate che facesse intendere a suo fratello che, volendo cosa alcuna de rason, la Santità Soa non era per mancarli contra ognun, ma lo avvertisse a non se la voler far lui medemo con le arme. La venuta del magnifico Bortolomeo non ha possuto esser tanto secreta, che questa mattina ognun non abi parlato de quella et anco de le zente soe che adrieto li vegnivano; il che ha messo il Duca in gran spavento, e questa mattina aveva tutta la casa piena de armati e messa in fortezza;[1] con le zente d'arme a cavallo, con li elmetti in testa, davanti casa, all' ora che li reverendissimi cardinali passavano de lì per andare in Concistorio; con qualche mormoro contro el Pontefice, al qual s'attribuisce tutto questo error. Poi questa sera al tardi il magnifico Bortolomeo è stato a Palazzo, accompagnato dal capitano della vardia del Papa, che lo andò a levar di casa di comandamento di Soa Santità, con la qual el stette per bon spazio, bene accarezzato, sì come el ditto me ha referito (chè, tornato da Palazzo, venne a drittura a casa a retrovarmc), e dittome che, parlando del Duca, el Pontefice li disse che, avendolo assegurato, non poteva mancarli di fede domente ch'el stava in Roma, e che però lo persuadeva ad astenerse da ogni violente invasion contra el ditto; ma che, volendo rason, Soa Beatitudine se offeriva farghela *summarie* civil e criminal; e gli disse che dovesse aver bon consiglio nel modo che si aveva a procedere, chè lui non mancheria: e con questo li dette licenzia.

» Partito da Soa Santità, disse esser andato a visitar monsignor de Roan, el qual *etiam* li aveva fatto carezze assai, e voleva che li promettesse di servir il Re, offerendoli molti partiti; *tamen* che non si aveva voluto strenger a cosa con lui, ma con bone parole si destrigò. Essendo con mi, intrò *iterum* in la materia di questa notte passata; e poco avanti per Zuan de

[1] Intendi, *fortificata*.

Ambuoso, con la consueta mia reverenzia, aveva ricevuto tre lettere de la Serenità Vostra del 7 del presente, con altre *etiam* in materie private, de la execuzion de le qual a parte si dirà alla Sublimità Vostra.
Comunicai al ditto magnifico Bortolomeo quella parte
di queste lettere che erano da esserli comunicate [1] con
quella forma di parole che si convegniva, e folli molto
grato intenderle, quella *precipue* che era risposta a
quello che di lui scrissi alla Celsitudine Vostra; della
quale ne rese molte grazie a quella, dicendo molto
affezionate parole e da soldato, e ch'el suo nido voleva che fosse l'ombra de la Serenità Vostra, nel
grembo de la quale lui voleva morire, dicendo: —
Magnifico Ambassador, questi altri io li vogio servir
ad imprestido e cavarne quel che posso per adesso,
per poter meglio servir la illustrissima Signoria, la
quale in ogni modo per adesso mi tegniva in ocio e
mi perdeva. Lavorerò de qui per adesso al suo servigio, e reputi che io mi sia de lì, perchè ogni ora
che mi vogli, me puol aver, e come abi fatto quel
che se die de qui, ritornarò alli mei allozamenti: —
con altre simel parole da affezionado servitor, a le
qual respusi convenientemente.

» Quanto alla pratica de Spagnoli, mi disse che
l'orator ispano ozi l'era stato a trovar a casa e offerte
cose assai; *tamen* disse: — Io non ho vuluto pigliar con
lui niun apuntamento. — Seguitò: — L'è vero ch'io so
quel che vuol la illustrissima Signoria, benchè la non
vogli parlar chiaro. L'è officio e debito de bon servitor
inchinar dove el vede la volontà del patron: io so quello

[1] Vedi il documento VIII.

che debbo far, se bene la Signoria non parla al modo che la doveria cum mi, che li son servitore in questa materia; e so che, facendo quel che mi par che la vogli e che è il beneficio comun della Italia, la non vorrà che io ne patissa. — E disse apertamente che doman seria con l'orator ispano a pigliar bon apuntamento: faria *etiam* vegnir tutti li altri de la casa. A queste ultime parole non li fezi alcuna risposta, ma laudai la fede che l'aveva alla Sublimità Vostra, promettendoli che quella sempre l'averia per carissimo; e bene accarezzato si è partito da mi.

» Nell'odierno Concistorio el Pontefice non ha fatto altro che ricercar la intenzion de cardinali, a parte a parte chiamati, circa al far cardinale lo arcivescovo Narbonense, nipote del reverendissimo Roano, nelli quali ha trovato poca volontà, e la cosa è restata indiscussa. In questa materia par ch'el Pontefice vogli più presto satisfare de una demostrazion el cardinal de Roan, che far da bon senno per lui. »

582. Colloquio tra il cardinale di Roano e l'Oratore veneto.

Roma, 12 ottobre 1503.

L'Oratore dichiara al cardinale di Roano essere false le voci corse che la Repubblica desideri che gli Orsini servano al Re di Spagna contro la Francia. Il cardinale accusa gli Spagnuoli di perfidia e di aver voluto romper la pace, e dà all'Oratore varie notizie sui movimenti del loro esercito nel Regno.

583. Maneggi dell' Alviano e degli Orsini in Roma
contro il duca Valentino.

Roma, 12 ottobre 1503.

Hora 2 noctis. Continuano le pratiche dei Francesi
e degli Spagnuoli cogli Orsini: pare che questi pren-
deranno partito con Spagna, perchè l'ambasciatore spagnuolo ha istruzioni di concedere loro quanto chiedono, e specialmente denaro, essendo poveri. L'Alviano
in Roma è in grande riputazione. Si adopera perchè il
Papa proceda contro il Duca; e cerca di procacciarsi
il favore dell'auditore della Camera, uomo di grande
esperienza e dottrina, e nimicissimo del Duca. Egli e
i cardinali Della Rovere e Riario vogliono che il Duca
deponga le armi; e così dicono gli Orsini, i quali altrimenti si armerebbero anch'essi. Dicesi anche che il
Duca voglia andare verso Francia col cardinale di
Roano, il quale però non è disposto a correre con lui
i pericoli minacciati dai nemici di esso. Il Papa dà
buone parole a tutti.

584. Capitoli della condotta di Bartolommeo d'Alviano e degli
Orsini ai servigi di Spagna, stabiliti d'accordo coll'ambasciatore spagnuolo e col consenso del cardinale Colonna.

Roma, 13 ottobre 1503.

« *Hora 20.* Questa notte passata il magnifico
Bortolomeo de Alviano con tutti li altri signori Orsini
sono ridotti in casa dell'orator ispano, e circa le 4 ore
hanno concluso e sigillati li capitoli tra loro in questo modo: — Che loro e tutta la casa promettono

servir el Re de Spagna a questa impresa de Reame
contra el Re de Franza, con tutte le obbligazion che
in *similibus* se suol fare. All'incontro l'orator, *nomine
Regis et Regine*, li promette condutta de 500 omeni
d'arme, da esser divisa tra loro come li parerà, con
provision de 60,000 ducati all'anno per la condutta
de questi 500 omeni d'arme, la quale sia per un anno
et uno de respetto: al signor Iulio danno ducati 2000
di provision per la persona sua, e stia in Roma: *item*,
stado de ducati 12,000, de quali otto siano del magnifico Alviano con titulo de duca. *Item* promette restituir tutti li stati che sono stati et *iure* aspettano alla
casa Orsina; beneficii per 2000 ducati in Reame a
l'abate d'Alviano, et alcuni altri per zerti altri della
casa: non so la quantità *precise*. *Item*, che, expedite
le cose de Reame, devano favorir li Medici ad intrar
in Fiorenza. Promettono *ad invicem* bona amicizia
et union con li signori Colonnesi, per i quali ha promesso l'orator ispano. — Questi capitoli sono sta' zu-
rati, suscritti e sigillati da cadaun di loro; et in quel-
l'ora medema tutti, insieme con più di 200 cavalli e
molti pedoni, con gran luminarie, cridando: *Spagna,
Orso e Colonna!* sono andati a casa del cardinal Colonna, il quale confirmò e ratificò quanto l'orator
ispano aveva fatto in suo nome. » [1]

---

[1] Intorno a questo accordo tra gli Orsini e gli Spagnuoli,
scriveva a dì 13 ottobre il cardinale Soderini alla sua Repubblica:
« Le Vostre Eccelse Signorie haranno inteso per altre mie come
quatro dì sono el signore Iulio havea accordata tutta la casa Ursina col Re di Franza, et lasciato el luogo a Bartholomeo d'Alviano;
et fu scripto et concordato ogni cosa. Dipoi è venuto detto Bartholomeo, et èssi tenuto per fermo che lui et Giovanpagolo anche

585.   Colloquio tra l' Oratore veneto e il Papa,
relativo al Valentino.

Roma, 13 ottobre 1503.

Hora 2 noctis. L' Oratore, in un colloquio col
Papa, avendo saputo da questo che gli si fanno molte
istanze perchè proceda contro il Duca, unisce alle altrui
le proprie esortazioni, ricordandogli i sentimenti che
esso Pontefice nutriva contro il Duca quando era cardinale, e volendo che in questi perseveri. Aggiunge poi
molto destramente che la Republica aveva veduto con
dispiacere il breve spedito a quella da Sua Santità in
favore del Duca. [1] Il Papa risponde in modo che l' Oratore ne trae la conseguenza: « che gran apiacer saria
a la Beatitudine Soa chi ghel levasse davanti gli occhi,
per qualunque via e'fusse, pur che non paresse che l'in-

si dovesino condure; et quando si è creduto ogni cosa acconcia,
fino a concederli ccc huomini d'arme di condocta, decto Bartholomeo cum tutta la casa Ursina si sono condotti cum Spagna....
La causa di questa rivoltura non se intende bene. Ècci che l'attribuisce a'Venetiani, l'oratore de'quali se intende essersi molto
affaticato in questo assetto; chi a lo sdegno del favore facto
da'Franzesi al Duca; chi ne dà causa a'mezi che per loro interesse et passione habbino lasciato così correre. » (Arch. Fior.
Lettere ai Dieci, ottobre–dicembre 1503, a c. 112) — Vedi anche il
nostro documento VIII, e specialmente l'ultima delle lettere ivi
riunite, dove il Senato Veneto, nonostante l'influenza coperta-
mente esercitata in favore di Spagna, francamente asserisce che
la nuova dell'accordo gli giunse « cussì come da nuy inexpeclata,
cussì *etiam* ingrata et molestissima. »

[1] Il breve è del 25 di settembre: lo pubblichiamo sotto il
n. IX, insieme colla lettera del Senato Veneto, del 7 ottobre, che
ne trasmette copia all' Oratore.

travegnisse suo consenso, perchè li pareria esser liberato da un gran peso; perchè da un canto è combattuto
da la importunità di chi solicita per il Duca per le
promission abute, da l'altro lo combatte la propria co-
scienzia e le querele che *continue* li vien fatte dalli
boni, con qualche nota de Soa Santità, la qual se
trova perplexa in questa materia, e non sa lei medema
destrigarse. »

586. Malattia del Papa. Arrivo di Giangiordano Orsini in Roma
     in favore del Valentino. Sdegno degli altri Orsini, e loro
     apprestamenti per impedire al Valentino la fuga da Roma.

Roma, 14 ottobre 1503.

« *Hora 17.* Heri scrissi alla Sublimità Vostra
quanto accadeva per Bernardin da Nocea corrier. Ora
accade dir alla Sublimità Vostra che questa notte el
Pontefice ha abuto un parosismo di febre assai no-
tabile, el quale ebe principio fino heri sera, essendo
io con la Beatitudine Soa; ma perchè Soa Santità è
solita sentir qualche alterazion alle fiate, non mi parve
cosa da significar alla Excellenzia Vostra. Questo parosismo ha continuato con freddo e caldo tutto ozi
con vomito e passion di stomaco; el qual, durando, over
rinfrescandosi, sarà con grandissimo pericolo di Soa
Santità, considerata la etade, la mala valitudine e poca
prosperità sua. Le camere de Soa Santità sono state
tutto ozi serrate, dove non è stato amesso alcun. Li
fratelli della qual stanno di una mala voglia, e tutti li
soi domestici; et il reverendissimo Napoli mi ha ditto
esser sta' ricercato con istanza dalli fratelli del Pontefice a dar el suo consenso per far cardinal el nipote,

figliolo de messer Andrea suo fratello, che è arzivescovo di Siena. [1]

» Essendo venuto in Roma Zuan Zordano Orsino,
per quanto hanno inteso questi signori della casa, per
assegurar el Duca e condurlo con lui alle soe terre de
volontà et ordene del reverendissimo Roano, se hanno
molto sdegnato contro de lui; et intendendo *etiam* el
mal del Papa, dubitando ch'el Duca non se ne vada,
stanno all'erta, e messo spie alli passi per averlo; et
ozi sono stati in consultazion tra loro di assaltarli la
casa, et erano messi in arme tutti quanti; pur la cosa
non è proceduta più oltra.

» Si crede che questa notte faranno qualche novità, perchè al tutto el magnifico Bortolomeo è disposto, se la cosa non li vien fallita, di vederne el fin di
costui. Qualche impedimento li farà el Castello, che
pur è ancor in man del primo castellan, nè par ch'el
Pontefice sapi risolverse ad averlo. » Pare infatti che
fra i capitoli fermati tra il Pontefice e il Duca fosse pur
quello di lasciare nelle mani di esso Duca il Castello
per tre mesi; della qual cosa ora il Papa si pente,
non trovando modo di togliersi dagli intrighi di costui,
« benchè l'animo suo intrinsecamente non sia miglior
di quel che siano li meriti del Duca. »

È fama che il duca di Urbino sia entrato in Cesena, e l'abbia ridotta alla devozione della Chiesa.

---

[1] Giovanni Piccolomini Todeschini. Fu poi fatto cardinale
da Leone X nel 1517.

587. Ancora dell'accordo dell'Alviano e degli Orsini con Spagna.

Roma, 14 ottobre 1503.

Hora 2 noctis. L' Oratore, in risposta a una lettera della Repubblica, nella quale questa esprime il desiderio che Bartolommeo d'Alviano debba continuare ai suoi stipendii con le stesse condizioni, con le quali l' ha servita finora,[1] dice che ciò non è possibile, avendo egli preso un partito diverso: l'indugio di risposte per parte della Repubblica è stato cagione che esso e gli Orsini siansi accordati con Spagna. Intorno al quale accordo dicesi che i Fiorentini abbiano sentito assai male l' obbligo assunto dagli Orsini di restituire i Medici nel loro stato; e intanto il Duca ha trovato nuovo favore nel cardinale di Volterra, fiorentino, e in monsignore di Roano.

---

[1] La lettera, alla quale qui si accenna, è del 10 d' ottobre, del seguente tenore: « Haverete per le lettere nostre de quarto zorno intesa la voluntà et dispositione nostra circa el magnifico domino Bartholomeo d'Alviano; et non dubitamo haverete potuto comprehendere el desyderio nostro esser ch' el decto domino Bartholomeo continui alli stipendi nostri: et, a dirvi il tutto, liberamente vosiamo che tal continuatione fusse cum tutti li modi, conditione, conducta et stipendio, cum li quali el ne ha servito fino a questo zorno. Questo particulare ve habiamo per le presente voluto dechiarir, aziò che cum la consueta prudentia et dexterità vostra possiate coadiuvarlo per modo che l' habii effecto; et quanto più presto sarà, tanto ne sarà più grato. Vedemo ch' el proponer et rechieder vui apertamente questa conducta, demonstra desavantazo alla conclusione; *rursus* el tardar porta periculo ch' el prefato signor Bartholomeo non se redrèci ad altro camino; et però ve habiamo voluto dir tutto el sentimento nostro, confidandone molto che per vuy el sia exeguito cum ogni dextro et accomodato modo, iuxta el desyderio nostro; advertendo sopra·

588. Notizie della malattia del Papa. Accordo di Giangiordano
cogli altri Orsini. Tentativo di fuga del duca Valentino,
non riuscito.

Roma, 15 ottobre 1503.

« *Hora 18.* Per Zuambattista dal Cornello scrissi
heri alla Excellenzia Vostra quanto accadeva, e li significai l'esser di Nostro Signor, al qual heri sera
tornò il parosismo, non così grande come fo la notte
avanti, pur con qualche accidente cattivo, zoè rigor
e tremor e sonno, la furia del quale durò fino alle
5 ore di notte, poi comenzò a declinar. Questa mattina sta assai quieta la Santità Soa, pur non è sen-
ziera di febre. I medici fanno la cosa pericolosa per
i respetti della etade et altre qualità de la Beatitudine
Soa, e quasi per desperata la meteranno, se questa
sera li vegnirà el parosismo con l'impeto che fece ozi
è terza sera. Si starà vigilanti per intender la verità
per li mezi che ho, per significar alla Serenità Vostra
come succederanno le cose d'ora in ora. Alla qual significo che, continuando questi signori Orsini in sospetto che Zuan Zordano volesse menar via el Duca
et assegurarlo in la rocca de Brazzano, avevano deliberato pigliar e retegnir el ditto Zuan Zordano; al che
etiam erano invitati dalla donna soa, che è prudente,
la quale offeriva dar in man loro la fortezza, non però

tutto, *quantum in vobis est,* ch'el dicto signor non ne sii preoc-
cupato da altri; nel che, se vuy vederete alcuna dubitatione,
ve forzerete restringer la practica, dandone celerrima notitia de
ogni successo, aziò, *in Dei nomine,* possiamo devenir alla votiva
conclusione. » (Arch. gen. di Venezia. *Senato Secreti,* Reg. 54, a
c. 446 t, e 447.)

voleva mal del marito, ma per assegurar le cose della casa e provveder alle pazzie del marito; *tamen*, avendosi ristretti tutti li altri con lui, *precipue* el magnifico Bortolomeo de Alviano, l'hanno convertito alla voglia loro, non za de abandonar Franzesi, ma sì bene el Duca; anzi ha promesso dar a loro ogni favor occulto, perchè palese non può, per el respetto de Franzesi.

» El Duca, che si vede da ogni banda lassato in preda e conosce questi Orsini arrabiati della vendetta contra de lui, questa mattina si è messo in punto con le soe zente per fuzirsene via, non se intende in che loco, ma se iudica a Rocca Suriana, *aut* dove se attrova Micheletto con assai de la facoltà, *aut* per via di mare andarsene in qualche loco, che non può essere se non in Franza. Il che inteso dagli Orsini, si preparorno per seguitarlo; ma non fu a pena fuora de la porta de la casa, che si vide abbandonato da due bandiere de le fanterie, che se redusseno in chiesa de San Piero; e dubitando lui che li altri a passo a passo dovesseno far el simile, voltò alla via del Palazzo, dove lui entrò per assegurarsi. Le soe zente d'arme *hinc inde* sono disperse, e de 150 omeni d'arme che l'aveva, li sono restati circa 70, i quali stanno armati avanti el Palazzo con alcuni fanti. Li Orsini protestano al Pontefice che lo debba retegnir in loco che non scampi, e che li fazi seguri che, venendo contra de lui sentenzia civil o criminal, possino esser certi de la execuzion, *aliter* che lo toranno per forza sia dove si voglia. Questo Alviano pare un cane arrabiato contra di lui, e non manca di far ogni provision: ha fatto *etiam* partito a Motin zenovese, che era capitanio de le galìe de papa Alexandro, el qual li ha promesso servirlo e retegnir el Duca, pigliando la via di mar, et a tutti li passi dove lui possa andar, *terra marique*, ha messo le poste. Non so se Dio ancora lo vorrà aiutar che li fugga. *Alia non sunt.* »

589. Conferenza dei fratelli del Pontefice cogli oratori circa gli affari del Valentino e degli Orsini, e relativi provvedimenti. Notizie della malattia del Papa, e varie di Romagna.

Roma, 15 ottobre 1503.

« *Hora 3 noctis.* Circa le ore 22 me ho redutto a Palazzo, chiamato da Nostro Signor insieme con li altri oratori. Non fossimo introdotti da Soa Santità; ma parlato con li doi fratelli de Soa Santità et il vescovo di Soana [1] suo maestro di casa, ne pregorno per nome di quella che, essendo lei disposta a far bona iustizia a questi signori Orsini, come ha promesso loro (al che adesso non può attendere per la indisposizion de la persona gravemente inferma, come sapevamo), vossamo operar unitamente con questi signori a non far violenzia alcuna nè scandolo nel Borgo, dove è la furia, ma la terra sta quieta. E dissero ch'el Duca era ridutto in Castello, dove intenzion di Nostro Signor era di retegnirlo a lo effetto preditto; e perchè non ha compitamente il Castello alle mane, il vescovo di Soana essere stato al castellano per aver el Castello libero, e mettervi dentro el vescovo de Bisignan, [2] nipote di

[1] Aldello di Spinello Piccolomini.
[2] Francesco Piccolomini, figliuolo d'Antonio, duca d'Amalfi.

Nostro Signor, el qual Soa Santità aveva istituito per
suo castellano. *Tamen* disse ch'el castellan non gli
l'aveva voluto dar, dicendo non voler mancar della
fede et iuramento fatto a Nostro Signor di tegnir el
Castello a nome suo, ad ogni suo comandamento restituirlo; e cusl si offeriva pronto farlo, ma che non
si voleva fidar di consegnarlo in altre man che del
Papa, dal quale el voleva altro segno che le parole
ditteli. El vescovo predetto disse averli ditto che, non
avendo Nostro Signor alcun contrasegno con lui, nè
attrovandose in disposizion che de man soa el possi
scriver, dovesse lui mandar un suo fidato, chè la Beatitudine Soa de bocca ghel diria, e non lo volse far.
Disse adunque el preditto vescovo e li fratelli del Papa:
— *Domini Oratores*, vui vedete dove sta la cosa. Nostro Signor non pol provveder, chè non ha il Castello;
a voler per questo mettere il Palazzo in romor e combattere al Borgo, è cosa pericolosa: imperò (dissero)
vi preghiamo che facciate quella provisione che ricerca
il bisogno, chè Nostro Signor, stando meglio, come
speriamo, contenterà de iustizia questi signori. — Risposero li oratori del Re de Romani (che allora, de ordine de Nostro Signor, fattoli intendere dalli fratelli,
avevano parlato con Bortolomeo de Alviano e li altri)
e dissero che per niente li avevano possuti far star
contenti; dicendo che, s'el castellan non voleva star a
obedienzia, lassasseno far a loro ch'el fariano obedir;
con molte altre gagliarde parole. *Tandem* fo resolta la
cosa, che l'orator ispano andasse a Castello e lì costrenzer el castellan, *auctoritate etiam* delli Cattolici
Re, a prometterli de tegnir el Duca in Castello securo,

a requisizion del Pontefice, finchè de rason Soa Santità expedisse quanto rechiedevano questi signori Orsini.

» E dolendosi *etiam* li Orsini (i quali, stando nui in questo conferimento, soprazonsero) de le zente che pur stavano a nome del Duca, le qual loro non volevano che andasseno al servizio de Franzesi, fo *etiam* fatto una apparente provision a questo, e ditto che tutte queste zente del Duca, Nostro Signor le torria per suo conto; et *ex tunc* fo ordinato al capitanio della vardia che le accettasse, a nome della Gesia, e li desse le bandiere ecclesiastiche; le quali de mo avanti non avessero ad essere più zente del Duca, ma del Papa e della Gesia, cum obbligazion ch'el Papa non le avese a dar nè a Francesi nè a Spagnoli. Li Orsini si contentono della resoluzion, quando che l'abbi quello effetto che si vorria: pur se suspica che tutta questa pratica sia perchè il Papa, o *potius* questi soi fratelli, che li hanno promesso, voglino salvar el Duca et assegurarlo almen de la persona con darli modo ch'el fugga, e quanto più lezier ch'el potrà, e che la roba che se potrà aver de la soa resti a loro.

» L'orator ispano, che per niente vorria ch'el Duca scampasse, aziò che, messo in riputazion da Franzesi, non difficulti le cose soe, o con andar lui in campo o cum far qualche diversion de questi Orsini, attende quanto puol ch'el sia interditto; et iudicando quanto è ditto, e ch'el Duca più presto sia in Palazzo che in Castello, per cavarne più verità, è andato a parlar al castellan, con animo che, intendendo esser altramente la cosa di quel che la è sta'ditta, ritornar a Palazzo, e dolersene; nè ha restato de dir a Bortolomeo de

Alviano che non se fidi de bone parole, e che non resti de star in ordine con le zente, tegnir le spie, per usar quelle provision che si po de desviar *aut* svalisar queste zente del Duca.

» Nui altri oratori vegnissemo via, e solo l'Ispano restò per far quanto è soprascritto; el qual è molto contro el Duca, che ne son ben contento, per esser lui bastante a far quello che accade in questa materia, senza niuna manifesta demostrazion de altri. Vedo però male il modo che, essendo el Duca assegurato in Castello overo in Palazzo, questi possino far contro la persona soa niente; ma serà assai che li manchino le zente, la reputazion et il favor, con poca segurtà *etiam* della vita, perchè non può andar in alcun luogo, che non scorra manifesto pericolo. E *tandem* se iudica che, per manco pericolo, se metterà in mar.

» Monsignor de Roano e li altri che segueno, *precipue* questi bravi Sanseverineschi, sono in tanto spavento, che non sanno che farsi; e vedesi monsignor de Roano constituito in modo, che non sa nè può provedere al suo bisogno, tutto impaurito e perso, non senza dubbio che anche a lui non sia fatto dispiacere, benchè però non lo credo.

» Essendo io ancora in Palazzo, che erano ore 24, in l'anticamera di Nostro Signor, dove si trattavano le cose soprascritte, sentiva qualche gemito di Soa Santità. Parlai *etiam* cum il medico, che mi disse che fin allora non li era venuto el parosismo, e parendoli che fosse passata l'ora, pigliava qualche speranza; mette però el caso pericoloso, perchè Soa Santità pur continuamente ha la febre.

» De li campi heri nè ozi se ha inteso cosa no-
tabile. De le cose di Romagna, oltra quel che fo ditto
di Cesena, si è ditto *etiam* qualche cosa di Faenza,
ma queste cose meglio che a nui debbono esser note
alla Celsitudine Vostra. »

590.   Aggravamento della malattia del Papa.
Notizie del Valentino, degli Orsini e del cardinale Riario.

Roma, 16 ottobre 1503.

Il Papa è in parosismo da quattro giorni. Si teme
della sua vita.

Il duca Valentino si ridusse in Castel Sant'Angelo
con quattro o cinque servi. Gli Orsini insistono presso
l'ambasciatore spagnuolo, affinchè provveda in modo
che non fugga, e che si possa ottenere giustizia. Le
genti del Duca sono disperse. Il Castello è circondato
dagli Orsini.

Il cardinale di San Giorgio è entrato in pratiche
col duca di Urbino in favore dei proprii nipoti.

591. Il Papa è in pericolo di vita. Notizie del Valentino, e varie.

Roma, 17 ottobre 1503.

« *Hora 17.* Questa notte Nostro Signor è stato
molto grave cum sonno de subetìa. La virtù va mancando a poco a poco, *adeo* che la cosa è desperata in
tutto, e per il pronostico de tutti li medici non puol
campar naturalmente do zorni; ma dubitano avanti,
perchè ogni minimo accidente che li venga lo porta
via. Li fratelli di Soa Santità questa notte hanno por-

tato fori di Palazzo tutto quel chè de bono hanno,[1] non dico delle cose del Palazzo, ma delle particolar soe, e quelle che loro hanno portato. È da pregar Iddio che ne lo resani, *aut* che ne dia un altro che non sia pezor di quello che rasonevolmente si poteva sperar che avesse ad esser la Beatitudine Soa. Li Orsini fanno pensier non se partir de Roma, intravenendo questo caso di morte, perchè si voleno afforzar di far un Papa che sia al proposito loro, e sono però divisi tra loro, perchè chi è affezionato ad uno e chi ad un altro. Quanto ora per ora seguirà, serà per mie significato all'Excellenzia Vostra.

» Il duca Valentino sta in Castello. Questi cardinali spagnoli, da quanto ho inteso da buon luogo, praticano con el castellan di farlo fuzir travestito da frate o con qualche altro modo; a questo attendeno li Orsini proveder con ogni lor forzo, et instano con l'orator ispano, che fazzi ch'el castellan non li manca di fede. Da tutte le soe zente el Duca è abbandonato; quella poca de robba che aveva qui, tutta è andata a sacco; el capitanio della vardia, nipote del Pontefice, ne ha avuto la mazor parte; et anche in parte al magnifico Bortolomeo de Alviano son pervenuti dui belli cavalli grossi: li altri, a chi ha possuto pigliar, ha pigliato; *omnia sunt* dispersa, e lui si trova in mal predicamento.

» Di campo non se intende cosa alcuna di momento. » I soldati di Gaeta sono uniti agli altri, ma

---

[1] Il codice in questo luogo è, a parer nostro, errato; esso dice: *che debbono, che hanno.* Ci pare che o bisogni sopprimere le parole *che debbono,* o correggerle nel modo che abbiam fatto noi.

in cattive condizioni. Monsignore di Roano crede che alla Repubblica Veneta sia dispiaciuto l'accordo degli Spagnuoli cogli Orsini, com'è dispiaciuto a lui.

592. Notizie del Papa. Proposte, vaghe e senza effetto, di nomine cardinalizie. Colloquio di Giovanni Lascaris coll'Oratore veneto circa i fatti degli Orsini, e circa la futura elezione pontificia.

Roma, 17 ottobre 1503.

« *Hora 3 noctis.* Mi son transferito fin a Palazzo, dove fu ditto doverse redur una congregazion de quattro cardinali, e ch'el Pontefice in questo suo extremo voleva far cardinale duo suoi nepoti, l'arcivescovo de Narbona et un Spagnolo. La congregazion non è stata fatta; vero è che la bolla de questi cardinali è fatta; e *tamen*, non si possendo aver el consenso di cardinali, la cosa cessa: ben è vero che li cardinali et ognuno consente al Pontefice che si satisfazi di suo nipote arcivescovo di Siena solo; e Soa Santità, per non mancar di fede a Roano, non possendo far Narbonese, disse non voler far nè anche el suo. Sopra questa pratica sono stati tutto ozi i suoi fratelli per persuaderlo a far suo nipote solo, e par stesse duretto: non so che faza prenderà la cosa.

» Stando in Palazzo parlai con el miedego [1] de Soa Santità, el qual disse ch'el Papa stava molto male: le virtù animale comenzavano a mancar, e dubitava non camparia questa notte. Li fratelli e tutti li famigliari di Soa Santità parlano ingenuamente, e lassano intrar brigata di qualche condizion fino in l'an-

---

[1] *Miedego,* medico.

ticamera, con gran modestia, et anche fino alla camera
dove sta in letto Soa Santità ne lassano entrar qualcuno; che questa umanità satisfa molto alla brigata.
Soa Santità za due volte ha assunto el sacramento de
la Eucarestia in questa egritudine con grandissima
devozione e lacrime. È stato persuaso ozi a far una
expedizion de bolle, per non averne fatto ancora alcuna dopoi che è Papa; e non l'ha voluto far, dicendo
queste formal parole a chi ghelo disse: — Non ve
curate, chè non moriremo ancora cusì presto; — et
altre bone parole. »

L'Oratore veneto incontra in Palazzo Giovanni
Lascaris, il quale si intrattiene con lui circa la mutazione degli Orsini, i quali precedentemente erano
stati sempre partigiani dei Francesi; ed entrando a
considerare quali possano essere le ragioni di tale
mutazione, crede che la principale stia nelle perse-
cuzioni fatte ad essi da papa Alessandro. L'Oratore
dichiara che in tutte queste faccende la Repubblica
non aveva avuto alcuna parte. Il Lascaris conchiude
che, per togliere ogni sospetto, sarebbe necessario
che la Repubblica facesse due cose: prima, che non
licenziasse la compagnia dell'Alviano; seconda, « che
la Celsitudine Vostra facesse qualche demostrazion
di voler che monsignor de Roan fosse fatto Papa; dicendo: — In ogni modo, magnifico Ambassador, vui
vedete che non puol esser. Potria l'illustrissima Signoria far che li soi cardinali li dessono el voto, e
servirlo de niente. — »

593.   Morte di Pio III.

Roma, 18 ottobre 1503.

« *Ante diem*. In questa ora 12 di notte il reverendissimo cardinal di Napoli mi ha mandato a dir
per uno de suoi esser avisato da Palazzo, dalli fratelli
medemi della felice memoria di papa Pio III, come
alle ore 10 Soa Beatitudine aveva resa l'anima soa a
Dio con grandissima devozione. È da pregar la clemenzia soa che a lui doni requie sempiterna, e a nui
conceda grazia de un altro Papa, ch'el sia, se non se
puol miglior, tal quale si poteva sperar per ogni conveniente rason dover esser la Beatitudine Soa. »

594. Congregazione dei cardinali. Domande dell'Alviano contro
    il Valentino. Congetture sulla prossima elezione pon-
    tificia.

Roma, 18 ottobre 1503.

I cardinali, raccoltisi in congregazione, provve-
dono all'esequie del Papa ed alla guardia del Sacro
Collegio. I fratelli del Papa si raccomandano al Collegio, presentando una bolla, colla quale il Papa defunto aveva fatto cardinale l'arcivescovo di Siena, suo
nipote, e pregano caldamente che sia approvata: pare
bensì che i cardinali non vi siano molto disposti. Si
faranno le esequie per nove giorni.

« Comparse *etiam* in congregazion el magnifico
Bortolomeo de Alviano, e, *nomine* de tutta la casa, domandò ch'el fosse provvisto in modo ch'el Duca non
potesse fuzirsene de Castello, ma stesse lì sequestrato
usque ad electionem futuri Pontificis, dal qual loro pre-

tendevano domandar rason contra de lui : e fo resposo
de farlo. Non però loro stanno senza suspetto, che con
intelligenzia del castellan non se ne fuza : da ogni
canto li fanno la vardia.

» Li cardinali ducheschi stanno in grandissimo
suspetto e paure di questi Orsini, *maxime* dell'Alviano, che par più fogoso che li altri, e si lamentano
dell'orator ispano, che, nell'accordo fatto con li
Orsini, non abi procurato la sigurtà : e però detto
Orator, quanto puol, ora se affatica a questo effetto;
ma truova difficoltà, nè credo potria concluder, salvo
se loro non se obligano di lassar la pratica del Duca,
et in cosa alcuna non li dar favor; *et cum hoc*, che
diano li voti soi al pontificato a uno di quelli che per
loro [1] li saranno proposti (et hanno tre in considera-
zion: Napoli, San Piero in Vincola, e San Zorzi); cosa
che difficilmente li Spagnoli la faranno; pur, dovendo
inclinar ad un dei tre, più facilmente lo faranno in
San Piero in Vincola che ad altri, per aver *etiam* meglio el modo de poter satisfare alli altri loro desiderii. »

Il cardinale di Napoli potrà raccogliere pochi suffragii, essendo in sospetto di esser francese: al cardinale di San Giorgio fa ostacolo l'età: sicchè le
maggiori speranze sono pel cardinale di San Pietro in
Vincoli. Per ora non si parla di Ascanio, nè del Colonna, nè di Roano.

---

[1] Cioè, *per gli Orsini.*

595. Compra e vendita di voti per la futura elezione pontificia.
Notizie di Roma. Notizie del campo.

Roma, 19 ottobre 1503.

« Tutti li cardinali sono intenti alle pratiche, e certo alcuni con poco respetto nè a Dio, nè alla dignità che tengono: li contratti si fanno publicamente, e par che adesso sia inconveniente a chi nol fa; e non si parla a centenara, ma a migliara e desène[1] de migliara, con grandissimo obrobrio de la religion nostra, et offesa del Signor Dio, perchè ormai non è differenzia dal pontificato al soldanato, perchè *plus offerenti, datur.* » Le cose di Roma procedono quiete, sebbene vi si trovino molti soldati degli Orsini per conto degli Spagnuoli, e altri di Giampaolo Baglioni per conto dei Francesi:[2] ma gli Orsini sono ora in pace coi Colon-

[1] *Desène*, diecine.
[2] A dì 13 ottobre 1503, subito dopo l'accordo tra gli Orsini e Spagna, il cardinale di Roano diedesi cura di tirare alla parte di Francia almeno il Baglioni, il quale v'acconsentì, ma col patto che gli si desse condotta dai Fiorentini. E infatti nel giorno stesso se ne stipularono i capitoli in camera del suddetto cardinale, con autorità di lui, e agendo per la Repubblica di Firenze il cardinale di Volterra. Uno dei capitoli dice: « Et illico dictus reverendissimus dominus cardinalis Vulterranus, nomine quo supra, mandavit dicto Ioanni Paulo audienti et acceptanti, nominibus quibus supra, quod per triennium serviat Christianissimo Regi Francorum, et non aliis, nisi de licentia et consensu prefati Christianissimi Regis: » La minuta di questi capitoli, rog. *Raimundus de Raimundis, clericus cremonensis,* trovasi in Arch. Fior., *Lettere ai Dieci,* ottobre-dicembre 1503, a c. 110-111. A c. 112 e 113 sono due lettere dei cardinali Soderini e Roano relative alla predetta capitolazione.

nesi, ed anche s'intendono bene con le genti di Giampaolo. Il duca Valentino trovasi tuttavia in Castello.

I Francesi, secondo le più recenti notizie, trovansi a Rócca Secca, dove hanno piantato le artiglierie, e dentro la Rócca sono circa 2000 Spagnuoli, e vi stanno saldi. Al contrario i Francesi patiscono difetto di vettovaglie; e da Gaeta sono venuti in Roma fanti ed altri loro soldati mezzi nudi e morenti di fame.

596.   Notizie del duca d'Urbino e del Valentino.

Roma, 20 ottobre 1503.

Hora 16. L'agente del duca d'Urbino partecipa all'Oratore che il suo signore si trova impigliato in molte difficoltà per le cose di Romagna, dando di ciò colpa ai brevi pontificii in favore del Valentino. Ha dovuto levar le soldatesche da Cesena, ed avviarle verso Rimini. Dicesi che il Valentino, disperando d'ogni altro aiuto, abbia stretto accordo col cardinale di San Giorgio.

597. La congregazione dei cardinali respinge la domanda degli Orsini di tenere sequestrato il Valentino a loro requisizione. Congetture sulla prossima elezione pontificia.

Roma, 20 ottobre 1503.

« *Hora 2 noctis*. Per Bernardin de Urbin corrier forestier, scrissi ozi alle 16 ore quanto fin a quell'ora accadeva alla Celsitudine Vostra; e come li dissi, allora si redusevano i cardinali in congregazione, dove è sta' deliberato dar principio alle exequie domattina e continuarle li 9 zorni, e poi entrar in Conclave.

» Fo da poi discussa la materia proposta per li Orsini circa el retegnir el Duca sequestrato in Palazzo *usque ad electionem novi Pontificis*, per la iustizia che loro pretendono di domandar contra di lui, iuxta la promission che li fece ultimamente papa Pio; et in questa materia stettero longamente, e pochi si trovorno che volesse parlar contra el Duca, per el rispetto che ognun li ha per il séguito di questi cardinali spagnoli, i quali par che siano adesso maestri di questo zuogo di far el Papa, per la multitudine et union che hanno insieme. Et il principal che lo difende è monsignor di Roano, con speranza che questi Spagnoli, sdegnati dell'orator ispano, abino a declinar a lui per segurtà del Duca; in favor del qual fo allegato el salvocondotto, con el qual lui è venuto a Roma. Fo detto ch'el Collegio non aveva autorità alcuna di far quanto li Orsini domandavano, perchè *ad ipsos* [1] *pertinet providere tantum* alle cose pertinenti alla elezione del Pontefice; *item*, ch'el castellan l'aveva accettato in Castello, *iussu Pontificis*, e che ora non vorrà obedir al Collegio; e molte altre rason: e *tandem* risolti, [2] ch'el Duca stia in libertà soa in Castello, e ch'el possi star et andar al piacer suo, senza alcuna obligazion. *Tamen* lui non se partirà, perchè non sa dove andar, ch'el stia più sicuro che nel luogo dove l'è; nè dove più comodamente el possi con el novo Pontefice procurar alla segurtà delle cose soe, con il mezzo de questi soi cardinali. E za, per aver el fa-

---

[1] Intendi, *ai cardinali*.
[2] Il verbo ausiliare è sottinteso. Intendi: *si furono risolti, si risolvettero.*

vor de questi, cadaun de questi che pretende el pontificato, li promette quanto el sa domandar: et è da
tegnir per certo questa cosa, che niun serà Papa, el
qual non se oblighi ad ogni requisizion del Duca;
ma nell'attender potria esser che qualcuno lo ingannerà. »

I cardinali spagnuoli sembrano disposti in favore
di San Pietro in Vincoli; ma se vedranno che possa
riuscire Santa Prassede o l'Alessandrino, e specialmente il primo, raccoglieranno tutti i voti su questo, lasciando ogni altro. Questi cardinali protestano
contro la presenza in Roma degli Orsini e delle loro
genti; e Roano li favorisce, dichiarando che, se queste
non saranno fatte allontanare, egli partirà; « con qualche tacita minazza di scisma. »

598. Esequie e congregazione. Pratiche tra Antonio Ordelaffi e i Fiorentini. Notizie del Regno.

Roma, 21 ottobre 1503.

S'incominciano le esequie del Papa defunto, e
quindi si aduna la congregazione dei cardinali; ma,
per essere cresciuto il Tevere per le grandi piogge,
v'intervengono pochi cardinali; e si rimanda a domani la decisione sopra l'allontanamento degli Orsini.
L'Oratore è avvisato dal cardinale di San Giorgio, che
i Fiorentini carezzano Antonio Ordelaffi e gli promettono ogni favore, pretendendo di fare in Imola
e in Forlì ciò che avevano fatto in Faenza, dove un
loro commissario ha presa la città in protezione. [1] Il

___

[1] « Usossi in questi dì (ottobre 1503) ogni diligenzia per la
città, che i Veneziani non s'insignorissino di Faenza, et però vi si

cardinale torna a raccomandare i suoi nipoti alla Repubblica.

Notizie del Regno recano che i Francesi hanno dato assalto a Rócca Secca, ma sono stati ributtati con 300 morti.

599.   Affari degli Orsini e del Valentino.
                  Proposta d'accomodamento fra le due parti.

                                          Roma, 22 ottobre 1503.

Hora 22. Nella congregazione dei cardinali si presentano Giulio Orsini e l'abate di Alviano, e si dolgono del poco conto che si fa di loro. Ma il Collegio risponde che, se essi non partivano da Roma colle loro genti, i cardinali spagnuoli non sarebbero venuti nella congregazione nè al Conclave. Gli Orsini si dolgono del torto che vien loro fatto; e il Sacro Collegio, mandatigli in altra camera del Palazzo, incarica due cardinali, cioè l'Alessandrino e il Medici, di trattare con essi e cogli ambasciatori residenti in Roma un modo conveniente d'accomodamento che soddisfaccia all'una parte e all'altra.

« *Tandem*, considerando li Orsini *durum esse illis contra stimulum* calzitrare, e che non ponno *erigere cornua contra Sedem Apostolicam* e il Sacro Collegio,

mandò commissarii et gente, per far favore a quella parte che era opposita agli nimici loro; ma giovò poco. » Buonaccorsi, *Diario,* pag. 83. Cfr. anche Guicciardini, *Stor. Fior.,* cap. 27 (*Opere inedite ,* vol. III), e Machiavelli, *Scritti inediti ,* pag. 255-260. — Avvertasi poi che niun commissario fiorentino fu spedito dentro Faenza, ma la residenza loro principale era in Castrocaro; e i commissarii in codesto tempo furono Giambattista Ridolfi, Amerigo Antinori, e Pierfrancesco Tosinghi.

devennero in questa resoluzion: che s'el Duca voleva partir de Roma e de Italia et andar verso Franza, o qual altro loco li piaceva, che loro, zoè li Orsini, si obbligavano darli segurtà, ch'el potesse andar libero senza offension per loro fatta, *usque quo* el fosse redutto in loco sicuro; se veramente el voleva star in Italia, in terra de la Gesia, ch'el desse segurtà de star a rason davanti el futuro Pontefice; offerendosi *etiam* loro dar a lui segurtà de questa iustizia, perchè par che lui anche dicesse voler contra de loro iustizia. Con questa risoluzion ritornati li doi cardinali in congregazion, fo statuito che i ditti dovesseno andar in Castello, e veder la intenzion del Duca circa questi partiti. Non si sa come saranno accettati dal Duca: molti iudicano che anderà in Franza, e questo par che piaza alli Franzesi, che hanno fatto disegno sopra la robba e denari del Duca: alcuni *etiam* dicono ch'el non vorrà partir de qui, e cadaun si move con le rason soe. »

600.   Colloquio tra l'Alviano e l'Oratore.

Roma, 22 ottobre 1503.

Hora 3 noctis. Bartolommeo d'Alviano ha un colloquio coll'Oratore veneto, nel quale protesta di voler morire buon servitore della Repubblica, nonostante gli obblighi ch'egli ha colla Spagna. L'Oratore gli risponde con parole generali.

601. Affare dei nipoti del cardinale Riario. Risposta del Valentino alle proposte degli Orsini (vedi il disp. 599). Pratiche di varii cardinali con esso Duca per ottenere il favore di lui e dei cardinali spagnuoli nella prossima elezione pontificia.

Roma, 23 ottobre 1503.

Il cardinale di San Giorgio interrogato dall' Oratore, per commissione avutane dal Senato,[1] risponde « in discorso di molte parole » preferire fra i suoi nipoti Ottaviano, perchè è il maggiore dei figliuoli di Girolamo Riario.

« Ozi in congregazion fo parlato delli partiti de heri circa el partir del Duca, el qual si era resoluto di voler andar in Franza, e ch'el voleva tempo de 8

---

[1] Alle replicate lettere dell'Oratore relative alle domande del cardinale di San Giorgio in favore dei suoi nipoti, la Repubblica rispose il 17 d'ottobre : « Volemo che alla Reverendissima Signoria Soa dobiate respondere, *nomine nostro*, nui haver ben inteso quanto nella dicta materia per mezzo vostro la ne ha facto dechiarir; et, *quoad generalia*, la certificherete cum larga et affectuosa forma de parole che certamente da nui e da tutto el stato nostro li è in amore et benivolentia *optime* corrisposto, sicome in ogni tempo per clarissime evidentie l'ha possuto cognosser. Quanto veramente pertien ad questa propositione per li nepoi soi, li dechiarirete che nui siamo in tutte cose conveniente et honeste ben disposti ad gratificarli : et però ve forzerete intendere dalla Reverendissima Signoria Soa tutte le particolarità che la desidera siano facte da nui; el modo et facilità della impresa; qual delli nepoti la intende favorire; lo assenso della Beatitudine del Pontefice, et con qual modo de questo se possi certificar; *item*, se Francesi vorranno difendere Valentinoes et i stati soi, et *demum* ogni altra cossa necessaria, *adeo* minuta, chiara et distintamente, che nulla manchi ad totale et compita instrution nostra. Et de quanto haverete, ne darete diligentissima notitia, perchè, ben inteso poi et considerato il tutto, ve notificaremo la mente et deliberation nostra. » (Codice Giustinian., a c. 550.)

o 10 zorni a partirse; *interim*, che li Orsini se ne andassero via e li dessero segurtà del viazo come era sta' ditto. E quantunque si abi risolto in questo , *tamen* è iudicio de molti prudenti ch'el non lo debba far. E questo tempo ch'el domanda è per far che li Orsini partano, i quali non ponno star qui, chè sono cazzati da la impresa di Reame, che importa più; et *interim* lui temporizarà, e farà le soe pratiche per la elezion del novo Pontefice, con el qual vorrà intenderse per el favor che li darà de questi soi cardinali; e, fatto ch'el sia, saperà meglio deliberar di se medesimo.

» Certo, Principe Serenissimo, tanta è l'ambizion di cadaun de cardinali a questo pontificato, che non è omo che si sparagni di prometterli,[1] domandi pur s'el sa domandar; nè vedo che si possi far Papa, el qual non li prometta e si obblighi a lui a tutte quelle cose che papa Pio li aveva promesso. Credo ben che qualchedun lo ingannerà nell'attender, ma anche la cosa potria cader in alcun che non mancheria de attenderli, se non in tutto, bona parte di cose non conveniente; et uno de questi potria esser Santa Briseida over Alexandrino, che adesso pareno i primi favoriti da lui. Ascanio *etiam* non manca de prometter, nè resta Roano de affaticarse a questo con grandissima promission; e fin qui tutti sperano da lui; ma, che se intenda cum certezza, non è finora stabilita la cosa con alcuno. »

[1] Intendi, *al Valentino.*

602. Speranza del cardinale Della Rovere d'essere eletto Papa. Notizie del Valentino. Notizie del campo.

Roma, 24 ottobre 1503.

Il cardinale Della Rovere fa intendere all'Oratore veneto di avere qualche speranza d'esser eletto Pontefice.

« De poi si ridusse la congregazion di cardinali, e fo trattato pur circa el partir delli Orsini e del Duca, el qual da heri in qua ha mutato pensier, e disse non voler andar fuora de Italia, ma non vuol anche andar in terre de la Chiesa; domanda tempo di far qualche cavallo lezier per andar securo, e vuol obstàsi[1] dalli Orsini per sua segurtà, i quali abino a star in Castello, con custodia deputata dalli oratori franzese ed ispano; e promette partirse un zorno avanti che se entri in Conclavi. È però da creder che, avanti ch'el parta, debba stabilir le cose soe con quelli che pretendono al pontificato. Fama è appresso molti prudenti ch'el debba andar alla volta de Fiorenza, e de lì, con favor dei ditti,[2] avviarse alla volta de Romagna, e questa pratica vien ditta esser menata per man di Roano col cardinal Volterra. »

Roano spera con questo mezzo di essere da lui favorito pel Pontificato; ma Giovanni Lascaris dice all'Oratore che non crede possibile tale cosa.

Dal Regno si ha notizia che i cavalleggieri bolognesi (circa cento) sono partiti dal campo francese, e tornano verso Bologna. Si crede che l'andata degli

---

[1] *Obstàsi*, ostaggi.
[2] Cioè, *dei Fiorentini*.

Orsini, che partono domani, debba por termine all' impresa.

« Par che i cieli siano inclinati al favor di questo Valentino, che non è però salvo, per la troppa ambizion degli omeni che lo favorisseno, chi per un respetto, chi per un altro. »

603. Affare dei nipoti del cardinale Riario. Notizie del campo. Arrivo in Roma del cardinale Reginense.

Roma, 25 ottobre 1503.

Il cardinal di San Giorgio dice all'Oratore veneto che fra tre giorni vuol mandare un suo uomo a Venezia per le faccende dei suoi nipoti: tuttavia tarderà qualche giorno per poter blandire il cardinale di Roano, e così cavargli « una buona risoluzione, » e la promessa di non impacciarsi più, nè egli nè il Re, in favore del duca Valentino. « Mi disse *etiam* il detto che, per questo, suo nipote[1] non restaria di vegnir a Ravenna per star ad ogni obedienzia de la Signoria Vostra, e che za lui li avea scritto ch' el vegnisse.

» Di campo si dice esser lettere del marchese di Mantova nel cardinal di Roano, ch'el campo franzese era stato a un certo passo del Garigliano per passar dove erano zente inimiche, che cum difficultà averiano possuto passar, e per tanto aveva deliberato non perder tempo in quel luogo, nè metter le cose in pericolo, ma aveva pigliato la volta de andar a passar in un altro luogo, dove sperava esser avanti che li inimici potessero provveder; e passaria; promettendo

---

[1] Intendi, Ottaviano, il maggiore dei figliuoli di Girolamo Riario. Cfr. il disp. 604.

che faria e diria cosse assai, e che presto li mandaria
bone nove. La brigata crede che queste lettere siano
finte, perchè *publice* si parla altramente, e ch'el campo
franzese stava in gran pericolo. Se ha *etiam* ditto, ma
questo non affirmo alla Sublimità Vostra, che per via
de mar da Trieste era zonto al campo de Spagnoli bon
numero di fanti alemanni: il che se fosse vero, tanto
più se confirmaria quel che è in opinion di tutti, che
a questa fiata Franzesi abino a reussir con danno e
vergogna a questa impresa.

» Le pratiche del pontificato continuano, et anco
le exequie ogni zorno, e le congregazion, in le qual
non si tratta cosa di momento, perchè se, a Dio laude,
le cose vanno quiete quanto aspetta ad arme nè violenzia, ma le pratiche sono più scandalose che fosseno mai. Heri sera al tardo è zonto in Roma il reverendo cardinale Regino,[1] che vien di Ongaria; ozi è
stato visitato da molti cardinali, i quali adesso non
vardano a dignità, purchè faccino el fatto suo. Io *etiam*
in nome della Serenità Vostra...,[2] e l'avè molto a caro,
e cum umanità grande rengraziò la Serenità Vostra,
dicendo molte parole dell'affezion ch'el porta alla Serenità Vostra, offerendose in ogni cosa non far manco
per onor di quella, che s'el fosse di quella patria na-
tivo. Li corresposi con la medema forma de parole e
presi licenzia. »

---

[1] Pietro Isuaglies: cfr. la nota 1 a pag. 272 del vol. I.
[2] Lacuna nel codice. Supplisci: *lo visitai.*

604.   Faccende degli Orsini e del Valentino.
              Giampaolo Baglioni in Roma.

                                    Roma, 26 ottobre 1503.

« Parendo a questi signori Orsini che questo Sacro Collegio dimostri più favore al duca Valentin che
non doveria, cum qualche loro incargo, si sono risolti
in questa conclusion di non voler dar segurtà alcuna
al Duca, ma lassarlo star in sua disgrazia, nè più parlar de lui; e volendo star in Castello, ch'el stia; se
anche el vuol partir, ch'el parta e vada dove li piaze;
chè loro non voleno esser obligati ad alcuna segurtà.
Et aziò ch'el Collegio non si abi a doler di loro, che
li turbino la elezione del Pontefice, se offerisseno andar via: già hanno comenzato a inviar avanti le zente
con parte di questi signori: il magnifico Bortolomeo
si partirà passato doman con il resto. Qui resta el
signor Iulio solo, senza zente alcuna, e lo abate de
Alviano, et averanno amplo mandato de tutti quelli
della casa, bisognando far cosa alcuna. » Gli Orsini
credono che il Duca avrà paura di partire, e così
non potrà far male altrove.

Giampaolo Baglioni è ancora qui colle sue genti
per conto dei Francesi: gli Spagnuoli e gran parte
dei cardinali desidererebbero che partisse, ma monsignore di Roano si oppone e dice di volere che qui
resti per propria sicurezza contro gli Orsini.

605. Conventicole dei cardinali spagnuoli per accordarsi
circa l' elezione del Pontefice.

Roma, 27 ottobre 1503.

« *Hora 17.* La pratica de la elezion di questo pontificato va molto pericolosa, tutto per causa di questi cardinali spagnoli, i quali ogni zorno e notte si reduseno insieme e fanno particular congregazion tra loro, anzi più presto conventicule, cum li quali intravien el cardinal Colonna, che è unito con loro. Non se puol ancora intendere cum fundamento nè certezza in chi si vogliano risolvere: danno bone parole a Napoli et a San Piero *in Vincula,* in favor di quali l'orator ispano dice aver lettere delle Catoliche Maestà; benchè si dica *etiam* di Santa Briseida; e *tamen,* al strengere, dicono che ancora non sono resoluti, e vanno tegnendo la cosa in tempo, per non si lassar intendere, per far meglio il fatto suo. Questa notte sono stati serrati insieme e, per qualche indizio che se ha, se suspica che siano molto in favor de Ascanio, benchè ad alcuni, che questa mattina, con buon modo praticandoli, li han rezercati, abino dito non esser ancor risolti. Nè par che adesso abino tanta dependenzia all' orator ispano quanta avevano l' ultima fiata; e danno la colpa che lui li ha assassinati l'altra fiata, e vadagnò quel che doveva esser suo; poi *etiam* si doleno che, nell'accordo fatto con li Orsini, non ha procurato niente la segurtà soa, anzi senza niun rispetto li ha lassati in preda; e però fanno i fatti soi tra loro, e poco *etiam* si lassano intendere a lui. Pur non resta che non abino qualche respeto a satisfar alla intenzione di Re, ma principalmente la mazor parte più risguarda al commodo del Duca che ad altra cosa. Iddio provveda che con questo mezzo non se abi un Pontefice che, per attendere alle obligazion che necessariamente convegnirà far al Duca, non metta le cose de Italia e della Cristianità in travaglio! »

606. Notizie di Forlì, di Pesaro e di Rimini. Il Valentino
       si raccomanda alla protezione della Repubblica Veneta.

Roma, 27 ottobre 1503.

. « *Hora tertia noctis.* Inver el tardi se avè lettere de Fiorenza, de 24 del presente, ch'el signor Antonio Ordelaffo con aiuto dei Fiorentini era entrato in Forlì. [1] *Item* da Urbino sono lettere ch'el signor di Pesaro aveva abuto la ròcca; et il signor Pandolfo era entrato in Arimino, presa la ròcca de Santo Anzolo, e le zente del Valentino messe in fuga. Causa di tutto questo era stata la nova de la morte del Pontefice e dell'includer el Valentin in Castel Sant'Anzolo.

» Questa nova l'ha molto sbattuto, et ha perso un poco dell'arroganzia soa consueta, la qual non li mancava: cusì derelitto come l'è, comenza cognosserse de li errori soi, e che *non est ei locus tutus;* desideraria la grazia di Vostra Serenità, e, benchè per avanti me ne fosse sta' fatto qualche cegno da alcuno di soi, questa sera chiaramente per suo messo a posta me ne ha fatto [2] con molte summesse parole. Al qual io ho ri-

---

[1] Sottintendi, *cenno.*

[2] Entrò il 22. Amerigo Antinori, commissario fiorentino a Castrocaro, scrive quel giorno stesso: « Noi non babbiamo facto dimostratione alchuna; bene s'è chiuso gli oochi che gli amici sua lo

sposo convenientemente, e dittoli che la Illustrissima Signoria Vostra non aveva fatto fin qui niuna cattiva demostrazion contra de lui, per la qual lui se dovesse doler de lei, la qual non era solita andar con cavillazion, perchè per la *Dei gratia* no li mancano le forze nè l'autorità di dimostrar *aperte* l'animo suo bon e cattivo, secondo i meriti de cadauno. Pur, come da mi, li detti qualche bona parola, confortandolo a sopportar con bona prudenza questa avversa fortuna, come *etiam* con temperanzia si aveva governato nelle prosperità. »

607.   Notizie varie.

Roma, 28 ottobre 1503.

Il cardinale di San Giorgio si intrattiene lungamente coll'Oratore circa le faccende di Forlì, lagnandosi grandemente dei Fiorentini.

Il duca Valentino confida grandemente nel cardinale di Roano, in favore del quale è riuscito a guadagnare i voti di cinque dei cardinali suoi aderenti.

Partì stamani da Roma l'Alviano col resto dei soldati, ma vi rimangono ancora Fabio Orsini e Renzo da Ceri, i quali continuano a far « qualche novità »

favorischino, et a lui decto che va in casa per mezo et per mano delle V. S.... Hora costui è in casa, et a ogni modo vi vorrà stare. Bisognerà che le S. V. pensino che non vi sia entrato per vostro mezo per altri. » (Arch. Fior. *Lettere ai Dieci*, ottobre-dicembre 1503, a c. 174.) — E il 26 d'ottobre, col favore dei Fiorentini medesimi, entrò in Faenza, chiamatovi dal popolo, Franceschetto Manfredi (che prese poi nome di Astorre IV), figliuolo naturale di Galeotto, già signore di quella terra.

contro alcuni aderenti dei Colonnesi, sotto specie che nascondano le robe dei Ducheschi. [1]

608.   Affari dei Colonnesi e degli Orsini.

Roma, 29 ottobre 1503.

Hora 20. L'Oratore in chiesa di San Pietro fa intendere a Giulio Orsini che le novità contro i Colonnesi (vedi il disp. 607), se non si provveda, potrebbero turbare novamente la pace fra le due case. Giulio promette di porvi rimedio.

609.   Notizie varie di Roma.

Roma, 29 ottobre 1503.

Hora 3 noctis. Oggi fu l'ultimo giorno dell'esequie. Giampaolo Baglioni è sempre in Roma col favore del cardinale di Roano, che dice di tenerlo per propria sicurezza. Il Collegio, per togliergli questa scusa, ha raccolto fino a 500 fanti per la guardia del Conclave. Il Duca è in Castello, e riceve le visite dei cardinali Borgia, Elnense, Sorrentino e Salernitano, che trattano con lui delle cose del futuro pontificato.

Dalla notte scorsa in poi pare che vi siano buone speranze per il cardinale Della Rovere, il quale è pur d'accordo col cardinale di Napoli per favorirsi a vicenda, secondo che piegheranno le cose.

« In queste sue congregazioni questi reverendissimi cardinali hanno modificato et in qualche parte

---

[1] Secondo il Burcardo, nella mattina del 26 d'ottobre le genti di Fabio Orsini saccheggiarono le case di messer Achille Grassi e dell'abate di San Sebastiano.

corretto i capitoli dell'altro Pontefice, per non aver causa di perder tempo in Conclavi e venir subito alla elezion.

» Hanno fatto *etiam* el salvocondutto al Duca, perchè possa andar *libere* dove li piace; pur non se vede preparazion alcuna al suo partir: e riuscirà vero el iudicio che di lui *alias* ho scritto alla Serenità Vostra, che non si moverà de qui se non fatto el Pontefice. Per meglio deliberar le cose soe, molti de li soi omeni d'arme stanno pur cusì in Roma, e non hanno voluto accettar partito da alcun altro, per averli lui dato denari secretamente, e stanno a requisizion soa: pur questi non sono molti; dei quali ozi lo agente qui per el signor duca de Urbin ne ha mandato verso quel luogo 50 cavalli legieri. »

610.   Probabilità dell' elezione del cardinale Della Rovere
al pontificato. Colloquio tra questo e l'Oratore veneto.

Roma, 30 ottobre 1503.

« Quanto fin heri accadeva ho scritto alla Excellenzia Vostra per Marchiò corriero. Poi questa mattina si ha publicato che la notte passata el reverendissimo *ad Vincula* ha apuntato e stabilito le cose soe con questi cardinali spagnoli, dal che constretto *etiam* monsignor de Roan, per non lassar ch'el se fazi senza de lui, è concorso al medemo, e tutto ozi el detto *Vincula* è stato tenuto per Papa. Ascanio è stato a ritrovarlo fin a casa e se ha voluto reconziliare con lui. Questo odierno favor ha smorzato la fama de tutti li altri, e par alla brigata aver za fatto el Pontefice. Questi che mettono i repentagi, per altri non danno a più che 6 per cento, e per il *Vincula* hanno dato fino a 82. A qualche prudente, e che desidera el ben de questo cardinal, dispiaze questo tanto favor, perchè li cresce invidia e dà tempo et occasion alli emuli di perturbar le cose: et anche non è senza qualche nota di Soa Signoria Reverendissima. Per domattina è intimata la messa del Spirito Santo, per intrar da poi quella in Conclavi, che prego Dio inspiri l'animo di questi cardinali a far il migliore per la religion cristiana.

» Essendo intervenuto qualche pratica et accordo tra il reverendissimo *ad Vincula* e il duca Valentino, non mi ha parso fora di proposito avvertir Soa Signoria Reverendissima che, *in eventu,* che Dio volesse, ch'el fosse Papa, non si lassi indur alli inconvenienti, alli quali, per importunità di altri, fo indutto la santa memoria di papa Pio Terzo, perchè più detestanda cosa saria in Soa Signoria Reverendissima, che aveva tanto dannato questo in papa Pio, incorrer nel medesimo error; facendoli con quella forma di parole che se convien, con dignità e decoro della Celsitudine Vostra, intendere la extimazion che sopra ogni altro la Soa Signoria Reverendissima doveva far alla Illustrissima Signoria Vostra. Mi ascoltò benignamente; poi con poche parole, come è di natura soa, ridendo mi disse: — Ambassador, non dubitate: pregate pur Dio che la cosa riesca, perchè la Signoria di Venezia cognosserà ch'el cardinal di San Piero *in Vincula* non averà altro animo verso di lei in pontificato di quello che l'aveva in cardinalato. — Subiunse: — Vedete la miseria, nella quale ne ha condutto la carogna che dopo sè ha lassato papa Alexandro, procedente dal numero di tanti cardinali. La necessità costrenze li omeni a far quel che non voleno, finchè vanno per man d'altri; ma, liberati poi, fanno a un altro modo. — Fu *satis* bene discusso questo articolo *hinc inde* tra Soa Signoria Reverendissima et io, et *optime* satisfatto me parti' da quella. »

611.   Entrata dei cardinali in Conclave.
      Partenza di Giampaolo Baglioni da Roma.

Roma, 31 ottobre 1503.

Hora 21. I cardinali entrano in Conclave. Il cardinale Della Rovere, nonostante l'opposizione degli emuli, è ancora il solo designato ad esser Papa.

Giampaolo Baglioni è partito verso le terre del Patrimonio di San Pietro, dopo un alterco avuto coi cardinali di Roano e di Volterra.

612.   Elezione del nuovo Pontefice,
      cardinale Giuliano Della Rovere.

Roma, 31 ottobre 1503.

« *Hora 6 noctis.* Ozi, alle 21 ora, ho scritto alla Celsitudine Vostra che i reverendissimi cardinali erano redutti in Conclave, e che il reverendissimo *ad Vincula* era intrato Papa per publica vose. Ora le significo che, avanti che la brigata uscisse de sala, za i detti reverendissimi si redusseno in congregazion per far lezar e sottoscriver i capituli: tuttavia la porta del Conclave stava ancora aperta. *Tandem*, ussiti tutti quelli che non dovevano restar dentro, fo serrato la porta; ma la fenestrella della porta dove se porze el manzar, continuamente è stata aperta, e *publice* parlava quelli di dentro con quelli di fora. Circa alle ore 3 di notte ussitero fora de congregazion con el Papa fatto, che è il reverendissimo *ad Vincula*; imperochè dentro in congregazion tutti li reverendissimi cardinali li dettero obedienzia, *et adoraverunt ipsum, appellantes Pontificem*: tuttavia ancora è aperta la fenestra, et a nessuno è negato el parlar. Li cardinali sono tutti attorno a Soa Signoria Reverendissima a domandarli cadaun le grazie che voleno, in modo che senza serrar el Conclavi questa fiata averanno fatto el Papa con grandissimo favor.

» Non si ha imposto ancora il nome, nè se lo ponerà fin a domattina, dopoi la messa et il scortinio, che si farà *pro forma* pur dalli conclavisti: è detto, Sisto V; et alcuni, Iulio II: di questo si saperà il certo domattina. Quelli che di questa elezion hanno a dar aviso, tutti sono posti a scriver e spazzar via; *tamen*, perchè in questa cosa *multotiens* se ha visto grandissime mutazion, ho iudicato esser più prudenzia indusiar la certezza, che non si può aver se non da poi buttata fora la crose; e cusì ho deliberato far; non ho però voluto mancar di signiflcar alla Celsitudine Vostra quanto finora è seguìto. A la qual significo questo Papa esser fatto con grande sua obligazion alla Celsitudine Vostra, perchè, oltra che lui ha visto in ogni tempo la singolar affezion di quella verso di lui, in questa pratica et elezion soa se ne ha fatto più certo » per il favore spontaneo avuto dai due cardinali veneti Corner e Grimani; e si dice che li terrà in Palazzo.

613. Proclamazione del nuovo Papa col nome di Giulio II.

Roma, 1 novembre 1503.

« *Hora 15.* In questa ora 15 è buttata fora la crose, e pronunziato el Sommo Pontefice: el reverendissimo cardinal San Piero *in Vincula*, el quale si è imposto nome Iulio II. De Soa Santità iudico la Serenità Vostra potersene *merito* allegrar, perchè dalle operazion soe passate, amorevole verso el stato de Vostra Serenità, si può prometter quella ogni ben de Soa Santità, e tanto più adesso, che lei ha conossuto con quanto studio la Serenità Vostra ha affettata questa soa promozion, per il che si ha confirmato in amor e benivolenzia verso quella. »

614. Notizie del nuovo Pontefice e di varii cardinali. Il Papa riceve privatamente l'Oratore veneto con grande dimostrazione d'affetto verso quella Repubblica.

Roma, 1 novembre 1503.

Hora 2 noctis. Il Papa fu portato come al solito in San Pietro, dove ricevette l'obbedienza dei cardinali, e poi fu riportato in Palazzo. Tenne seco a pranzo i cardinali Roano e Como. [1]

« Restò *etiam* il cardinal Sanseverino, *potius prosumptuose* che invitato, per cercar di tirarsi più avanti di quello che mi persuado ch'el debbi essere appresso questo Pontefice, el qual *etiam* de Ascanio *non multum bene sentit*, quantunque l'abi servito,

---

[1] Giovannantonio Trivulzio, milanese, vescovo di Como, promosso cardinale nel 1500 da papa Alessandro VI, col titolo di Sant'Anastasia.

perchè iudica la mente soa, et è ben certo che la necessità l'ha condutto; al qual però non credo che Soa Santità, che è di natura benignissima, faccia offesa alcuna, ma ben credo non lo vorrà exaltar più di quel ch'el sia, nè darli mazor favore. A monsignor di Roano Soa Santità fa carezze assai e vere, chè li ha obligazion, perchè, se lui avesse voluto, questa notte passata facilmente poteva rompere le cose soe. Il medesimo *etiam* poteva far il reverendissimo Napoli, perchè non mancarono. alcuni emuli che cercavano di metterlo suso; ma lui prudentissimo, e ben considerato che la cosa non poteva cader in lui, e che erano machinazioni per disturbar la cosa za conclusa, e farla cadere in qualche persona non bene a proposito, non vose mancar de la fede prima, mosso tra altri respetti per quello della Illustrissima Signoria Vostra, che sa averlo per gratissimo; e de questo medemo volere era la Beatitudine Soa verso monsignor di Napoli, quando le cose soe avessero avuto più facilità. Nè ho mancato con ogni dexterità tegnir ben uniti questi do signori con l'autorità della Serenità Vostra, che altramente non me pareva poterme ben assegurar de la cosa, che non dovesse andar in man d'altri che de uno de loro. Iddio sia laudato che le cose sono reussite. secondo el desiderio de la Illustrissima Signoria Vostra, talmente governate, che chi è servito el cognosse, e niuno se ne po dolere!

» L'orator ispano, nel persuader a questi soi cardinali a favorir questa elezione di Nostro Signor, ha abuto grandissimo respetto a far uno che fosse grato alla Celsitudine Vostra, in modo certo che la

Beatitudine Pontificia ha da riconoscere *pro maiori parte* dalla Sublimità Vostra il favor mondano che l'ha abuto in questa soa promozione, e mostra *etiam* di riconoscerlo. E questa sera al tardi, che io son stato a basar el piede de Soa Santità privatamente, mi ha fatto tanto amorevole dimostrazion in nome de la Serenità Vostra, che certo non lo potria mai scrivere, abbrazandome e basandome, non una, ma più e più fiate, con grandissima umanità e gentilezza, nè volse ch'io li parlassi se non con la beretta in testa, dicendo: — Ambassador, quando saremo cusì privatamente insieme, non usate cum nui ceremonia alcuna, ma fate conto de parlar con el cardinal de San Piero *in Vincula*, che ero quel che sapete con la illustrissima Signoria de Venezia et anche con la persona vostra, la quale avemo amato et amemo da fiol. — Mi disse che voleva scrivere un breve alla Serenità Vostra, e darli notizia di questa sua promozion, e ringraziar quella e tutto quello illustrissimo Senato dell'affezion che sempre li ha portato, dimostratali *etiam* in questa suprema soa elezion. »

615. Colloquio dell'Oratore veneto col Papa intorno al Valentino e alle terre della Chiesa in Romagna.

Roma, 2 novembre 1503.

« *Hora 4 noctis*. Questa mattina per più vie fui avisato ch'el Pontefice aveva dato loco al duca Valentino di andarsene a Ostia, aziò che de lì poi per via di mar potesse andar dove li piaceva; e ricercando io intender la verità di questa cosa, trovo che la persona del Duca non è andata a Ostia, ma ben mandato el suo Alexandro Spannocchio, forsi per proveder al bisogno per l'andata del Duca, el qual da heri sera in qua è redutto a star in Palazzo, ben però secretamente. Quel che più me dispiaceva, quando fosse sta' vero, è che mi era affirmato Soa Santità aver comessi brevi in le terre di Romagna in la medema forma di quelli che za scrisse papa Pio, e che oltra quelli era sta'rezercato scrivere il medemo alla Serenità Vostra, e non l'aveva voluto far. Per dechiarirme de questa verità, me ho voluto ozi ritrovar con la Beatitudine Soa; e, per la moltitudine di cardinali, non ho potuto esser ammesso se non questa sera tardi, a circa mezza ora di notte; et essendo io in expettazion de questa audienzia fino ch'el Pontefice expedisse li cardinali, i quali introduceva ad uno ad uno, segondo come erano venuti per ordene, viti don Agapito[1] molto importunar questa cosa mo con l'uno mo con l'altro di secretarii del Papa.

» Introdutto che fui da Soa Santità, con quella conveniente forma di parole che rezercava la materia, li dissi quel che mi era ditto: il che, dissi però, ch'io non credeva, ma, come suo divoto servitor, *reverenter* li ricordava quel che ozi è quarto zorno la mi aveva ditto, e replicai quel che allora li dissi, *dum esset adhuc in minoribus,* significato alla Celsitudine Vostra per le mie di 30 del passato; subiungendoli quanto aveva inteso di questi brevi, che questi zercavano di extorquer da le man di Soa Beatitudine etc. Mi rispose: — Ambassador, non dubi-

---

[1] Don Agapito d'Amelia, segretario del Valentino.

tate che nui non vi mancheremo mai di quel che
avemo promesso; et *iterum* vi affirmemo che breve
alcun non avemo scritto nè semo per scriver. — E
poi disse che, quando ben el scrivesse, — sappiate
certo che faremo anche tal remedio, che non faranno
danno alcun: — innuendo *tacite* ch'el faria intender
alli medemi a chi lui li scrivesse, che li dovessero
poco extimar. — *Tamen* (disse) l'è ben vero che
questo Agapito mi sollicita che li faziamo scrivere;
ma non farà niente. Nui andaremo temporizzando in
modo, che se 'l Duca averà pur la conservazion de la
vita da nui, cum quel che in sua malora l'ha robbato
de questa Chiesa, potrà esser ben contento. — E sopra questo articolo con ogni asseverazione la Beatitudine Soa se afforzò de farme ben chiaro. Poi mi disse: — Ambassador, non bisogna che vui mi ricordate
che non favorizamo el Duca in quelle cose di Romagna, perchè è officio nostro questo, per esser quelle
terre nostre *mediate vel immediate;* perchè chi le tien,
le tengono in vicariato e feudo della Chiesa. Però le
dovemo conservar; — dicendo, ch'el vorria che za
le ghe fossero sta' tolte tutte. Subiunse: — Vardate
pur se potemo far cosa bona per la Signoria, e domandate, chè ve promettemo, nui la satisfaremo sempre. — E perchè nel parlar de la Beatitudine Soa com-
prisi che l'averia apiacer cho za fosse sta'spazzate
tutte quelle terre, li dissi quel che mezz'ora avanti
aveva inteso a bocca da un corrier che vegniva de
Urbino, zoè ch'el duca suo aveva preso Cesena et
intrato dentro per nome della Chiesa. Subito me rispose Soa Santità che li piaceva, e che la vorria ch'el

fosse sta' fatto *etiam* avanti con el resto insieme. E con questo me parti' dalla Beatitudine Soa. »

616.   Notizie del campo francese.

Roma, 2 novembre 1503.

Hora 20. Lodovico della Mirandola ed Alessandro Trivulzio, che erano al campo dei Francesi con cento uomini d'arme ed altrettanti cavalleggieri, per conto del Valentino, compiuta la condotta col Duca, partirono dal campo e vennero a Roma. Dicesi che sia per imitarli il marchese di Mantova, il quale si è ritirato a Pontecorvo. In una lettera dal campo dei Francesi è detto : « — Per questo inverno nui staremo di qua (zoè, vol dire del Garigiano), et i Spagnoli staranno di là.... Semo in grandissima necessità di vittuarie et in confusion grande. — »

617. (Al Doge e ai capi dei Dieci.) Affari del ducato d'Urbino.

Roma, 3 novembre 1503.

L'agente del duca d'Urbino narra in istretta segretezza all'Oratore veneto, essere giunto a Roma un altro nunzio di esso duca per procurare che il Prefetto suo nipote gli succeda nel ducato, nel caso che egli muoia senza eredi legittimi.

618.   Affari di Romagna. Notizie del Valentino.

Roma, 3 novembre 1503.

Domenica, 19 corrente, avrà luogo la incoronazione del Papa;[1] e l'Oratore ha saputo dall'agente

---

[1] Fu trasferita alla successiva domenica, 26 novembre. Cfr. i disp. 634 e 650.

d'Urbino suddetto, che il Papa ne ha fatto scrivere al duca Guidubaldo, volendo che questi si trovi presente alla cerimonia. Il cardinale di San Giorgio non sente con piacere questa notizia, temendo che questo allontanamento del duca possa danneggiare l'impresa di Romagna e dar tempo al Valentino.

« El ditto nunzio *etiam* mi disse che, sendo cum Nostro Signor, Soa Santità quasi *expresse* li aveva fatto intender ch'el convegniva scriver li brevi alle terre di Romagna ad instanzia del Valentino; *tamen* li disse: — Scrivi al duca, ch'el non resti di tegnir in ordine le sue zente, perchè la intenzion nostra non è altro al presente di quel che la gera *etiam* avanti che fossimo in questa sedia. — Il che è in consonanzia di quel che heri sera Soa Santità mi disse: che, dovendo pur scrivere, faria in modo che poco zovariano. Subiunse poi el Papa a questo nunzio, che in ogni maniera questo suo scriver saria de niun momento, perchè za tutto doveva esser perso fino quest'ora, e questo par che desideri el Pontefice, per poterse più convenientemente scusar con il duca Valentino, se non li conserva le cose za perdute. El qual adesso sta in Palazzo *publice,* nelle stanzie nuove fabricate per papa Innocenzio, dove si reduseno questi soi cardinali a cortizarlo: non però sta con reputazion e pompa, ma tutto pavido e spaventato. Da lui *etiam* si reduse qualcuno di capi de le soe zente d'arme, quali sono qui a Roma. »

619.   Notizie di Francia, Spagna e Germania.
         Dimande del cardinale di Roano.

Roma, 4 novembre 1503.

L'ambasciatore cesareo partecipa al Veneto che gli oratori che verranno di Germania a giurare ubbidienza al Papa, dovranno anche far pratiche con monsignor di Roano, perchè sia fatta la pace fra la Germania, la Francia, la Spagna e l'arciduca di Borgogna. Dicesi che il Re di Spagna sia andato in persona al campo, al confine di Perpignano, costringendo l'esercito francese a ritirarsi con molta vergogna.

Il cardinale di Roano ha chiesto al Papa il vescovato e la legazione di Avignone; e pare che questi, per mandarlo via contento, gli concederà quanto dimanda, nominando anco cardinale il nipote di lui, ch'è arcivescovo di Narbona.

620.   Maneggi del cardinale di Roano.

Roma, 5 novembre 1503.

Il cardinale di Roano, incitato dagli ambasciatori cesarei, novamente giunti in Roma, a recarsi a Trento per abboccarsi con Massimiliano, non v'acconsente. Egli è ora occupato a procurare una lega tra Firenze, Siena, Lucca e Bologna, e ne ha già fatte calde esortazioni all'oratore bolognese, secondo che questi, sul punto di partire da Roma, narra al Veneto. Il cardinale di Roano partirà dopo l'incoronazione del Pontefice, e nel viaggio terrà la via di Toscana per disporre le cose alla lega suddetta.

621. Notizie del Valentino.

Roma, 6 novembre 1503.

« El Duca de Valenza sta pur in Palazzo, ma con poca reputazion, e per quanto ho inteso, tutto ozi con gran instanzia ha ricercato audienzia da Nostro Signor, e non l'ha possuta aver. El ditto è fatto adesso molto summisso, e cum grandissima instanzia per più vie mi fa pregar che io lo vadi a visitar, chè ha da conferir con mi de alcune cose, il che non mi ha parso far, per non dar materia ad altri che fazino po' di lui mazor extimazion di quel che fanno, quando lo vedessero in parte alcuna favorito dalla Sublimità Vostra; e tanto manco curo andare quanto che so lui non voler altro che servirse di questa poca reputazion, et anche recomandarse e buttarse in le brazze de la Sublimità Vostra, alla quale in questa sua miseria vuol ricorrere, non l'avendo voluta riconoscer con quella riverenzia che era suo debito, in tempo di mazor soa prosperità. El ditto va pur facendo qualche zente da pe e da cavallo, non se intende con certezza a che fin; benchè alcun volgare dica ch'el vogli vegnir verso Romagna, che non par rasonevole, non avendo più favor di quel che par l'abi. Pur per via del cardinal di Cosenza intendo, et anche per altra via sento rasonar, ch'el Pontefice è in pratica di far certo parentado con lui, e dar per mogier ad uno di questi soi Duchetti, che fo investito del ducato de Camerin cum titulo di Duca da papa Alessandro, una nezza del Pontefice,[1] che fo fiola del signor Venanzio da Camerin, nata da una fiola del *quondam* signor Prefetto, e reinvestirlo de quel stato; se dice però, con qualche recompensa al signor Zuan Maria, che al presente è in stado. Per la medema via *etiam* intendo ch'el Pontefice dà al duca Valentin Civita Castellana, dove si dice ch'el ditto si redurrà, chè è luogo fortissimo: pareralli star securo e sarà *etiam* appresso Roma. Questi avisi, e da chi li ho, scrivo alla Sublimità Vostra, la qual i metterà in quel costrutto che li parerà. Quanto per zornada serà de questo Duca e de tutte altre cose, significarò a quella; alla qual *reverenter* ricordo vogli in questo principio cercar de gratificarse el Pontefice, e conservarlo in questa soa bona disposizion qual Soa Santità mostra aver verso la Illustrissima Signoria Vostra. »

622.   **Notizie varie.**

Roma, 7 novembre 1503.

L'Oratore consiglia la Repubblica a mandare al Papa per onorarlo « oratori che siano et in numero et in condizion di persone qualificate, » essendo egli per natura magnifico e liberale, e volendo fare una incoronazione senza risparmio.

Si conferma la notizia della rotta dei Francesi

---

[1] *Nezza*, nipote; ma qui veramente significa *pronipote*. La fanciulla, a cui si accenna in questo passo, è Porzia figliuola del fu Venanzio da Camerino, nata da una nipote di Giulio II, cioè da Maria figliuola del prefetto Giovanni Della Rovere, fratello di esso Papa. Secondo le tavole del Litta, Porzia morì nel 1505, nell'età di tre anni.

presso Perpignano. Nel Regno gli Spagnuoli si sono fortificati ai passi del Garigliano, e non lasciano passare i Francesi, i quali patiscono difetto di vettovaglie.

Lodovico della Mirandola, già soldato del Valentino, ora dei Francesi, offre, per mezzo dell'Oratore veneto, i suoi servigi alla Repubblica.

623. Lagnanze del Papa per i successi della Repubblica Veneta in Romagna.

Roma, 8 novembre 1503.

« Per bona via intesi che Nostro Signor aveva per più vie inteso li successi della Sublimità Vostra in Romagna, delli quali aveva abuto particular aviso da un domino Gabriel de Fano, suo antico servitor, familiare, che heri sera venne dal paese; e che la Beatitudine Soa l'aveva inteso con dispiazer, dolendose che in questo principio del suo pontificato l'avesse causa de pigliar altercazion con la Excellentissima Signoria Vostra, la qual lei[1] amava affettuosamente, et alla qual *etiam* era molto obbligata, e desiderava far onor...; *tamen* che non poteva con onor suo nè salva la coscienza lassarli tuor le terre de la Chiesa, quelle *precipue* che sono *immediate* suddite a quella, e che za erano ritornate alla obedienzia de quella; subiunzendome che non mi persuadesse che la Beatitudine Soa facesse questa demostrazion per rispetto del duca Valentino, el qual non averia parte in quelli stadi, ma per l'onor della Beatitudine Soa. »

[1] Intendi, *Sua Santità.*

624.   Lettera della Repubblica di Venezia al Papa.
Notizie del Regno.

Roma, 9 novembre 1503.

L'Oratore veneto presenta al Papa una lettera di congratulazione della Repubblica, là quale egli riceve con parole d'affetto.

L'armata francese trovasi a Baia, ed è più potente di quella degli Spagnuoli.

625. Dimostrazione di favore del Pontefice verso il Valentino.
Notizie varie.

Roma, 9 novembre 1503.

Hora 3 noctis. Nella congregazione dei cardinali, convocata dal Pontefice, dicesi che siasi proposto di confermare il gonfalonierato della Chiesa al Valentino; ma non è vero, essendosi trattato soltanto delle cose solite a farsi in principio d'ogni pontificato; cioè, metter pace fra i Principi cristiani, far qualche spedizione contro gl'infedeli, e via discorrendo.

« Ben è vero, Principe Serenissimo, che la Beatitudine Soa ha intenzion di proponere in Concistorio questa cosa del capitaniato al Duca, ma non con animo che l'abi luogo; perchè per bona via intendo che l'ha praticato e fatto intendere a quei cardinali, ai quali *confidenter* el puol parlar, che si vogliano opponer a questa cosa, perchè, *licet* la propone, non è di voluntà soa, ma non vol mostrar di mancar di fede al Duca. El qual pur si sta in Palazzo, e mo terza sera ebbe audienzia dal Papa; e, per quanto intendo, li fece ca-

rezze assai; e, dopoi expedite le cose che avevano
da dir, introrno in rasonamenti piazevoli, sopra i
quali stettero un bon spazio di tempo, e parve che
in quelli el Pontefice desse favor al Duca. Et a quelli
che si doleno di queste bone demostrazion ch'el fa
verso el Duca, risponde che tutto fa a bon fine, avendoli *ex necessitate* promesso molte cose, de le qual
però non attenderà se non quelle che non importe-
ranno molto, e che saranno senza preiudicio de alcun;
e che non li par di commettere errore, di satisfarlo
almeno di bona zera e bone parole. »

Non si conferma la notizia che Civita Castellana
debba esser data al Duca. (Vedi il disp. 621.)

Il vescovo di Sinigaglia[1] fu dal Pontefice nominato castellano di Sant'Angelo.

Si spargono voci in Roma circa i progressi della
Repubblica nella Romagna, e si crede ch'essa abbia
intenzione di impadronirsi di tutte quelle terre.[2]

[1] Marco Vigerio da Savona, che fu poi cardinale del titolo
di Santa Maria in Trastevere. Il precedente castellano era Francesco di Roccamura, vescovo di Nicastro.

[2] Il 3 di novembre il Senato Veneto, insieme con la lettera
di congratulazione per l'elezione di Giulio II, ne inviava un'altra
al suo Oratore in Roma, dove gli riferiva che la Repubblica,
occupandosi dei moti del Valentino e dei Fiorentini, i quali con
diversi mezzi cercavano d'impadronirsi della Romagna, aveva
creduto opportuno, per conservazione del proprio Stato, di accettare la dedizione di Russi, Fano, Montefiore e Valdilamona.
(Codice Giustinian., a c. 551 t.) — E a dì 8 scrive che la Repubblica
aveva avuta la rocca di Faenza « per compositione facta cum
quello castellano; » che dopo l'elezione del nuovo Pontefice, i Fa-
nesi hanno ritirate le loro offerte di sottomissione; che sonosi già
avviate pratiche con Pandolfo Malatesta per la cessione di Rimini.
(Arch. gen. di Venezia. *Senato Secreti*, Reg. 54, a c. 127 t, e 128.)

Il cardinale di Roano non frequenta molto le
udienze del Papa.

626. Colloquio tra i cardinali Riario e Soderini,
dinanzi al Pontefice, circa i fatti di Romagna.

Roma, 10 novembre 1503.

Il cardinale di San Giorgio, in un colloquio avuto
dinanzi al Pontefice col cardinale di Volterra circa gli
affari di Romagna, difende la Repubblica Veneta dalle
accuse di questo. Fatto poi chiamare l'Oratore veneto, gli riferisce di avere sollecitato i suoi nipoti a
recarsi a Ravenna e mettersi a disposizione della Repubblica; del che l'Oratore lo loda.

627. Notizie della guerra tra Francia e Spagna.

Roma, 11 novembre 1503.

Hora 20. I Francesi hanno passato il Garigliano
in numero di 500 fanti. Il marchese di Mantova, assai
malato, si farà portare a Gaeta, e forse a Roma. Il
cardinale di Roano fa offerte illimitate al conte di Pitigliano, perchè vada ai servigii di Francia.

628. Colloquio dell'Oratore col Pontefice sui fatti di Romagna.

Roma, 11 novembre 1503.

« *Hora 4 noctis.* Sentendo io da ogni banda ch'el
Pontefice si lamentava dei progressi di Vostra Serenità in Romagna, ho voluto ben certificarmene et intendere la mente di Soa Beatitudine. Trovo che monsignor di Roano, monsignor di Volterra e molti altri
emuli sono continuamente alle recchie di Soa Santità,

e con ogni mezzo cercano di mettere al punto la Celsitudine Vostra, et a questo effetto non manca *etiam* el duca di Ferrara e Bolognesi, ma questi non sono cusì studiosi e solliciti. *Tamen* sin qui Soa Beatitudine mostra di aver ottima mente verso la Sublimità Vostra; e ritrovandomi con Soa Santità questa sera, mi disse quanto l'era obligata alla Serenità Vostra, e sì per le passate amorevolissime demostrazion, e sì per le presenti operazion in questa sua assunzion *in pontificatu,* dicendo che in alcun suo bisogno non sapria da chi ricorrere con mazor confidenzia che dalla Illustrissima Signoria Vostra; con tanto dolce et amorevol parole, che certo non so quanto più desiderar si potesse. Subiunse poi ch'el pregava l'Excellenzia Vostra che, cussì come che l'aveva aiutato ad esser Papa (dalla qual più che d'alcun altro riconosce questa dignità), cussì vogli mantener e conservarlo con onor e riputazion di questa Santissima Sedia; e subiunse che la era certa che quanto la Sublimità Vostra faceva contra el duca Valentino in Romagna, era per castigar i demeriti soi. — Nè volemo che la si persuadi che nui lo vogliamo favorir, e che l'abi pur un merlo [1] in Romagna; e sebbene gli abbiamo promesso qualche cosa, volemo che la promission nostra *solum* si extendi alla conservazion de la vita soa, e dei denari e roba che l'ha robato; le quali sin ora in bona parte sono dissipate; ma li stati volemo che tornino alla Chiesa, e volemo noi questo onor, di ricuperar quello che

---

[1] Cioè, *un merlo di fortezza.* Cfr. il disp. 144: « Quando la Illustrissima Signoria Vostra non avesse voluto che la Excellenzia del Duca avesse avuto quei stadi, non ne averia merlo. »

i nostri precessori hanno malamente alienato dalla Chiesa. Pregate adunque la illustrissima Signoria che a questo la ne vogli aiutar, e persuader quelle terre che vogliano ritornar alla madre soa, che è Santa Chiesa. — Io risposi alla Beatitudine Soa, che ben aveva iudicato, che ogni operazion di Vostra Sublimità in Romagna non era se non per liberare quelle terre dalla tirannide del Valentino, che con tanto vituperio e cargo della Santità Soa le occupava, non senza grandissime querele de tutti quei populi, che hanno desiderato e desiderano la redenzion soa dalle man di colui, et anche proibito ad' altri, i quali aspirano a quei stati, che non possino mandar ad effetto la soa mala voluntà, cum qualche detrimento *etiam* del stado della Sublimità Vostra. La conservazion del quale non manco doveva essere a core della Beatitudine Soa ch'el suo proprio, però che suo poteva riputar quello de la Illustrissima Signoria Vostra, la quale, se ad altri Pontefici era stata divota, a Soa Beatitudine seria devotissima: la quale non *solum* di quelle terre che ora fusseno venute in dedizion de la Excellenzia Vostra, ma de tutte le altre de stado nostro la ne poteva disponere *pro arbitrio*. Pregai la Santità Soa che non *admitteret calumniatores*, i quali, sapendo che per la bona intelligenzia della Santità Soa (la qual da tutti era riputata veneziana) con la Celsitudine Vostra non li saria concesso recalcitrar, cercariano di seminar zizania, secondo el suo antico cattivo costume, per causa di perturbar questa benevolenzia, per poter meglio adempir le sue prave voluntà; confortando la Soa Beatitudine a tenir conto de la Illustrissima Signoria

Vostra, la qual poteva mantenir la Beatitudine Soa in gloria e riputazion con sigurtà de le cose soe, e farlo gloriosissimo Pontefice. Di queste parole Soa Santità ebbe grandissimo apiacer, e disse: — Ambassador, lassate dir chi vuol dir, chè nui vi promettemo che mai vedeste colonna immobile quanto saremo noi nell'amor de la Signoria di Venezia; e molto siamo contenti che la brigata ne tenghi veneziana, perchè, quando bisognerà, lo faremo *etiam* molto ben conoscere a tutti, che volemo esserlo. E prima che vogliamo moversi a creder che la illustrissima Signoria fazzi cosa alcuna contra de nui, vorremo prima veder e toccar con mano, e poi ancora non lo vorremo creder. — E tornò a replicar, che io pregasse la Celsitudine Vostra che la volesse operar in modo, che quelle terre de Romagna retornasseno alla Chiesa. In modo, Principe Serenissimo, che dalle parole di Soa Santità, che erano piene di dolcezza verso la Celsitudine Vostra, trazo questa conclusion, che la intenzion di Soa Santità saria che le terre che erano *immediate* suddite alla Chiesa ritornassero alla Chiesa, e quelle che erano date in vicariato fossero dei so'primi vicarii. Pur, quando la Excellenzia Vostra mostrasse operar in modo, che la Chiesa ne conseguisse commodo circa le altre, con bene intenderse con el cardinal de San Zorzi, che ha molta autorità con questo Pontefice, facil cosa saria adattar le cose di Faenza; e però, con ogni debita riverenzia e venia, ricordo a quella a scriver una bona lettera in risposta di questa, da esser comunicata alla Beatitudine del Pontefice, con quella prudenzia e circumspezion che la saperà far,

- e restrengersi in qualche particularità con el cardinal; e quando a lei non paresse scoprirsi con lui, dar a me qualche ordine che li parerà, chè io, come da mi, descendendo a qualche particularità, vederò quello che con fondamento si potrà cavare da lui. La Sublimità Vostra poi meglio potrà deliberar quello che nella sua sapienza giudicherà bene. »

629. Notizie della guerra nel Regno di Napoli e nella Spagna.
Il Papa prende possesso di Castel Sant'Angelo.

Roma, 12 novembre 1503.

Si conferma la notizia che gli Spagnuoli abbiano permesso il passaggio del Garigliano ai Francesi, dei quali passarono circa tremila. Il marchese di Mantova viene alla volta di Roma, malato. Lettere di Spagna avvisano che l'esercito spagnuolo dalla parte di Perpignano è molto ingrossato. Il Papa ha preso oggi in persona possesso di Castel Sant'Angelo, e datane la consegna al vescovo di Sinigaglia, castellano novamente eletto (vedi il disp. 625).

630. Altro colloquio del Pontefice coll'Oratore veneto circa i fatti di Romagna.

Roma, 13 novembre 1503.

Il Papa, in un colloquio coll'Oratore veneto, gli esprime novamente il desiderio che tutte le terre di Romagna tornino alla Chiesa, non già per amor del Valentino, ma per interesse della Santa Sede. Parlano poi delle cose di Faenza; ed il Papa replica non voler più bastardi[1] nè altri vicarii, e prega la Repubblica ad aiutarlo all'espulsione di tutti ed alla restituzione di quelle terre alla Chiesa. L'Oratore risponde esser utile che il Papa lasci alla Repubblica la cura di liberare quelle terre da tutti i comuni nemici, poichè allora, avendole in proprie mani, essa avrà occasione di dimostrar la sua devozione alla Santa Sede.

Il Valentino insiste per aver un salvacondotto dai Fiorentini e dai Senesi, che glielo promisero mediante monsignore di Roano, ed egli da parte sua si offre di far guerra in Romagna ai Veneziani.

631.   Notizie varie.

Roma, 13 novembre 1503.

L'Oratore veneto, discorrendo con gli ambasciatori cesarei, cerca di persuaderli delle buone intenzioni che ha la Repubblica nelle faccende di Romagna.

Da qualche giorno si è diffusa in Roma la peste.[2]

632.   Colloquio del cardinale Riario coll'Oratore.

Roma, 14 novembre 1503.

Il cardinale di San Giorgio esprime all'Oratore la sua compiacenza che le terre di Romagna vengano in mano della Repubblica, e gli raccomanda i suoi nipoti. Dice poi che il Papa è favorevole alla Repub-

---

[1] Allude a Franceschetto Manfredi: cfr. la nota 2 al disp. 606.

[2] Il Machiavelli scrive il 16 novembre: « La peste fa molto bene il debito suo, e non perdona nè a case di cardinali, nè ad alcuno dove le torna bene; e con tutto questo non ci è chi ne faccia molto conto. » (*Legazione a Roma* , disp. 48.)

blica Veneta; ma che alcuni cardinali, specialmente
Roano, Volterra e Ferrara, d'accordo col duca Valentino, cercano di metterlo al punto contro la medesima.

633. Disposizioni del Valentino alla partenza, e pratiche
per ottenere dal Papa brevi in proprio favore.

Roma, 15 novembre 1503.

« *Hora 20.* Cercando io de intender qualche verità del manizo de heri tra el Pontefice e quelli cardinali con el Duca, credo che, parendo al Duca non star come el vorria qui a Roma, *maxime* dopoi pervenuto el Castel Sant'Anzolo in man del Papa, si pose in animo di partir, e, per favor, de aver segurtà e salvacondutto da Fiorentini e Senesi, per aviarse a quella banda cum quelle poche zente che l'ha, che son circa 100 omeni d'arme, 200 cavalli lezieri, i quali lui ha a Rocca Suriana con Micheletto, e 500 in 600 fanti. Ha fatto instanzia aver brevi dal Papa, el qual gheli promesse, e mandò *etiam* a chiamar lo abate de Alviano, che è qui per nome de Orsini, a dirli che el provedesse che per le terre loro el potesse passar securo; et avendoli lo abate, per quanto lui medesimo me ha conferito, proposto qualche difficultà in Viterbo per li mali portamenti ch'el Duca avea fatti l'anno passato in quella città, el Papa li rispose: — Ben, lassatelo pur andar, chè se intravegnirà qualche desordene, serà suo danno. — Queste parole scrivo alla Serenità Vostra, per dinotarli lo animo del Pontefice verso el Duca non esser meglio disposto di quel che meritano li suoi cattivi portamenti. » Certo è che il Duca non ha ottenuto dal Papa verun salva-condotto. Dicesi ch'egli anderà in Francia, forse per mare, condottovi dal cardinale di Roano.

L'Oratore ottiene con difficoltà e per pochi minuti udienza dal Papa, essendo questi del continuo circondato dai cardinali. Il Papa gli dice: « — Mi voleno questi cardinali tanto straccar, che ne voleno far quello che fecero a papa Pio. — »

634.   Notizie del Papa.

Roma, 15 novembre 1503.

Hora 3 noctis. Il Papa delibera di spedire per suo legato a Venezia il vescovo Tiburtino.[1] Cesena vuole liberarsi dalla signoria del Valentino, e sottomettersi alla Chiesa: il Papa ne ha accettato l'offerta. L'incoronazione di questo è differita a domenica prossima, 26 di novembre, « consigliata da astrologhi, che promettono quel zorno alla Beatitudine Soa miglior disposizion di stelle. »

635.   Annunzio dell'invio d'un'ambasciata straordinaria
      della Repubblica Veneta al Pontefice novamente eletto.

Roma, 16 novembre 1503.

L'Oratore annunzia al Papa, presenti i cardinali, che la Repubblica ha stabilito di mandargli un'ambasciata straordinaria di otto legati per rallegrarsi della sua elezione. Il Papa risponde ringraziando. Il cardinale di San Giorgio torna a raccomandare i suoi nipoti.

[1] Angelo Leonini, vescovo di Tivoli, stato già legato pontificio in Venezia a tempo di Alessandro VI.

636.   Notizie del Valentino.

Roma, 17 novembre 1503.

Le poche genti del Duca, unite ad alcuni caval-. leggieri, pare che si avvicinino verso la Romagna: esso insiste nel voler partire per via di terra. Il Papa è malissimo disposto contro di lui, e dicesi che abbia ordinato a Pandolfo Petrucci di trattarlo come nemico. « Il Papa attende alla distruzion del Duca, ma non vuol che para là cosa vegni da lui. » Dicesi che a Firenze si cerchi di fare denari per trecento uomini d'arme in favore del Duca.

637. Lungo colloquio dell'Oratore col Papa sui fatti di Romagna.
    Il Pàpa vuole che la Repubblica rinunzi a ogni pretesa
    sulle terre di Romagna, e si adoperi a farle tornare in
    soggezione immediata della Chiesa, mentre l'Oratore
    esorta il Papa a consentire ch'esse rimangano in potestà
    di Venezia, promettendo che questa riconoscerà sempre
    il supremo dominio della Santa Sede sopra di quelle.

Roma, 18 novembre 1503.

« *Hora 17 cum dimidio.* Questa mattina, per aver più fondamento di quanto per la mia de heri scrivo alla Serenità Vostra, mi son trasferito a Palazzo; et introdutto a Nostro Signor, li dissi: — *Pater Sancte,* di questa partita del Duca e de la via che l'ha a far, io sento parlar tanto variamente, che non so che crederme, nè con che fondamento di verità la possi significar alla illustrissima Signoria mia. — Imperò dissi che supplicava la Santità Soa a dechiarirme la verità, et anche che con la prudenzia e bontà sua volesse ben considerar a tutto quel che potesse intravegnir de mal, quando lui desse tal favor al Duca, che la brigata conoscesse ch'el fosse favorito da lei, *presertim* contro la Sublimità Vostra, che proseguiva la Beatitudine Soa di tanta osservanzia e divozion quanto lei medema sapeva e conosceva. Mi rispose: — *Domine Orator*, questo Duca è tanto volubile et inintelligibile, che certo non sapemo come di fatti soi possiamo affirmarvi niuna cosa: pur ve dicemo quella resoluzion, in la qual par ch'el sii affirmato da tre zorni in qua, che è ch'el ditto vuol andar per via di mar, non li parendo poter passar securo per molti luoghi, dove convegniria passar fina ch'el fosse in luoco de securtà, e fa conto di smontar a Ligorno *aut* alla Specie (Spezia), over in qualche loco più al suo proposito, su quello de Fiorentini, dalli quali, per le promission che li hanno fatto loro et il cardinal di Roano, spera aver segurtà e favor, e de lì passarsene a Imola. *Tamen* a nui ne hanno ditto el contrario; sicchè lassatelo pur andar, chè credemo forsi ch'el serà svalisato. — Le qual parole mi confirmano quanto per l'aligata scrivo alla Celsitudine Vostra, benchè Soa Santità con mi non ussisse più oltra; se non che per le parole sue parveme sotrazer ch'el facesse conto che questa andata del Duca dovesse esser la total soa ruina. Subiunse poi ch'el mandava le soe zente per terra, per segurtà de le qual aveva domandato un commissario per le terre de la Chiesa, e che lui gli aveva dato.

» Finito questo, Soa Santità mi disse: — *Domine Orator*, nui volemo mandar uno nostro commissario in Romagna ad intimar e far intender a tutte quelle

terre che volemo che le sian nostre, e che tornino tutte
sotto la Chiesa, e che niuna di queste stia più sotto
el Duca nè d'altri; e per el medemo effetto avemo
etiam expedito heri sera il vescovo Tiburtino, per mandarlo all'illustrissima Signoria a persuaderla che non
ne sia contraria a questa cosa, ma vogli, come sempre ha in tutte le altre cose, cusì in questa demo-
strarne l'amor et affezion che la ne porta; e se alcuna
de quelle terre fusse renitente a questo, lei la vogli
persuader a farlo. — Et in questo proposito tanto ef-
ficacemente mi parlò, quanto dir si possi, non una,
ma più fiate replicando, pregandome che con ogni
efficacia ne scrivessi a la Serenità Vostra. Resposi alla
Beatitudine Soa che io non mancaria di scriver quanto
la mi comandava: ben la pregava che volesse riconoscer la fede e devozion di quel serenissimo Dominio
verso la Beatitudine Soa, del qual la sapeva quanto
la se ne poteva prometter. E se alcuna di quelle terre
di Romagna è sta' [1] tolta non alla Chiesa, ma ad
un inimico di quella, et in particulare della Beatitudine Soa e del stato nostro (del qual quanto lui
fosse demerito, la Santità Soa lo sapeva), volesse
esser contenta che la restasse in man de la Serenità
Vostra, chè seria sempre de la Beatitudine Soa, più
presto che andare in man d'altri, de chi non la se potrà tanto prometter; e che la Santità Soa considerasse
che queste terre non potriano esser conservate *immediate* dalla Chiesa, e seria forza darle ad altri; il che
non potria esser senza qualche cargo de la Sublimità
Vostra, che era cusì ben sufficiente a conservarle a

[1] Le due parole *è sta'* mancano nel codice.

comodo della Chiesa e riconoscerle da quella con i debiti modi, quanto alcun altro che fosse; e che i meriti della Illustrissima Signoria Vostra con la Santa Sede Apostolica erano ben tanti, che meritavano essere riconosciuti in una cosa iusta e conveniente, come era questa. Nè vedeva per questo la Santità Soa se non laude e comendazion de tutti i boni, alli quali lei doveva aver respetto, e non a quelli che per l'innata soa malignità si movevano, i quali sa ben la Santità Soa quanti meriti hanno con quella; dicendo che, quando la Beatitudine Soa facesse altramente, daria ad intender al mondo l'opposito di quel che ognuno crede (zoè, lei tegnir bon conto della Excellentissima Serenità Vostra), e tanto più che Fiorentini, contra ogni debito di razon, hanno occupata et ancora tengono la terra di Citerna, [1] *immediate* suddita alla Chiesa e tolta dalle man di quella; alli quali non veniva detto niente, come se loro dovessero esser fioli senza alcun merito, e quelli che ne hanno tanti, fosseno fiastri; pregando la Beatitudine Soa a voler ben considerar queste cose e in quelle dimostrar il bon animo suo verso la Illustrissima Signoria Vostra. Volse la Santità Soa con molte parole persuadermi quanto era grande l'amor suo verso la Serenità Vostra, e quello ch'el desiderava far, e che la vederia etc. E quando *etiam* potesse far questo con onor suo, taseria; e ch'el debito suo era di tegnir bon conto delle cose de la Chiesa, e conservarle più

---

[1] Venne nelle mani dei Fiorentini, per ispontanea dedizione, dopo la morte di papa Alessandro; fu poi da loro restituita il **28** febbraio 1504. Cfr. Buonaccorsi, *Diario*, pag. **87.**

presto con augumento che con diminuzion; e che la speranza sua era che la Sublimità Vostra lo aiutasse a questo; e cusì la pregava che volesse far. Gli replicai quel che fu conveniente, commemorandoli qualche parola di Soa Santità, essendo *in minoribus,* quando con instanzia mi ricercava che io persuadesse la Serenità Vostra a far e dir etc. Mi disse che allora parlava contro el Duca, et ora seria contra la Chiesa, volendo le terre per la Chiesa. Parveme de dir questo: che dubitava l'intravegniria tutto l'opposito, imperò ch'el Duca adesso andaria in Romagna, forse da sì e con favor de Fiorentini; i quali et il Duca occuperanno quelle terre che non se li oppone, e forsi che la Santità Soa le vorrà, che non le potrà avere, e li sarà mazor scorno, perchè insieme averia il danno e la beffe: che se le terre saranno in man della Sublimità Vostra, non li intravegnirà questo, perchè di quelle e de le altre nostre potrà disponere *ad libitum.* Mi disse ch'io non dubitasse. Questo conferimento mi ha parso degno di esser subito significato alla Celsitudine Vostra. »

Nel detto colloquio l'Oratore parla anche lungamente col Papa circa la prossima promozione di cardinali, e prega che tra questi sia compreso qualcuno dei prelati veneziani.

638. Ancora delle cose di Romagna; delle dimostrazioni del Papa in favore del Valentino, e della contrarietà di lui agli acquisti della Repubblica in Romagna.

Roma, 18 novembre 1503.

« *Hora 2 noctis.* Ozi, alle ore 17 $^1/_2$, ho scritto alla Sublimità Vostra quanto m'accadeva per Pasinetto

corrier, et *inter cetera* li avisai quanto m'aveva detto
el Pontefice delle cose de Romagna, e quello io li risposi. La mente del quale certo m'è ambigua, imperò
che, parlando con mi, par che *male sentiat* del Duca,
e che desideri la sua rovina, et il medemo mi viene
affirmato da chi mostra intendere li secreti di Soa Beatitudine: *ex alio capite* vedo effetti boni verso di lui,
perchè, oltra li brevi scritti in favor suo, già più dì,
che dieno aver fatto quell'effetto che sa la Sublimità
Vostra, prudentissimamente preveduto da quella (come
etiam fin allora io dissi alla Beatitudine Soa), *noviter*,
con favore di Soa Santità, parteno de qui le genti duchesche con commissarii papali, che le guida et asse-
cura per tutte le terre de la Chiesa. A lui presta galle
a condur la persona sua dove el vuole, raccomandato
non altrimenti che se li fusse fiolo. »

L'Oratore si lagna col cardinale di San Giorgio
di queste dimostrazioni di favore del Papa verso il
Valentino, dicendo che con danno suo egli aiuta la
potenza di costui e dei Fiorentini suoi alleati in Romagna, « i quali, quando s'abbiano tirato sotto i piè
quella terra, il Papa la vorrà che non la porrà avere,
perchè da sè non ha il modo di recuperarla dalle man
del Duca e Fiorentini insieme. » Nè da altri può il
Papa sperar favore se non da Venezia; « e *tamen* a lei,
che sempre è stata devotissima di quella Santa Sedia
Apostolica, et in particolare della persona di Soa
Santità, è proibito quel che ad altri se permette.

» Io, Principe Serenissimo, per l'officio mio,
non manco nè mancherò in tutti i luoghi et appresso
quelli che se convien, fare quel che è mio debito per

onore e comodo di quella. Ben l'aviso, che in questa
Corte ha molti emuli; e principal è il cardinal de
Roano e Volterra, che appresso a sè tirano delli altri,
i quali trovano nel Pontefice facilità a credere quel
che li dicono de la Sublimità Vostra; avendo la Beatitudine Soa desiderio di investire il Prefetto del
stato de Urbino, mancando senza eredi il presente
duca; e l'esser de la Sublimità Vostra in Romagna,
li par che osti a questo suo desiderio; imperò che li
dipingono innanti agli occhi, che non *solum* de la Romagna, ma del resto d'Italia, lei cerchi insignorirsi.
Pur spero nella bontà divina che, mediante la iustizia, mi darà lume di operar quel che è mio desiderio
e debito per la Sublimità Vostra. »

639. Partenza del Valentino da Roma alla volta di Ostia. Voci
      varie sul luogo, dove si fermerà e sulla segreta alleanza
      di lui coi Fiorentini.

Roma, 19 novembre 1503.

« Questa mattina avanti zorno è partito el Duca,
et in barca ito alla volta d'Ostia, dove Motino l'aspetta
con due galee per condurlo verso Toscana. Del loco
dove l'abi a smontar, si parla variamente: chi a Livorno, chi alla Spezie, e chi altrove. Uno di soi m'ha
detto che smonterà a Iuarezo (Viareggio), luogo del
duca di Ferrara verso Pietrasanta: *tamen* el cardinal
de Medici, per il mezzo di don Antonio di Bibiena,
ozi mi ha mandato a dire, e dice di averlo de camera
del Papa, che il Duca va con intelligenzia secreta de
Fiorentini, con i quali dà fama non s'intender troppo
bene, per assicurar Pisani che lo recettano in Pisa,

dove lui si affermerà, e farà quelle zente che potrà, con le quali voltarsi contro Pisani. » Credesi che voglia dare questa terra ai Fiorentini, i quali in compenso gli promettono ogni favore per restituirlo nei suoi stati di Romagna. [1] Il Duca ha fatto portar via tutte le sue robe, e l'hanno seguìto 150 a 160 cavalli.

È pure partito da Roma per Venezia il vescovo Tiburtino, legato pontificio.

640.   Notizie del campo dei Francesi.

Roma, 19 novembre 1503.

Hora 2 noctis. Lettere dal campo dei Francesi dicono che questi sono disposti a mandare fanterie a Gaeta per fortificarla; e che, passato il Garigliano, essendo i luoghi palustri e sterili, divideranno il resto dell'esercito in più schiere per farlo svernare con maggior comodità.

641. Venuta di Guidobaldo duca d'Urbino in Roma. Colloquio di lui coll'Oratore veneto, e prima col segretario di questo.

Roma, 20 novembre 1503.

« Quanto fina heri accadeva ho scritto alla Celsitudine Vostra per Zuan de Ambruoso corrier. Ozi poi ha fatta la sua entrata qui in Roma el signor duca d'Urbino, onorato da le famiglie di cardinali, *iussu Pontificis*, e da quelle di Soa Santità; e perchè ordine

---

[1] Dai disp. 19 e 20 della *Legazione a Roma* del Machiavelli non apparirebbe che il Duca in quell'ora s'intendesse bene coi Fiorentini, ma che anzi fosse tra le due parti un reciproco sospetto.

di quella era che l'Excellenzia Soa venisse a de-
smontare de longo a Palazzo, all'ora dell'intrare, la
Beatitudine Soa se ridusse sopra pozuoli con molti
cardinali per vederlo vegnir, benchè per errore del
maestro di zeremonie non vegnisse de longo, ma lo
condusse alla casa dove li era preparato l'alozamento.
Mi parve ben a proposito de dare all'Excellenzia Soa
qualche informazion particolare delle cose accadute
questi zorni, aziò che non fusse accolto all'improv-
viso dal Pontefice, il quale è da credere che nel primo
ingresso intrerà a parlare con Soa Excellenzia delle
cose di Romagna; e però mandai il mio segretario a
incontrarlo un pezo fuora di Roma; el quale, avendoli
parlato, trovò in l'Excellenzia Soa un'ottima intenzione e desiderio di non mancare da niuno filiale officio per la Serenità Vostra appresso Nostro Signor. »

L'Oratore si reca poi in persona a visitare il duca
d'Urbino, il quale si dimostra malissimo contento di
quello che il Papa ha fatto in favore del Valentino; e
dice che sarebbe utile che il Pontefice, nelle cose di
Romagna, si mettesse d'accordo con Venezia e non
desse ascolto ai Fiorentini. Esprime poi all'Oratore
la sua molta gratitudine verso la Repubblica, e gli
chiede conto delle cose di Faenza.

642. Altro colloquio dell'Oratore veneto col duca d'Urbino.

Roma, 21 novembre 1503.

Il duca d'Urbino riferisce all'Oratore veneto di
avere parlato al Pontefice in favore della Repubblica
Veneta, e consigliatolo a stare in buone relazioni colla

medesima, « demostrandose bon padre di quella. »
L'Oratore lo ringrazia, ma riconosce che il Papa,
mentre fa professione di voler essere buon veneziano,
vuole ad ogni costo riavere le terre di Romagna *sub
titulo Ecclesie*.

Dicesi che il Papa nominerà il duca d'Urbino
Gonfaloniere della Chiesa.

6&3. **Resa di Faenza ai Veneziani. Il Papa spedisce due cardinali
al Valentino in Ostia, per indurlo a restituire alla Chiesa
le sue fortezze di Romagna. Colloquio del Papa coll'Oratore sulle predette faccende e sulla successione del ducato
d'Urbino.**

Roma, 22 novembre 1503.

Il Papa manda a chiamare l'Oratore veneto per
parlargli delle cose di Faenza, essendo corsa voce che
questa siasi arresa ai Veneti ai 19 del corrente;[1] e gli
ripete essere suo fermo desiderio « che tutte quelle
terre, che erano suddite alla Chiesa, ritornassero alla
Chiesa. » Gli dice inoltre d'avere spedito due cardinali[2]
a conferire col Duca che si trova ancora ad Ostia, affine
di persuaderlo a restituire alla Chiesa tutte le rócche
ch'egli tiene in Romagna; e d'aver commesso all'arcivescovo Ragusino di pigliarne possesso e di gover-

---

[1] Così fu infatti. Intorno a ciò sono due lettere del Senato
Veneto de' 20 e 23 novembre (a c 553-554 del Codice Giustinian.);
dov'è detto che le pratiche della resa durarono tre giorni, e che
poi i provveditori veneti furono accolti in città con grande
giubbilo.

[2] Furono il Soderini e il Romolino: partirono il 20 e torna-
rono il 21. Cfr. i disp. 646 e 647 del Giustinian, e il disp. 24 della
Legazione a Roma del Machiavelli.

narle. Prega infine che la Repubblica non voglia spingere le cose più oltre; e questo dice, sapendo che essa fa cavalcare il conte di Pitigliano in Romagna. L'Oratore risponde che la Repubblica non intende di aver tolto le terre di Romagna dalle mani della Chiesa, ma dai nemici di essa, quindi sarà contenta che ritornino al Pontefice: ma quanto a quelle che erano tenute da vicarii, che le governavano male e senza alcun vantaggio della Chiesa, potrebbero bene restare in potere della Repubblica meglio che di altri.

Il Papa entra quindi a parlare del desiderio che ha il duca d'Urbino di lasciare il proprio stato al nipote Prefetto, e l'Oratore gli fa intendere che la Repubblica v'acconsentirà, purché ciò si faccia colla grazia e protezione sua. [1]

644.   (Al Doge e ai capi dei Dieci.) Lagnanze del Papa
circa l'impresa della Repubblica in Romagna.

Roma, 23 novembre 1503.

L'Oratore ha potuto sapere dall'arcivescovo di Famagosta, che il Papa s'era doluto con questo del procedere della Repubblica Veneta in Romagna, dicendogli che il Doge e i più assennati del Governo avevano disapprovata tale impresa, la quale, per quanto credevasi, era favorita solamente da pochi giovani patrizi.

[1] Una lettera del Senato, del 4 dicembre, conferma la compiacenza della Repubblica per questa disposizione del duca d'Urbino in favore del proprio nipote, e dice ch'essa è pronta a riceverlo in protezione con tutti i suoi stati, « come carissimo fiol della gnoria nostra. » (Arch. gen. di Venezia. *Senato Secréti*, Reg. 54, a c. 137.)

645.   Ancora delle cose di Romagna e del.Valentino.

Il duca d'Urbino esprime all'Oratore la propria compiacenza per la buona riuscita dell'impresa di Faenza, ma crede che sarebbe bene che la Repubblica si fermasse qui: egli desidera sopra ogni cosa il buon accordo tra la Repubblica ed il Papa.

« Poi Soa Excellenzia mi disse che il cardinal di Volterra e quel di Surrento avevano scritto a Nostro Signor, che ancora el duca Valentino non s'aveva voluto risolversi di dar li contrasegni delle fortezze alla Santità di Nostro Signor, nè anche si aveva voluto fidar in dismontar de galìa; e mi disse, ch'el iudicava quasi che Valentino non anderia più avanti, ma che sarà trattenuto; il che per un'altra via pur in Palazzo mi è stato zegnato. »

646. Rifiuto del Valentino di consegnare al Papa le fortezze di Romagna. Provvedimenti del Pontefice per ridurlo alla sua volontà.

« *Hora 24.* Quanto fin heri accadeva ho scritto alla Serenità Vostra per Tagiagola corrier; et ozi son stato a Palazzo per eseguire quanto la Sublimità Vostra, per le soe che iersera ricevetti, m'impone; e non ho abuto comodità d'essere con Nostro Signor. El quale tutto ozi è stato occupato in queste resoluzioni delle cose del Valentino, per il ritorno di duo reverendissimi cardinali, Volterra e Surrento, mandati,

come ho scritto alla Sublimità Vostra, ad Ostia dal
Valentino, per aver i contrasegni di quelle fortezze
de Romagna, che s'attrovano ancora in man sue; i
quali reportano ch'el detto non l'ha voluto dare, se 'l
Papa e tutto il Collegio non li promette con buona securità restituirgele, da poi che le cose della Sublimità
Vostra saranno quietate.... Di questa risposta ch'el
Duca ha fatto, Nostro Signor non se ne contenta
punto; el quale al tutto è disposto o d'averle o de
non lassar partire el Duca; » e ha dato ordine a chi
ha in custodia la galera dove trovasi il Valentino, di
non lasciarla uscire dal porto d'Ostia. « Et oltra ziò,
Nostro Signor ha fatto preparare in Castel Sant'An-
gnolo loco stretto, dove pretende metterlo, non venendo alle voglie sue; il che ha fatto ozi andar fama
per tutta Roma, affirmata *etiam a primoribus*, ch'el
Valentino era sta' condutto in Castello. Oltra quanto è
sopradetto, Nostro Signor ha *etiam* provisto che le
zente del Valentino, che vegnivano per terra, siano impedite e non lassate passare : *tamen* per bona via son
fatto zerto, che a questo effetto il Papa ha scritto una
lettera secretissima, *manu propria,* a quel suo commissario che va con le zenti, che fazi quanto è sopradetto
ne li passi debiti; ma che prima con ogni destrezza
veda d'aver Micheletto in la man, e talmente stren-
zerlo, che securo possi vegnir in mano della Beatitudine Soa. E per provvedere alle cose di Romagna, son
etiam per la medema via zertificato, Soa Santità aver
espedito un cavallaro con diversi servitori a Forlì,
Imola et a quelli altri luoghi, indritti secretamente
parte a Guido Guanti e parte a Zuan de Sassatella

et alli anziani de luoghi; el qual cavallo *etiam* doverà scorrere verso Bologna, e de ritorno vegnire per i medemi luoghi, e con risposta ritornare a Roma.

» L'arcivescovo de Ragusi, deputado commissario in Romagna, non è ancor partido, nè partirà fino a luni proximo, secondo come lui proprio ozi mi ha detto. »

647.   Affare dei nipoti del cardinale Riario.

Roma, 24 novembre 1503.

L'Oratore, riferendo al cardinale di San Giorgio il tenore di alcune lettere scrittegli dalla Repubblica,[1] gli dice che essa è disposta ad accogliere e proteggere i nipoti di lui come proprii figliuoli.

648. Colloquio del Papa coll'Oratore sui fatti di Romagna e del Valentino.

Roma, 25 novembre 1503.

Hora 20. L'Oratore è ricevuto in udienza dal Papa, al quale rinnova per parte della Repubblica ogni dimostrazione di riverenza. Il Papa lo assicura che il Valentino non riterrà pur un castello della Romagna, e che egli non lo lascerà partire, se non gli consegni prima tutte le fortezze.

[1] Lettere del 16 e del 20 novembre, a c. 552-553 del Codice Giustinian.

649. La Repubblica Veneta acquista Rimini per accordo col Malatesta. Colloquio del duca d'Urbino coll'Oratore intorno a questo fatto. Notizie di Francia e Spagna.

Roma, 25 novembre 1503.

« *Hora 2 noctis.* Uscito ch'io fui da Nostro Signor questa mattina, in una delle camere dove mangia la Santità Soa trovai la Excellenzia del duca de Urbin, che era ridutto per disnare in quella; al quale fezi il debito onore. E accostato all'Excellenzia Soa, me domandò s'io aveva notizia delle cose de Arimano (Rimini). Dissi di non. Me rispose che l'aveva inteso che la Serenità Vostra aveva accordato quel signore, el quale li cedeva la città de Arimano e contado etc. [1] Nè è meraviglia che lui l'abi inteso, perchè, quantunque la Sublimità Vostra, per le sue de 20 del presente (rizevute di poi tornato a casa, con la solita mia riverenzia, per Piero Porca corriero), dice, tegna [2] questa cosa secretissima, de qui ognuno ne parla *publice* con dir *etiam* le particolarità dell'accordo; e venne questo avviso fin per l'altro corriero

---

[1] Cfr. la nota 1, a pag. 224. « Acquistarono egualmente Rimini per particolar convenzione con Pandolfo Malatesta, al quale accordavano la nobiltà veneziana, donavano una casa in Venezia. 4400 ducati da pagarsi al castellano, promettevano la condotta di 100 uomini d'arme, e terre che gli rendessero tremila ducati l'anno. » (Romanin, *Stor. docum. di Venezia*, tomo V, pag. 165.) Il contratto dell'accordo, secondo il Romanin medesimo, sta nell'Arch. gen. di Venezia, *Commemoriali*, a c. 19. Il Guicciardini (lib. VI) dice che a Pandolfo fu data « in ricompensa la terra di Cittadella nel territorio padovano. »

[2] Intendi, *ch'io tenga.*

che di là partite fin de 17. Et il predetto Bentivoglio
mi ha detto ozi averne particolare aviso da uno Al-
berto Cavrara mercadante bolognese, e per molte
altre vie si intende; cosa che certo molto mi dispiace,
e tanto più che, parlandomi de ziò il signor duca de
Urbino, com'ho sopra scritto, me disse con gran instanzia che io pregassi la Sublimità Vostra che, essendo pur seguita la cosa, lei la dovesse tegnir occulta più che la poteva per qualche zorno, fin a tanto
che le cose di Faenza se adattasseno; delle qual Soa
Excellenzia se promette assai bona speranza, ognora
ch'el Pontefice se pigli con destrezza, con demostrare
de tegnir conto de lui, e volerlo satisfare in l'altre
cose: e sopra ziò Soa Excellenzia me ne fece grande
instanzia, parlando con affezione. Alla qual dissi come
allora non sapeva conclusione alcuna; che di questa
materia non sapeva io più di quel che sapeva l'Excellenzia Soa (che era la resposta fattali ultimamente
per la Serenità Vostra, per mezzo del suo orator appresso a quella); *tamen*, ch'io faria intendere alla Sublimità Vostra quanto Soa Excellenzia mi aveva ditto;
e da quella mi partiti.

» Di poi ritornato a casa invèr il tardo, mi mandò
a dire per domino Lodovico *de Odorisüs*, suo secretario, che di questa materia de Arimano el Papa a ta-
vola non gene avea detto parola; e feceme replicar
pure, nonostante quanto lui m'aveva detto, pregando
la Serenità Vostra a far in modo che non gli venisse
da loco autentico per qualche zorno almanco. E me
disse che, desinando, Nostro Signor aveva abuto aviso
che tra li serenissimi Re di Spagna e Franza era con-

clusa tregua a le porte de Perpignan per fin al mese
de aprile, e si credeva che presto s'averia *etiam* il
medemo qui in Reame, dove non s'intende altro, et
ormai di quelli campi non se ne parla, come se non
non fusseno: pur se intende da qualcun che viene da
Franzesi, che quasi tutto quel campo era dissolto e
postosi in diversi lochi, e che non era modo che, se
non rinfrescavano il campo de fantarie, che potessero
per questo inverno far niun profitto....

» Da mattin farò intendere a Nostro Signor la
umanissima risposta della Sublimità Vostra circa
l'arcivescovato di Zara, da esser conferito al *reverendo episcopo* di Famagosta. [1] La qual, *reverenter* e
con ogni debita subiezion, rengrazio della instruzion
che per questa sua de 20 *copiose* mi ha dato; il che,
benchè sii con mia grandissima satisfazion, è *etiam*
con utile della Sublimità Vostra, imperocchè quanto
meglio sarò instrutto delle cose opportune, tanto meglio spero indirizzar le cose, iuxta il desiderio di
quella, alla quale supplico *reverenter*, che nelli bisogni non mi manchi di queste instruzioni. »

650.   Incoronazione di papa Giulio II in San Pietro.

Roma, 26 novembre 1504.

« Per Zanin corriero scrissi heri alla Celsitudine
Vostra quanto accadeva. Poi ozi Nostro Signor (come
scrissi alla Sublimità Vostra, dovea far) è sta' inco-
ronato; e per dir l'ordine alla Serenità Vostra, chè

[1] Si riferisce a una lettera del Senato, del 20 novembre, in-
serita nel Codice Giustinian., a c. 553.

credo non li sarà ingrato intenderlo, primo, Soa Santità fu portata sotto el baldacchino, il qual portavano li oratori in chiesa di San Pietro; ma prima che l'entrasse in chiesa fu posto a basso, e lì vennero tutti li cardinali et altri officiali in quella giesia a basciarli el piede e prestarli obedienzia; il che fatto, fu *iterum* levato, et intrato in chiesa fu condotto in la capella di Sant'Andrea, luoco consueto, che è nell'entrar della giesia a man manca, dove sentète[1] in sedia la Beatitudine Soa: li fu prestata obedienza da tutti li cardinali, e principiato a cantar terza, la qual finita, Soa Santità fu apparata da prete per cantar la messa; e così apparato, sentendo in catedra, fu pur sotto al baldacchino portato da questo luoco alla capella grande di San Pietro; e portandolo il maestro delle zerimonie, tre fiate brusò la stoppa, con arricordare alla Beatitudine Soa che cusì passava la gloria del mondo. Prima che entrasse in capella di San Pietro, fo *iterum* messo a basso, e tre presbiteri cardinali lo vennero a basare primo nella galta,[2] poi sopra la spalla. E levatosi entrò in capella, dove Soa Santità cantò la messa, e da poi quella nel medesimo modo fu portato al luoco dove i Pontefici soleno benedire il popolo; e lì, cantando alcune orazioni, el cardinal di San Zorzi, come primo diacono, assistente *etiam* el cardinal de Napoli primo vescovo, li messe el regno in testa, all'ora apunto che sonavano le 22 ore, chè avanti non se potè far per la longhezza delle zerimonie precedenti; il che fatto, fu poi portato fin in camara del Papagà, dove se disparò, et

[1] *Sentète*, sedette.
[2] *Galta*, gota.

ognun andò a casa soa. El luoco dove si suole incoronare li Pontefici è sopra la scala di San Pietro, nell'entrare in corte della giesia; ma per esser discoperto, e tutti questi giorni piovuto grandemente, non se avendo potuto fare la debita preparazione per questa fiata, è sta' mutato el luoco. »

651.   Affari di Romagna.

Roma, 27 novembre 1503.

In un colloquio col duca d'Urbino, in cui questi consiglia la Repubblica alla moderazione nelle faccende di Romagna, l'Oratore difende il suo Governo, e giustifica le ragioni del suo procedere: così, se la Repubblica aveva mandato un castellano a Rimini, l'ha fatto dopo le voci corse dell'andata del Valentino in Romagna con genti d'armi e con favore dei Fiorentini, temendo che la città non ricadesse sotto la tirannide del Valentino stesso.

652.   Notizie del Regno.

Roma, 27 novembre 1503.

Hora 2 noctis. Dal Regno si ha notizia, che il cardinale di Roano ha sconsigliato i Francesi dallo svernare negli alloggiamenti, poichè questo sarebbe un rovinare l'esercito, ed esortatoli a passare tutti, anche se dovessero essere tagliati a pezzi; [1] e che gli

---

[1] Il Machiavelli scrive da Roma il 26 novembre: « Venne ieri uno di campo, che era partito dua dì avanti, et era mandato da quelli capitani francesi a fare intendere a Roano, che fra 8 dì voleno passare avanti ad ogni modo, e fare un fatto o guasto, se dovessino andare sott' acqua e nel fango a gola. Davano buona speranza di vincere, e intendo che Roano ha dato loro la briglia sul collo, e raccomandatigli a Dio. » (*Legaz. a Roma,* disp. 29.)

Spagnuoli hanno fatto ponti sul Garigliano per impedire il passo ai Francesi e farli retrocedere.

653. Affari di Romagna e del Valentino. Mal animo del cardinale di Roano contro Venezia: sua prossima partenza per Trento.

Roma, 28 novembre 1503.

« Per Alovisetto corrier scrissi heri alla Serenità Vostra quanto m'accadeva. Ora li significo questa notte il Pontefice aver mandato molti cavalli e fanti della sua guardia verso Ostia per condurre a Roma il duca Valentino, e questa mattina, per iustificar la cosa, massime con Ispagnoli, feze una congregazion, dove intervennero 15 cardinali; e proposta questa materia, dicendo che avendo l'Illustrissima Signoria Vostra fatto qualche novità in Romagna, non per offendere la Chiesa nè la Sedia Apostolica, ma pur contra il Valentino suo speziale nemico, et anche per proibire e reprimer le voglie de Fiorentini, che parevano aspirare a quelle medeme terre; Soa Santità era deliberato di rimover questa causa, acciò che la Sublimità Vostra *contineat manus*, e non procedesse più avanti. Per il che avea fatto intendere al Duca che dovesse depositar quelle terre, che sono *in potestate sua*, in man della Santità Soa, e darli i contrasegni delle rócche, e che *tandem*, da poi molte parole, se aveva contentato farlo : ma perchè potria essere che li contrasegni che li darà non seranno i veri, pareva ben al proposito alla Beatitudine Soa ch'el Duca dovesse vegnire a Roma e tenuto in luoco securo, *quousque* se vedesse la verità di questi contrasegni; et essendo i

veri, con i quali se potesse aver quel che se rizerca,
il Duca poi se ne potria andar al piazer suo. De questa
proposizion del Pontefice par che ognun restasse contento, e de lui non fu detto altro; ma parlando della
Sublimità Vostra, il Pontefice parlò assai modesta-
mente, dicendo sperare che la Sublimità Vostra non
vorrà niun detrimento nè danno della Giesia, alla qual
sempre era stata devotissima. In conformità fu parlato
dal reverendissimo Grimani, dichiarando li meriti
che la Serenità Vostra aveva con quella Sedia Apostolica, dicendo che la non mancherà ad alcuna cosa che
dimostri la reverenzia sua alla Beatitudine Pontificia,
e non fu detto altro: se non che, nel levar della congregazion, monsignor de Roan affrontò el cardinale
Grimani, e con atto de rider disse: — Ben, vui con-
serverete queste terre che avete prese alla Giesia;
— quasi innuendo che la Sublimità Vostra lasserà dire,
e lei farà quanto li parerà, e scorse oltra.

» Il qual cardinal de Roan, sì come ho da don
Luca orator della Cesarea Maestà, questi zorni persuase lui don Luca e li altri compagni, che dovessero
protestar el Pontefice che non lassasse spogliare la
Giesia delle sue terre, e che volendo lui comportar, li
Principi cristiani, e *precipue* lo suo, zoè el Re de
Romani, non lo comportaria.... Le qual parole Roano
ha fatto dire per dar botta al Pontefice, el qual lui
crede che s'intenda con la Sublimità Vostra in questa
materia. *Tamen* el Pontefice non mostrò far conto
delle parole di questi oratori, alli qual disse, che
dalla Sublimità Vostra aveva bone parole, e sperava
etiam veder boni effetti, e con questo li spazzò.

» Detto don Luca mi ha *etiam* detto che monsignor de Roano è resoluto de andare a Trento, per abboccarse col Re de Romani, e mostra esser assai desideroso della pace et intelligenzia di quella Magiestà. Partirà Soa Signoria Reverendissima de qui, expedite queste sue cosse particolari, zoè la legazion per lei e cardinalato per suo nepote, al quale *totis suis viribus* al presente è intento. »

654. Colloquio del Papa col cardinale Corner sull'affare di Rimini e sulla prossima elezione di cardinali.

Roma, 28 novembre 1503.

Hora 2 noctis. Il cardinale Corner racconta all'Oratore che il Papa gli ha parlato delle cose di Rimini, con isperanza che la cosa finisca bene per parte della Repubblica. Gli ha pur fatto cenno delle prossime nomine di cardinali, rispondendo ai desiderii della Repubblica con vaghe promesse, e dicendo di aver ricevuto raccomandazioni da parecchi.

655. Notizie varie.

Roma, 29 novembre 1503.

Hora 22. Il vescovo di Veroli,[1] che andava a Firenze pel duca Valentino, fu carcerato. Il vescovo di Grosseto,[2] nipote di Pandolfo Petrucci, fa offerte alla Repubblica per parte dello zio, le quali l'Oratore accetta in modo generale.

[1] Ennio Filonardo. È menzionato più volte nella *Legazione a Roma* del Machiavelli.
[2] Raffaele Petrucci, che fu poi cardinale sotto Leone X.

656. Concistoro. Creazione di quattro cardinali. Il Valentino è ricondotto da Ostia in Roma, prigioniero del Papa. Giunge pure in Roma il marchese di Mantova.

Roma, 29 novembre 1503.

Hora 4 noctis. Nel Concistoro d'oggi sono stati creati quattro cardinali, cioè: gli arcivescovi di Narbona e di Siviglia, e i vescovi di Mende e di Lucca. [1] Il Papa nel Concistoro stesso ha parlato delle cose di Romagna, dicendo aspre parole contro la Repubblica; e al cardinale Corner, prima della congregazione, ha fatto cenno degli aiuti che vuol dimandare a Francia e Spagna, per difendere gl'interessi della Santa Sede.

« Domattina mi son disposto di trovarmi con Soa Beatitudine, e cum quella circumspezion che si conviene, parlare in questo proposito, chè forse lo ritroverò d'un'altra voglia, dandone subito aviso alla Celsitudine Vostra.

» Alla qual significo questa sera esser sta' condotto qui el Valentino, el qual è messo a stare in camera del cardinale de Salerno. Dice el Pontefice che, avute le fortezze delle terre ch'el tiene in mano, lo licenzierà. Dio sa zo che ne sarà !

» È *etiam* venuto el marchese de Mantua, ma,

---

[1] Francesco di Clermont, nipote del cardinale di Roano (cfr. la nota 1, a pag. 219); Giovanni di Zuniga, spagnuolo; Clemente Della Rovere, dell'ordine francescano; Galeotto Franciotti Della Rovere, lucchese. Il primo ebbe il titolo di Sant'Adriano (che il Papa cambiò da diaconale in presbiterale); il secondo, dei Santi Nereo ed Achilleo; il terzo, dei Santi Apostoli; il quarto, di San Piero in Vincoli. Secondo il Burcardo, questi cardinali furono pubblicati il 4 dicembre.

come se dice, aggravato dal male, el quale reporta dal campo de Franzesi; el qual da altri vien detto che l'è disordinato, pieno de disasio e poco existimato da Spagnoli, i quali sono fortificati di là dal Garigliano in loco che, passando Franzesi lì, convengono andare in basso, perchè dall'un canto hanno le montagne, dall'altra el palude, che non ponno deviare. »

657. L'Oratore si lagna col cardinale Riario che il Papa non abbia nominato alcun cardinale veneto, e che abbia detto in Concistoro parole poche benevole verso la Repubblica.

Roma, 30 novembre 1503.

« *Hora 20.* Heri scrissi alla Sublimità Vostra quanto accadeva per Mafio corriero, per il quale con la consueta mia reverenzia ho ricevuto lettere di quella de 23 dell'instante, per le quale la me significa el felize acquisto della città de Faenza, [1] con l'altre particularità che in dette se contiene, tutte ben intese e considerate da mi. Farò per quella quanto cognosco esser mio debito. Ben riverentemente ringrazio la Serenità Vostra della laude che per clemenzia sua in ditte m'attribuisce, le qual cognosco procedere da innata bontà e benignità di quella, e non per meriti miei, che sono tenui; e se pur da mi vien qualche operazion che satisfazi alla Sublimità Vostra, il tutto attribuisco al Signor Nostro Dio, dal qual procede ogni bene, e quello supplico che me doni grazia nell'avvenire di procedere secondo il mio ottimo volere e desiderio; il che seguendo, potrà la Sublimità

[1] Cfr. la nota 1, a pag. 305.

Vostra contentarsi della servitù mia etc. Alla qual significo che, per far quanto riconosco ricercare il bisogno per le parole del Pontefice, questa mattina, prima che io andasse a Palazzo, io andai a ritrovare el reverendissimo San Zorzi e con lui me dolsi, con quella forma di parole che se conveniva al decoro della Sublimità Vostra, facendoli intendere che i meriti di quella non meritavano questo ricompenso dalla Beatitudine Pontificia; la quale (non volendo satisfare all'onesta petizion di quella in farli un cardinale, satisfacendo altri), poteva ben trovar altro mezzo de persuader el Collegio a provar cardinali, senza dar cargo alla Excellentissima Signoria Vostra, [1] con aver così poco rispetto alla dignità di tanto Dominio e tanto benemerito di questa Sedia Apostolica e della persona de Soa Santità in particolare, con protestazion de minazie, le qual non fezero mai paura alla Repubblica Veneta; con la qual chi procede con i debiti modi, la ritrova benignissima e d'ogni parte piena di bontà, ma chi la ricerchi per mezzi di volerla constrenzer, molte volte se ritrova ingannato: e qui dissi quello che convenientemente si dovea. »

Il cardinale di San Giorgio e il duca di Urbino consigliano l'Oratore a parlare col Papa relativamente

---

[1] Si riferisce qui al discorso che fece il Papa nel Concistoro del 29 di novembre, nell'occasione di proporre all'approvazione del Sacro Collegio i quattro nuovi cardinali. Cfr. Machiavelli, *Legazione a Roma*, disp. 33: « Disse Sua Santità che una delle cagioni che lo moveva a fare tali cardinali, era perchè la Chiesa avesse più aiuti, e sappiasi difendere da chi cercasse di occupargli il suo; e perchè più facilmente si potesse trarre di mano a' Viniziani quelle terre che loro le avevano occupate. »

alla faccenda dei cardinali; e dicono che il malumore mostrato da Sua Santità verso la Repubblica può essere eccitato da malevoli, che spargono zizzania fra le due potestà.

658.   Colloquio dell'Oratore col Papa :
          questi si mostra assai benevolo alla Repubblica.

Roma, 30 novembre 1503.

Hora 3 noctis. Il cardinale Grimani, lamentandosi col Papa delle parole da lui proferite contro la Repubblica, intende che egli se ne è pentito. L'Oratore ha poi un colloquio col Papa stesso, e n'è ricevuto lietamente; e finiscono col tornare di buon accordo.

« Più volte la Santità Soa, parlando, mi ruppe, parendoli di non aver tempo d'escusarsi, e con asseverazion et iuramento si forzò d'esprimer, la bona mente et intenzion soa verso la Sublimità Vostra esser tanta quanta si possi desiderare; ma zo che l'aveva ditto (che non era però con gran cargo della Illustrissima Signoria Vostra) era stato per causa di condur la cosa di questi cardinali dove ora è condutta, che per altro mezzo non si poteva, per conoscer benissimo e la materia e il voler di questi cardinali; ma che io non dubitasse, perchè confidentemente lui ha parlato come si conviene a bon padre verso i fioli, che quanto più li reproza e li inzuria con parole, allora ha tanto miglior animo di compiacerli. — State di bon animo, magnifico Ambassador, chè vederete con li effetti l'indulgenzia dell'animo nostro verso quell'illustrissima Signoria. — E con simile parole al meglio che potè s'escusò; confortandone *etiam* che, quando non potesse esser cussì presto cum lui, avendo da dirli qualche cossa importante, ch'io parlasse con el cardinal de San Zorzi, el quale è con lui una medema cosa, el quale *etiam* di questa materia li aveva ditto l'animo mio, e mostrò che molto li piacesse, dicendo: — *Domine Orator*, parlate sempre o con nui o con lui liberamente, chè nui, quando l'accaderà, similmente faremo cum vui, perchè questi modi ingenui e reali sono causa che le cose procedano per el suo dritto camino. — »

Il Papa raccomanda all'Oratore il cardinale di Cosenza pel possesso dell'abbazia di Santo Spirito di Ravenna, « ora che sono zessati li rispetti de papa Alessandro. » Pare che anche desideri molto che il cardinale di San Giorgio abbia Imola e Forlì.

659.   Cattura di don Michele. Notizie del Valentino.

Roma, 1 dicembre 1503.

« Heri scrissi alla Sublimità Vostra quanto accadeva per Pelalosso corriero. Al presente occorre dirli che questa mattina, per una staffetta che vien da Perusa, se ha aviso che per opera de Zuan Paulo Baglioni è sta' preso e ritenuto Micheletto, e Carlo Baglioni che era in sua compagnia. [1] Delle zente che con-

---

[1] Cfr. Machiavelli, *Legazione a Roma*, disp. 35 e segg. La compagnia di don Michele fu presa e svaligiata da Giampaolo Baglioni sui confini tra Perugia e Firenze: don Michele fu preso dagli uomini di Castiglione Aretino, e consegnato al potestà, ch'era in quella terra pei Fiorentini, ai quali il Papa lo richiese, ed essi glielo cedettero.

duscévano con loro, molti son morti, el resto parte presi e svalisati, parte fuziti, *ita* che tutti sono dissipati. De questa nuova ognuno qui n'ha abuto apiazere, ma tanto maggior cordoglio el duca Valentino, che ormai si vede definito de ogni speranza; el qual questa mattina ha abuto audienzia dal Papa secreta, dove el ditto se ridusse con pochissima reputazione, nè è più riguardato da alcuno. Sta pur in Palazzo, in camera del cardinal de Salerno; promette stare ad ogni obedienzia del Papa, el quale *etiam* dà a lui bone parole e speranza che, pervenute in man sua quelle terre di Romagna, che per lui si tengono, de lassarlo libero andar dove el vorrà. Pure ognuno iudica, secondo l'arbitrio suo, quel che li pare dover esser di lui, e niuno è che ne pensi se non male, iudicando che, da poi espedita una cosa, se li abbi a ritrovar un'altra, che sia causa de retenirlo qui, tanto ch'el fazi quel fin ch'el merita, come ognuno desidera. »

660. (Al Doge e ai capi dei Dieci.) Informazioni sulle disposizioni d'animo del Collegio dei cardinali verso la Repubblica.

Roma, 2 dicembre 1503.

Gli animi dei cardinali sono in generale alieni dalla Repubblica Veneta per le cose di Romagna; e per condurre a buon fine l'impresa occorre gratificarsi il Pontefice, soddisfacendolo in qualche suo particolare desiderio, come, per esempio, col consentire l'investitura del Prefetto nello stato d'Urbino, nel caso che il duca Guidubaldo muoia senza eredi. Gioverà pure tenersi amico, per la grande autorità ch'egli ha

col Pontefice, il cardinale di San Giorgio, il quale, a
dir vero, « ora che il Valentino è qui ritenuto, e non
vede che li possa porre ostacolo, » non è più come
prima tanto favorevole alla Repubblica.

661. Colloquio dell'Oratore veneto con Pre' Luca. Questi gli
     dice che la Repubblica ha molti emuli, e lo consiglia a
     persuadere il suo Governo a tenersi amico il Re dei Ro-
     mani.

Roma, 2 dicembre 1503.

« Questa mattina sum stato a Palazzo. Trovai Nostro Signor impedito cum molti cardinali e oratori
de diverse Comunità di queste terre ecclesiastiche,
che sono qui per darli obedienzia. Trovai lì don Luca,
orator della Cesarea Maestà, el quale me tirò a parte,
e disse: — Magnifico Orator, più volte in diversi
tempi, secondo come è accaduto, vi ho fatto intendere la reverente servitù mia all'illustrissima Signoria, come buon suddito di quella, facendovi intendere
tutto quello che lecitamente ho possuto, e che me ha
parso convegnirse all'onor e beneficio di quella. Ora,
volendo continuar nel medesimo officio, vi significo
che li scriviate che avvertisca a disponer in tal modo
le cose sue con il serenissimo Re dei Romani, che la
se possi servir de lui; perchè ve so dir zerto che
Roano ne va con animo disposissimo de affrontarse
con lui, e non lassar de satisfarlo de cosa che vogli
per intenderse insieme, e con quel mezzo *etiam* adattar
le cose di Spagna, tutto a danno del stato vostro; perchè ben s'accorzeno che le lor discordie fanno grande
la Signoria di Venezia, e dubitano che poi lei sola

non li caza a un tratto tutti fora de Italia. — Replicò
più fiate: — Scrivetelo, scrivetelo, ch'io so quel che
ve dico; e perdonatemi, se io non posso parlarvi più
oltra. Pur me par d'avervi parlato assai chiaro. —
Subiunzendo: — Sapiate, che avete pochi amici, e
sebbene s'attrova alcuno che non vorria vedervi aver
male, non è niuno che vi vogli veder d'avere più ben
di quel che avete. Queste cose di Romagna vi hanno
contribuito una grande invidia, appresso a quella che
per avanti *etiam* ognuno vi aveva. — Seguitò ch'el
Re de Romani era bona persona e senza niuna malignità, e facilmente l'Illustrissima Signoria Vostra
l'averia ad ogni sua volontà, con suo grande avantazo,
e per la naturale inclinazion che ha alla Illustrissima
Signoria Vostra et odio a Franzesi, alli quali la necessità el farà accostarse, quando pur lo faza; ma se
la Signoria vorrà, non lo farà mai. »

Si è sparsa in Roma la voce dell'acquisto fatto
dalla Repubblica di Venezia delle città d'Imola e
Forlì. [1]

662. Cose di Romagna. Libreria e tappezzerie del duca d'Urbino.
Notizie del Valentino.

Roma, 3 dicembre 1503.

Il cardinale di San Giorgio riferisce all'Oratore
d'avere avuto lettere da Bologna che gli significavano,

[1] Dal dispaccio seguente, che la smentisce, si desume che
questa voce proveniva da Firenze. Infatti i Dieci, a dì 28 di novembre, scrivevano al Machiavelli in Roma: « Già s'intende
Forlì tumultuare et essere in arme ogni dì, et pubblicamente far
practiche sopra il darsi a quella Signoria (*di Venezia*). Di Imola et

la città di Imola aver ricercato di venire all'obbedienza della Repubblica, e così alcuni castelli del contado; e questa essersi rifiutata d'accettarne la sottomissione.

« Il medemo mi ha detto *etiam* el duca de Urbino, che ozi ha disnato con Soa Santità, affirmandome, che come hersera l'era in qualche alterazion
per le lettere de Fiorentini, così ozi l'era tutta quieta
per il novo aviso al qual prestava più fede. E perchè
il ditto duca heri si affrontò con il Valentino in le camere del Papa, e stettero un pezzo insieme loro due, [1]
Soa Excellenzia volse iustificar cum mi, questo rasonamento non essere stato se non a bon fine, e provedere con quiete, possendo, recuperar la sua roba; e
spiera averne parte, *maxime* la libraria sua, che più
apprecierà che niuna altra cosa, la quale fin qui li è
promessa tutta integra, et anche quella parte de tapez-

del contado suo.... pure hoggi si è sparso fama che tal cosa era
seguìta; di che però non si ha notitia alcuna per noi, nè lo crediamo. » (Arch. Fior. *Lettere dei Dieci*, 1503, a c. 143 t.)

[1] Di questo colloquio parla a lungo una lettera molto importante, pubblicata dall'Ugolini, *Storia dei Conti e Duchi d'Urbino*,
vol. II, doc. 15, pag. 523. Il Valentino; « cum la berretta in mano
et cum li genocchi a terra, fece reverentia al signor duca. » Si
scusò e chiese perdono, dolendosi sino al core di tutto il male che
aveva fatto al duca d'Urbino, « incolpando la gioventù sua, li
mali consigli soi, le triste pratiche, la pessima natura del Pontefice...; dilatandosi sopra el Pontefice, et maledicendo l'anima
sua...: et di bona voglia li voleva restituire tutta la roba et tutto
il mobile tolto, da li panni troyani in fora, che haveva donato
a Rovano; et certe altre cose che lui non haveva, che erano in
Romagna, et *in pluribus* a Forlì. » Questa lettera ha la data:
Roma, V.... 1503, e fu acclusa in una del dì 11 dicembre 1503,
mandata *magnificis Prioribus Terrae Durantis*.

zarie che disse esser ancora in man del Valentino; benchè le meglio siano date ad altri, e le più belle a monsignor de Roano, el quale fa pur qualche bona demostrazion al Valentino, e l'ha tolto a star in la parte de sopra del Palazzo appresso dove el sta lui.

» Li contrasegni delle fortezze fina a ozi non li aveva ancora voluti dare, e in questa consignazion è anda' scremendo [1] quanto ha possuto. Questa sera, per quanto me ha ditto el duca de Urbino, era preso li apontamenti della consignazion: se afferma pure che il Pontefice lo lasserà in libertà; pur non se sa il zerto, nè *etiam* che via lui abbi a pigliare e dove andare. Starò attento per dare del tutto aviso alla Sublimità Vostra. »

663. Concessione al cardinale di Roano della legazione d'Avignone, e conferma di quella di Francia. Invio di messi a prendere la consegna, per la Santa Sede, delle fortezze del Valentino in Romagna.

Roma, 4 dicembre 1503.

Il Papa in Concistoro ha concesso al cardinale di Roano la legazione di Avignone, [2] e confermatagli quella di Francia pel tempo che gli resta a compiere della concessione fattagliene da papa Alessandro, che sono tredici mesi.

« Quanto puol, el Papa fa carezze a Roano per mandarlo ben contento in Franza, il quale li promette *omnino*

---

[1] *Scremendo,* schermendosi. Manca al Boerio.
[2] La relativa bolla è stampata negli *Annales ecclesiastici* del Raynald, ed. Mansi, tomo XI, pag. 427.

la pace con Spagnoli, che mostra esser desiderata da Soa Beatitudine, con speranza di potersi servire d'uno e dell'altro di questi due Re in ogni suo bisogno, e con favor di questi, come Roano li promette, mantegnirse in reputazione e manazar a chi li parerà. Questo intendo da luogo secreto e bono, che me par cosa degna da esser ben considerata dalla Sublimità Vostra. »

Il duca Valentino ha consegnato all'Urbinate i contrassegni delle fortezze di Romagna; « e questa mattina el Papa ha mandato un suo [1] cum uno del Valentino verso Romagna, per tuorne il possesso di quelle fortezze. Con loro doveva andare un altro del duca de Urbino, per pigliare quella parte delle sue robbe che sono in quelle rôcche; e *tamen* loro son partidi senza farne motto, el qual non sa s'el si die lamentar più del Papa che del Valentino: et ozi me ha ditto che li par bene che il Papa abbi mal animo contra el Valentino; *tamen*, che, per il rispetto che l'ha alle sue promissioni et a questi cardinali spagnoli, non se sa resolvere de far contra de lui una gagliarda demostrazion. Sono molti che iudicano che quelli che sono in le fortezze, *etiam* abuti questi contrasegni, non le vorranno consegnare; et in questo caso si crede che il Papa strinzerà più il Duca che non ha fatto finora, et anche seria più costretto vegnir per le man della Serenità Vostra, non avendo da sè modo de far'una minima provisione. »

[1] Sottintendi, *messo*.

664. Cavalcata solenne del Pontefice a San Giovanni Laterano.

Roma, 5 dicembre 1503.

« Per Falconetto corrier scrissi heri alla Celsitudine Vostra quanto accadeva. Ozi non se ha fatto altre fazende che attendere all'andata di Nostro Signor a San Zuanne, con pompa tanto grande quanto puol far Roma, che non è però da esser comparata a quella de Venezia. Soa Santità, primo, se feze portare in chiesa de San Pietro, dove udite una messa piccola, e da poi quella tutti li cardinali se apparòno cadauno nel suo abito, zoè li vescovi da vescovi con el pivial, li preti con le pianede, e li diaconi con el suo abito diaconal; e tutti con le mitrie in testa. Li altri prelati, zoè li vescovi, fezero il medemo, zoè anche loro con i piviali e mitrie in testa, e così apparati montorno tutti sopra cavalli. Quelli dei cardinali erano tutti coperti di ermisin bianco, quelli dei vescovi erano coperti de boccasin.[1] L'ordine della processione fu: che prima andò la guardia del Papa, e dietro a loro zerti confaloni, dietro i quali erano alcuni offiziali romani; poi i stendardi del Papa, tra i quali andavano quattro zittadini romani, deputadi a portar in cima a zerti bastoni quattro cappelli de velluto cremisino del Papa, e poco avanti dieci chinee bianche e due mule ben fornite de fornimenti de velluto e d'oro. Dietro i scudieri seguitorno i cubicularii del Papa, poi li offiziali di corte, e da poi questi *immediate*, tutti avanti la

---

[1] *Boccasin*, boccaccino, « sorta di tela finissima di cotone o di lino. » Crusca.

crose, tutti li oratori con el duca de Urbino. *Imme-diate* da poi la crose vegnivano alcuni cappellani del Papa con le cotte e torze in mano, apizate attorno el Sagramento del Corpo di Cristo, che era portato da una chinea bianca, sotto un zerto coperto d'oro in forma de sepulcro. Seguitorno da poi i vescovi, e da poi loro i cardinali, secondo el suo ordine, e poi el Papa, lui *etiam* apparato con il regno in testa sopra una chinea bianca, la qual era menata a man dal senator e procurator de Roma. Soa Santità andava buttando danari per strada; e, benchè se dica molti, la verità è de 400 ducati *solum* tra oro e moneda. Da poi la Santità erano i protonotarii con i mantelli in abito cardinalesco con i so' cappelli negri; *et post ipsos, turba magna.* In questo modo s'andò da San Pietro fino a San Zuanne. In diversi luoghi erano conzate le strade con archi trionfali, dove cadauno che li aveva fatti, avea ordinato qualche sua fantasia de musica o de rezitar versi o altra cosa.

» Zonti in San Zuanne, el Papa fu messo a sentar[1] in una sedia marmorea, che è in la capella grande, e li fu dato in man un scettro, dove tutti li cardinali gli detteno obedienzia. Poi fu condotto di sopra in una capella appresso *Sancta Sanctorum,* dove non entrò se non i prelati e cardinali e chi volse de ambassadori; e li fu messo *etiam* a sentar sopra un'altra sedia marmorea, che ha un zerto buso nel sentar, dove però non se fa quella zerimonia, che vulgarmente se dice, de metterli le man de sotto; credo che sia, per-

---

[1] *Sentar,* sedere.

chè i tempi presenti importano questo, che della vi-
rilità dei Pontefici se ha tale experienzia, che non bisogna zercar altro testimonio *solum* in quel luogo.
Iterum li cardinali ge danno l'obedienzia, e cusì ad
uno ad uno, come vanno, el Papa li butta dentro la
mitria, che loro portano in mano, 2 ducati e 2 carlini;
et alli altri prelati, e tutti quelli che sono dentro
quella capella, dà ducati uno et un carlino, stampati
tutti della sua stampa. E da poi questo va sopra un
pozuol, e là dà la benedizion al populo; e la festa se
compie con questo, et ognuno va a manzare, chè
bene era ora, chè erano 23 ore apunto quando fu
questo. Tutti i cardinali et altri prelati disnano là in
San Zuanne, dove hanno una camera per omo, alli
quali *etiam* el Papa provede della spesa, benchè loro
suppliscano *etiam* a quel che li vien dato.

» Da poi al tardo, a lume de torze, el Papa fo
accompagnato a casa dalli cardinali, non però apparati, ma con i suo'mantelli. Per le strade se fazeva
fuoghi et altri segni de allegrezza, secondo come a
cadaun pareva, *ita* che erano puoco manco de 3 ore
quando el Papa desmontò a Palazzo. Tutto questo ordine ho voluto scrivere alla Sublimità Vostra, che so
non li serà ingrato averlo inteso, massime non essendo accaduto alcun'altra novitade ozi degna da esserli significata. » [1]

---

[1] Il *Diario* del Burcardo (tomo IV, a c. 81 t. 85) dà una lunga
descrizione di questa cerimonia, colla quale combina in molte
particolarità il racconto del Giustinian.

665.   Notizie del Valentino.

Roma, 6 dicembre 1503.

« A Palazzo intesi che monsignor de Roan avea
differito el partirse per dimattina; non però per star
molti zorni qui, quantunque il Valentino con ogni instanzia lo prega ad aspettare fin a tanto che vegni la
risposta della consignazion delle fortezze per i contrasegni mandati, perchè vorria andar con lui; el
quale per niente fin a qui l'ha voluto promettere
d'aspettare, e manco de menarlo con sè; che dà gran
affanno al Valentino, el quale non sa quel ch'abi ad
esser de lui, nè dove dar del capo, se costui parte,
perch'el resta derelitto da ognuno; sicchè si crede, la
fin sua non abi ad essere se non quella che merita e
che lui, forse iniustamente, ha fatto fare a molti. »

L'Oratore tratta col duca d'Urbino (che egli reputa il migliore amico della Repubblica) della consegna
della rôcca di Sant'Arcangelo nello stato d'Urbino
alla Repubblica Veneta. Il duca gli risponde dapprima
che desidera per ora di serbarsela per sè, anche per
non dar motivo al Papa di dubitare di lui; ma poi
finisce col consentire alla domanda.

666.   Visita dell'Oratore al cardinale di Roano.
                    Notizie del Valentino.

Roma, 7 dicembre 1503.

L'Oratore va a visitare monsignore di Roano, il
quale partirà domani, accompagnato da tutti i cardinali
e dal popolo. Questi gli dice che parte contentissimo

del Papa, ma gli dispiace di non esser riputato dalla Repubblica per quel buon amico ch'egli è. « Delle cose de Romagna me toccò una parola sola, mostrando desiderare che le dovessero vegnir alla Giesia, accusando papa Alexandro, che avea ingannato el Re e lui a consentirli l'acquisto di quelle terre, con dare ad intendere di volerle per la Giesia; *aliter* el Re mai gel' averia consentite; dicendo che, se papa Alexandro non moriva, Soa Maestà era disposta di farne dimostrazion etc.: subzunzendo, ch' el credeva l'Illustrissima Signoria Vostra dimostraria al Papa la reverenzia che li porta, perchè Soa Santità l'ama e tiene di lei buon conto. A quella parte *etiam* adussi le debite iustificazioni, non mi partendo punto dalle istruzioni che ho dalla Serenità Vostra. »[1] Parlò poi il cardinale della sua gita a Trento, e disse che, essendone ricercato dal Re dei Romani, non poteva dispensarsene.

« El duca Valentino resta qui pur in Palazzo, in le camere di Roan, dove l' è, quantunque l' abi fatto ogni instanzia d'andarsene cum lui; al che nè il Papa ha voluto consentir, nè manco Roano ha detto volerlo menare. S'aspetta la resoluzione delle fortezze per i contrasegni za mandati, et abute quelle, si vederà quel che ha da esser de lui. »

---

[1] Contrariamente alle dichiarazioni del cardinale, il Senato Veneto scriveva in questo stesso giorno al suo Oratore in Roma, che giustificasse presso il Papa gli acquisti di Romagna, dicendogli che Roano, più che altri, aveva sollecitato la Repubblica a quell'impresa. (Codice Giustinian., a c. 554 t.)

667.   Partenza del cardinale di Roano. Colloquio del Papa
coll'Oratore sulle faccende di Romagna.

Roma, 8 dicembre 1503.

Monsignore di Roano è partito questa mattina[1]
senza condurre seco il Valentino, il quale per ora rimane in Palazzo, nelle stanze del detto cardinale, ad
aspettare la risposta che daranno al messo pontificio
i castellani delle rôcche di Forlì e di Cesena.

Il Papa, parlando coll'Oratore veneto, torna ancora sulle faccende di Romagna, sperandone buone
nuove dal legato che egli ha spedito a Venezia. « Poi
disse: — Ben, *Domine Orator*, non volemo dirvi altro per adesso, staremo aspettar la resoluzione de la
illustrissima Signoria, la qual....[2] rasonevolmente die
zonzer, e poi abuta questa, meglio si saperemo go-
vernare. *Vanum est* che vi affirmemo nui aver bona
volontà e bon animo verso quell'illustrissimo Dominio, e semo per dimostrarlo più con fatti che con
parole. »

---

[1] Secondo il Burcardo, monsignore di Roano si congedò dal
Papa e dal Collegio alla fine della congregazione tenuta la mattina del dì 8; fu poi da trentuno cardinali accompagnato fino a
casa del conte della Mirandola, dove i più « propter malum tem-
pus et pessimam viam, » lo lasciarono. Egli poi, « associatus a
Volaterrano, Narbonensi, Mimatensi, Ascanio, Sancti Severini et
Aragonia, equitavit ad Sanctam Mariam de Populo, ubi erat illa
nocte permansurus. » (*Diario*, tomo IV, a c. 86 t. 87.)

[2] Lacuna nel codice.

668.   Notizie del cardinale di Roano e di Romagna.

Roma , 9 dicembre 1503.

Monsignore di Roano è rimasto tutt' oggi in Santa Maria del Popolo. [1]

L' Oratore accusa il ricevimento di lettere dalla Repubblica che gli comunicano « la resoluzion de la cosa d' Arimano. » [2]

669.   Cose di Romagna.

Roma, 10 dicembre 1503.

Il Papa ha novamente un colloquio coll' Oratore sulle faccende di Romagna: teme che la Repubblica voglia andare innanzi nella sua impresa, e se ne lagna. L' Oratore cerca di acquietarlo, facendogli credere che l' impresa era continuata solamente contro il Valentino.

670.   Cose di Romagna.

Roma, 11 dicembre 1503.

Anche in un colloquio col cardinale di San Giorgio il Papa ripete le cose dette all' Oratore veneto circa le faccende di Romagna. Il cardinale non si mostra soddisfatto delle disposizioni del Pontefice; teme che, ·

---

[1] « Partì il cardinale di Roanò...; ma non andò già a Bracciano, nè si discostò di qui due miglia : questa sera alloggerà a Bracciano. » (Machiavelli, *Legazione a Roma*, disp. 44, del 9 dicembre 1503.)

[2] Vedi il dispaccio 649, e la nota relativa.

quando questi avrà tutte quelle terre, non vorrà
cedergli quelle che esso cardinale desidera pei suoi
nipoti, e dubita anche di Francesco di Castel del
Rio, [1] creatura del Papa, che pretende avere delle
ragioni sopra Imola.

**671. Il cardinale Riario riferisce all'Oratore veneto un colloquio
avuto col Papa circa le cose di Romagna.**

Roma, 12 dicembre 1503.

Il cardinale di San Giorgio riferisce all'Oratore
essere giunte lettere da Imola che dicono, quella città
volersi sottomettere al Papa. Questi accetterebbe la
sottomissione, e non sarebbe poi alieno dal concedere
la città stessa al detto cardinale, il quale perciò si raccomanda alla Repubblica che l'aiuti. Dice poi di aver
parlato col Papa circa le cose di Faenza, e d'averne
dedotto che egli vuol quella terra a ogni costo; spera
bensì di poterlo svolgere. Il Papa gli parlò anche
dell'accordo tra la Francia ed il Re de' Romani; e,
avendogli il cardinale fatto osservare, che ciò po-

---

[1] Il Machiavelli (*Legazione a Roma*, disp. 26) dice del medesimo: « che è il primo uomo che sia appresso a questo Pontefice. »
È questi Francesco Alidosi, dei signori di Castel del Rio. Familiare
prima di Sisto IV, poi del cardinale Giuliano Della Rovere, seppe
tanto insinuarsi nell'animo di questo, che divenne potentissimo
in Corte; fu segretario pontificio, tesoriere della Chiesa, vescovo
di varie chiese, cardinale nel 1511: l'essere stati i suoi antenati
vicarii pontificii in Imola dava argomento alle sue pretese sopra
quella terra. Avaro e sanguinario, invidioso ai parenti e ai favoriti del Papa, si procurò il loro odio; e il 24 maggio 1511 Francesco Maria Della Rovere, duca d'Urbino, calunniato da lui,
l'uccise di sua mano pubblicamente in Ravenna a colpi di pu-
gnale.

trebbe riuscire dannoso alla Repubblica Veneta, il Papa mostrò di non farne gran conto.

672.   Colloquio dell'Oratore col duca d'Urbino.

Roma, 13 dicembre 1503.

L'Oratore, ricevute lettere della Repubblica, contenenti alcune proposte fatte ad essa dal vescovo Tiburtino, e la risposta fattagli dalla Repubblica,[1] domanda udienza al Papa; e parla intanto di tali occorrenze coi cardinali Grimani e Corner e col duca di Urbino. Questi gli dice che il Papa è buono, ma facile a lasciarsi persuadere dagli altri; e che presso di sè ha dei tristi consiglieri, volendo con ciò alludere a Francesco di Castel del Rio ed al cardinale di Volterra.

673.   Notizie del Papa. Cenno sulle cose di Romagna.

Roma, 14 dicembre 1503.

L'Oratore, recatosi a Castel Sant'Angelo per visitare il Papa, vi trova l'ambasciatore del Re dei Romani. L'arcivescovo di Zara li licenzia ambedue, dicendo che il Papa si è chiuso in Palazzo per fuggire le udienze, ed aver tempo d'imparar a memoria la risposta che deve dare domani in Concistoro pubblico agli ambasciatori del duca di Ferrara, qui venuti per prestargli ubbidienza. L'Oratore allora va

---

[1] Vedi il documento X. Le proposte del Tiburtino furono tre: che la Repubblica restituisse al Pontefice le terre occupate in Romagna; ne ritirasse tosto le sue genti; cessasse di far pratiche per nuovi acquisti.

a visitare il cardinale di San Giorgio, ed è visitato dal duca di Urbino, coi quali parla al solito intorno alle faccende di Romagna.

674.   (Al Doge e ai capi dei Dieci.) Prossima nomina
         del duca d'Urbino a Capitano della Chiesa.

Roma, 14 dicembre 1503.

Il duca d'Urbino, recandosi a visitare l'Oratore veneto, gli dice che il Papa vuol nominarlo suo Capitano, con circa 400 uomini d'arme, nella prossima primavera. Questo potrà riuscire utile anche alla Repubblica, perchè, essendo esso duca padrone delle milizie pontificie, potrà condurre più facilmente il Papa ad aderire ai desiderii del Governo Veneto: e su ciò desidera di conoscere gl'intendimenti della Repubblica.

675. Ricevimento degli oratori di Ferrara in Concistoro pubblico. Colloquio dell'Oratore veneto col Papa circa le terre acquistate dalla Repubblica in Romagna.

Roma, 15 dicembre 1503.

Il Concistoro pubblico ha avuto luogo stamani: vi furono ricevuti sei ambasciatori del duca di Ferrara, tra i quali un figliuolo del duca,[1] e « l'orator vecchio. »[2]

La sera stessa l'Oratore si reca dal Papa, e gli legge la risposta della Repubblica alle proposte fat-

----

[1] Ferdinando, figliuolo del duca Ercole I, e cognato di Lucrezia Borgia.

[2] Bertrando Costabili. Gli oratori del duca di Ferrara, secondo il Burcardo, entrarono in Roma il 7 di dicembre.

tele dal vescovo Tiburtino (vedi il disp. 672). Il Papa
piglia tempo a rispondere, quando ne avrà ricevuto
lettera anche dal proprio legato; aggiunge, che le terre
di Romagna i Papi sogliono darle in vicariato a qualche loro capitano benemerito, non potente, del quale
la Chiesa si serve nei suoi bisogni; mentre la Repubblica è troppo potente, e non restituirebbe mai le terre
alla Santa Sede.

« Nè mi parve restar di dire questa parola, che,
se la potenzia dei stadi non ostava ad altri, *quominus*
tegnissino in feudo dalla Chiesa stato più potente e
più nelle viscere della Chiesa, che non era quel che
novamente aveva acquistato la Serenità Vostra, non
doveva nè anche ostare a quella. E con quella modestia e circonspezion che se doveva, dissi che, se duo
potentissimi Re, et i primi dei Cristiani, erano inve-
stiti del Reame de Napoli, principal parte dell'Italia,
poteva bene e meritava anche la illustrissima Signoria di Venezia, in premio dei tanti suoi meriti, esser
investita di questo poco che iustamente aveva acquistato, che era niente in comparazione di un Regno.
Qui me ruppe la Santità Soa, e me disse, che, *anti-
quitus* et in ogni tempo, quel Regno era solito darse
in feudo, e che mo era stato de una nazion mo de
un'altra. Risposi che il medemo era stato delli luoghi
pervenuti in man della Serenità Vostra, delli quali
non era memoria in contrario, che non fussero dati in
feudo; subiunsi che, se a questo *aliquid deesset* (chè
al iudizio mio, *nihil quod iustum sit, deficiebat*), dovesse
supplir la grazia e clemenzia della Beatitudine Soa,
in recompenso de tanti meriti, quanti aveva la Re-

pubblica Veneta con questa Santissima Sedia, et in particolare con la Beatitudine Soa. Alle altre parte non mi parve necessario far altra risposta; e tanto più che Soa Santità non curava che io dicessi altro, dicendo che sopra questa materia averia bona e matura considerazione e consiglio; e cusì la pregai che facesse. »

676. I castellani delle fortezze del Valentino in Romagna rifiutano di consegnarle ai messi pontificii. Colloquio dell' Oratore col cardinale Riario sulle cose di Romagna.

Roma, 16 dicembre 1503.

« Heri scrissi alla Serenità Vostra quanto m'accadeva per Antigo corriero. Ozi me son ritrovato col reverendissimo cardinale di San Zorzi, con il quale, fatto l'ufficio che m'impone la Sublimità Vostra, entrassemo a parlare delle cose di Romagna. Mi disse che finora non era ancora venuto resoluzion della consignazion de le rócche tenute per el Valentino, mostrando maravigliarsi di questa tardità. Pur io per altra via intendo che la risposta è venuta, ma non segondo la volunlà del Pontefice; e però se tiene la cosa occulta, perchè pur spierano d'averle; e quel che par che sia in favor suo ad averle, zoè la retenzion del Valentino, li vien retorta in contrario dalli castellani, che dicono aver abute queste rócche in tempo de prosperità del Duca, e non li par offizio di bon servidor, ora che lo vedono retenuto e molestato a dover far quel ch'el non vorria, mancarli de fede; e che, vedendolo in libertà, e che cusì li comandi, saranno pronti ad obbedire; e quando pure el Duca stia retenuto, loro non deliberano dar quelle fortezze in man de

soi nemici, ma ad altri : le qual parole, da chi l'intende, sono interpretate che la Sublimità Vostra sia quella,
dalla qual nasca questa difficultà. E però, essendo ozi
con el prelibato cardinale, *per indirectum* me volse
persuadere al suo proposito, mostrando avere *etiam*
summo desiderio de vedere la fin de queste terre, dicendo : — Ambassador, mi par mill'anni di uscir di
questo pensiero, cusì a una via come all'altra, zoè *aut*
averle *aut* vederme in tutto espulso de questo pensiero, per poter poi più liberamente exibir ogni mio
bon officio per quella illustrissima Signoria, la qual
cognosserà che io non farò manco per lei di quel che
vorrei che la facesse per mi in ogni mio estremo bisogno; — usandome gran larghezza de parole, come
fa chi desidera persuadere un altro al suo proposito.

» Io corresposi *per generalia*, forzandome de
farlo ben capaze dell'amore et affezione che la Serenità
Vostra li porta; la qual, misurando l'animo della Signoria Soa Reverendissima per el proprio, sperava
aver da quella ottima corrispondenzia: subiunsi che
questo appartiene all'uffizio della Sublimità Vostra. La
Signoria Soa avea el suo intento circa a quelle terre,
perchè la Sublimità Vostra, quantunque fusse rezercata e con ogni facilità le avesse possute avere, nondimeno per la reverenzia che lei porta alla Beatitudine
Pontificia, e per la singular benivolenzia che naturalmente ha alla Signoria Soa Reverendissima, non se ne
aveva voluto impazare; e che io me persuadeva che,
quando Nostro Signor desiderasse vedere mazor esperienzia ancora dell'osservanzia della Serenità Vostra,
e che li aprisse più l'animo suo, lei non mancheria de

far le filial soe bone operazioni per la Beatitudine Soa.
Me ringraziò in nome dell'Excellenzia Vostra, e pur
tornò a replicare el desiderio suo d'ussir de questo
pensiero; il che, confirmandome con li precedenti miei
avisi dati alla Serenità Vostra, con ogni reverenzia li
arricordo ch'el difficultar delle cose, quando el possi
essere con modo che la Sublimità Vostra non entri in
suspetto, è ben al proposito; e far sì che la necessità costrenzi cadauno, per el particolare interesse, far
verso lei quel che forse, quando potessero far altrimenti, non fariano. Con ogni reverenzia dico el sentimento mio, tutto rimettendo al sapientissimo iudizio della Serenità Vostra. »

677.   Notizie del Regno.
     Cattura dell' avvelenatore del cardinale Michiel.

                              Roma, 17 dicembre 1503.

Il cardinale di Napoli riferisce all'Oratore d'essere informato, per lettere dei suoi parenti (alle quali
però non presta intiera fede), che gli Spagnuoli si sarebbero levati dal luogo ove erano accampati, e ridotti
a Sessa, inseguiti dai Francesi. Parlasi anche di pace
tra Francesi e Spagnuoli, e della restituzione del re
Federigo nel Regno.

« Uno per nome Asquino de Colloredo, della patria del Friul, el qual sempre se ha iudicato essere
quello che dette el veneno al *quondam* cardinal de
Sant'Anzelo, [1] per suspetto de questo delitto è sta' retenuto dall'auditor della Camera. Dui altri soi compa-

---

[1] Vedi il dispaccio 347.

gni (che sono el cuogo et un altro che era suo camerier) sono fuziti; ma, per le provision fatte, si crede averli in le man. Per quanto se ha fin qui da questo Asquino, par che la cosa sia assai chiara, e se spiera veder de lui una bona iustizia; benchè ostino alquanto questi cardinali spagnoli, per onor de papa Alexandro e respetto del Valentino, che pur non è ancor in libertà; et anche che se iudica, alcun de loro essere stato conscio et aver posto mano in questa pasta. »

678. L' arcivescovo di Zara riferisce all' Oratore veneto essere giunte al Papa lettere del vescovo di Tivoli contrarie alla Repubblica. Colloquio su quest' argomento tra l' Oratore stesso e il cardinale di Capace.

Roma, 18 dicembre 1503.

« Essendo questa mattina a Palazzo, intanto ch'el Concistorio stette serrato, me ridussi a parte con l'arzivescovo de Zara, el qual me disse: — Ambassador, io stago de mala vogia, perchè da iersera in qua ho trovato el Papa turbato, da poi che l'ha abuto lettere dal vescovo di Tivoli. — Subiunse: — Non vi so dir quel che li scriva, perchè el non drezza le lettere al Papa; credo (disse lo) aziò le non capitino alle man mie; ma le redrezza in man del cardinal de Capazo, che è stato anche el principal fondamento de farlo andare a Venezia. — E qui disse assai mal di questo vescovo, dicendo ch'el dubitava non avesse scritto qualche strania cosa e perturbato el Papa. — El qual (disse) heri stette longamente con Capazo, e feze *etiam* intravegnir el cardinal d'Alexandria, e stettero sopra la materia de Romagna. Avvertite di andar con destrezza con el Papa, e scrivete all'illustrissima Signoria, che con la prudenzia sua vadi lenendo questa materia, e provedi di far sì, che el vescovo abi causa de metter zuccaro e non aloe sopra questa vivanda. — »

L'Oratore lo ringrazia della comunicazione, e lo prega di voler essere presso il Papa difensore delle ragioni della Repubblica contro le accuse del Tiburtinó; quindi, per consiglio dello stesso arcivescovo, si reca a Palazzo per discorrere col cardinale di Capace su questo stesso argomento.

« Essendo con Capaze, benchè lui sia partesano del Tiburtino e quello che l'ha *pento* [1] avanti in questa legazione, pur me disse che nella resposta sua lui disse, la illustrissima Signoria non se aver voluta resolvere de ritirar le zente sue indietro, nè comandar che le non procedessero più oltra; e del non tegnir pratica d'aver de quelle altre terre, disse che scrive, la Serenità Vostra aver detto esser contenta de astenerse *solum* d'Imola e Forlì, per rispetto del cardinal de San Zorzi, e de altre non vosse promettere niente. Poi scrive che la Serenità Vostra mostra dolerse del Papa, e che lui l'abi fatto tuor questa impresa, e che adesso el non vogli contentarsi de lassarli quelle terre che ha preso. De queste tre ·cose, disse, el Pontefice dolerse: primo, che la Serenità Vostra non s'abi voluto resolvere de proveder più avanti; secondo, che l'abi detto desistere dall'acquisto de Forlì et Imola per rispetto de San Zorzi,

---

[1] *Pento*, spinto.

e non de Soa Santità, quasi che la Sublimità Vostra
fazi più conto de San Zorzi, che della Beatitudine
Soa; terzo, che lei li dagi[1] questa infamia, che ad
instanzia sua abi tolto questa impresa de Romagna.

» Resposi a Soa Signoria Reverendissima, premesse le general parole dell'amore e dell'affezione
che la Serenità Vostra li porta, e quel che la Signoria
Soa poteva sperare e promettersi de quella; e poi lo
persuasi a voler lui con la prudenza e destrezza sua
supplir a quello, dove el vescovo de Tivoli avea mancato, non so per qual respetto, de dar vera relazione
a Nostro Signor della resposta dell'Illustrissima Signoria Vostra; la qual dissi, che *ad litteram* io aveva
letta l'altra sera a Soa Santità, e non li era stata molesta, perchè gel'aveva dechiarita in quel modo che
la se doveva intendere. E, primo, dissi che quanto al
proseguir l'impresa, el vescovo, con soportazion sua,
diseva men ch'el vero; e dissi circa ziò quello che
con verità si die, per li avisi che ho dalla Sublimità
Vostra. Dell'astenersi da Imola e Forli, dissi ch'el
rispetto principale, che aveva ritenuta la Serenità Vostra de prestar orecchia, essendo rezercata, era per
la Beatitudine Pontificia, dalla qual poi dependeva
el rispetto de San Zorzi, per la convenzion della benevolenzia e parentela, che detto avea con la Beatitudine Soa. La gravezza che lui scrive dar la Sublimità Vostra al Pontefice, io la dichiarai nel modo che
la Serenità Vostra l'intende, sì come se conviene
nella resposta de quella, la qual *ad litteram* li recitai,

_____
[1] *Dagi*, dia.

per averla ben a memoria; e subiunsi, che l'officio de boni oratori è scriver la verità et interpretar la mente de principi a bene, *maxime* quella della Serenità Vostra verso il Pontefice; la qual è comprobata per tanti boni e reali esperimenti, che poca fatica restava a Tivoli a bene interpretarla.... Questo reverendissimo cardinale, ancorchè el se mostri affezionato al legato, pur disse che, essendo come io li diceva, che l'avea fatto male; e promesse far l'offizio con il Papa. Domattina tornerò a Palazzo, e voglio mostrare al detto cardinale la risposta della Serenità Vostra, e ben dichiarargela, aziò ch'el cognossa meglio la verità. Ben supplico con ogni reverenzia la Sublimità Vostra, che de queste lettere vogli comandare secretissima credenza, perchè non so dove proceda questo, che lui intende cosse di secreti della Serenità Vostra, che molte fiate me ne son maravigliato, come più fiate m'aricordo avere scritto a quella et alli excellentissimi capi del Consiglio di Dieci, *etiam* in tempo de papa Alexandro; e quando l'intendesse questa, et el me avesse a suspetto, potria preiudicare assai alle cosse della Serenità Vostra. »

679. Colloquio dell'Oratore col Papa sul contenuto delle lettere del vescovo di Tivoli contrarie alla Repubblica Veneta.

Roma, 19 dicembre 1503.

« Heri scrissi alla Sublimità Vostra quel che accadeva per Cristofaletto corriero, et *inter cetera*, li dissi ozi doverme ritrovare con la Santità Pontificia, e cussi ho fatto. Trovai la Santità Soa non tanto

ben disposta quanto mi parve averla lasciata l'altra
fiata che io li parlai; el qual me disse che avea abuto
lettere dal nonzio suo residente appresso la Serenità
Vostra, che li avisava come fin a quell'ora avea abuto
tre audienzie dalla Sublimità Vostra. In la prima non
feze altro che darli la benedizione in nome de Soa
Santità. In la seconda li propose le cosse che avea *in
mandatis,* che sono le tre principali che se contegni-
vano in la resposta della Serenità Vostra, che questi
zorni li lessi; et allora scrive esserli sta'data una
buona risposta, dalla quale el trazeva speranza de impetrar l'intento de Soa Santità dalla Sublimità Vostra.
E che, essendo tornato la terza, trovò tutte le cosse
roversate, e che non se li attendeva quel che in la
seconda audienzia li era stato promesso, zoè revocar
le zente de Romagna, nè anche li fu promesso liberamente el cessar de procedere più avanti; monstrando
de questo Soa Santità dolersene assai, dicendo che
più presto el non vorria esser Papa, che aver questo
torto et incargo dalla Serenità Vostra in principio di
questo suo pontificato; con altre simil parole, ma ben
modeste però, indicanti displicenzia dell'animo suo;
le quali io auditi pacientemente. E conoscendo io che
questa informità non era naturale in la Beatitudine
Soa, ma causata da qualche sinistra informazione datali da cattivi; *tamen* fezi demostrazione de istimare
queste parole in quanto che l'erano dette dalla Beatitudine Soa, et anco dolermene, che contra la verità
li avesseno dato molestia; ma *in reliquis* mostrai de
farne poco conto; e dissi alla Beatitudine Soa, che io
ringraziava messer Domene Dio che io aveva a fare

con persona prudentissima *et ab omni parte* circonspetta e capacissima de rason; la quale, bene infor-
mata della verità, se spogliaria presto d'ogni fastidio
che lei avesse conceputo per mala relazion de chi non
vorria veder bene tra la Santità Soa e l'Illustrissima
Signoria Vostra. Poi li dissi che, per la prudenzia e
longa experienza che ha la Santità Soa delle cosse del
mondo, et in particolare del sapientissimo e ben pesato
governo del Senato nostro, doveva essere ben zertis-
sima che la Serenità Vostra non s'averia mossa da un
dì all'altro, senza niuna rasone variare el suo iudizio,
et ozi dir una cossa et doman dir l'opposito; nè mi
persuadeva che la Sublimità Vostra avesse variata
la risposta che io questi zorni lessi alla Beatitudine
Soa, circondata da tante oneste e iustificate rasoni,
quante allora aveva inteso quella, *potius* con sua sati-
sfazione, come allora me dimostrò per il parlar suo,
che altramenti. Poi li affirmai *asseveranter* la revocazion delle zente e la proibizion di procedere più
oltre, non che lei non fusse rezercata, ma per reverenzia della Santità Soa e per rispetto de quelli che,
de benevolenzia o parenta', erano coniunti con la Beatitudine Soa. Le qual parole dissi per farle dir cossa,
che me prestasse occasion de iustificar la displicenzia
conceputa per la Beatitudine Soa, che la Serenità Vostra stimasse più el cardinal de San Zorzi che lei;
come fu in effetto, perchè in questa parte mi ruppe e
disse che lui non curava per qual rispetto el facesse
la Serenità Vostra, perchè non stimava i mezzi,
pur ch'el vedesse el fine. E detto questo, mi parve
molto ben poter iustificare la Serenità Vostra in que-

sta parte; e tanto dissi, che lei restò ottimamente satisfatta.

» Al revocar della zente, mi disse che ben è vero che la Serenità Vostra avea detto nella seconda audienzia de revocarle, ma nella terza disse che per questo inverno le convegniva tener in quelle terre della Giesia. Questa parte *etiam* iustificai accomodatamente, che, se bene la Serenità Vostra avea mandato le sue zente alli allozamenti in quelle terre de Romagna pervenute alle man sue, *tamen*[1] le iustificazion dechiarite alla Beatitudine Soa, che per questo non iudicava, che lei mancasse della reverenzia soa verso la Santità Soa; tanto più, quanto che a questo tempo, non senza grandissima incommodità e dissipamento de quelle zente, se potevano remover de Romagna; e che assai demostrava la Celsitudine Vostra la devozion sua, quando l'aveva divise le zente, e datoli ordine de non innovar altro; e che de questo la Santità Soa ne poteva avere zertezza assai, vedendo che da molti zorni in qua, *etiam* avanti che zonzesse el nonzio suo a Venezia, non era rinovato altro.

» *Utrinque* furono molte parole tra la Beatitudine Soa e mi, con la quale sempre processi con ogni riservazione e destreza, come se conviene alla natura sua; e dove vedeva la Beatitudine Soa descendere a particùlarità de restituzion, *bono modo* me afforzava de tergiversar e divertir el parlare, conformandolo con la resposta della Serenità Vostra, *adeo* che, de assai azerbo che lo trovai, lo lassai assai piasente.

---

[1] Cioè, *nonostante*.

Ben arricordo alla Serenità Vostra, con ogni debita reverenzia, che la vadi intertenendo el Tiburtino de lì, perchè dal scriver suo bene e male può nascere triste e buono effetto; questo dico, perchè quanta alterazione ho trovato nel Pontefice, tutta cognosco nascere da qualche mala informazione del detto. »

680. Piero d'Oviedo, messo del Valentino per la consegna delle fortezze romagnuole al Papa, è appiccato dal castellano di Cesena. Fuga di due cardinali. Notizie varie.

Roma, 20 dicembre 1503.

« Heri, a circa ore 2 di notte, ritornò a Roma Carlo di Savoia, camerier di Nostro Signor, mandato insieme con Piero d'Oviedo con i contrasegni del Duca, per tôrre il possesso delle rôcche de Forlì e Cesena; el qual referisce, *non solum* non aver possuto far quello perchè l'era stato mandato, ma de zonta quel Piero, nonzio del Duca, è stato appiccato dal castellano di Cesena; [1] il che avanti ora die esser noto alla Sublimità Vostra; benchè 'l Pontefice mostri di dubitare di qualche gabbo, e non vuol credere che costui sia stato appiccato. Per il che, mosso in grandissimo sdegno contro il Duca, subito mandò per el cardinal de San Zorzi, et è stato un bon spazio de tempo con lui, intervenendo lì *etiam* el cardinal de Capaze. Poi mandò per el capitano della guardia per far condurre el Valentino in Castel Sant'Anzolo; il che era fatto; se non che, intesa la cosa per i cardinali spagnoli, andarono al Papa e tanto importunarono che ebbono au-

---

[1] Il fatto avvenne, secondo il Burcardo, il 45 dicembre.

dienzia, ch'el Papa non la voleva dare; et aiutati da Castel de Rio [1] (chè per sè non potevano) ottennero ch'el non fusse mandato in Castello, ma guardato sotto buona custodia, la qual è stata data al detto Castel de Rio. [2] Per la qual cosa spaventati i cardinali Surrento e Borgia *arripuerunt fugam* questa notte passata, verso che banda non se intende con verità: alcuni iudicano verso Reame, in campo de Spagnoli; alcuni *etiam* credono che non siano fuziti per le cose del Duca, ma *potius* per esser sta' consenzienti del veneno dato al *quondam* reverendissimo Sant'Anzolo, per aver confessato el tutto questo tristo de Asquino; e benchè non se nomini particularmente alcuno, pur se dice aver nominati alcuni cardinali.

» Per questa mattina fu ordinato Concistorio publico, per l'obedienzia che hanno prestato li oratori lucchesi [3] al Pontefice, et era molto tardi avanti che Nostro Signor uscisse fuori, cum el quale era stato prima un gran pezzo el cardinale de San Zorzi. Feze poi chiamare i cardinali spagnoli dentro, e con loro *etiam* ste' una bon'ora; poi tutti insieme ussirono fuori con el Papa. Non si ha finora possuto avere particularità alcuna del loro conferimento; pur

---

[1] Vedi la nota 1, a pag. 335.

[2] « Papa..... decrevit Ducem Valentinensem (qui usque nunc in camera supra Papam, in qua eatenus fuerat cardinalis Rothomagensis, custodiebatur) mittere ad castrum Sancti Angeli. Non fuit tamen illuc missus, sed in superiorem cameram Turris novae papae Alexandri Sexti, ubi fuit deinde custoditus. » (Burcardo, *Diario*, tomo IV, a c. 90.)

[3] Il Burcardo registra la loro venuta in Roma sotto dì 9 di dicembre.

è da iudicare che siano stati sopra le cose del Valentino.

» Aveva in animo de ritrovarmi con el reverendissimo San Zorzi, ma, per essere stato tutt'ozi a Palazzo fin una ora di notte, differirò fin domattina ad essere con Soa Signoria Reverendissima; e, cum quella circumspezion che si conviene, li parlerò in la materia contenuta in la lettera di Vostra Sublimità de 15 del presente, in questa ora con la consueta mia reverenzia recevuta per Piero de Bergamo corrier.

» Darò *etiam* opera per mezzo dell'orator ispano de mandar la lettera de Vostra Serenità al suo clarissimo oratore in Ispania; con el qual [1] iersera parlando, me disse non aver certezza alcuna de triegua, nè de oratori che vadino in Franza, se non tanto quanto dicon qui Franzesi; i quali, insieme con li altri emuli de Vostra Serenità, non restano de minazarli *magna* con questa pace; alli quali, dove accade, se li fa conveniente e riservata risposta, non diminuendo però punto della dignità di Vostra Celsitudine. »

---

681. Colloquio dell' Oratore col cardinale di San Giorgio
sulle cose di Romagna.

Roma, 21 dicembre 1503.

Il cardinale di San Giorgio riferisce all'Oratore che il Pontefice, avendo saputo che le milizie venete avevano dato battaglia ad alcune castella nel contado

---

[1] Intendi, coll' oratore *spagnuolo*.

d'Imola (sebbene con cattivo successo), se n'era grandemente doluto, parendogli che la Repubblica gli
avesse mancato di fede. L'Oratore dice essere queste
notizie false. Il cardinale, entrando quindi a parlare
delle sue pretese sullo stato d'Imola, prega che la
Repubblica sia contenta di restituirgli il castello di
Tossignano e tutto il resto che essa tiene in quel contado, sperando che con questo esempio il Papa più
facilmente riconoscerà le ragioni di lui; e s'offre, in
cambio di questo servigio, a parlare al Pontefice in favore della Repubblica per le cose di Faenza. L'Oratore, intravvedendo in questo negozio un maneggio del
cardinale e del Papa, per ottenere da Venezia la restituzione delle terre senza alcun compenso, risponde
di non sapere ancora se il castello di Tossignano od
altro luogo del contado d'Imola siano pervenuti in
potere della Repubblica; ma, in caso affermativo,
questa ha ogni buon diritto di ritenerli, e non può
essergliene domandata la restituzione.

692. Pratiche dei cardinali spagnuoli col Papa per la liberazione
del Valentino. Breve del Papa al Re dei Romani per de-
nunziargli le usurpazioni della Repubblica Veneta in Romagna.

Roma, 22 dicembre 1503.

Prima del Concistoro l'Oratore va a Palazzo per
dichiarare al Papa essere falsa e calunniosa la voce
che la Repubblica voglia continuare l'impresa di Romagna; ma non può avere udienza. Incontra invece
l'arcivescovo di Zara, ed espone la cosa a lui. L'arcivescovo gli racconta: « che questi cardinali spa-

gnoli erano stati con el Papa e propostoli partidi circa le cosse del Valentino. L'uno è che uno di loro andaria in Romagna....[1] quelle due fortezze, le qual tegniria in nome del Pontefice, per fino a tanto ch'el Valentino fusse in libertà, e con le robe sue lassato andare dove li piazeva, chè poi le daria in man del Papa. L'altro partido è ch'el Valentino stesse in la rócca de Civita Castellana, che è a custodia del cardinal de San Severino, per fina ch'el Papa avesse le fortezze in le mano; poi el detto fusse in libertà de andar dove li piazeva. E fin allora non se n'era devenuto a niuna resoluzione, ma che di queste materie ozi in Concistorio se ne parleria. Cussì se ha fatto; e devenuti nel partido de mandare il cardinal de Salerno, se escusò per la invalitudine sua delle rene; e il medemo ha fatto quel da Heuna per altra causa: *adeo* che la cosa è restata indissoluta.

» Questi cardinali spagnoli, che desiderano la liberazion del Valentino, zercano di persuader il Papa alla liberazion del detto, con dirli ch'el retegnirlo fa difficultà nella restituzione delle fortezze, e menazzano che li castellani si potranno accordare con la Sublimità Vostra con darli a lei quelle fortezze. All'incontro el Papa menazza a loro con l'autorità e potenzia de la Sublimità Vostra, protestandoli che, se non le davano per bontà, se prevaleria con le forze della Serenità Vostra, e le terria per forza, il che poi retorneria in preiudizio del Duca; e a questo modo ognun di loro si serve della reputazione della Celsi-

---

[1] Lacuna nel codice. Intendi: *ed occuperebbe.*

tudine Vostra. Alla quale io notifico per bona via
aver inteso, el Pontefice questa notte passata avere
espedito un secretario del serenissimo Re dei Romani,
che era qui con li oratori della prefata Maestà; e, fattoli primo carezze assai, li dette un breve, nel qual
li narra le novità per la Serenità Vostra fatte in Romagna, persuadendolo ad esserli propizio in la recuperazione; et oltra el breve ha *etiam* commesso a
bocca al detto secretario che faza l'offizio. » [1]

683. Il duca d'Urbino domanda la consegna d'un malfattore
catturato dalla Repubblica.

Roma, 22 dicembre 1503.

Il duca di Urbino domanda, anche a nome del
Papa, che gli sia consegnato un Giovambattista da

[1] Sulla spedizione di questo segretario sono due lettere del
Senato al suo oratore in Germania, del 31 dicembre: riportiamo la
seconda che si riferisce più specialmente alla persona dell'inviato
pontificio: « Siamo in opinione che quel secretario della Cesarea
Maestà, del quale ve facemo mentione nelle alligate, possi esser
uno domino Andrea Dal Borgo, cittadin nostro cremonese; persona, per quanto intendemo, accostumata, *et imprimis* desiderosa
de haver la gratia nostra, et esser reintegrato de certo ofìcio,
che al tempo del signor Lodovico l'havea nella città de Cremona.
Costui pel passato ha usato molti boni officii cum li oratori nostri sono stati de lì, et credemo l'haverà facto el medesimo cum
vuy. Pertanto ne è parso de questo farvene advertido; et volemo
che, cum quelle vie et mezi dextri, cauti et secreti che ve appa-
reranno, debiate, essendo esso domino Andrea mandato dal Pontefice, come è dicto, veder de sotracer da lui quanto porete, et
persuaderlo ad ben disponer la Cesarea Maestà in questa materia.
Et siamo contenti li faciate large oblatione della gratia et munificentia nostra; del che siamo *etiam* per farvene honore, secundo
le opere che da vuy intenderemo haver facto el prefato domino
Andrea in honor et beneficio del stato nostro. » (Arch. gen. di
Venezia. *Senato Secreti*, Reg. 54, a c. 148.)

Fermo, il quale aveva ucciso un nipote di Sua Santità, fratello del nuovo cardinale di Lucca, ed era già
stato preso dalla Repubblica per richiesta del vescovo Tiburtino.

684. Colloquio dell'Oratore col Papa sulle cose di Romagna.

Roma, 23 dicembre 1503.

L'Oratore, in un colloquio col Papa, difende la
Repubblica contro le accuse dei nemici di essa. Il Papa
risponde: « — *Domine Orator*, vui ne dite qui continuamente bone parole, e ne affirmate la mente de la
illustrissima Signoria esser bona, e che la non farà
contra de nui etc.; e *tamen* altri, che sono più appresso
quella Signoria, ne avisano el contrario. Ve dicessimo
l'altro zorno che el vescovo de Tivoli ne scriveva
che l'illustrissima Signoria non avea voluto resolversi
de non proceder più oltre, e vui dicesti ch'el non
diceva la verità; *tamen* vedemo pure che l'è così:
imperò (disse) che ozi avemo lettere che scrive uno
di Tiberti da Cesena, drizzate a monsignor Ascanio,
che avvisano come in quella città pure è ancora una
parte per la Signoria, e che novamente la Signoria
avea pigliato Santo Arcangelo; e tuttavia, quando li
vien fatto, va pigliando; e mo de quelle cose, che
sono *immediate* sotto la Giesia, che non erano sotto
vicarii. — Commemorò Montefior, Porto Cesenatico et
altri luoghi, subiungendo: — Come volete che nui
possiamo star contenti in questa Sedia, quando se vediamo ogni zorno spogliare, da quelli *potissimum*, dalli
quali nui speravamo ogni auxilio e favore in benefi-

zio della Giesia? Di queste cose non potemo fare che
non se ne doliamo. Per adesso (disse lo) non avemo
arme da combattere con la Signoria: nui faremo quel
che porremo, poi se raccomandaremo a Dio, e vorremo
che lui ne aiuti, perchè se tratta delle cose sue. — »
L'Oratore risponde che non c'è bisogno che il Papa
chieda per questo aiuto a Dio nè ad altri, ma alla Repubblica stessa. Circa Cesena, è falso che vi sia una
parte che vuol fare movimenti in favore di Venezia:
ben può esservi alcuno, che desidera di diventare suddito di essa, per esperienza del suo buon governo: e
quanto al castello di Sant'Arcangelo, il Papa non aveva
ragione di turbarsene, perchè quel castello era venuto in potere della Repubblica, prima che il vescovo
di Tivoli giungesse a Venezia.

685.   Colloquio dell'Oratore col duca d'Urbino
            circa l'acquisto di Sant'Arcangelo.

Roma, 24 dicembre 1503.

« Ozi il signor duca d'Urbino ha mandato per
mi; el qual da heri in qua se ha messo in letto per le
sue dogie di gotta. Trovai l'Excellenzia Soa alquanto
turbata, perchè disse che li era sta' referto aver io
detto al Pontefice, che lui over la Duchessa aveva
consentito el castello de Santo Arcangelo alla Serenità
Vostra, e che di questo el Pontefice l'avea molto ri-
preso, e tanto più, perchè mai ne aveva fatto motto
de ziò alla Beatitudine Soa; dicendo che di questo
molto se ne doleva, perchè perdeva el credito con el
Papa, e non poteva operare iusta el suo desiderio per
la Serenità Vostra. — La qual (disse) ha molti emuli e

niun che la difenda appresso el Papa; se la mi per-
derà anche mi, non per mia volontà, ma perchè el
Papa non me creda, non li resterà niuno. — E per
questo, disse, se doleva più che per altro. E qui me
commemorò le parole che *alias* me aveva ditto in
questa materia de questo castello, scritte per mi alla
Celsitudine Vostra,[1] dicendo che a fine di bene allora me disse che la Serenità Vostra non se dovesse
impazzare in questa bicoca, che era cosa da non far
conto; e *tamen* potria esser causa de male. » Seguitò
dicendo non esser vero che la duchessa avesse accon-
sentito alla consegna del castello, chè anzi egli le avea
scritto, soprassedesse; ma fu opera di un Giacomo Sacco, uomo del conte di Sogliano, il quale fece ribellare il
popolo a favore della Repubblica; e v'entrarono poi 50
fanti, mandati da un provveditore veneto; e il castellano, non potendosi difendere, abbandonò la rócca. Si
dolse assai il duca di quel Sacco, perchè eccitava anche
i Sammarinesi a togliersi all'obbedienza di lui e passare sotto il dominio veneto: vero è che San Marino è
libero nel proprio governo; pur tuttavia ha una certa
dipendenza da lui come l'aveva dai suoi antecessori; e
la Repubblica, cercando di usurpargli parte dello stato,
mostra di corrispondere con poco amore alla devozione di esso duca. L'Oratore risponde che la Repubblica stimava grandemente la fedeltà di lui: quanto
a Sant'Arcangelo, la cosa era già fatta prima che giun-
gessero le lettere del duca in contrario; e pare che
vi fosse il consentimento della duchessa.

[1] Vedi il dispaccio 665.

686. Voci di pace tra Francia e Spagna. Affari di Romagna.
Notizie del Valentino.

Roma, 25 dicembre 1503.

In cappella del Papa si parla di lettere da Lione
del 16 corrente, che avvisano essersi fermati i capitoli della pace, ed ambedue i Re consentire nel dar
il Regno di Napoli al duca di Calabria,[1] riservato
il feudo al Re Cristianissimo, con pensione di 60,000
ducati all'anno, ritenendo questi per guarentigia
Gaeta col porto. È bensì insorta qualche difficoltà,
perchè il Re di Francia vorrebbe dare in moglie al
detto duca una sorella di monsignor d'Angoulème,[2]
mentre quel di Spagna gli vorrebbe dare una figliuola
dell'Arciduca.[3]

Dicesi che il Papa tratti di dare in moglie al
figliuolo del marchese di Mantova una sorella del Prefetto; e che abbia rimesso la somma di 4000 ducati
a Firenze per Romagna, non si sa a qual fine, ma forse
« per far partito a qualch'uno di quelli che sono in
la rócca di Imola. » Non v'è ancora veruna risoluzione circa la fortezze di Forlì e Cesena.

Il duca Valentino è in Palazzo, guardato; promette di consegnare le fortezze; parla di imparen-
tarsi col Papa: ma nessuno ne fa conto, e il Papa

---

[1] Ferdinando, figliuolo dello spodestato re Federigo.

[2] Aveva allora questo titolo il figliuolo del defunto Carlo
d'Orléans, conte d'Angoulème, e di Luisa di Savoia, che fu poi
Francesco I, re di Francia.

[3] Filippo, arciduca d'Austria, genero di Ferdinando il Cattolico.

prima di tutto vuole aver le fortezze. I cardinali, che si offerivano di recarsi in Romagna pel Duca, ora si ritirano dalle offerte; tuttavia egli non piega di animo.

687. Colloquio tra l'Oratore e il Papa circa le faccende di Romagna., e circa alcuni discorsi dell'oratore francese in Venezia.

Roma, 26 dicembre 1503.

« Questa mattina, da poi la messa, Nostro Signor mi fece dire che io tornasse inver el tardo a Palazzo, ch'el mi voleva parlare, e cussì ho fatto. Subito che io fui introdutto, me disse: — Ambassador, nui avemo mandato per vui per conferire insieme queste cosse nostre di Romagna, e anche dirne un'altra cossa, che ne dà qualche displicenzia. — E disse, primo, che ogni zorno li vegnivano lettere che li agenti per la Serenità Vostra in Romagna predicavano per tutte quelle terre: nominò Cesena, Imola et altri luochi; i quali, disse, non restavano di contaminare quei populi e removerli dalla devozion della Giesia per tirarli sotto al dominio della Serenità Vostra. Accusò *etiam* di questo el signor conte di Sogiano,[1] che era quello che pezo faceva che li altri, e disse *etiam* de Dionisio e Vincenzo de Naldo, i quali con zerti cavalli legieri andavano fazendo questi mali; e che la Serenità Vostra se poteva ben scusare che costoro senza sua saputa facevano questo; ma *tamen* la iustificazione non era valida; perchè se vedeva poi che lei accettava tutte quelle terre e castelli, che loro piglia-

---

[1] Malatesta di Carlo Malatesti, dei conti di Sogliano.

vano, e li faceva carezze. Disse che ormai la Sublimità Vostra aveva *etiam* acquistato tutto il contado d'Imola, e non mancava di prometter condutta e condizioni a Zuan de Sassatella e Guido Guanti, che erano quelli che ora avevano Imola in potere, per tirarli alle sue vogie; dicendo Soa Santità che queste erano dimostrazioni che ad un inimico non se potriano far pezor, e che quando lui dicesse non se ne resentire, non diria il vero. Subiunse, che l'era entrato in questa Sedia con animo d'esser comun padre a tutti, e usare la neutralità debita essere usata da un Pontefice; ma che dubitava la necessità lo costrenzeria a fare altro pensiero. E in questa sustanzia se distese con molte parole; e fu la prima parte principal del suo parlare.

» Poi andò ad un'altra, della quale *etiam* mostrò aver dispiacer grande; dolendose ch'el se zercasse metterlo al ponto con el Re de Franza; e disse avere aviso dal presidente *seu* governador de Milan, che domino Accursio, oratore del Cristianissimo Re appresso la Celsitudine Vostra, li ha scritto, intender per bona via, ch'el vescovo de Tivoli non era andato a Venezia principalmente per le cosse de Romagna, come se divulgava, ma per richiedere l'Illustrissima Signoria Vostra a liga con el Pontefice e Re di Spagna contra el Cristianissimo Re; allegando in testimonio di questa cossa, ch'el detto vescovo el più delle fiate, quando parte dall'audienzia di Vostra Serenità, se reduce a casa dell'orator de Spagna, e che a lui domino Accursio non fa motto alcuno. » Al quale messere Accursio si era anche fatto credere che fosse opera del Papa la mala intelligenza insorta fra il cardinale di Roano e la Repubblica; e che questa poi, avendo riconosciuto il buon animo di quel cardinale, « aveva deputato un nostro zentilomo in oratore per accompagnare e onorare monsignor de Roano per le terre del stado della Sublimità Vostra. » Tuttavia il Papa disse di non credere che queste macchinazioni siano fatte « dalla Serenità Vostra, ma da qualche tristo che zercava de metterlo alle man con el Re de Franza; al qual però non reusseria el pensiero, perchè Soa Santità avea ben modo de iustificarsi e conservarsi in benevolenzia del Re etc. E sopra questa parte *etiam* disse assai parole, le quali tutte furono pazientemente ascoltate da mi. »

L'Oratore risponde al Pontefice, circa le faccende di Romagna, le cose già dettegli altra volta: che chi gli scriveva dei maneggi della Repubblica per guadagnare quei popoli, scriveva il falso: ad Imola non essere insorto alcun moto a favore della Repubblica. Oltre Faenza e Rimini, gli altri luoghi erano pervenuti alla Repubblica anteriormente all'arrivo del Tiburtino a Venezia. Quanto ai discorsi dell'oratore di Francia in Venezia, potrebbe essere che qualche maligno avesse dato ad intendere all'Accursio quello che aveva scritto; o « che lui da sì avesse abuto qualche zelosia, per il poco amore che è tra lui e il Tiburtino » fino dal tempo di papa Alessandro.

Il Papa rimane in parte soddisfatto delle risposte dell'Oratore, ma non vuole intendere ragione sulle cose di Romagna; ed esige che tutte quelle terre siano restituite alla Chiesa. Quanto a Faenza e Rimini, che stanno tanto a cuore alla Repubblica, forse potrebbero accadere cose da disporre Sua Santità e il Sacro Collegio a compiacerla: ma intanto egli non promette nulla, e vuole che i Veneziani comincino da lasciar liberi gli altri luoghi, che non sono nel territorio di quelle due città, e che l' Oratore ne scriva subito al suo Governo.

688. (Al Doge e ai capi dei Dieci.) Colloquio dell' Oratore col duca d' Urbino, relativo alla nomina di questo a Capitano generale della Chiesa.

Roma, 26 dicembre 1503.

L' Oratore, per commissione dei Dieci, va dal duca d' Urbino, ch' è malato di gotta, per dirgli che la Repubblica volentieri favorirà il suo desiderio di diventare Capitano generale delle milizie pontificie. Il duca lo ringrazia, e dice che brama di mantenere la pace, e che sarà sempre buon servitore di Venezia.

689. Spedizione di un agente pontificio in Francia. Sospetti del Papa che la Repubblica Veneta e il Valentino siano segretamente d' accordo. Notizie del Regno.

Roma, 27 dicembre 1503. .

« Ozi per assai fidedigna [1] ho inteso ch' el Pontefice ha espedito heri verso Franza el marchese del Final, [2] non s' intende con che ordine; pur le parole che heri me disse la Beatitudine Soa me fa coniet- .

---

[1] Sottintendi: *persona*.
[2] Carlo Domenico del Carretto, marchese del Finale, arcivescovo di Tebe, poi da Giulio II fatto cardinale nella promozione del dicembre 1505.

turar che forse el debba aver mandato per iustificarsi
con quel Cristianissimo Re, per le parole ch' el disse
avere scritto domino Accursio suo oratore. Investigarò questa cosa con bon fondamento, et avendo cosa
degna da esser notificata alla Serenità Vostra in questa materia, per altre mie gela scriverò. Alla qual
significo che gli amici del Valentino vanno dicendo,
che quanto el detto patisce de retenzion qui, è per
rispetto della Serenità Vostra, perchè el Papa è entrato in suspetto che, lassandolo partire, prenderà
partito con la Sublimità Vostra e li consegnerà tutto
quel che resta de quelle terre de Romagna; con altre
sue fantasie, delle qual, quando alcuno me ne parla,
me la rido, e mostro far di esse quel conto che le
meritano. »

Gli Spagnuoli stanno tuttora a Sessa; i Francesi,
di qua dal Garigliano. Questi sperano nella pace, sebbene dicasi che il gran Capitano di Spagna si prepari
a continuare la guerra.

690.   Cose di Francia. Consulte relative al Valentino
e agli affari di Romagna.

Roma, 28 dicembre 1503.

Il marchese del Finale[1] dovrà risiedere per alcun
tempo in Francia, per le pratiche che occorreranno
fra il Papa e il Re. Monsignore di Roano, per ordine
del Re, non andrà altrimenti in Germania, ma direttamente in Francia per trattare la pace cogli Spagnuoli.

« Qui *etiam* el Pontefice sta pure in pratica circa

_____
[1] Vedi il dispaccio precedente.

le cose del Valentino, e sono adesso in consulto de
mandarlo a Ferrara in man de quel duca, con bona
cauzion data qui a Roma per el Valentino...; nel
qual luogo el debba stare fino a tanto ch' el Papa abbi
in le man quelle fortezze de Forlì e Cesena; e poi
libero possi andare dove li parerà. La cosa non è ancora resoluta: pure a questo effetto è sta' mandato
uno a Ferrara per avere l'intenzione del duca. Anche
verso Romagna questa notte sono sta' spazzati doi
messi del Pontefice. »

Il Papa sembra tutto intento all' assetto delle
cose di Romagna. Si aspettano fra breve Guido Guanti
e Giovanni da Sassatella d'Imola, per tale oggetto.
Alle relative consulte intervengono soltanto i cardinali di Capace e di San Giorgio, l'arcivescovo di Zara
e Francesco di Castel del Rio, uomo proclive al male
più che al bene, e influente molto sul Papa. Il cardinale di Volterra non ha parte in quelle consulte,
ma è sempre vicino al Papa.

691.   Colloquio tra l' Oratore veneto e il Papa
                sulle cose di Romagna.

Roma, 29 dicembre 1503.

Il Papa, mandato a chiamare l'Oratore veneto,
torna a lagnarsi con lui della condotta della Repubblica in Romagna, incolpandola di varii atti ostili agli
interessi della Santa Sede. L'Oratore risponde, al solito,
chè sono tutte male insinuazioni dei nemici della Repubblica, e si duole che il Pontefice tanto facilmente
dia ascolto a siffatte calunnie. Entrano poi in discorso
di particolari negozii.

692. Progetto di mandare il Valentino a Ferrara in custodia a
    quel duca. Cose di Romagna: colloquio, relativo alle
    medesime, tra l' Oratore e il cardinale Riario.

                                    Roma, 30 dicembre 1503.

« Per Zuan Antonio da Bressa scrissi heri alla
Serenità Vostra quel che accadeva. Poi ozi se ha
confirmato la pratica del mandare del Valentino a Ferrara in man di quel duca con le cauzion dette, e di
questa pratica si aspetta risposta da Ferrara; al qual
effetto resta qui domino Zuan Luca, uno di oratori
venuti per l' obbedienzia; gli altri sono partiti.

» Se ha *etiam* inteso, che Guido Guanti e Zuan
de Sassatella, che dovevano vegnir a Roma per le
cose d'Imola, non avendo possuto avere el salvocondutto con quella cauzione che loro desideravano da
Fiorentini, sono restati da vegnire.

» De qui ogni zorno s'intende mazor difficultà
nel recuperare de quelli luoghi dal Pontefice, sopra il
che li maligni se fondano a calunniare la Serenità Vostra, e darli di questo gravezza, quasi che lei sia
quella che rompe li disegni del Pontefice; e quanto
ponno, vanno contaminando la mente sua contro la
Celsitudine Vostra, siccome ozi, ritrovandome con el
reverendissimo cardinal de San Zorzi, me disse; el
qual me usò queste formal parole: — Ambassador,
io me dubito che l'illustrissima Signoria, credendo
forse far meglio el fatto suo, non metta el Papa in
tanta disperazione, che se conduca a far ogni male,
e se contenti farse male a se stesso per farlo *etiam*
ad altri. — E seguitò: — S'el ve par ch'el metterlo

in disperazione et essacerbar queste cosse, come fa
l'illustrissima Signoria, sii al proposito di quella, fa-
zalo. » L'Oratore gli risponde dover esser nota al cardinale la sincerità della Repubblica, che non voleva
impacciarsi nelle cose d'Imola e Forlì, nè di alcun
altro luogo che non fosse già pervenuto in suo potere; esser dunque calunniose le voci che correvano
contrarie ad essa. Il cardinale parve soddisfatto della
risposta, e si scusò delle parole dette, chiamando in
testimonio della sua buona disposizione l'arcivescovo
di Zara, ch'era presente a questo colloquio.

693. Sconfitta dei Francesi al Garigliano. Cattive condizioni
del loro esercito nel Regno.

Roma, 31 dicembre 1503.

« Ozi è uscita fama publicata e per più vie confirmata qui a Roma, che intendendo li Spagnoli l'es-
sercito de Franzesi esser malissimo condizionato, e
volerse divider più di quel che era, per assegurarse
più di quel che era, se hanno messo in ordine, e
passato el Garigliano, assaltati li nemici e fattoli grandissimo danno, con tuorli tutte le artigliarie.[1] E vo-
lend'io di questa cossa avere più particolare cognizione di verità, per via del reverendissimo cardinal
Colonna, che ha lettere di campo di 27 di questo, intendo che ben è vero che Spagnoli si preparavano al
passare, ma non ha aviso che ancora fusseno passati.

[1] Cfr., per questi fatti della guerra nel Regno, la *Storia
d'Italia* del Guicciardini, libro VI; e le due lettere di Prospero
Colonna a Marcantonio suo nipote, che pubblichiamo in Appendice sotto il n. XI.

El cardinale veramente de Santa Crose ha lettere più recente de Terracina, che avisa el passare e la fuga de Franzesi, e che li aveano tolto una parte de artigliaria, e che in quel luogo de Terracina era capitati molti Franzesi fugati. L'oratore ispano parla ancora più riservato, e dise del passar solamente, e non afferma altro. Questo è ben vero che qui in Roma son venuti una buona frotta d'omini d'arme italiani, però del campo de Franzesi, che sono molto male in ordine, ma ben forniti de ogni desasio. Et è anche vero ch'el baglì de Cam, primario capitano de Franzesi, è morto in campo da infermità; del quale i Franzesi ne fanno gran lamento, parendoli avere abuto assai iattura per la morte di questo omo; et è *etiam* amalato Sandrocurto, ma non però de mal de conto, per quanto se afferma; el qual mancando, quell'esercito resteria in tutto privo de governo. Verso el campo è andato monsignor de Trans, orator franzese, per portar zerti danari, che sono sta' rimessi, et *etiam* per vedere meglio il bisogno delle cosse, e provvedere con quel modo che potrà. I Spagnoli qui non vogliono consentire alla pace, quantunque li Franzesi molto la predicano e la affirmano, come se la fusse conclusa e publicata: in la qual pace hanno l'occhio tutti li emuli della Serenità Vostra, parendoli che quella abbi a diminuire la reputazione della Celsitudine Vostra; ma, come si vedano mancar questa speranza, *quomodocumque* el sia, o perchè la pace non segua, *aut* che seguendo non li riesca el pensiero, inclineranno il capo. »

694. Colloquio dell'Oratore col cardinale di Capace sulle cose di Romagna. Esortazione al Senato a procacciarsi con lettere e con doni il favore di varii ufficiali della Corte Pontificia.

Roma, 1 gennaio 1504.

L'Oratore, non potendo aver colloquio col Papa, **va** dal cardinale di Capace, e giustifica la Repubblica dalle accuse perseveranti del Tiburtino. Il cardinale risponde meravigliarsi che quel vescovo possa avere riferito cose false: esso fu rimandato a Venezia, stimandosi che avesse pratica sufficiente di quelle faccende e buone relazioni con quel Governo; e che fosse l'uomo più adatto nelle presenti vertenze, la cui trattazione richiede molta destrezza e circospezione. In conseguenza di questo colloquio, l'Oratore consiglia il Senato di scrivere al detto cardinale per infervorarlo a favore della Repubblica, e di fare un ufficio consimile verso l'arcivescovo di Zara e Gabriele da Fano, familiare del Papa. Accarezzi anche il segretario di Sua Santità, Sigismondo da Foligno, speditore di brevi, che già è favorevole alla Repubblica: a questo dovrebbe il Senato fare qualche regalo; per esempio, tante braccia di scarlatto da tagliarne un mantello e un cappuccio da prete, ed altrettante di « zambellotto »[1] o nero o pavonazzo. Intorno a che l'Oratore aggiunge, avergli il detto Sigismondo ricordato che fu scritta da esso la bolla d'Innocenzo papa, che assolveva la Repubblica

---

[1] *Zambellotto*, cambellotto: « drappo fatto anticamente di pelo di cammello (dal quale tolse il nome), oggi di pel di capra. » Tramater.

dall'interdetto;[1] e che fece questo senz'averne alcun premio o segno di gratitudine.

695. Colloquio tra l'Oratore e il Papa sulle cose di Romagna.

Roma, 2 gennaio 1504.

L'Oratore, per commissione del Senato, denunzia al Papa gli artificii e le maligne insinuazioni del vescovo Tiburtino. Il Papa gli replica ch'egli lo stima persona adatta all'ufficio commessogli, essendo bene informato dei negozii occorrenti, e gagliardo esecutore dei suoi mandati. Avendogli poi detto l'Oratore che il Senato ha spedito ordine ai suoi agenti di mandare i soldati ai quartieri, il Papa risponde che vorrebbe credere alla sincerità di tali parole; ma d'altra parte gli giungono continui lamenti, che i provveditori e gli altri ufficiali della Repubblica continuano a corrompere le popolazioni dei luoghi della Chiesa; e, per quanto si ha ragione di credere, non di proprio e personale arbitrio, ma per mandato ricevuto.

696. (Al Doge e ai capi dei Dieci.) Comunicazioni del duca d'Urbino.

Roma, 2 gennaio 1504.

Il duca d'Urbino mostra all'Oratore veneto lettere del vescovo di Tivoli, che cercano metter male tra esso duca e Venezia; ma gli dichiara che dà poco

---

[1] Accenna alla bolla del 29 febbraio 1485, colla quale papa Innocenzo VIII assolvè i Veneziani dalla scomunica lanciata contro di loro da Sisto IV per la guerra ch'essi facevano al Ducato di Ferrara. Questa bolla è pubblicata dal Raynald, *Annales ecclesiastici*, ed. Mansi, vol. XI, pag. 104.

peso a tali lettere, e novamente afferma ch'egli si
manterrà sempre grato e riverente alla Repubblica.

697. Rotta dei Francesi presso Gaeta. Gli Spagnuoli occupano il Monte di Gaeta. Notizie del Valentino.

Roma, 3 gennaio 1504.

« Heri sera, a circa ore 4 di notte, el reverendissimo cardinale Colonna me mandò a comunicare
una lettera del signor Prospero suo fratello, de 30 del
passato, che avisa el passar dell'esercito spagnolo, e
come i Franzesi erano messi in fuga, et avevano buttato in fiume bona parte delle artigliarie grosse, non
le possendo portar con sè nella fuga. Con el resto fu-
zivano verso Gaieta, sempre però seguitati dalli nemici, che li davano molti danni nella corsa. Gionti
appresso a Gaieta, se affirmorono per salvare le artigliarie, e qui furno alle mano con li nemici; *adeo* che
Franzesi, tra morti e presi, hanno perduto circa 300
omeni d'arme e 1000 fanti, e gran numero de cavalli, *e precipue* tutti quelli che tiravano le artigliarie;
delle quali in la lettera non si fa alcuna menzione, se
Spagnoli l'abbin prese o no. Avisa *etiam* ch'erano andati a Fondi per ritrovare el duca de Traietto, el quale
era partito et andato a Monticelli. Scrive *etiam* ch'el
signor Marcantonio Colonna *expedite* debbia andare
a quella banda con cavalli lezieri, perchè de omeni
d'arme ne hanno assai, perchè lo voleno lassare a
quella espedizione, e loro voleno seguitar la vittoria.
Questa mattina poi a bocca el prefato cardinale me ha
mandato a dire, che questa notte ha avuto lettere che
avisano come Spagnoli avevano preso el Monte de

Gaieta, e de lì a poco me venne a ritrovare un segretario del signor Prospero, che andava circuendo i cardinali et oratori con lettere proprie de ultimo del passato, in che se contiene l'acquisto del Monte de Gaieta; e come quelli che sono in la terra se hanno mandati ad offrire al gran Capitano de darli la terra e la rócca in nome della Cattolica Maestà, *dummodo* che lui relassi liberi tutti i prigioni franzesi che lui ha nelle mano, intendendo in questo *etiam* monsignor de Obigni.[1] Scrive *etiam* el signor Prospero Colonna allora partirse de lì, e ch'el sperava che la cossa averia buon esito, perchè tuttavia se praticavano li capitoli de questa nova, della quale ne ho voluto aver zertezza, prima che abbi spazzato costui.[2] I Spagnoli tutt'ozi ne hanno fatto gran festa, et ormai qui si tiene che questa impresa de Reame sia espedita per loro; sicchè Franzesi non abbino avere più parte alcuna in quel Regno, per avere tutto l'esercito suo dissipato, senza alcuna speranza di soccorso, e massime perdendo, come se tien per perduta, Gaieta.

» Heri sera zonse qui Ramazotto, Guido Guanti e Zuan de Sassatella. Quanto s'intenderà per me delle pratiche loro, sarà per mi significato alla Celsitudine Vostra.

» Le cosse del Valentino vanno scorrendo cussì, delle quale ormai non se ne parla più. Stasse pur in

---

[1] Fu fatto prigioniero nella rotta dei Francesi a Seminara nel 1503. Cfr. Guicciardini, libro V, in fine.

[2] Le lettere comunicate dal cardinale Colonna al Giustinian, e delle quali egli dà l'estratto in questo dispaccio, sono quelle stesse che pubblichiamo sotto il n. XI dell' Appendice.

Palazzo, e cavasi trastullo de veder zugar tutto el zorno, chè altro non se fa nella camera sua. »

698. Resa di Gaeta agli Spagnuoli. Morte di Piero de' Medici
per annegamento nel Garigliano.

Roma, 4 gennaio 1504.

« Heri scrissi alla Serenità Vostra quel che accadeva per Alovisetto corriero; et *inter cetera* li avisai
la presa del Monte di Gaieta, e la pratica che era tra
il gran Capitano e quelli della terra, la quale è conclusa, per gli avisi che se ha per diverse lettere, in
questo modo: Che li Spagnoli debbano restituire a
Franzesi tutti i presoni che hanno in le mano, cussì
presi a questo fatto d'arme, come quelli che per
avanti avevano, intendendose *etiam* monsignor de
Obigni. Il medesimo faranno li Franzesi, avendo alcun
presone spagnolo. Loro veramente li danno la terra
libera con la fortezza; e che Franzesi debbano partirse salvi con le persone e robe, et andarse al suo
viazo per mare, con condizione che non abbino a
smontare in alcun luogo in terra del Reame. Le zente
veramente italiane possino con salvocondutto andarsene per terra a casa loro, alli quali fanno la securtà
tutte due le fazioni, Orsini *videlicet* e Colonnesi.

» Nel fatto d'arme, del prendere del Monte de
Gaieta, se dice essere sta' morto monsignor d'Allegra:[1] *item*, el magnifico Pietro de Medici, partendose
de Mola per via de mare con zerte artigliarie alla volta
de Gaieta, per fortuna è annegato. Luise d'Arse,[2]

[1] Questa notizia è smentita nel dispaccio 701.
[2] Luigi d'Ars, capitano francese, che raccolse sotto il suo comando le reliquie dell'esercito disfatto.

che è alle porte de Pugia (Puglia), ha *etiam* lui termine de tanti zorni, da poi abuto l'aviso, de potersene andar salvo. Monsignor de Candela,[1] fratello del
cardinal de Bologna, se è salvato a Sultri (Sutri), e
die vegnire in qua, tutto spogliato. »

Credono molti che una delle conseguenze di questa vittoria sarà il ristabilimento dei Medici in Firenze, per opera degli Orsini; e il buon successo è
agevolato dalla morte di Piero, il quale non era favorevole a tale impresa.

699.   Ancora della vittoria degli Spagnuoli a Gaeta.

Roma, 5 gennaio 1504.

« Tutto ozi non se ha parlato se non de questa
prosperità de Spagnoli e sbattimento de Franzesi; de
che par che quasi tutti se ne allegrino, e li pare ch'el
sia verificato el comun iudizio fatto, quando Franzesi
a questo settembre passarono de qui, che non avessero a tornar sani indrieto. El Pontefice *extrinsece*
non mostra alcuna passione, ma procede con molta
neutralità conveniente a lui; pur chi conosce intrinsecamente le sue passioni, sa bene che di questo evento
la Santità Soa non se ne allegra molto. »

---

[1] Il cardinale di Bologna, Ferreri, ebbe (secondo il Sanso-
vino, *Famijlie ilustri*, pag. 46) tre fratelli, uno dei quali fu « cavaliere di Rodi, condottiero di huomini d'arme et colonnello di
fanterie francesi d'ordinanza: » ed è questo, indicato qui colla denominazione di *Monsignor de Candela*. Candelo (così corretta-
mente deve leggersi) è un castello del territorio di Biella, appar-
tenuto primamente ai vescovi di Vercelli, poi da loro venduto nel
secolo XV ai signori Ferreri. Cfr. Casalis, *Dizion. geograf. stor.
degli stati di Sardegna*, art. CANDELO.

700. Notizie di Cesena. Pratiche del Papa con Francia per rimettere in Genova Battistino Campofregoso. Favore del
Papa ai Francesi. Danni e beffe fatte dai villani e dai Romani ai soldati loro, che tornano dalla rotta di Gaeta.

Roma, 6 gennaio 1504.

« Heri scrissi alla Sublimità Vostra quanto ac-
cedeva per Socin corrier. Ozi poi se ha qui aviso de
Romagna, che la rócca de Cesena con gran impeto
batte con artigliarie la terra, con gran ruina di quella, la quale implora ausilio dal Papa. El soccorso che
se li ha dato, è stato scriver brevi a Bologna, Ferrara
et al signor de Pesaro, che con ogni suo forzo vadino
a combattere quella rócca, e pigliarla per forza, quando
non si vogli rendere; del qual soccorso qui se ne fa
poco conto da quelli che iudicano le cosse, parendo
loro che altro ce bisogni. »

Il Papa è in pratica col Re di Francia per far ritornare a Genova Battistino di Campofregoso, [1] dimo-
strando il vantaggio di tale restaurazione; altrimenti
v'è pericolo di qualche novità in favore degli Spagnuoli. Di questa cosa il Papa ha data commissione
al marchese del Finale, arcivescovo di Tebe, spedito
nei giorni scorsi per suo oratore in Francia. [2] Il Campofregoso, che è a Roma, si prepara al viaggio.

« Soa Santità in questa rotta de Franzesi si ha
scoperto tutto per loro; et, oltra le altre comodità che
se ha forzato farli per avanti, adesso ha fatto caval-

[1] Doge di Genova nel 1478; espulso, per raggiri dello zio Paolo,
arcivescovo, nel 1483. Il Litta pone dubitativamente la sua morte
poco dopo il 1502.
[2] Vedi i dispacci 689 e 690.

care el cardinal Colonna alle terre de so' stati, a provveder che questi Franzesi che ritornano (che non se hanno ritrovati alla rotta, perchè erano più inver' Roma) siano allozati e ben trattati, e che da quelli delle terre de Colonnesi non li sia fatto danno. *Tamen* el favore è stato tardo, perchè da villani tutti sono sta' svalisati e robati; et ogni zorno vengono qui a Roma nudi, che è una compassione a vederli; e pezo, che oltra el danno hanno *etiam* le beffe, perchè al passar suo de qui, quando andorono in Reame, fezero danni assai a questi Romani, come allora scrissi alla Serenità Vostra; e questi, memori *iniuriarium*, non avendo che tuorli, chè son nudi, si satisfanno de darli stridore; e quando passano per le strade, che siano in frotta et in luogo celebre della terra, ognuno li crida drio, batteno per le botteghe, con dirli quante più iniuriose parole sanno. »

701. Ancora della rotta dei Francesi. Affari d'Imola.
Arrivo d'ambascerie per fare ubbidienza al Pontefice.

Roma, 7 gennaio 1504.

« Ozi el signor Iulio Ursino mi ha mandato a mostrar zerte lettere ch'el signor Bortolomeo d'Alviano scrive all'abate suo fratello, el quale essendo ad Alviano, el signor Iulio le ha aperte; delle qual ne ho tolto una copia che alligata mando alla Serenità Vostra, aziò particularmente la veda tutt'il processo della perdeda de Franzesi, alli quali, oltre le altre ignominie che se li dà, questa non è picciola: che, nell'accordo fatto, hanno voluto avere li presoni franzesi; e delli Italiani, che per loro sono sta' presi, tra i quali è il principe di Bisignano et altri baroni, non hanno fatto menzione alcuna. » È smentita la morte di monsignore Yves d'Alègre, e confermata quella di Piero de' Medici.

Il Papa si riduce in Castel Sant'Angelo col cardinale di San Giorgio e con Francesco di Castel del Rio, per trattare delle cose d'Imola. Si attendono ambasciatori da quella città, la quale pare che sia poco disposta a sottomettersi ai nipoti del predetto cardinale, specialmente per avversione alla loro madre; e anche Castel del Rio, che ha molta influenza sul Pontefice, farà di tutto per tog, togiler loro a proprio vantaggio ogni speranza di quella terra.

Vennero in questi giorni in Roma per dare obbedienza al Papa, e vi furono ricevuti colla consueta pompa, sei oratori di Siena e sei di Firenze.[1]

702. Ancora delle faccende d'Imola. Lettere del duca di Ferrara relative al Valentino. Notizie dei fuggiaschi francesi riparatisi in Roma.

Roma, 8 gennaio 1504.

« Per le alligate mie de heri scrissi alla Serenità Vostra, el Nostro Signor essere stato heri sopra la mate-

---

[1] Il Burcardo registra la venuta degli oratori senesi sotto il 3 di gennaio, e dei fiorentini sotto il dì 7. Quelli prestarono giuramento d'ubbidienza il 40; questi, il 45. (Cfr. il disp. 714.) Dai registri dell'Archivio di Firenze ricaviamo che l'elezione degli oratori di questa città fu fatta nel Consiglio degli Ottanta nel giorni 4 e 6 di novembre 1503; e gli eletti furono messer Guglielmo Capponi, protonotario e maestro dell'Altopascio, messer Antonio Malegonnelle, Tommaso di Paolantonio Soderini, Matteo di Lorenzo Strozzi, messer Cosimo de' Pazzi, vescovo d'Arezzo, e Francesco di Zanobi Girolami. L'istruzione data loro dai Signori porta la data del dì 29 novembre 1503.

ria d'Imola in Castello con el cardinal de San Zorzi etc.
Ozi mi son ritrovato con el prelibato cardinal, el
qual me ha detto: — Ambassador, ho abuto due notte
et un zorno pezor, che abbia abuto za quattro mesi.
— Io fensi de ridere, e dissi che la Signoria Soa voleva scherzar con mi, dicendoli, ch'io aveva inteso
il contrario di quel ch'el me diseva; e che era andato
per allegrarme con Soa Signoria Reverendissima, perchè avea assettate le cosse sue. Me disse: — Non è
niente, non è niente. — E con ogni efficazia mi affirmò
questo. Mostrava non esser troppo ben satisfatto de
Castel de Rio; nè fu altro conferimento di conto tra
la Signoria Soa Reverendissima e mi. Da poi mi sono
etiam ritrovato con el signor duca d'Urbino, con el
quale rasonando entrassemo in questa materia; e lui
etiam me affirmò, che le cosse de San Zorzi non andavano bene, perchè la terra d'Imola per niente voleva
consentir di andare sotto il dominio de soi nepoti, e
che questi capi di parte, che son qui, l'affirmavano, e
che avevano ditto al Papa, che Soa Santità facesse de
loro quel che li piaseva, purchè non li fesse tornare
sotto questi signori; e subiunse el detto duca, ch'el
credeva che San Zorzi se affaticava indarno. Ho voluto
significar questa cossa, come l'ho, alla Celsitudine Vostra, la qual de essa farà quel iudizio che li parerà.

» Alla quale *etiam* significo, che questa sera son
altre lettere de Ferrara in le materie del duca Valentino: el qual ¹ dise voler dechiarazione avanti, che se
risolva zirca quello el die fare, in caso ch'el Valentino

¹ Intendi: *il duca di Ferrara.*

non consegni le rócche al Papa, come lui promette.
Sopra ziò li oratori del duca di Ferrara dovevano essere questa sera con el Papa: *tamen* se iudica che, con
queste resposte non resolute, el duca di Ferrara vogli
tegnir la cossa in tempo, per avere aviso dal Re di
Franza, e conformarsi con la volontà sua in questa
materia.

    » Le reliquie delle zente franzese ogn'ora sopra-
zonzeno qui in Roma, ma spogliati, anzi nudi, non
altramente che quelli che fuzeno de galla de Catelani;
e non avendo redutto nè loco dove stare, per remedio
de non morir de freddo, stanno per le strade, con
reverenzia della Sublimità Vostra, nel ledame de cavalli, coperti, che non se li vede se non la testa alla
mazor parte de loro, che è una compassione a vederli.
E de questi non creda la Serenità Vostra che ne siano
desène, ma centenara; che è da dubitar grandemente
che, se non se li provvede, tutti moriranno, con pericolo de corrumpere questa terra, et infettarla da
morbo. »

703. Trasmissione d'una lettera anonima al Senato Veneto.

                      Roma, 8 gennaio 1504.

Hora 5 noctis. L'Oratore trasmette alla Repubblica
una lettera di un ignoto, relativa alle faccende di Romagna; e dice di aver già avvisato della stessa cosa
il Provveditore di Rimini.

704.   Colloquio del cardinale di San Giorgio
coll'Oratore veneto sulle faccende di Romagna.

Roma, 9 gennaio 1504.

Il cardinale di San Giorgio dice con molta insistenza all'Oratore, essere necessario che la Repubblica restituisca immediatamente alla Chiesa le terre tolte, se vuol venire ad un accordo col Papa, e ottenere poi dal medesimo l'investitura di Faenza e di Rimini. L'Oratore si duole di tanta insistenza, facendo intendere che la Repubblica teneva solamente quei luoghi, i quali aveva già alienati dalla Chiesa un tiranno nemico di lei, che non le corrispondeva nulla per feudo o pensione: che la Repubblica glieli aveva tolti principalmente per giovare alla Chiesa, lasciando a questa tutte le giurisdizioni che le spettassero per diretto dominio. È certo che, se quei luoghi fossero tuttora in mano del Valentino, il Papa non potrebbe ricuperarli, mentre ora non gli riesce neppure torgli di mano le ròcche di Cesena e di Forlì.

705.   Apprestamenti del Pontefice per l'espugnazione
della ròcca di Cesena.

Roma, 10 gennaio 1504.

« Nostro Signor sta adesso su questa pratica de mandare ad espugnare la ròcca di Cesena ; e sopra ziò, come ho scritto alla Serenità Vostra, ha scritto brevi a Bologna e Ferrara e Pesaro per avere artigliarie, et anche qualche zente. Et ozi Soa Santità è andata a ritrovare el signor duca de Urbino, che sta pur in letto, ancora per consultare questa materia, che numero de zente e che artigliarie seriano bastante al bisogno; e par (per quanto m'ha detto esso signor duca, con el qual da poi me son ritrovato) ch'el fazi questa impresa assai facile, perchè dise questa ròcca non esser molto forte. Vero è, per quanto da buon luogo intendo, ch'el Pontefice mostra avere qualche diffidenzia della Sublimità Vostra, e teme che lei non le dia qualche impedimento, *saltem* secreto: con el qual[1] avendomi ritrovato questa sera, ho abuto qualche zegno da Soa Santità, non che espressamente me l'abbi detto; ma, rasonando de voler fare questa impresa (dicendo che l'era menata per zanze; e che pareva *etiam* ch'el duca di Ferrara non volesse impazzarse de questa cossa d'accettare il Duca; e tuttavia quel castellano dannizzava e ruinava la terra con morte d'alcuni zittadini, per il che l'era forzato far quella provision ch'el poteva; e disse, ch'el sperava pigliar questa ròcca per forza), subiunse: — Purchè alcuno non ne dia impazzo. — Le qual parole, parendome che fusseno ditte per la Screnità Vostra, non volsi però mostrar de intenderle; ma per farlo vegnir più oltra, e ch'io avessi materia di iustificare, dissi alla Santità Soa che non vedeva, che niuno potesse dare alcuno impazzo alla Santità Soa, perchè lì intorno non era alcuno che non l'adiutasse, più presto che farli niuna difficultà: quelli *etiam* che erano lontani, dissi, non li potriano dare impazzo. Soa Santità non uscite altramente fuori; ma disse, che la sperava bene non dover esser impe-

---

[1] Cioè, *con il Pontefice.*

dita da niuno, perchè l'impresa era iustissima, e più degna da esser favorita che impedita. Andai zercando et insinuando per far che da sè Soa Santità se movesse a chieder favore de cosa alcuna alla Serenità Vostra, e non lo feze; nè anche a mi parse degna cosa farli oblazioni di quel ch'io non dovea, per non diminuire la dignità della Serenità Vostra, dalla quale io iudico, che *tandem* la necessità el farà aver ricorso; quantunque *etiam* io sia zerto che, prima ch'el vegni a questo, per non s'obbligare alla Celsitudine Vostra, farà ogn'altra esperienzia. »

706. (Al Doge e ai capi dei Dieci.) Colloquio dell'Oratore veneto col Papa per domandargli, a nome del Governo, la revoca da Venezia del vescovo Tiburtino legato pontificio.

Roma, 10 gennaio 1504.

« Con la solita mia reverenzia, per Santin corriero ho ricevuto heri una della Serenità Vostra con l'excelso Consiglio de Dieci, de 5 del presente; [1] in esecuzion della quale, non avendo possuto heri, ozi mi son ritrovato con la Beatitudine Pontificia, alla quale accomodatamente esposi tutto quello che la Sublimità Vostra me commanda; dicendoli tutte le onestissime cause e ragioni, che moveno la Sublimità Vostra a desiderar la revocazion del Tiburtino da Venezia, non lassando di esplicar alla Beatitudine Soa el sommo desiderio della Sublimità Vostra in continuar con la Santità Pontificia, con più reverenzia e devozion che abbi mai fatto con alcun altro Pontefice, che sia seduto in questa Santissima Sedia Pontificia; nè man-

---

[1] La lettera qui citata sta a c. 559 del Codice Giustinian.

cai di toccar cadauna parte della lettera di Vostra
Serenità, dandoli quella buona interpretazione che
era conveniente. Soa Santità mi udì pazientemente;
pòi respose che certo el se maravigliava, dove cau-
sasse ch'el vescovo Tiburtino fosse così poco grato
alla Serenità Vostra, che la non lo volesse appresso di
sè; e subiunse che, se el vescovo diceva alla Serenità Vostra quello che li veniva commandato e scritto, el non meritava biasimo, nè *etiam* la Serenità Vostra si doveva doler di quello che finora la Santità
Soa li aveva scritto, perchè tutto era stato con modestia. — Vero è (disse) che non potemo fare che
non dichiamo de dolerse grandemente, quando vedemo le cose della Chiesa esserne tolte *in conspectu
nostro*, nè la Signoria lo deve aver a male che lo dichiamo, essendo così vero. — Seguì poi, che ben saria degno de reprension el vescovo, quando, *preter*
li mandati di Soa Santità, dicesse cosa men che conveniente alla Celsitudine Vostra, dicendo che, quando
questo li constasse, non solamente lo revocheria de
lì, ma *etiam* li faria poco onore.

» Resposi a Soa Santità, con quella modestia che
se convegniva, che la integrità e bontà della Celsitudine
Vostra, con la devozion di quella verso la Beatitudine
Soa, meritava che, dolendose del vescovo Tiburtino, li
fosse prestata fede senz'altra probazione; la qual[1] mai
saria venuta ad atto di far questa onesta petizion alla
Santità Soa, quando la natura del Tiburtino fosse stata
tollerabile, e che se avesse possuto sperar di vincerla

[1] Intendi: *la Signoria di Venezia.*

con ogni modestia della Sublimità Vostra. La qual,
vedendo costui tender *de male in peius irrevocabiliter,*
e che non essequiva li mandati della Beatitudine Soa,
come lui li aveva, ma de capo suo faceva et aggion-
geva quello che li pareva, tutto contrario al voler di
Soa Santità, et *etiam* sinistramente interpretar ogni
buona intenzione et opera della Celsitudine Vostra
(il che poteva esser causa de tanto mal, quanto poteva pensar la Beatitudine Soa, per la prudenzia che
era in lei); non era da maravigliarse che lei fosse de-
venuta a questo per la rason che prudentissimamente
l'aveva scritto. E dissi che la Sublimità Vostra non
aveva per mal, che la Santità Soa parlasse liberamente con lei, come dovria e potria far il padre con
i figliuoli; ma, dissi, che quello che rincresceva era,
che lei de qui parlava con mi modestissimamente, come l'avvertiva per le lettere che continuamente
io li scriveva, e lui de li faceva tutto el contrario;
il che dava da pensar, che procedesse da soa mala
natura, non da intenzion della Beatitudine Soa. Si
interruppe la Beatitudine Soa, e disse che sempre scriveva al vescovo che facesse l'officio suo con modestia. E de questo, dissi io, se rammaricava la Celsitudine Vostra, perchè la era certa del modesto ordine
ch'el Tiburtino aveva, e *tamen* la vedeva la essecu-
zion farse da lui con ogni temerità, senistrezza, ve-
nenosamente. Nè mi parve di taser questo per onor
della Sublimità Vostra (il che però dissi con ogni
reservazion e modestia), che la Beatitudine Soa non
poteva dir che la Illustrissima Signoria Vostra avesse
tolto niente di quel della Chiesa, ma ben quelle cose

che erano già state della Chiesa et alienate da quella,
senza niun utile di quella, ad un suo inimico; e che
potius era da dir, che la Serenità Vostra dava alla
Chiesa, offerendoli dar quel che la non aveva da chi
prima tegniva tutti questi luoghi. Infine poi pregai la
Santità Soa, che volesse aver più rispetto alla Sublimità Vostra et al commodo comune di Soa Santità e
della Serenità Vostra che al vescovo de Tivoli; el
qual, quanti meriti abbia con la Santità Soa, ben lei
lo sapeva per le continue operazion del detto in tutto
il tempo che stette al servizio de papa Alessandro.
Soa Santità mi replicò che se maravigliava dove cau-
sasse questo, che, essendo il Tiburtino stato tanto
tempo appresso alla Serenità Vostra in tempo di papa
Alessandro, lei non lo avesse così exoso, nè mai
scrisse allora ch'el fosse revocato, come fa al presente. Dissi che per questo apponto Soa Santità doveva pensare che gran causa moveva la Celsitudine
Vostra a richieder adesso quel che allora non aveva
richiesto; quantunque in ogni tempo li sia stato poco
in grazia per la sua mala natura. A questo Soa Santità non mi fece altra risposta; ma, strettose nelle
spalle, disse ch'el pregava Dio che a questa cosa
trovasse qualche buon espediente; e restò così inde-
terminato, senza dir de volerlo rivocar, nè anco il
contrario. Nè a me parve de instar più per allora,
parendomi che mazor instanzia, per questo primo
congresso, de quel che aveva fatto, dovesse *potius*
nuocer che giovar; et entrassemo a parlar delle altre
cose scritte per le mie de ozi. »

707. Continuano le pratiche fra il Papa e i cardinali spagnuoli per la consegna alla Chiesa delle fortezze del Valentino in Romagna. Affari di Cesena e d'Imola.

Roma, 11 gennaio 1504.

« Continuando Nostro Signor in animo de far l'impresa della rócca de Zesena, ha deputato per governatore e capo de quella el vescovo de Castello.[1] Pur anche questi cardinali spagnoli non restano di porgere altri partiti al Pontefice, in nome del Duca; e dirli che, quando si potesse trovar modo d'assegurar i castellani, che, date le fortezze, el Valentino fusse liberato, loro seriano pronti a restituir quelle rócche. E vorriano *etiam*, uno de loro cardinali avere il Duca in le man, in qualche castello fuori de Roma, per far la cossa più facile: e s'è stato in qualche parola, ch'el Papa vorrà mandare un suo nepote fratello del cardinal de Lucca,[2] fiolo che fu d'una sorella del Papa, per ostazo in man de chi vorrà el Duca, per soa segurtà, aziò el sia zerto de esser liberato, *facta restitutione: tamen* de questo nuovo partito non se ha presa ancora niuna resoluzione. Et in questa materia si vede zerto il Pontefice perplexo; e da un canto vorria quelle rócche, dall'altro non sa pigliare alcun bono expediente al fatto suo, e va protraendo

[1] Antonio Del Monte, aretino, vescovo di Città di Castello dal 4 agosto 1503.

[2] Galeotto, arcivescovo di Lucca, uno de' promossi al cardinalato il 29 novembre 1503 (cfr. il disp. 656), era figliuolo di Luchina, sorella di Giulio II, maritata a Gianfrancesco Franciotti, patrizio lucchese; e tanto esso quanto i suoi fratelli furono dal Pontefice adottati, e assunsero il cognome Della Rovere.

la cossa; e tanto più è da maravigliarse di questa pratica, che ozi per bona via sono avisato, el Valentino aver voluto dare qualche sovvenzione ad alcun de questi Franzesi capi, che son retornati de campo, aziò stiano a requisizion sua. »

Gli ambasciatori d'Imola, coi « capi di parte, » [1] che si trovano a Roma, ebbero udienza dal Papa; e pare che siano disposti ad accogliere per loro signore uno dei nipoti del cardinale San Giorgio, cioè Galeazzo, al quale il Papa vuol dare in moglie una sua nipote.

708. (Al Doge e ai capi dei Dieci.) Affare del Tiburtino. Maneggi del Papa con Spagna, Francia e col Re dei Romani.

Roma, 11 gennaio 1504.

I cardinali Grimani e Corner promettono all'Oratore di favorire con tutte le loro forze la pratica del richiamo del Tiburtino da Venezia. Non altrettanto ben disposto è il cardinale di Capace, il quale è pure in grande autorità presso il Papa, e nelle cose di Romagna ha l'intera fede di Sua Santità, essendo fedele esecutore dei suoi voleri.

Il Papa attende con ogni potere all'unione dei Re di Spagna e di Francia, facendo loro intendere che le reciproche loro discordie fanno grande la Repubblica Veneta, in modo che questa li caccerà un giorno d'Italia, e se ne farà padrona. Tenta anche di ridurre

[1] Giovanni da Sassatella, Guido Guanti e altri, più volte menzionati in questi dispacci.

ai suoi desiderii il Re dei Romani, promettendogli parte dei denari della crociata, raccolti in Germania.

709.　　　Colloquio dell'Oratore veneto col Papa
　　　　　　　sulle cose di Romagna.

Roma, 12 gennaio 1504.

« Per Beriera corriero ho scritto heri alla Serenità Vostra quanto accadeva. Et avendomi poi questa mattina retrovato con un reverendissimo cardinale di grande autorità, dal quale mi fu cegnato, ch'el Pontefice non resta de andar fabricando ogni opera ch'el po, per indurre la Sublimità Vostra *quomodocumque* alla restituzion di quelle terre de Romagna, pervenute a man di quella; affirmandome che Soa Santità non è per aver rispetto a niun suo comodo o vero incomodo, per la natura sua, pur ch'el veda questo effetto (le qual parole questo reverendissimo cardinale me ha detto con la solita sua carità e sotto grandissima credenza, pregandome che io ne scrivesse cautamente alla Serenità Vostra, senza esprimerli el suo nome; perchè disse: — Sappiate, Ambassador, che poche cosse, e siano quanto secrete esser vogliano, se fanno in quelli vostri Consigli, ch'el vescovo di Tivoli non abbi modo de intenderle; che è cossa de pericolo e scandalo, perchè el detto *continue* scrive poi al Papa, e mette al ponto chi li pare —); ho iudicato adunque ben conveniente ritrovarmi ozi con Nostro Signor, per far *continue* per el debito mio quell'ufficio che far die un bono e fidel servitore; e fensi andare per altra causa, e *potius* per far reverenzia a

Soa Santità, e veder se lei mi voleva comandar cossa
alcuna, come soglio far molte fiate, quando che non
ho niente de comunicarli. Soa Santità entrò subito in
queste cosse de Romagna, chè par che adesso non abbi
altro pensiero che 'l prema; e disse voler *omnino* far
l'impresa della ròcca di Cesena, dicendo *etiam* la pratica ch'el tiene con questi ambassadori d'Imola, i
quali prontamente s'avevano offerti vegnire alla devozione della Giesia, e darli la terra e la ròcca in le
man: e sopra queste cose sue discorse, dicendo *etiam*
che questo Valentino l'andava pascendo di parole, e
ch'el partito ultimamente proposto per li cardinali
(scritto per le mie de heri alla Sublimità Vostra) era
convertito in niente, e che non sapeva come resolverse
con lui etc. E parendomi che Soa Santità fusse assai
quieta di mente, e l'opportunità assai bona a far quel-
l'effetto ch'io desiderava, con bon modo entrai a
dirli che, bench'io fusse orator indegno per la Serenità Vostra in questa terra, non mi reputava men bon
servitore di Soa Beatitudine; alla quale, ancora che
non sia mio offizio dare arricordo, pur l'affezione delle
servitù mia, et il desiderio che ho di vedere la Santità Soa onorato e degno Pontefice, mi moveva a parlare. E dissi ch'io era più zovene che la Beatitudine
Soa, e per rason de natura doveva sperare de vivere
da poi lei; delle opere della qual, dissi ch'io non vorria vedere nè sentire quel che ho visto di quelle di
papa Alexandro; le qual, quanto siano state vane e
senza niun fondamento, Soa Santità lo vedeva; imperò che pochi mesi sono, che lui, zoè papa Alexandro, et il duca Valentino fazevano paura all'Italia, et

ora uno è con il corpo in terra e l'anima dove piase
a Dio, l'altro è incarzerato privo de stadi, delle zente
e facultà, e *solum* contende de salvarse la vita, che
tantum li era restata; e questo non per altro, che
per non aver voluto recognosser la Serenità Vostra,
che solo l'averia possuto conservare in dominio. »
Sèguita, dicendo che, se Sua Santità desidera « di be-
neficiare el sangue suo, » deve fare fondamento sulla
Repubblica Veneta; « perch'io li prometteva che ogni
altro seria vano (e tal qual è stato quel de papa Alexandro e del Valentino, che ora tardi se n'avvede) da
quel della Serenità Vostra in fuora; della quale la Beatitudine Soa doveva tegnir tal conto, che li posteri
soi non avesseno causa de maledirli l'anima, come
fanno adesso quelli de papa Alexandro...: e me afforzai farli toccar con mano quanto seriano deboli, non
essendo stabiliti *super firmam petram* dell' Illustrissima
Signoria Vostra. Ma ch'io li aricordava ben questo:
che, benchè la Serenità Vostra li fusse ossequentis-
sima e riverente, non se pensasse però, che, quando
la se veda non esser in parte alcuna recognossuta,
che anche lei non se ne risenta; e dissi che, così
come le private amicizie delli omini si conservavano
con li mutui boni offizii, cussì *etiam* le publice e
quelle di stadi se mantegnivano. E dissi ch'io non
sapeva in che cosa la Beatitudine Soa volesse mostrare el bon animo che affirmava avere verso la
Celsitudine Vostra, quando li negasse di compiaserla
in queste terre; il che Soa Santità poteva fare con
onor suo, con utele e benefizio della Chiesa, come
più fiate li aveva detto. E seguitai, che molto più

mi doleria, quando, appresso a questo, fusse vero
(che non lo credeva però) quello che *publice* se affirmava, che la Beatitudine Soa protestava di fare e dire
contra la Celsitudine Vostra; perchè io cognosceva
ben la Santità Soa tanto prudente, che la cognosceva,
per la *Dei gratia,* el stado della Serenità Vostra talmente qualificato de potenzia, che più presto 'poteva
far paura ad altri, che lassarsela fare: poi *etiam* amici
non li mancheriano, quando ge bisognasseno. E che la
Santità Soa non se lasciasse dar ad intendere ai Fiorentini quel che non era in sua potestà di fare; perchè, dissi, chi se pensava de romper la indessolubile
unione e liga, che era tra il Cristianissimo Re de
Franza e la Sublimità Vostra, et *etiam* l' antiqua benevolenzia e matura fede, che sempre era stata et è
tra la Catolica Maestà di Spagna, Cesarea Maestà et Illustrissima Signoria Vostra, certo, dissi, aveva mala
opinione, perchè le cose non erano così facile a fare,
come le se diseva. Queste ultime parole *in substantia*
dissi con ogni circonspezione e modestia; e pervenne
al proposito, perchè ogni speranza di questi è in questa pace dei duo Re Serenissimi; li quali pensano che
immediate abbino a pigliar l' arme contra la Serenità
Vostra. Soa Santità *patienter* udite quanto che io dissi,
tuttavia passezzando per una loza del Castello, dove
Soa Santità se aveva redutta: poi disse che nell' animo suo non affettava gran cossa per i soi, nè voleva
per alcun suo queste terre della Giesia, perchè la gloria sua era che fusseno della Giesia, per la qual lui
se affatigava; e che assai bastava al Prefetto quel che
per grazia de papa Sisto l' aveva: tuttavolta disse,

che, per ogni respetto publico e privato, li pareva che fusse bene al proposito l'amicizia dell'Illustrissima Signoria Vostra con la Sedia Apostolica, e che la Santità Soa non era per mancarli de ogni favor suo in altre cosse, excette queste della Giesia, con le qual non poteva con onor suo comprar l'amicizia della Sublimità Vostra. »

710. Cose del Regno. Apparecchi per l'impresa contro Cesena.

Roma, 13 gennaio 1504.

In Francia si desidera molto la pace; ma, essendo tutto il Reame di Napoli in mano degli Spagnuoli, si teme che non riuscirà secondo il desiderio dei Francesi. L'esercito di Francia è partito da Gaeta. Il gran Capitano di Spagna è in via verso Napoli, e si dice che abbia mandato sei od otto galere nelle acque di Pisa, per provvedere alle cose della Toscana o a quelle di Genova. Mercè la cooperazione dei cardinali Sanseverino, Ferreri e D'Albret, i profughi francesi che erano in Roma, malaticci, seminudi e privi di tutto, si sono imbarcati, diretti alla patria.

Circa alla ròcca di Cesena, il Papa finora non ha fatto altro che scrivere alcuni brevi, e porre a capo dell'impresa il vescovo di Castello.

711. (Al Doge e ai capi dei Dieci.) Estratto di lettere del vescovo Tiburtino alla Corte Pontificia.

Roma, 13 gennaio 1504.

Il vescovo di Tivoli ha scritto al Pontefice: « aver pressentito che la Serenità Vostra ha scritto per la

revocazion sua: il che non procede se non perchè lui
fa l'officio suo, come se conviene per la Beatitudine
Soa; e che, non volendo consentir la Serenità Vostra
alle oneste petizion di Soa Santità in la restituzion de
queste terre della Chiesa, ogni parola che se li dica
in questa materia li genera fastidio; ma non che lui
manchi del debito suo, nè che dia causa alcuña de iusta querela di sè, e va come può iustificando le cose
sue. Subiunge poi alcune parole strane, dicendo che,
nonostante le promissioni fatte per la Serenità Vostra
de non tegnir pratica in alcun de quelli altri luoghi de
Romagna, *tamen* la fa quanto la può, e che ogni giorno
vanno messi e lettere in su et in giù da Venezia a Forlì,
et *e contrario;* e che la Serenità Vostra tien pratica con
el conte Antonio Ordelaffo de aver la città de Forlì et
anche la rôcca; e che pur quella sera, scrive, che la
Serenità Vostra con lo excellentissimo Consiglio di
Dieci aveva espedito un corrier a posta in quel loco: la
qual cosa, per quanto me ha referito chi me ha detto
questa cosa, ha molto invenenato el Pontefice e mes-
solo in grandissima collera, in modo che l'ebbe a dir
queste parole: che, s'el dovesse buttar la mitria in
terra e darli su dei piè, et andar in persona fin in
Franza, non era per comportar tanta inzuria. Subiunge
etiam el ditto, che questa nuova della rotta de Franzesi aveva fatto elevar la Sublimità Vostra, e farse più
difficile alle voglie di Soa Santità, sperando che mancando alla Santità Soa la reputazion de Franza, l'abbi
a piegarse più alle voglie della Sublimità Vostra; e
conforta la Santità Soa a continuar nel suo fermo proposito di voler il suo, perchè alla fin, dice, quando la

Serenità Vostra vederà non poter far altro, e che se
vedi mancar la speranza che de qui li viene data...,
la convegnirà restituir, per esser questa intenzion della
mazor parte delli uomini maturi di quel governo (e più
principalmente nomina la persona della Serenità Vostra); *adeo* che questa materia, che per natura sua è
assai difficile, vien fatta per la relazion di costui *difficillima;* e, continuando in questo modo, dubito se ridurrà ad impossibilità. »

712.   Notizie varie di Roma.

Roma, 14 gennaio 1504.

Il Papa aspetta con desiderio il nipote Prefetto, al
quale vuol dare il titolo di Capitano della Chiesa, col
Fracassa, governatore, e il duca di Urbino, gonfaloniere. La pratica di mandare il Valentino a Ferrara
non ha avuto altro sèguito, e si crede che invece sarà
rinchiuso in Castel Sant'Angelo. Mercoledì prossimo,
festa di Sant'Antonio, il Papa cavalcherà alla chiesa
di detto Santo; e sabato anderà ad Ostia, dove starà
a sollazzo quattro o cinque giorni.

713. (Al Doge e ai capi dei Dieci.) Riscontro di lettere ricevute.

Roma, 14 gennaio 1504.

L'Oratore accusa ricevimento di due lettere dei
capi del Consiglio dei Dieci: una, circa l'andata del
Valentino a Ferrara, della quale ora non si parla più;
l'altra, da esser comunicata al duca d'Urbino in giu-
stificazione di ciò che il Tiburtino gli avea scritto a
carico della Repubblica di Venezia.

714. Parentadi stabiliti tra il Papa e i cardinali Caraffa e Riario.
Notizie del Valentino e di Romagna. Notizie varie.

Roma, 15 gennaio 1504.

« Quanto fina heri accadeva ho scritto alla Sublimità Vostra per Ambroso de Zuane corrier. E questa
mattina poi sono sta' pubblicati per la terra li parentadi conclusi heri tra Nostro Signor e li reverendissimi cardinali di Napoli e San Zorzi, con dar Soa Santità una sua neza ad un figliolo del duca d'Ariano,
fratello consobrino del reverendissimo Napoli, et una
altra, che è sorella del cardinal novo de San Pietro
ad Vincula, suo nepote, al signor Galeazo, nepote del
reverendissimo San Zorzi; et a lui si darà la terra
d'Imola, et anche Forlì, abuto che sia, con escludere
il signor Ottaviano, che è primogenito, il quale vorriano contentare di beneficii ecclesiastici; e per stabilir meglio le cosse d'Imola, se dice che il reverendissimo cardinal de San Zorzi dà una sua fiola per
moglie a Zuan de Sassatella. Delle quali nozze se ne
parla con qualche nota, perchè pare, alli tempi de
adesso li parentadi si fanno non con minore publica-
tione tra li preti che se fazino tra seculari....

» El Papa è stato in Castello, el quale dell'andata
del Valentino a Ferrara non ne parla altro. Ben è vero
che esso Valentino (che desidera uscir de qui, per
quanto intendo) continua la pratica con el duca di
Ferrara, e se afforza de rimovere tutte quelle difficultà che esso duca fa a questa sua andata; e sopra
questo il detto ha scritto, et aspetta resposta de Fer-

rara. Quel che seguirà, sarà significato con ogni diligenzia alla Celsitudine Vostra; alla quale *etiam* dinoto, che per bona via intendo, li castellani di quelle due rócche aver scritto al Duca, che non dubiti che quelle rócche se perdano per forza, perchè hanno il modo de diffenderle, non solamente contra il Papa, ma contra conte [1] le potenzie del mondo; nè mai sono per lassarle, se non lo vedono in libertà del tutto; e li fanno intendere che non si contentano della pratica (che per mie de 11 del presente scrissi alla Serenità Vostra) dell'andar suo a Civita Castellana, *aut* in altro luogo, qui appresso Roma, della Chiesa, *etiam* ch'el fusse designato ad uno dei cardinali spagnoli, chè non lo reputariano più securo di quello che lo reputano al presente, che è in man del Papa in Roma. Pure el Papa non fa altra resoluzione circa ziò. »

La città di Bologna, aderendo alla domanda del Pontefice, manda 300 fanti per l'impresa contro la rócca di Cesena. È morto Fabio Orsini di ferite avute nel fatto d'arme presso Gaeta. Furono ricevuti in Concistoro pubblico gli ambasciatori fiorentini, che prestarono ubbidienza. [2]

715. (Al Doge e ai capi dei Dieci.) Colloquio dell'Oratore col duca d'Urbino. Affare del Tiburtino.

Roma, 15 gennaio 1504.

Il duca di Urbino ringrazia l'Oratore della comunicazione fattagli della lettera del Consiglio dei Die-

---

[1] Qui o il Ms. è errato, o è un latinismo per *tutto* (*cunctae*), come spesso usa il Giustinian.

[2] Cfr. il dispaccio 701 e la nota relativa.

ci,[1] e gli dice d'essere ben disposto, per quanto potrà, in favore della Repubblica. Entrando poi a parlare del desiderato richiamo del vescovo Tiburtino, fa sapere all'Oratore che quegli, che maggiormente vi si oppone, è il cardinale di Capace.

716. Offerte dei Fiorentini al Papa. Intendimento di questo di prendere ai suoi stipendii Bartolommeo d'Alviano. Maneggi per la restituzione dei Medici in Firenze.

Roma, 16 gennaio 1504.

Gli ambasciatori fiorentini hanno offerto al Papa di dargli aiuto nelle cose di Romagna, e di prendere ai proprii stipendii, a metà di spesa con lui, il conte di Pitigliano; ma il Pontefice non s'è accordato, perchè non vuole avere soldati a comune con altre Signorie.[2] Sarebbe suo intendimento di tirare a sè Bartolommeo d'Alviano, e farlo governatore delle sue armi; e intanto fa carezze all'abate fratello di lui, al quale ha dato una stanza in Palazzo. D'altra parte si dice che Bartolommeo d'Alviano sollecita il gran Capitano di Spagna a rimettere i Medici in Toscana; e a far questo lo eccita pure Pandolfo Petrucci di Siena.

[1] Vedi il dispaccio 713.

[2] A dì 7 di dicembre i Dieci scrivevano agli oratori fiorentini in Roma, che consigliassero al Papa « esser bene diminuire et torre a'Vinitiani tucte quelle forze che si potessi; et che havendo loro il conte di Pitigliano, barone di Santa Chiesa, per primo capo delle genti loro, sia da fare ogni opera di ritirarlo ad sè, et non manchare, per fare tale effecto, di honorarlo et accrescerli conditione et a lui et a' figliuoli. » (Arch. Fior. *Lettere dei Dieci*, 1503-1504, a c. 21 t.) — Una risposta di Antonio Malegonnelle del 10 giugno, e un'altra, più generica, di tutti gli oratori, del 16, comprovano il detto del Giustinian, che la pratica non riuscì. (*Lettere ai Dieci*, gennaio-marzo 1503, stile fior., a c. 46 t. e 77 t.)

717. Notizie del Valentino, e varie.

Roma, 17 gennaio 1504.

« La pratica de mandare el Valentino a Civitavecchia in custodia del cardinale de Santa Crose, fino
le rôcche siano consegnate, e poi ch'el detto resti
libero, heri sera in camera del Papa fu molto discussa,
et è ridutta a poco manco che alla conclusione tra 'l
Valentino et el Papa. Non so come se vorrà interponere el cardinale, con el qual questi zorni razonando
entrassemo a bon proposito in questa materia; et allora lui me disse che per niente non se ne voleva impazzare. Esso Duca è pur ancora in Palazzo, dove
questa sera è ritornato il Pontefice da Sant'Antonio,
al qual luogo questa mattina andò accompagnato da
tutti i cardinali in pompa, benchè se dicesse restarsi
in San Marco. Dell'andata *etiam* de Soa Santità ad
Ostia, fin qui non se ne vede alcuna preparazione. La
quale [1] con desiderio aspetta il reverendissimo cardinal
suo nepote et il signor Prefetto, i quali fin quest'ora
se tiene che siano de qua de monti; alla venuta de quali
credo Soa Santità farà novi pensieri, e forse *etiam* se
muderanno l'idoli che ora ha Soa Santità, e vorrà aver
rispetto al comodo e benefizio di chi li tocca più, che
è il proprio sangue. »

Gli Orsini tentano di avere l'adesione dell'Oratore veneto in favore dei Medici, mostrandogli l'utilità che dal loro ristabilimento verrebbe a Venezia:

---

[1] Intendi, *Sua Santità.*

l'Oratore, rispondendo loro, si tiene sulle generali. Egli è pure visitato dagli oratori di Siena, i quali si congratulano che la Repubblica siasi impadronita di Faenza.

718. Accordo tra il Papa e il Valentino circa alla consegna delle fortezze di Romagna. Il Duca viene confidato alla custodia del cardinale di Santa Croce. Notizie di Firenze.

Roma, 18 gennaio 1504.

« Per Farfarello corriero ho scritto heri alla Sublimità Vostra quanto accadeva. Ozi per resoluzione della pratica del Valentino, scritta per le mie de heri alla Sublimità Vostra, li cardinali di Salerno et Heuna sono stati assai con el Papa, e poi con el Valentino; e partiti da loro, ambi si son reduti a casa del cardinal de Santa Crose, che è quello, in man del quale si die depositare el Valentino; e per quanto ho inteso, ancora ch'el se facesse difficile, escusandosi *etiam* non poter andare a questo tempo fuori de Roma per indisposizione della persona (per essere stato longamente infermo, e non è ancora ben sano), e pur avendo visto l'intenzion del Pontefice constante a questo, a prieghi *etiam* de questi cardinali, ha consentito; *et ita firmata est res:* ch'el cardinal vadi con el Duca a Civitavecchia, dove l'abbi a stare, *donec* serà fatta la restituzione libera in man del Papa delle rocche de Cesena e Forlì, e poi sia in libertà de andare dove li piazerà. Al qual accordo principalmente è venuto il Papa per non aver modo de far l'impresa, perchè, non avendo altri denari per questa impresa, li aveva deputati certi denari ch'el spera redimer dalli castel-

lani, ch'erano in la ròcca d'Arimano e Pesaro, i quali
sono ritenuti in Ancona ad instanzia de Soa Santità, et a
questo effetto li dì passati frequentavano i brevi de qui
ad Ancona, come allora scrissi alla Excellenzia Vostra. »

Dicesi che i Fiorentini facciano pratiche, consen-
ziente il Pontefice, per condurre a' proprii stipendii,
con titolo di capitano, Fabrizio Colonna, per grati-
ficare gli Spagnuoli, affinchè non rechino loro molestia e non s'accordino cogli Orsini in favore del
ristabilimento dei Medici.

719. Il cardinale dei Medici cerca il favore di Venezia pel rista-
bilimento della propria famiglia in Firenze. Faccende di
Romagna. Notizie di Asquino, avvelenatore del cardinale
Michiel.

Roma, 19 gennaio 1504.

Il cardinale dei Medici, mediante un suo segretario, esprime all'Oratore il suo desiderio d'avere il favore della Repubblica Veneta per la restituzione della
famiglia di lui in Firenze; e s'offre di mandare per
tale oggetto un proprio messo a Venezia. L'Oratore
risponde parole generali: quanto al messo, crede che
sarà bene accolto.

Il Papa, sempre fisso nel proponimento che siano
restituite alla Chiesa le terre che le spettano, vuol
mandare a tale effetto per nunzio al Re dei Romani
Mariano da Perugia, auditore di Rota, che fu già in
Ungheria col cardinale Reginense. Queste faccende di
Romagna si trattano tutte tra il Papa e il cardinale di
San Giorgio; nè in queste nè in altre ha parte alcuna
il cardinale Ascanio, il quale anzi si tiene in disparte,
nè va a Palazzo se non nei giorni di Concistoro; e

qualche volta va alla caccia. I cardinali spagnuoli non sono molto soddisfatti del Papa, che pare non abbia mantenuto loro le promesse.

« Contra quél tristo de Asquino,[1] da poi confessato e ratificato el suo delitto, non pare che se trovi modo de essequir la iustizia, con mormorazione de buoni, che non stanno senza sospetto de vederlo ancora liberato, con mezzo di favori che se suol tegnire in questa Corte; dove la iustizia non solamente è morta, come lo è nelle più parte del mondo, ma za è sepulta e fatta polvere. »

720. Colloquio tra il Papa e l'Oratore veneto circa il Valentino e circa le cose di Romagna.

Roma, 20 gennaio 1504.

« Per aver più zertezza della ressoluzion fatta dell'andar del Duca a Civita, questa mattina mi ho voluto ritrovare con Nostro Signor, el qual mi ha confirmato esser vero, dicendo Soa Santità che non voleva mancar de fare *etiam* quest'altra esperienzia, per potersi ben iustificare con cadauno di quanto seguirà contra el Valentino, quando li manchi da quello che lui promette; del partir del quale Soa Santità mostrò non aver zertezza del zorno, perchè la cosa stava in arbitrio del cardinal de Santa Crose. Parve-me de dire a Soa Santità che la volesse ben avvertire, ch'el duca Valentino era persona d'una mala natura; se attrovava aver danari assai, quantunque artificiosa-mente si facesse povero; aveva *etiam* credito e bene-volenzia grande da soldati, per la summa libertà che

---

[1] Vedi il dispaccio 677.

avevano i ditti sotto la disciplina soa, di rubare e far quanto li pareva, oltra che *etiam* lui li paga bene; el quale, reducendose in libertà, potria facilmente unir tante zente, che faria del male assai, con dar *etiam* più fastidio alla Santità Soa di quel che forsi la si per-suadeva. Soa Santità udite ben queste parole, e poi disse ch'el non poteva mancar della fede che li aveva data; ma ch'el sperava ch'el detto, quantunque avesse pessima volontà, non la potria mettere in esecuzione; subiungendo che, quando non avesse altri che li des-sero più affanno di quel che li dava el Valentino, staria molto contento; e bellamente entrò a parlare della Serenità Vostra, » dolendosi che la Repubblica non gli desse almeno risposta circa la restituzione delle terre di Romagna. L'Oratore gli risponde, che la Repub-blica supponeva che il Papa avesse accettata per buona la risposta già datagli; parergli che Sua Santità avesse già acquistato abbastanza col mezzo della Repubblica, e ricuperato tutto ciò che teneva il Valentino: delle terre poi che erano presentemente in potere della Repubblica, il Papa veniva a trarre profitto, perchè il Valentino le possedeva liberamente e senza contribu-zioni, mentre la Repubblica avrebbe riconosciuto il dominio diretto della Chiesa, contribuendo a questa il censo solito a pagarsi da qualunque feudatario.

721.   Cattura di un cancelliere del Bentivoglio in Roma, eseguita da ignoti malfattori.

Roma, 20 gennaio 1504.

« Questa notte passata zerti armati andarono alla casa, dove stava un canzelliere residente qui per il magnifico domino Zuanne de Bentivogli, e lo presero e ligaro, dicendo che l'era presone del Governatore; lo menorono in luogo che fin qui non si intende; *tamen* di questa cossa il Governatore nè alcun di soi ne sa niente. Se iudica siano stati fautori di questi Colonnesi, per recuperare con questo mezzo un suo servidore, el quale messer Zuanne ha fatto retegnire a Bologna. De questa cossa el Pontefice molto se ne ha scandalezzato et incollorato,[1] manazzando de volerne far iusta vendetta contra i malfattori, et ha fatto serrare tutte le porte de Roma per avere qualche notizia de delinquenti: che è stato debile provisione, perchè delle mura de Roma li minor busi sono le porte; e poi la terra è qualificata in modo, che per questo serrare niente se po fare. Questo ha dato assai che dire a molti, che stanno in sospetto de vedere ogni zorno de simili fatti e de pezori. Questo serrar de porte feze tuta Roma andar sotosopra, e tenne confirmato per bon spazio de tempo una fama, la quale era publicata per Roma, ch'el cardinal de Medici era sta' morto in casa; *etiam,* ch'el duca Valentino fusse fuzito: il tutto poi, reussito in la verità ch'è soprascritta. »

722. Continuano le pratiche per l'andata del Valentino a Civitavecchia. Notizie di Francia. Disgraziata fine dei soldati francesi fuggiaschi, che cercano ricovero in Roma. Notizie varie.

Roma, 21 gennaio 1504.

I cardinali di Santa Croce, San Giorgio e Salerno si riducono tra loro, e poi col Papa, per istabi-

---

[1] *Incollorato*, incollerito.

lire la forma dell'andata del Valentino a Civitavecchia. Molti credono che neppure con questo mezzo il Papa avrà le fortezze, e che il Valentino debba ancora tenere la cosa sospesa con qualche altra delle sue solite astuzie. Il Papa però protesta che, fatta quest'ultima esperienza, non avrà più per lui alcun rispetto.

Lettere di Francia annunziano che la conchiusione della pace incontra molte difficoltà, sebbene non sia ancora giunta in Spagna la notizia dell'ultima vittoria degli Spagnuoli; la quale notizia accrescerà certamente le difficoltà. « E già *etiam* i Franzesi qui ne comenzano parlare assai tepidamente, ma ben danno prinzipio de bravizare ch'el *Roi* farà e dirà, e molti de loro parlano della venuta del duca de Lorena, sforzandose, quanto ponno, dar credito a questa fama, et affermano *etiam* la venuta del Re in persona in Italia fra poco tempo; e benchè se afforzino a fare che ziò li sia creduto, pur pochi sono che li prestino fede, anzi de loro qui se traze ognuno gran festa, de questi loro chimerici discorsi; nè a quelli soi profugi (che ogni zorno soprazonzeno, quantunque molti e molti ne siano sta' mandati via per mare) è chi abbi una compassione, e come cani se ne moreno ogni notte otto o dieci, che la mattina se trovano distesi per le strade. »

Di tutti gli agenti del Re in Roma, v'è rimasto solamente il vescovo di Rennes col cardinale Sanseverino, per spacciare le poche faccende relative a quella Corte. Nel Reame il gran Capitano di Spagna perseguita Luigi d'Ars, col quale pare non voglia alcun accordo.

723.   Colloquio del vescovo di Lodi coll' Oratore
relativo ai nipoti del cardinale Riario.

Roma, 22 gennaio 1504.

Il vescovo di Lodi,[1] in un colloquio coll'Oratore
veneto, si lagna delle pratiche che sono tra il Papa e
il cardinale di San Giorgio, per dare lo stato d'Imola
a Galeazzo, terzogenito di Girolamo Riario, anzi che
ad Ottaviano primogenito; e teme poi che il Papa
finirà con ingannare il cardinale, escludendo affatto
i nipoti di lui da quello stato: onde il vescovo, a
nome anche della propria sorella Caterina Sforza,
madre di quei due giovinetti, raccomanda i medesimi, e in special modo Ottaviano, alla Repubblica.
L'Oratore con parole generali risponde che la Repubblica li ha cari tutti e due, e volentieri aiuterà
l'uno o l'altro, purchè conosca a ciò favorevole la
mente del Pontefice e del cardinale di San Giorgio.

724.   Notizie varie.

Roma, 23 gennaio 1504.

Il Papa, ammalato da alcuni giorni di gotta, va
migliorando; ha ricevuto solamente alcuni cardinali
suoi famigliari e il duca d'Urbino, il quale pure è
convalescente.

È giunto il signore di Pesaro, a quanto dicesi,
per far riverenza al Papa, ma più veramente per as-

---

[1] Ottaviano Maria Sforza, figliuolo naturale del duca Galeazzo
e nipote del cardinale Ascanio.

sicurare le cose proprie e tornare in possesso del proprio stato.

Lettere di Francia, del 12 corrente, recano la conferma della tregua : la pace è desiderata da tutti coloro che vorrebbero vedere la Repubblica Veneta in nuovi imbarazzi, ed aspettano ogni occasione per nuocerle.

L'Oratore è visitato dal vescovo di Castello, il quale consiglia la Repubblica a favorire il cambiamento dello stato in Firenze, dalla qual cosa potrebbe essa ricavare molto vantaggio : l'Oratore gli risponde al solito con parole generali. È anche visitato da un figliuolo del fu conte Antonio di Marsano, il quale, ricordata la devozione del padre suo, dell'avo mate rno (Gattamelata), e di altri, che morirono al servizio d ella Repubblica, domanda con vivo desiderio di entrare al servizio della medesima.

725. Notizie di Cesena, del Valentino e del signore di Pesaro.

Roma, 24 gennaio 1504.

Lettere dalla Romagna recano che, essendo giunti a Cesena 200 fanti, colà mandati a richiesta del Papa, per espugnare quella rócca, chiesero denaro alla detta Comunità in ragione di ducati 400 al mese; e non potendo essa darglieli, ripartirono; per la qual cosa la città chiede aiuto al Papa, essendo continuamente battuta dalla rócca.

« Le cosse del Valentino vanno cussì scorrendo, e benchè il cardinal de Santa Crose abbi consentito di azzettar l'impresa, pur va movendo nove difficultà. Al-

lega la debolezza della rócca de Civita, e dubita ch' el
Valentino non li fuza, o vero, che per altri non li sia
tolto per forza; e pertanto mostra desiderare che li
sia dato altro loco più forte, e questo bisogna che sia
marittimo. Oltra la debolezza del loco, allega lo incargo ch' el ne rezeverà, qualunque effetto che segua; dicendo che, restituendo li castellani le fortezze, lui lo die lassare in libertà, e parerà che lui sia
quello che l' abbi liberato, e se vendica l' odio de
tutti l' inimici del Valentino, et anco delli omini da
bene, che diranno opera sua esser sta' liberato un
uomo tanto scelesto; se anche le rócche non saranno
restituite, e che lui *iterum* dia el Valentino al Papa,
se contra l' odio de tutti i cardinali spagnoli, alli
quali lui die avere rispetto, essendo della nazione. Et
in questo modo va protraendo la cossa: se iudica, per
aspettar risposta dalli castellani, alli quali è sta' scritto, se son contenti di consignar le rócche, servato le
condizion ditte etc.; che molti iudicano di non: in
el qual caso il cardinale non se ne vorria impazare,
nè anche si crede ch' el Papa fusse contento; et in
questo modo se va protraendo la cossa. »

726. Colloquio dell'Oratore col Papa sulle cose di Romagna.

Roma, 25 gennaio 1504.

L' Oratore va in Castel Sant'Angelo a visitare il
Papa, che comincia ad alzarsi dal letto. Questi gli
parla al solito della restituzione delle terre di Romagna alla Chiesa; ed essendogli stato riferito che la
Repubblica ha fatto fabbricare in quei luoghi rócche

e fortezze, e mandatovi il conte di Pitigliano cogl'ingegneri, protesta contro tali costruzioni, dichiarando che, in caso di restituzione delle terre, egli non rifarà mai le dette spese: si lagna poi che la Repubblica, per mezzo di Giampaolo Manfroni, faccia continue pratiche per allargare i suoi acquisti nello stato della Chiesa. L'Oratore cerca d'acquietare il Papa, in parte negando i fatti apposti alla Repubblica, in parte sostenendone i diritti, e dicendo che essa non ha paura di veruna protesta nè minaccia.

727. Notizie di Francia. Colonnesi e Orsini. Voce d'un parentado tra il Papa e il signore di Piombino. Notizie del Valentino.

Roma, 26 gennaio 1504.

Lettere di Francia recano che tra i patti della pace si propone la restituzione del Regno a re Federigo; credesi bensì che non riuscirà, ma che tuttavia la pace avrà luogo, con danno della Repubblica. Dicesi ancora che il Re, instigato da Roano, vuole ad ogni modo che il cardinale Ascanio torni in Francia; altrimenti sequestrerà le rendite di tutti i benefizii di lui: non si sa come si conterrà in questa cosa il Pontefice, ma credesi che non vorrà far torto alcuno ad Ascanio.

Fannosi pratiche d'unione tra i Colonnesi e i Fiorentini, con mala contentezza degli Orsini, i quali non vogliono soffrire che quei loro emuli s'accostino alla Toscana e ai luoghi posseduti dagli Orsini medesimi. Temesi che questi reciproci sospetti possano disturbare l'unione delle due casate, che finora non pare molto solida.

« Se affirma *etiam* el Papa essere in stretta pratica de novo parentado con el signor de Piombino, al quale el Papa promette per donna una soa figliuola, per nome madonna Felice, che se trova a Savona; *tamen* de breve se aspetta qui in Roma. » [1]

Il cardinale di Santa Croce mandò i suoi nunzii a Civitavecchia, a Nettuno ed a Terracina, per riconoscere qual luogo sarebbe più sicuro per sostenere il Valentino. Il Papa gli avrebbe dato Ostia, come proponeva il cardinale; ma di quel luogo il Valentino non è soddisfatto, ed intanto le cose vanno in lungo.

728.   Notizie varie.

Roma, 27 gennaio 1504.

Non si hanno notizie sicure della pace, ma solamente d'una tregua per tre anni; ed anche questa incontra assai difficoltà.

Tra quindici giorni al più verranno in Roma il cardinale nipote ed il Prefetto per la via di Savona; poi per mare il detto cardinale andrà alla volta di Lucca, a prendere il possesso del vescovato e a ricevere un onorevole regalo che gli hanno preparato i Lucchesi.

729.   Accordo fra il Papa e i cardinali spagnuoli
              per l' andata del Valentino a Civitavecchia.

Roma, 28 gennaio 1504.

« Tutt' ozi alcuni di questi cardinali spagnoli, che attendono alle cose del Duca, sono stati insieme, e

[1] Questo parentado non ebbe luogo; e nello stess'anno 1504 Felice fu maritata a Giangiordano Orsini, signore di Bracciano.

poi con el Papa per dar resoluzione a questa sua andata a Civita, e *tandem* son devenuti a questo: che, per più securtà del detto, el Papa li dovesse fare una bolla ampla, in forma quasi de salvocondotto, sottoscritta de man de tutti i cardinali, per la quale se li fa securtà di potersene andar liberamente con tutte le robbe sue dove li piazerà; e questa bolla se die espedire domattina in Conzistorio; [1] e, per quanto el cancellier de messer Zuan Bentivoglio mi ha detto (che è quel che li dì passati fu ritenuto; e fu da Colonnesi, come allora scrissi alla Serenità Vostra, che si suspicava), in questa bolla se contiene *etiam* la liberazione dell'obligazione che loro Bolognesi avevano, della promissione davano al Valentino; e che loro li debbano restituire zerte sue robbe, che li zorni passati ritennero al ditto, che passavano per Bologna verso Ferrara, insieme con le robbe del cardinale da Este. »

---

[1] Parla con larghezza di quest'accordo il Burcardo, registrandolo sotto la data del giorno, in cui fu spedita la relativa bolla in Concistoro: « Die lune, xxix Ianuarii fuit Concistorium secretum; et, antequam Papa ad illud veniret, conclusit, in Camera secreta, coram cardinalibus Sancti Georgii, Sanctae Crucis, Arburense, Cusentino, Caputaquense, Salernitano et Elnense, concordiam cum duce Valentino, ibi non presente, et fuit ad statim desuper plumbata bulla. Concordia fuit: Quod Dux teneatur infra quadraginta dies assignare Papae castra Cesenae et Forlivii libere. Interim Papa debeat ipsum Ducem facere associari et secure conducere ad Civitatem Vetulam, et ibi in arce morari. Cardinalis Sanctae Crucis recipit curam Ducis, quod non aufugiat; et postquam dictas arces Papae consignaverit, quod debeat eum dimittere liberum cum bonis suis ire quo voluerit ipse Dux; et de hoc promisit idem cardinalis Duci pro Papa. Et si Dux infra quadraginta dies non curaverit assignari dicta castra Papae, idem Dux debet reduci Romam, et ibi perpetuo incarcerari. » (*Diario*, tomo IV, a c. 103.)

730. (Al Doge e ai capi dei Dieci.) Colloquio del cardinale Ascanio col segretario dell'Oratore veneto, in occasione delle
voci corse che il Re di Francia voglia riavere esso cardinale prigioniero nel suo Regno.

Roma, 28 gennaio 1504.

« Per la fama divulgata, che il Cristianissimo Re
pretende che monsignor Ascanio ritorni in Franza,
Soa Signoria Reverendissima sta molto suspesa et
ambigua, non circa el deliberar d'andare o non andare (perchè in questo è ben ressoluto de voler perder quanto si può tuor el Re de Franza, *potius* che
passar più li monti); ma quel che li preme è che
non sa dove assecurarse, nè de questo Pontefice Soa
Signoria molto se fida. Et ozi, passando il mio secretario davanti el luogo, dove al presente abita questo
cardinale verso el Populo, lo vide da certe sue fine-
stre, e per la cognizione che ha di lui (per essere
stato uno delli deputati alla custodia di Soa Signoria
Reverendissima, al tempo che ella fu a Venezia), con
grata cera lo chiamò a sè, e con gran passion li parlò
sopra questa materia, iustificando le cose sue con
lui, e dechiarandoli con quanta fede e sincerità l'era
processo in tutte le cose franzese, come se 'l secretario fosse stato el Re, al qual lui se volesse iustificare: e mostrando non intender de rechiesta alcuna,
che el Re avesse fatta *hactenus* della persona sua,
disse *tamen* delli doi soi agenti retenti in Lombardia, i quali, disse, ancora che se dica esser stati retenuti per altri suoi demeriti, sapeva non esser per
altro che per urtarlo e far inzuria a lui. E qui espresse

molte sue passioni; poi, voltato al secretario, con
atto de rider, disse: — Ben se vegnirò da vui, la illustrissima Signoria me trattaràla come la fece l'altra fiata? — El secretario prudentemente iustificò
questa parte, *adeo* che el cardinal restò benissimo satisfatto, e disse ch'el non è tanto ignorante, ch'el non
cognosca la rason de tempi che concorreva allora, e
quel che era licito alla Illustrissima Signoria Vostra
far; della qual disse non se doler niente, anzi summamente laudarse. — Ma (subiunse) adesso sono
altri tempi et altri rispetti: — dicendo esser certo di
questo, che la Illustrissima Signoria Vostra, per la
bontà soa, non se averà dimenticato li meriti del
quondam signor suo padre,[1] e quel che lui aveva fatto
per quell'excelso Dominio; come *etiam* Soa Signoria
Reverendissima non se aveva dimenticato delle paterne opere della Celsitudine Vostra in onor et exaltazion del prefato suo padre, e non nominò alcun altro. Seguitò dicendo: — Secretario, io ho 17 mille
ducati all'anno da perder in le terre del Re de Franza:
li voglio perder, et appresso quelli, tutto quel che
perder me possa, e viver con un regazzo, quando non
possa aver più, per non me privar della libertà, in la
qual Dio me ha creato: — alegando el vulgato verso
de Ovidio: *Non bene pro toto libertas venditur auro.* E
disse verso el secretario: — O da vui (cioè, nel dominio della Sublimità Vostra) o da altri, questo sia
per conclusion certa, che in Franza non voglio tornar.
— E concludendo el parlar suo, disse voler ancora

_____
[1] Francesco Sforza, celebre condottiero e duca di Milano.

star a veder per cinque o sei giorni, nel qual tempo
sperava aver certezza della resoluzion de questa pace, della quale però disse ch'el credeva non ne saria
niente; poi disse: — Forse mandarò per voi, *domine
secretarie,* e vi parlerò più resoluto de questa materia. — E con questo li diede licenzia. »

731.   Colloquio del duca d'Urbino coll'Oratore.

Roma, 29 gennaio 1504.

Il duca d'Urbino, visitato dall'Oratore, si duole
grandemente dell'accordo del Papa coi cardinali spagnuoli per la liberazione del Valentino, che reputa
dannosa all'Italia; e dell'avversione che Sua Santità
dimostra verso la Repubblica, dalla quale non è possibile dissuaderlo, perchè non v'è alcuno che ardisca
parlargliene: esso fa a modo suo e non dà retta a nessuno. Aggiunge che, se avesse supposto di trovare
nel Papa tanta durezza d'animo, non sarebbe venuto
a Roma; ma ormai vi si trattiene, aspettando di essere
investito dello stato di Urbino, e poi ripartirà subito.

732. (Al Doge e ai capi dei Dieci.) Dimanda del cardinale Ascanio
di essere ricevuto nella protezione della Repubblica Veneta.

Roma, 29 gennaio 1504.

Il vescovo Torcellano[1] parla all'Oratore assai dif-
fusamente delle cose di monsignor Ascanio; e gli dice
che questi ha grandissimo desiderio di mettersi interamente sotto la protezione della Repubblica.

[1] Stefano Tagliazzi, vescovo di Burano. Torcello, una delle se-
zioni di quest'isola delle Lagune Venete, dà il titolo al vescovato.

733. Voci intorno alle pratiche di pace tra Francia e Spagna.

Roma, 30 gennaio 1504.

Hora 20. Il Papa fa di tutto perchè si concluda la pace tra Francia e Spagna, e ha spedito brevi a tutte e due le parti a questo effetto; ma la conclusione finora è incerta. Anche i Fiorentini, che sembra la desiderino, « stanno ambigui, » e dicono che il Re ha dato ordine a tutti i navigli, che si trovano a Genova, di star preparati; e che già sono pronte otto galere bene armate con mille fanti, forse per tentare qualche fatto d'armi nel Reame, se la pace non avrà luogo.

734.   Colloquio tra il Papa e l'Oratore
             sulle cose di Romagna.

Roma, 31 gennaio 1504.

« Quanto fina heri accadeva ho scritto alla Celsitudine Vostra per Pelalosso corrier. Poi questa mattina me son retrovato con Nostro Signor, al quale fezi comunicazion di quanto per le soe de 24 l'Excellenzia Vostra me comanda; e, come *etiam* me comanda la Serenità Vostra (con quella modestia, che sempre mi afforzo fare per non alterare la Beatitudine Soa, chè poca cossa el move a gran collera), discorsi tutte le parti della lettera, non pretermettendo sillaba de quella.... Soa Santità, a principio, con parole un poco gagliardette, me rispose disendo, che molte più cause aveva lui de dolerse dell'opere della Serenità Vostra di quello che lei aveva delle parole e brevi soi; i quali, disse, che al parer suo erano modesti, nè sapeva che altra forma di parole el dovesse usare in domandare el suo. Poi, discorrendo le iustificazion della Serenità Vostra, disse che la non doveva far fondamento in voler tegnir queste terre per averle tolte al Valentino; perchè questo non toccava a fare a lei a questo tempo, ma lassar la cura de chi la era, che sono i Pontefici, alli quali bastava ben l'animo di redimere dalle man del Valentino tutto quello che *malo modo* papa Alexandro, che s'aveva fatto tiranno della Chiesa, li aveva dato; subiunzendo che, s'el zelo della Chiesa e l'inimicizia del Valentino moveva la Serenità Vostra a far quel che l'ha fatto, lo doveva fare in tempo de Alexandro, e provvedere allora ch'el detto non s'ampliasse, come el faceva; e che non l'avendo voluto fare a quel tempo, fa iudicare che lei allora consentisse alle malizie de papa Alexandro, per poter poi, con la scusa che ora fa, tirar a sè queste terre, come l'aveva fatto. Quanto al calunniare la Serenità Vostra appresso ad altri principi, disse che lui non la calunniava; ma lei medema se calunniava, perchè questa occupazione delle terre ecclesiastiche era nota a tutti li principi, et a tutti pareva mal fatto, i quali erano obligati, e lui *etiam* ge poteva comandare la recuperazion de quelle. Seguitò, che lui non era mai per mancarse in reaverle; e, perchè da sè non aveva forza d'armi, si adiudaria¹ per quel modo che poteva con altri; e, quando non potesse, remetteria la cossa a Dio, *de cuius interesse agitur.* »

¹ *Si adiudaria,* si aiuterebbe.

L'Oratore risponde: « Che de niuna opera della Serenità Vostra la Beatitudine Soa con iustizia se poteva dolere, salvo se la non si volesse dolere della troppa affezione che lei li aveva portata, e che, senza niun respetto, in questa sua promozione li aveva mostrato; nè me pareva che la Excellenzia Vostra meritasse biasemo per aver dato modo e via alla Santità Soa de recuperare quello che fin ora l'aveva recuperato dalle man del Valentino; chè niente aria recuperato, quando l'Excellenzia Vostra se li avesse mostrata più amica [1] di quel che ha fatto.... E che me doleva fosse data alla Celsitudine Vostra quella calunnia dalla Beatitudine Soa, che mai alcuno li aveva possuto dare con verità, che lei avesse consentito a papa Alexandro l'usurpar i beni ecclesiastici, per far poi quell'effetto che la Santità Soa diceva; perchè, se questo l'avesse mossa, non seria romasto alla Beatitudine Soa pur un merlo delle terre de Romagna, e forse anche più oltra; ma se quel che ora ha fatto, non feze in tempo de papa Alexandro, meglio de mi sa la causa la Beatitudine Soa, e sa i rispetti che l'Illustrissima Signoria Vostra, per le occorrenze che erano allora, doveva avere a tutti i principi cristiani, che parevano consentire a quel ch'el Papa voleva; e che quelli medemi, che allora parevano approbare l'opere del Valentino e de suo padre, da poi, detestandole, avevano persuaso la Celsitudine Vostra a far quel che ha fatto. La quale non ha voluto mancare alla segurtà delle cose sue; e vedendo che un Ponte-

---

[1] Intendi: *più amica del Valentino.*

fice li aveva dato per vicino un suo capitale inimico,
e li successori pretendevano di conservarlo e non spo-
gliarlo, come la Santità Soa aveva ditto (la qual sa
bene come passarono le cosse in tempo de papa Pio;
e non vossi dir della promission che lui aveva fatto
al Valentino, per non lo metter in collora); e che altri
nemici *etiam* del stato nostro zercavano d'appropin-
quarse a nui con detrimento delle cosse nostre; non
era da maravigliarse che, per segurtà del stato suo e
degnità d'un tanto Dominio, l'Excellentissima Signoria Vostra avesse fatto quel che ha fatto, anzi era da
maravigliarse che non la fosse processa più avanti. »

L'Oratore conchiude, pregando il Papa di concedere alla Repubblica in vicariato le terre da essa occupate: al che Sua Santità risponde, non potere i Pontefici
alienare alcuna cosa della Chiesa senza il consenso del
Collegio, ed allega su ciò i capitoli dei Conclavi, scu-
sandosi con molte altre ragioni. « Le quali tutte con
bone rasone furono da me reiette, demostrando alla
Beatitudine Soa, con la rason in mano, quel che far
el poteva, per la suprema sua potestà. Al che non
sapendo che respondere, *ingenue confessus est*, che
non lo voleva fare, non solamente essendo Papa; ma
che, essendo *etiam* cardinale, e fusse domandato da
un altro che fusse Papa el voto suo, lo daria in contrario. A questo li dissi quel che si convegniva, con
la debita reverenzia; e da poi stato quasi per ispazio
de due ore con la Beatitudine Soa, presi licenzia.

» Se in questa lettera sarò stato più prolisso del
mio consueto, la Serenità Vostra me perdoni, perchè
l'importanzia della materia, volendo io *fideliter* re-

presentarli el tutto, come è mio debito, non richie-
deva manco parole di queste, per dichiarire il tutto
alla Celsitudine Vostra, la qual farà di tutto questo
conferimento quel iudizio che li parerà. »

735. (Al Doge e ai capi dei Dieci.) L'Oratore chiede novamente
    al Papa la remozione del Tiburtino da Venezia: il Papa
    vi si rifiuta. [1]

Roma, 31 gennaio 1504.

« Ritrovandomi oggi con la Beatitudine Pontificia per far quanto la Sublimità Vostra me commanda,
feci la debita instanzia, con quella forma di parole
che mi parveno a proposito, per la revocazion del
reverendo Tiburtino; al che Soa Santità rispose che
non li parea di revocarlo, perchè in lui non vedeva
alcun demerito, e che non se doveva la Serenità Vostra doler del Tiburtino, se l'essequiva quel che li
era commandato, dicendo: — Nui lo avemo mandato
a Venezia a questo effetto, ch'el facci i fatti nostri e
ch'el procuri de aver dalla Signoria quelle terre nostre, nè lo volemo per niente revocar. Se la Illustrissima Signoria lo vuol lei licenziar, el può far, ma
non già de consentimento nostro; e se anche non li
vuol far communicazione delle cose occorrenti, l'è in
libertà sua. Nui el lassaremo star là, e facci lei quel
che le pare. — Poi seguitò a dirme quel che *etiam* altre fiate mi aveva ditto, ch'el se maravigliava ch'el
detto Tiburtino fosse sta' ben veduto tanto tempo
dalla Serenità Vostra, amato et onorato, quando el
negoziava per papa Alexandro, e che adesso sia tanto

[1] Vedi anche il dispaccio 706.

odiato e mal voluto.. Dissi a Soa Santità che le cose
del Tiburtino sono state tali in ogni tempo, che mai
ebbe la Illustrissima Signoria Vostra altra opinion de
lui, de quella che l'ha al presente. Allora Soa Santità
me respose, che questo non era vero, e che in tempo
de papa Alexandro era sta' sempre amato et accarezzato; et in confirmazion de questo, me addusse il medemo Tiburtino testimonio, dicendo aver da lui lettere, che la Serenità Vostra li aveva ditto,[1] dove causava
questa mutazione in la Soa Reverenda Paternità, che
in tempo de papa Alexandro l'era modesto e reservato
nel suo parlare, e procedeva con ogni destrezza, *ita*
che dava causa a tutto quel Senato de amarlo et averlo
a grato; et ora l'era diventato così vivace e gagliardo
e poco respettivo; e che l'Excellenzie Vostre se ma-
ravigliavano che l'avesse mutata natura. Subiunse el
Pontefice, che a queste parole della Sublimità Vostra
il Tiburtino rispose prudentemente, dicendo che le
materie ch'el praticava a tempo de papa Alexandro
erano tutte desoneste et iniuste, et era necessario che
con modestia et umane e dolce parole fossero onestate;
ma quel che ora domanda alla Sublimità Vostra era
tanto iusto per la parte de Nostro Signor, che non
aveva bisogno di essere altramente onestato da parole
o altri appaliamenti. E sopra queste parole scritte dal
Tiburtino Soa Santità mostra far grande fondamento,
che la poca grazia che l'ha al presente, non sia se non
per la troppa diligenzia che l'usa in le cose della Beatitudine Soa; e tien per certo che questa poca grazia

---

[1] Intendi: *gli aveva domandato.*

è nuova, e non antiqua, in la Sublimità Vostra. Dissi, in resposta de queste parole, quel che era conveniente in far ben capace della verità la Beatitudine Soa, dicendo che niun poteva essere testimonio de se stesso; e ch'el Tiburtino poteva scriver quel che li pareva, ma quel che io li diceva era la pura verità; subiungendoli, ch'el parlar modesto e reservato, e non far sinistre interpretazioni delle menti dei principi, quando le sono buone, era officio delli oratori, qualunque materia che avessero a trattare, onesta o inonesta. Soa Santità rispose che in questo potria essere ch'el Tiburtino scrivesse la busìa, pur l'aveva scritto: e constante stete in la opinion sua, de non lo voler remover de lì in alcun modo; e per quanto posso conietturar, el desiderio che ha el Pontefice, ch' el detto stia in Venezia, non è tanto perchè el speri cum quell' instrumento impetrar dall' Excellenzie Vostre più de quel ch'el potesse con un altro; ma *solum* perchè el se persuade, per la opinion che qui è appresso tutti, per el mezzo suo aver notizia de tutti li andamenti della Celsitudine Vostra e de ogni pensier suo, per aver il Tiburtino qui questa reputazion, fattasela lui medemo, de intender quanto se tratta nelli consegli de quell' illustrissimo Dominio, *etiam* secretissimi. »

736. Nuove disposizioni circa il Valentino: si delibera di mandarlo ad Ostia sotto la custodia del cardinale di Santa Croce.

Roma, 1 febbraio 1504.

Crescendo ogni giorno le difficoltà per l'andata del Valentino a Civitavecchia, sotto la custodia del

cardinale di Santa Croce, è stato deliberato di mandarlo
ad Ostia in compagnia del cardinale medesimo, e che
di ciò si faccia « nova bolla in primo Concistorio, el
qual non pol esser prima che luni prossimo: e per più
assegurazion del Valentino, el Pontefice dà per ostazo
un suo nepote, et è fratello del cardinal de San Piero *in*
Vincula, da esser consegnato in man dell'oratore ispano,
el qual lo die custodire in una terra de questi Colonnesi. E stando el Pontefice in speranza d'aver sùbito
quelle ròcche, quantunque alcuni iudicano el contrario, » spedisce intanto in Romagna Pietro Paolo da
Cagli, suo familiare, a prender possesso dei luoghi;
il quale partirà domattina, e farà la via di Firenze.[1]

737.   Difficoltà della pace tra Francia e Spagna.
            Notizie del Papa e del Valentino.

Roma, 2 febbraio 1504.

Lettere di Lione, del 23 passato, dicono essere
nate nuove difficoltà circa alla pace; e queste sono con-
fermate dalle notizie che ha ricevute l'ambasciatore
di Spagna.

« Per quanto intendo, el Pontefice sta in pratica
de recuperar danari; e se rasona ch'el sia per dar
gravezza, et augumentar l'annate di beneficii sei per

---

[1] Una lettera del vescovo Pazzi e del protonotario Capponi,
oratori fiorentini in Roma, del primo di febbraio, raccomanda in
nome del Papa alla Signoria di Firenze questo messo, il quale
aveva commissione di richiederla che volesse stare mallevadrice
per il Papa o concedergli un imprestito di denari « per tirare avanti
le pratiche della ròcca di Furlì. » (Arch. Fior. *Lettere ai Dieci*,
gennaio-marzo 1503, stile fior., a c. 124.)

cento più del consueto, et anche ch'el farà zerti offizii novi con gravezza della Corte, che de zió, seguendo, molto se ne dole, come *etiam* al presente se dole per le poche espedizion che se fa; e Dio vogia *etiam* che qualche ministro, che la Santità Soa ha appresso de sè, non l'indugi[1] a far cosa, della qual se n'abbi a fare mazor mormorazione !

» La partita del Duca se va differendo, e già se cominza a parlare ch'el Papa sta in pensier de non voler ch'el se parta de qui, s'el non fa prima la consignazione delle rócche: si dice, per aver Soa Santità scoperto pratica, ch'el detto pretendeva de fuzir senz'altra consignazione: pur de questo non ne ho ancora tanta zertezza, ch'el possa affirmare all'Excellenzia Vostra, alla quale quanto seguirà darò subito aviso.

» Guido Guanti e li altri sono sta' espediti *iterum*, e domattina se metteno a camino verso Imola. »

738. (Al Doge e ai capi dei Dieci.) Il duca d'Urbino chiede alla Repubblica Veneta l'esenzione dalle gravezze e una provvigione e condotta simile a quella che ha Bartolommeo d'Alviano.

Roma, 2 febbraio 1504.

« Oggi la Excellenzia del signor duca d'Urbino me ha fatto dir per el suo secretario che desiderava de parlarme, et andai da lui. El quale, reduttome a parte, *solus cum solo*, me disse: — Ambassador, io vedo che le cose tra il Papa e la Signoria vanno male;

---

[1] *Non l'indugi,* non l'induca.

— dando de questo la colpa alla natura del Pontefice, che non vuol ascoltar chi vede quel che forsi non vede Soa Santità, e che li dà buoni consegli; dicendo che l'aveva poca speranza de veder in questa materia niuna buona conclusione; *immo* che, possendo, el Pontefice non mancheria de far ogni male; e dubitava che el non se lassasse indur a qualche inconveniente. Seguitò, che ora se appropinquava in questa città el signor Prefetto; el Papa se preparava de far quelle zente ch' el pretende, che sono 400 uomeni d'arme; e che lui era sollecitato, al qual el Papa diceva che voleva dar 250 uomeni d'arme e titolo de Capitano. *Tamen* disse che, per continuar in quella filial reverenzia, in la qual se aveva disposto viver e morir con la Serenità Vostra, come altre volte mi aveva detto, l'era disposto de non accettar niun partido, perchè non voleva mai trovarse in cosa niuna contrario a niuna volontà della Serenità Vostra, della qual voleva far altro fondamento che dell'ombra del Papa, che era debile e temporanea, e quella dell'Excellenzia Vostra perpetua et immortale. » Intorno a ciò egli ricorda che, quando nel passato autunno rientrò nel proprio stato colla protezione della Repubblica, ed ebbe condotta dalla medesima, questa, in compenso di tale protezione e concessione di condotta, gl'impose molte gravezze, le quali erano giuste allora, per le spese che aveva da fare la Repubblica per difendere lo stato d'Urbino dagli assalti di Cesare Borgia; ma ora che questi non conta più nulla, e che nulla è da temere dal Papa rispetto a quello stato, Venezia non ha più spese da fare per causa della detta protezione: egli poi in ogni modo non è più in grado di pagarle, per essere povero ed esausto, nè può nè vuole imporre altre gravezze ai proprii sudditi. Pertanto egli domanda alla Repubblica che lo riceva interamente sotto la sua obbedienza, dandogli tale provvigione da poter provvedere alle spese dei soldati, che è obbligato a mantenere; contentandosi delle stesse condizioni che ha Bartolommeo d'Alviano. Se la Repubblica accetta tali condizioni, egli potrà al bisogno disporre in favore di essa degli Orsini, dei Colonnesi, del signore di Pesaro, dei Vitelli, dei Baglioni e d'altri.

739.　　　Notizie del Valentino. Affari di Romagna.

Roma, 3 febbraio 1504.

« Per aver qualche zertezza delle cosse del Valentino, ozi mi ho voluto trovare con Nostro Signor; et andato in Castel Sant'Anzolo, dove Soa Santità questa mattina se ha redutto, bellamente li rezercai de tal cossa. Non me disse de volerlo tegnir qui, nè anche quando el fusse per andar via, dicendo che lui medemo non lo sapeva; ben però se dolse del Valentino, dicendo che l'era falso, e non poteva trovare in lui niuna realtà, e che in questa materia li era andato con tante dopie,[1] che la Santità Soa non sapeva che fondamento farne: pur mostrò ferma speranza d'avere *omnino* quelle ròcche, o vogia o no el Valentino, el qual non li ussirà mai dalle man, finch'el non faza quel ch'el die. »

Entra poi il Pontefice a parlare, secondo il solito, della differenza tra lui e la Repubblica Veneta per

---

[1] *Dopie,* dopplezze.

le faccende di Romagna, mostrandosi sempre fermo ne' suoi proponimenti, e non disposto a piegarsi in verun modo.

740.   Faccende di Forlì e di Cusercole.

Roma, 4 febbraio 1504.

L'Oratore si reca a Castel Sant'Angelo. Il Papa, udita messa, passeggia pel giardino col cardinale di Volterra; poi, licenziatolo, si rivolge all'Oratore, dicendogli di aver nuove, non però certe, che il conte Antonio degli Ordelaffi s'è accordato col castellano di Forlì di farsi cedere la ròcca, pagandogli in compenso sopra a 10,000 ducati, che gli verrebbero sborsati dalla Signoria di Venezia in Ravenna; e rilasciandogli inoltre, a sua scelta, quattro carra delle robe che sono in castello, le quali sono quasi tutte del duca d'Urbino. Si lagna poi il Pontefice che il Provveditore veneto in Faenza abbia cercato con varie pratiche di ribellare alla Santa Sede il conte di Cusercole[1] e d'impedire che questi innalzasse sul detto luogo le bandiere della Chiesa, pretendendo che esso appartenesse di diritto alla Signoria di Venezia. L'Oratore smentisce tali notizie, o le giustifica al modo solito, senza che il Pontefice ne rimanga soddisfatto.

741.   Colloquio tra l'Oratore e il cardinale di Lisbona
          sulle faccende di Romagna.

Roma, 5 febbraio 1504.

L'Oratore va a far visita al cardinale di Lisbona, ammalato, sapendo ch'egli ha molta autorità presso

_____
[1] Giovanni di Galeotto Malatesti.

il Papa, e gli parla delle differenze che sono fra la Repubblica e Sua Santità per le cose di Romagna. Il cardinale lo ascolta attentamente: dice poi che, a proposito dei fatti di Romagna, sono corse strane voci a carico della Repubblica: che, cioè, essa abbia fatto la pace col Turco per tiranneggiare sempre più i luoghi della Chiesa, e prendersi, ad ogni morte di Pontefice, ora una cosa, ora un'altra. Consiglia quindi quel Governo alla moderazione; dicendo, non spettare ad esso l'ingerirsi nelle cose del Valentino, ma doverne lasciare la cura alla Chiesa, che lo poteva ben castigare, come fa al presente, tenendolo prigione.

742. Colloquio tra l'Oratore e il cardinale di San Giorgio sullo stesso argomento. Minacce d'un'alleanza tra il Papa e la Francia contro Venezia.

Roma, 6 febbraio 1504.

Anche il cardinale di San Giorgio ripete all'Oratore le solite lagnanze per le cose di Romagna. Entrando poi a discorrere della rócca di Forlì, dice essere venuto avviso della capitolazione fatta fra il conte Antonio degli Ordelaffi e il castellano:[1] donde nel Papa è nato il sospetto, che tutto ciò sia opera della Repubblica, e che Forlì sia ora cosa sua, come già Faenza e Rimini. Il cardinale aggiunge, che non è possibile dissuadere il Pontefice da tale sospetto; ch'egli è in grandissima collera contro la Repubblica; che non accetterà da essa restituzioni parziali; e che intende di procedere contro la mede-

---

[1] Vedi il dispaccio 740.

sima, non solamente colle censure, ma colle armi; accennando ad aiuti promessi a Sua Santità dalla Francia.

743.   Notizie del Valentino.

Roma, 6 febbraio 1504.

« Quel che debba seguir del Valentino, non se po' far niun fermo iudizio, perchè ogni zorno se vede variar le cosse. Da tre zorni in qua ogni dì el cardinal de Santa Crose doveva andare ad Ostia a pigliar el possesso della ròcca, e poi in quel luogo doveva esser condutto el Valentino. Da heri in qua se dise che el cardinal predetto è posto al letto con febbre, e che non po andare: credo sia, perchè vede forse di questa impresa non ne poter reussire con onore per le nove difficultà ch'el vede ogni zorno. E questa mattina, parland'io di questo con el cardinal de San Zorzi..., disse ch'el Papa non lo lasseria più partire; parlando assai dell'arroganzia e superbia sua e de questi soi cardinali spagnoli, dicendo che *omnino* l'ira de Dio era venuta sopra di loro. »

744. Colloquio dell'Oratore col Papa sulla cessione della ròcca di Forlì, che dicesi fatta dal castellano del duca Valentino al conte Antonio degli Ordelaffi. Indignazione grandissima del Pontefice contro la Repubblica.

Roma, 7 febbraio 1504.

Il Papa, dando udienza all'Oratore veneto, si mostra assai sdegnato per l'accordo seguito fra il conte Antonio degli Ordelaffi ed il castellano della ròcca di Forlì; si duole di essere così vilipeso, e di ricevere dalla Repubblica continui fastidii; essere disarmato ed impotente a contrastare con lei colla forza: ma sperare nell'aiuto di Dio. L'Oratore ascolta quietamente il Papa; poi gli risponde che, se le cose da lui dette fossero vere, a quest'ora la Repubblica avrebbe già fatto tanto progresso, che non temerebbe più alcun contrasto. Quanto a Forlì, la Repubblica non se n'è mai occupata, se non forse in vantaggio del Pontefice, il quale, quando avesse voluto, avrebbe avuto da Venezia ben altro aiuto che di parole; nè soltanto riacquistato Forlì, ma tutto quanto è ancora ritenuto del Valentino. Aggiunge che, se il Senato avesse voluto far sua la terra di Forlì, non aveva bisogno di farsi scudo del nome del conte Antonio degli Ordelaffi, ma avrebbe operato apertamente, come ha fatto per tanti altri luoghi. Che poi il conte abbia trovato denari in Venezia, l'Oratore non nega: ma fa riflettere al Pontefice che in quella città vi sono molti modi di procacciarseli, senza che glieli abbia dati il Governo della Repubblica. Tutte queste giustificazioni non riescono a calmare il Papa.

745. Morte di Antonio degli Ordelaffi. Notizie del Valentino. Prossima venuta in Roma della figliuola e di due nipoti del Pontefice.

Roma, 8 febbraio 1504.

È giunto in Roma il signor Galeazzo Riario, nipote del cardinal di San Giorgio, e ha recato la nuova che Antonio degli Ordelaffi è morto,[1] e che la città,

_____
[1] Morì il 6 febbraio di febbre quartana. Cfr. la nota 1 al dispaccio 750.

sorta in armi, chiama il governo della Chiesa; del che il cardinale grandemente rallegratosi, è corso a cavallo a Castel Sant'Angelo a darne notizia al Papa. Questi ne ha avuto molto piacere, e comincia a credere essere falsa la voce corsa della pratica fra l'Ordelaffo e il castellano di Forlì, la quale finora era creduta da tutti. S'incolpa di tutti i malumori il carattere duro e sinistro del Pontefice: molti cardinali ne sono scontenti, specialmente gli Spagnuoli, i quali vedono che egli non mantiene le promesse fatte loro relative al Valentino; e si dice che abbiano scritto al Re di Spagna, dolendosi di aver fatto questo Papa a sua istanza.

« Le cosse del Valentino qui sono tenute in una estrema disperazione, e non è più alcun ora che della vita sua se possi assicurare. El cardinal de Salerno, che è quel che ne ha la principal cura, assai se lamenta de non trovare niuna fermezza nel Papa, e che quel che un zorno li dise, l'altro li disdise. Del partir del Valentino non se parla più altro; et entrando el Pontefice, per la morte dell'Ordelaffo, in più speranza che prima de aver Forlì, per niuna instanzia che fazino poi questi cardinali (i quali non mancano d'ogni sollecitudine, benchè con poca speranza), lo farà liberare, perchè *etiam* all'incontro sono de quelli che non restano de procurare el contrario. »

Il Papa aspetta la propria figliuola Felice, e manda alcune galere, che sono ad Ostia, per farla venir qui con maggior onore; della quale cosa nel pubblico si mormora. Aspetta pure per la settimana ventura il Prefetto ed il cardinale di San Pietro in Vincoli, e si dispone a far loro molto onore.

746. (Al Doge e ai capi dei Dieci.) Minaccia di censure ecclesia-
.   stiche alla Repubblica per l'occupazione delle terre e dei
     beni della Chiesa.

Roma, 8 febbraio 1504.

Il cardinale Reginense comunica in segreto al-
l'Oratore che San Giorgio, mediante il procuratore
fiscale, cerca d'instigare il Papa ad ammonire la Repubblica con le censure, affinchè desista dal recar
danno alla Chiesa, usurpando i beni ecclesiastici e ap-
propriandosi le terre della Santa Sede; e restituisca
questa ciò che le aveva tolto.

747.   Notizie di Lombardia e di Francia.

Roma, 9 febbraio 1504.

« Questa mattina son lettere da Milano in monsignor Ascanio, che restretti insieme tutti quelli zentilomeni delle terre de Lombardia, che erano chiamati
in Franza, fatto quella summa de danari che hanno
possuto delle facoltà loro, coniurati contra i presidenti
et altri Franzesi, che s'attrovavano in quelle terre,
hanno tagliati a pezzi quelli che hanno possuto, e loro
se son redutti in le terre della Sublimità Vostra, nelle
qual però, per quanto dicono alcuni altri, non se sono
affirmati, ma scorreno de longo in altre parte. Questa
è parsa qui nova de importanzia, e fasse iudizio che
in quel stado abbi ad essere qualche novità: e tanto
più, che pur comenza essere qualche mormorazione
che Sguizzari abbino a descendere: e quelli che son
soliti, per non avere che pensare di fatti soi, pensar di

quelli d'altri, e far comenti a modo suo, fanno iudizio
che de tutto questo ne abbi bona intelligenzia la Serenità Vostra, et aspettano a vedere *etiam* qualcosa più
oltra; benchè la parte opposita, e quelli che vorriano
vedere il contrario, dicano el contrario, fazendo fundamento in alcune lettere del Cristianissimo Re, scritte
al principe de Salerno, delle qual mando copia alla
Celsitudine Vostra; i quali, ponderando le parole della
lettera in quella parte dove dice: — aver donato ordine etc., con soi amici alligati e confederati in Italia, — intendeno la Serenità Vostra; e pascendose de
questa speranza, s'opponeno alli avversarii: e cussì
l'una e l'altra parte se serve della reputazione della
Celsitudine Vostra. Sono *etiam* altre lettere de Lion,
più fresche, de ultimo del passato, in mercadanti, che
ancora non era venuta la resposta che aspettavano li
oratori spagnoli; e già della pace qui cominza a mancare ogni speranza in chi sperava. »

748. Faccende di Forlì. Deliberazione del Pontefice di spedire
un auditore della Rota pontificia al Re dei Romani, a re-
care le lagnanze di Sua Santità contro Venezia.

Roma, 10 febbraio 1504.

Il Papa ed il cardinale di San Giorgio, dopo la morte
del conte Antonio degli Ordelaffi, sono venuti in nuova
speranza di avere la terra e la rócca di Forlì; e pensano ai mezzi d'ottenere il danaro da darsi al castellano. Al qual effetto, non parendo loro opportuno di
trattare più col duca Valentino, hanno mandato a domandare alla Signoria di Firenze se, in caso di bisogno, starebbe mallevadrice per il Papa della somma

necessaria.¹ Anche il cardinale di San Giorgio attende in particolare a procurar danaro, perchè, dovendo aver quella terra per suo nipote, le spese occorrenti starebbero a suo carico.

Il Papa persiste nell'intendimento, già altra volta accennato,² di spedire in Germania Mariano da Perugia, auditore di Rota, con istruzione di eccitare Massimiliano contro la Repubblica, come usurpatrice di beni ecclesiastici, per l'occupazione delle terre di Romagna. Intorno a che gli ambasciatori cesarei ebbero ad osservare che il Papa faceva poco onore al loro Re, mandandogli un auditore di Rota, quasi dovesse discutere di casi di legge; mentre, invece, in Francia aveva mandato un marchese e arcivescovo.

749.   Comunicazioni del duca d'Urbino all'Oratore.

Roma, 11 febbraio 1504.

Il duca d'Urbino riferisce all'Oratore che, essendosi egli adoperato in un colloquio col Papa a metter pace tra lui e la Repubblica, questi gli aveva risposto che non userebbe mai contro Venezia di armi temporali nè spirituali. Gli dà poi cenno di una pratica avviata tra Fabrizio Colonna suo cognato e i Fiorentini; e gli comunica varie notizie intorno al Valentino e alle cose del Regno.

¹ Cfr. la nota 1, a pag. 421.
² Cfr. il dispaccio 749.

750. Colloquio dell'Oratore col Papa sulle faccende di Forlì.

Roma, 12 febbraio 1504.

« Essendo ozi venuto de Romagna, che la terra
de Furlì, dopoi la morte del conte Antonio, volendo
continuare in devozione delli Ordelafi, ha chiamato
un fratello del detto conte signor Antonio, bastardo,
che se aritrovava a Furlimpopulo, e lo voleno per suo
signore;[1] subito el cardinal de San Zorzi, che ha posto
tutti i spiriti soi in riaver questa terra, è andato dal
Papa, el qual subito mi mandò a chiamare per uno di
soi palafrenieri. Et andato in Castello, trovai Soa Santità in una camera con el cardinal de Capaze e Como,
appresso a San Zorzi, dove *etiam* era l'ambassador de
Spagna, credo, *potius* a caso, che chiamato a posta.
Intrato che io fui in camera, Soa Santità feze uscir
fora tutti li altri, excetto i cardinali e l'oratore, che
volendose partire, Soa Santità lo feze restare; et,
ipsis quatuor audientibus, me disse che la terra de
Furlì, da poi morto el conte Antonio, tutta era unita
de sottomettersi *immediate* alla Chiesa; et essendo già

---

[1] Su questo fatto i Dieci di Balìa di Firenze scrivevano, a
dì 8, al cardinale di Volterra, a Roma: « Si hebbe questa mattina
nuove lettere, per le quali.... s'intendeva.... il signor Antonio essere morto a dì vj ad 18 hore, et quella medesima [sera] li Fur-
livesi essersi ragunati in Consiglio, per consultare che havessino
ad fare. Le opinioni s'intendevano esser varie, nè di cose particulari s'è ritracto altro, salvo di Lodovico fratel naturale del
Signore, essersi lasciato trarre della rócca di Forlì in popolo (For-
limpopoli) et esservi intrato uno ser Andreuolo da Russo, terra
del contado di Faenza, qual par che sia molto inclinato alle cose
de' Vinitiani: de' quali non s'intendeva fino a quell'hora altro

adunato el populo in piazza a questo effetto, uno domino Lufo, pur zittadino furlivese, che era dentro la
ròcca, comparse lì in conspetto de tutti, e *concionatus
est* in favore dell'Illustrissima Signoria Vostra, per-
suadendo a quel populo a darsi a lei, dicendo ch'el
Pontefice non desiderava di aver quella terra per la
Giesia, ma per darla in preda alli nepoti del cardinal
de San Zorzi etc.: e che, vedendo alcuni di quelli
zittadini che molti già erano persuasi a chiamare la
Serenità Vostra; considerato molte pratiche che la

---

movimento; nè del castellano anchora si è inteso da poi alchuna
cosa; et si può credere che, essendo seguìta la morte del sig. Antonio, doverrà haversi ad ritractare di nuovo accordo, et che stava
sopra di sè. » — E il 9: « Dipoi ce ne sono (*lettere*) de vij, date
ad mezogiorno, per le quali s'intende quel Lodovico.... haversi
mostro in Furlì, 'et corso la terra per sua, dicendo esser stato
lasciato vicario della Chiesa in quello stato da suo fratello, in
favore della maggior parte del popolo; et che aveva saccheg-
giata la casa di messer Ruffo et di alchun'altri, che si erano op-
posti ad pigliarlo per signore.... Aggiugneremo anchora questo,
acciò si pensi ad ogni cosa, che costui è sempre stato a soldo dei
Veniliani, capo di squadra del conte di Pitigliano. » (Arch. Fior.
Lettere dei Dieci, 1503–04, a c. 53 t., 55.) — Alle quali lettere ser
Francesco Cappello, segretario del cardinale, rispondeva a dì 11:
che, avendole comunicate al Pontefice, questi « ne prese gran dispiacere, et disse che di questo successo non haveva notitia alcuna; et per li segni et gesti si vide che era seguìto fuora della
opinione et expectatione di Sua Santità.... Io li dissi che con Venitiani bisognava usare il bastone et provisione d'altro che di
brevi et di lettere di principi, di che si farebbono beffe, perchè
erono venuti i tempi, disegnati da quella Signoria, di mettere ad
effecto li desiderii loro. Sua Santità venne in collera et crucciossi
assai, et rizzossi in su lecto, che prima diaceva.... Rispose: —Io ho
facto quello ho potuto et creduto fussi ad proposito, et farò quello
potrò; ma questo è successo molto fuora di quello aspettavo. — »
(*Lettere ai Dieci,* gennaio-marzo 1503, stile fior., a c. 150.)

Celsitudine Vostra aveva tenuto in questo luoco; abuto *etiam* respetto alle molte zente che lei ha in Romagna (delle quale *etiam* molte ne erano venute da novo, e tutte erano in ordine e con il piede in staffa per montare in sella), dubitando di qualche arsalto e danno che li potesse intravegnire; hanno tolto per espediente de chiamare questo Ordelafo per impedire con questo mezzo che la Serenità Vostra non intrasse in quel luoco. E detto questo, Soa Santità lesse lei medema una lettera della Comunità de Furlì, che contegniva tutto questo avviso; in fine della qual lettera supplicavano la Santità Soa che, per quiete di quella città, volesse esser contenta d'investire questo Ordelafo di essa. E letta che fu la lettera, Soa Santità disse che, avendo viste le altre cosse fatte per la Serenità Vostra in Romagna, questo non li era novo; e vedeva le cosse andare de male in pezo, et ogni zorno aveva nove cause di querela contro l'Excellenzia Vostra. E qui non mancò de mostrare una grandissima diffidenzia della Serenità Vostra, quasi quella inchinasse de cazarla de sedia, dicendo che, da necessità costretto, convigniria chiamare el favore de quelli principi cristianissimi, che altre fiate avevano restituito in Sedia Pontefici iniustamente scazati da quella. »

L' Oratore risponde, che la Repubblica non aveva nessuna colpa in codesti moti, e quindi non era giusto che il Papa così pubblicamente l'accusasse: deplora la diffidenza di Sua Santità verso la Repubblica, tenuta viva dalle lettere dei vescovi Ragusino e Tiburtino, e rinnuova la promessa che il suo Governo non darebbe alcun disturbo alla Santa Sede nell' assetto delle cose di Forlì e d'Imola. Il Papa, non pienamente persuaso delle assicurazioni dategli dall'Oratore, gli dà commissione di scriverne alla Repubblica, esigendo di avere da essa formali promesse, da farsi in Venezia al nunzio pontificio, in presenza degli ambasciatori di Francia e di Spagna, e in Roma in presenza di tutti i cardinali.

751. Il cardinale di San Giorgio e Francesco di Castel del Rio esortano la Repubblica a fare al Pontefice offerte di cessione di terre.

Roma, 13 febbraio 1504.

Il cardinale di San Giorgio e Francesco di Castel del Rio, tesoriere del Papa, consigliano l'Oratore a scrivere alla Repubblica, che mediante lettere dei rettori di Ravenna e del Provveditore di Faenza facciano offerte di sottomissione ai voleri del Pontefice: questi poi di fatto non profitterà forse di tali offerte, nè torrà alcuna terra alla Repubblica, nè anche quelle novamente acquistate; ma intanto la buona disposizione di essa gioverà a riconciliarle l'animo indignatissimo del Pontefice, il quale si duole di non avere finora potuto ottenere dal Senato Veneto veruna concessione. L'Oratore risponde che ogni offerta sarebbe superflua, perchè è continuamente aizzato contro la Repubblica da malvagi consiglieri: e intanto scrive al Senato che i due principalissimi, che volgono l'animo del Pontefice a loro modo, sono il cardinale e il tesoriere predetti.

752.   Notizie del Valentino e dei cardinali spagnuoli
suoi aderenti.

Roma, 14 febbraio 1504.

« Quanto fina heri accadeva, ho scritto alla Sublimità Vostra per Alessandro Soto corriere. Poi tutt'ozi Nostro Signor è stato in letto, molestato dalle sue dogie de podagre, le qual *etiam* ge hanno causato un poco de alterazion: non è però per questo restato da negoziare circa el partir del Valentino, el quale ozi è stato in Castello a far reverenzia a Soa Santità, e tuor licenzia da quella per partirse poi domane. Per quanto s'afferma, verso Ostia anderà Castel de Rio; poi el cardinale anderà dietro fra due o tre zorni. Causa de questa così presta partenza, è che qui si aspetta d'ora in ora un messo del castellan de Cesena, che vien per zertificarse dell'essere del Valentino, e se è vero ch'el sia in man del cardinal de Santa Crose, perchè a lui vegniva referto che l'era retenuto qui in Castel Sant'Anzolo; e però el Papa ha voluto espedirlo via presto, aziò che, venendo questo messo, trovi ch'el Papa non li abbi mancato di fede. *Tamen*, essendo in castel d'Ostia, non è per esser niente in più libertà di quel ch'el sia nel loco dove è stato fin qui, e ch'el Papa non possi, *etiam* da poi abute le rócche, parendoli, far altro de lui. In compagnia del Valentino, al Papa furono *etiam* de questi soi più intrinseci cardinali spagnoli, che con lui *etiam* desinorono in Castello. Al Valentino intendo ch'el Papa feze carezze assai, e promissione di averlo per ricomendato.

» Domino Mariano de Perosa, che die andare in Alemagna, non è ancora partito: non so s'el sia per le parole che li oratori dissero questi zorni al Papa, significate per mie alla Celsitudine Vostra,[1] o pur, come credo più presto, per mancamento di denari, dei quali qui ne sono tanto pochi, che non potriano essere manco.

» Intendo *etiam* ch'el cardinal Borgia, che ancora se attrova a Napoli con quel de Surrento, sta in pratica con el Papa de assegurarse e tornare a Roma. Quel che seguirà, serà per mie notificato alla Celsitudine Vostra. »

753.   Notizie del Papa. Partenza del Valentino per Ostia.

Roma, 15 febbraio 1504.

Il Pontefice è migliorato di salute: l'animo suo verso la Repubblica pare fatto più mite per i buoni uffici del duca d'Urbino e del cardinale di Napoli. Il Valentino partirà per Ostia la notte prossima, con pochi dei suoi e con Francesco di Castel del Rio, tesoriere del Papa.[2]

[1] Vedi il dispaccio 748.

[2] « Eadem die (xiij) in sero Dux Valentinus, et cum eo dominus F., thesaurarius Papae, et pauci alii servitores, equitarunt ad Ripam, et ibi intrarunt barcam et navigarunt ad Ostiam. » (Burcardo, *Diario*, tomo IV, a c. 103 t.) — Qui si vede che il Burcardo non va d'accordo coi dispacci del Giustinian nel determinare il giorno. Crediamo però che si debba prestare maggior fede al Giustinian, perchè la sua data vien confermata dai dispacci posteriori (vedi il 755), e perchè egli scriveva ogni giorno, comunicando le notizie dei fatti appena che seguivano; mentre il Burcardo compose l'ultima parte del suo *Diario*, dando le notizie sommariamente, e non più di giorno in giorno, come aveva fatto prima: la memoria quindi poteva tradirlo.

754. Colloquio tra il Papa e l' Oratore sulle cose di Forlì, e sulle usurpazioni della Repubblica nelle materie beneficiarie.

Roma, 16 febbraio 1504.

Il Papa dimanda all' Oratore, se ha scritto alla Repubblica, com' egli gliel' aveva commesso nel precedente colloquio; [1] e ne riceve risposta affermativa. Dice poi che, secondo lettere ch' egli ha da Venezia, il Governo della Repubblica avrebbe promesso, presenti gli ambasciatori di Francia e Spagna, di non ingerirsi nelle cose di Forlì; e che l' ambasciatore di Francia avrebbe scritto questa cosa al suo Re: ma d' altra parte ha notizia che l' Ordelaffo, che presentemente è in Forlì, ha il favore del conte di Pitigliano, il quale fa mostra di operare di proprio moto per amicizia di costui che fu già suo uomo d' arme; ma probabilmente e l' uno e l' altro obbediscono ai riposti intendimenti della Repubblica. L' Oratore cerca di dileguare tali sospetti e di calmare il Pontefice; ma questi, adirandosi sempre più, dice che le promesse della Repubblica finora non si erano avverate; e che nelle terre di Romagna si faceva oltraggio alla Santa Sede, non solo nel dominio temporale, ma eziandio nello spirituale (e toccò di certa vertenza ecclesiastica sopra un beneficio nella diocesi d' Imola); onde non manca altro, se non che i Veneziani si facciano padroni dei benefizii e li conferiscano loro. « — Per amor di Dio, Ambassador, scrivete alla Signoria che non si ingerisca nelle cose spirituali, le quali offendono Dio molto più delle temporali. — »

[1] Vedi il dispaccio 750.

755.   Partenza del cardinale di Santa Croce per Ostia.
         Notizie di Francia e di Germania.

Roma, 17 febbraio 1504.

« Questa mattina, a bon' ora, el cardinal de Santa
Crose è partito per Ostia ' a ritrovare el Valentino, che '
heri notte partì de qui in compagnia del Tesoriere,
come scrissi alla Serenità Vostra; dove el ditto Valentino non sta con niente più libertà di quel ch'el
fazeva in Roma. Quel che del detto per zornata s'intenderà, e quando el sia per partire da Ostia, se pur
partirà, sarà quotidianamente scritto alla Serenità
Vostra.

» Alla quale significo che qui son lettere de Franza
de 9 del presente, che avisano la risposta non essere
ancora venuta di Spagna, e ch'el Re fazeva provision
de guerra. Li oratori alemanni però non mancano de
sollicitar la pace; *tamen* el Papa non resta d'affirmar
la pace, mostrando dispiazere con chi li parla il contrario; e quanto po, se affatica che la sia, parendoli
forse poter meglio fare il fatto suo. L'Oratore suo
per Alemagna non è partito nè partirà, per quanto intendo, fin al zonzer qui del signor Costantino Comina-
ti,' per veder quel che lui porta, per non aver causa
de rinnovare al detto altra istruzione da poi ch'el
fusse partito. »

' « Die sabbati, xvij, post prandium, recessit cardinalis Sanctae Crucis, iturus Ostiam pro custodia Ducis Valentini. » (Burcardo, *Diario*, tomo IV, a c. 404.)

' Costantino Comneno, principe di Macedonia, imparentato
coi Paleologo, marchesi del Monferrato, alla Corte dei quali ebbe
molta autorità. Partitosi da Casale, dopo che questa terra venne

756. (Al Doge e ai capi dei Dieci.) Il duca d' Urbino accetta la
    condotta concessagli dalla Repubblica. Domanda di Bar-
    tolommeo d' Alviano di ritornare ai servigi di Venezia.

Roma, 17 febbraio 1504.

L' Oratore comunica al duca d' Urbino una lettera
della Repubblica, la quale gli concede la protezione e
la condotta da lui domandata:[1] egli la riceve con gratissimo animo, e dice che, ai primi di quaresima, appena giunto il Prefetto a Roma (trattenuto ora dal
cardinale di San Pietro in Vincoli a fare il carnevale a
Siena), esso duca si ridurrà ad Urbino per far il volere della Signoria di Venezia.

L' Oratore ha quindi una conferenza coll'abate
d'Alviano, in cui questi gli espone il desiderio del
proprio fratello Bartolommeo di tornare ai servigi
di Venezia; ricordandogli che egli « non era andato
a servir Spagnoli, se non per far cosa che fosse
grata a la illustrissima Signoria, ancor che lei non
gliel dicesse, perchè ad un buon servitor basta assai
intender la volontà del signor suo. E me commemorò molte parole che allora me disse il signor Bortolomeo, d'andar a servir Spagnoli ad imprestido,
e che l'animo suo era da viver e morir sotto l'ombra della Serenità Vostra, la qual sola lui reputava
suo signor; e disse l'abate ch'el se persuadeva ch'el
signor Bortolomeo fosse de quell'animo medemo, e

in potere di Luigi XII, si pose ai servigi di Massimiliano, re dei
Romani; e più tardi, di papa Leone X, dal quale ebbe in feudo
la terra di Fano: morì nel 1530. Cfr. Litta, *Famiglie illustri*, tav. II
dei *Paleologo, marchesi del Monferrato*; e Amiani, *Memorie sto-
riche di Fano*, tomo II, pag. 109 e segg.
  [1] Vedi il dispaccio 738.

lui me lo affirmava per la notizia che ha delle cose
sue. In conclusione poi disse che una cosa sola el
voleva dalla Serenità Vostra; zoè, che lei con la prudenzia e sapienzia sua, per quella via che a lei paresse, dovesse trovar modo che l'onor del signor
Bortolomeo fosse salvo, che non se macchiasse el viso
con romper e mancar della fede sua, la qual el ditto
aveva impegnata per far appiacer all'Excellenzia Vostra: che, trovato che fusse modo de satisfar a questo, *in reliquis* il signor Bortolomeo saria pronto de
remettersi ad ogni volere e commandamento della Celsitudine Vostra, non avendo alcun respetto ad utilità
niuna; nè stimaria stado o altro che l'avesse da Spagnoli. E questa ressoluzione due e tre volte me replicò
con affezionate parole, dovendo *etiam* darne del tutto
presto aviso al signor Bortolomeo, acciò se avesse
etiam sua resposta, la quale però lui credeva non dover esser altra che questa che lui me diceva. El recercar della compagnia ch'el signor Bortolomeo ha
fatto, mi ha detto l'abate, non esser stato per altro
effetto, se non perchè spera, iuxta la promissione che
ha da Spagnoli, de far l'impresa de Toscana a favor
de Medici; e voleva de quella compagnia servirse a
quella impresa. Infine me pregò esso abate, che io
scrivesse alla Serenità Vostra, e le raccomandasse le
cose del signor Bortolomeo, perchè par che da alcuni
soi creditori era molestato per debiti che el ditto ha
fatti in mantegnir quella compagnia; desiderando che
el ditto fosse sopportato, e concessoli qualche tempo,
perchè, retornato da lei, come è suo fermo proposito,
satisfaccia tutto. Li feci quella risposta che si conve-

niva, e lo confortai a solicitar d'aver risposta dal signor
Bortolomeo; e così ha detto di fare. La Serenità Vostra
intende quel che finora si ha possuto avere in questa
materia; e farà quella deliberazion che le parerà. »

757. Notizie della pace. Grave malattia dell'arcivescovo di Zara.

Roma, 18 febbraio 1504.

Le notizie sulle pratiche della pace sono contra-
dittorie: gli ambasciatori cesarei dicono che il Re di
Spagna acconsente all'accordo col patto che il reame
di Napoli sia dato liberamente all'Arciduca in conto
di dote, e che il Re di Francia debba cedere ogni diritto sopra quello stato, anche nel caso che non segua
il matrimonio tra la figliuola di lui ed il figlio del-
l'Arciduca: altri, e specialmente i Genovesi, dicono
che ogni trattazione è rotta, e che gli ambasciatori
spagnuoli stanno per partirsi dalla Corte di Francia.

Da tre giorni l'arcivescovo di Zara è in pericolo
di vita.

758. Offerta di servigi del principe di Melfi alla Repubblica Veneta. Lagnanza del signore di Pesaro contro la medesima.

Roma, 19 febbraio 1504.

Un segretario del principe di Melfi visita l'Oratore, offerendo i servigi del suo signore alla Repubblica: l'Oratore gli fa buon viso, rispondendogli con
parole generali.

Il signore di Pesaro si lagna che le barche armate della Repubblica danno molestia a tutti i navigli
che capitano in quel porto; e dice che spedirà per
quest'oggetto un suo nunzio speciale al Senato.

759.   Notizie del Regno e di Romagna.
          Visita di Giuliano de' Medici all' Oratore.

Roma, 20 febbraio 1504.

Di Romagna non è ancor noto ciò che siano per fare quei castellani, ora che il Papa stima di aver soddisfatto alla sua promessa coll' aver consegnato il Valentino in mano del cardinale di Santa Croce. Il Papa aspetta con desiderio il messo del castellano di Cesena, sebbene gli stia più a cuore Forlì che Cesena; specialmente ora che i Forlivesi, desiderando di conservare l' Ordelaffo per proprio signore, custodiscono accuratamente la rócca in modo che nessuno di fuori può parlare col castellano. Questa cosa dà molto fastidio al cardinale di San Giorgio, che vorrebbe avere Forlì nelle proprie mani, ed accusa del ritardo la Repubblica, sebbene con l' Oratore di essa finga il contrario.

Giuliano de' Medici [1] visita l' Oratore, pregandolo di ringraziare la Repubblica dell' affetto che porta alla famiglia di lui, e dell' accoglienza cortese fatta al suo nunzio: in lei sola, egli dice, essere riposta ogni speranza della sua casa.

760. Faccende di Romagna: colloquio dell'Oratore col Papa
          e coll' ambasciatore spagnuolo.

Roma, 21 febbraio 1504.

Il Papa, prima di uscire alla messa in cappella, fa chiamare l' Oratore sotto pretesto di udire se aveva ricevuto alcuna risposta circa le cose di Forlì; ma ve-

_____
[1] Fratello del cardinal Giovanni.

ramente lo fa per istanza del cardinale di San Giorgio, al quale sta grandemente a cuore l'acquisto di quella terra. L'Oratore dice che non occorrono altre risposte della Repubblica, perchè questa (come il Papa stesso gli aveva detto) aveva già fatta in Venezia, presenti gli ambasciatori di Francia e Spagna, tale promissione, da soddisfare al desiderio di Sua Santità. L'ambasciatore di Spagna, trovandosi vicino al Veneto in Cappella, chiede, ridendo, come era terminata la questione della Repubblica col Papa: l'altro gli risponde che questi è sempre molto diffidente, ma spera che verrà il giorno, in cui egli dovrà riconoscere la sincerità della Repubblica. Lo Spagnuolo replica parergli che tutti i Papi seguano una via; e che questa sete del Pontefice di acquistar nuovi luoghi non sia per zelo della Chiesa, ma per suoi particolari affetti.

La salute dell'arcivescovo di Zara è sempre in grave pericolo.

761. Conclusione d'una tregua di tre ànni tra Francia e Spagna. Malcontento dei baroni napoletani fuorusciti, e in generale della Corte Pontificia.

Roma, 22 febbraio 1504.

« Per Antigo corrier scrissi heri quanto accadeva alla Sublimità Vostra. Poi questa mattina, a bon'ora, sono qui lettere de Franza, publice al Pontefice, e private a diversi mercadanti et altre persone, che avisano la conclusione delle tregue per tre anni fra il Cristianissimo Re e Catolice Maestà, universale per tutti i loro dominii. Le condizione *in substantia* son queste, per quanto se intende: Che questa tregua debba essere pubblicata a Napoli a dì 25 del mese presente, e che in termine di tre mesi ciascheduno debba nominare li confederati et aderenti soi, e che durante el tempo delle tregue, niuno di loro possi dar favore nè ausilio ad alcun potentato, che volesse offendere niuna de quelle due Maestà: *etiam,* che se alcun suddito de cadauna di quelle Maestà rebellasse al suo Principe, l'altro non li debba dar favore nè ausilio alcuno etc.: nelle qual tregue non è nominato il Re de' Romani nè alcun altro, ma sono particolare tra Franza e Spagna *tantummodo.* Delle quali tutti questi baroni forausciti de Reame tanto se trovano malcontenti, che pezo non potriano essere, parendoli che al loro bisogno non se abbi avuto alcun rispetto; e benchè se dica ch'el Re di Franza ha deputado zerta provisione a tutti questi baroni forausciti, nondimeno poco se satisfano, parendoli che con questo non sia provveduto al loro bisogno; e non è alcun di loro (per quanto da alcuni dei principali per bona via ho inteso) che possa provvedere al fatto suo, che volentieri non lo faza, senza avere alcun rispetto ad esso Re. »

Anche il cardinale Ascanio n'è assai malcontento; e i Medici sono scaduti d'animo. In generale i più prudenti della Corte giudicano questa tregua assai vergognosa pel Re di Francia, e ch'egli vi sia stato costretto dalla necessità: altri poi dicono che per tal fatto la Repubblica sarà costretta a qualche restituzione.

762. Pubhlicazione in Concistoro della tregua tra Francia e Spa-
     gna. Lettera del governatore di Sinigaglia per lagnarsi
     delle scorrerie delle navi venete sul littorale adriatico.
     Notizie del Valentino.

Roma, 23 febbraio 1504.

Il Papa in Concistoro pubblica la nuova della tregua sopraddetta, e fa leggere una lettera inviatagli dal
Re di Francia, dove gli scrive che non debba maravigliarsi se nella tregua non fu fatta alcuna menzione
di Sua Santità, avendo il Re concordato semplicemente
i capitoli, come gli erano stati mandati di Spagna; ma
nella pace ne terrà conto; e aggiunge che spera di
poter presto stringere buona intelligenza coll'Imperatore « per benefizio della Cristianità e per commodo
della Chiesa: » della quale cosa il Papa si rallegra molto.

Il duca d'Urbino dà a leggere all'Oratore veneto
una lettera del governatore di Sinigaglia circa le molestie recate dalle barche armate di Venezia ai navigli in quella riviera, con danno dei particolari e del
tesoro pubblico; e prega che la Repubblica prenda su
ciò un provvedimento.

Il Valentino si trova ad Ostia, sottoposto a più ri-
gorosa guardia che non era in Roma, e n'è scontento.
Si attende un nipote del castellano di Cesena, che
deve andar a parlare ad esso Duca a Ostia per la consegna della rôcca.

763. Colloquio del Papa coll'Oratore sui fatti di Lodovico degli
     Ordelaffi e sulla tregua tra Francia e Spagna.

Roma, 23 febbraio 1504.

Hora 4 noctis. Il Papa, mandato a chiamare l'Oratore, gli dice di avere avuto lettere di Romagna, le quali

lo avvisavano esser vero che la Repubblica, quantunque apparentemente mostrasse di non attendere alle pratiche di Forlì, « la non mancava di dar modo all'Ordelafo de mantenirse in la terra, et *etiam* de aver la rôcca, proponendoli avanti che voglia pigliar per moglie quella donna che fu del conte Antonio suo fratello; e perchè in quella li par possa essere qualche difficultà, essendo stata donna del fratello, e bisogneria dispensazione, però li propone un'altra sorella di quella; » e così, con la dote della moglie, e con denari che troverebbe a prestanza da amici e da parenti, potrebbe pagare al castellano la somma che questi domanda per la cessione della rôcca; e dopo ciò la Repubblica lo prenderebbe nella sua protezione. [1] Lamentandosi di questo il Pontefice, l'Oratore gli risponde, giustificando la Repubblica, e dicendo che essa non ha alcuna parte in tali fatti; ma che non poteva proibire ad alcun cittadino o gentiluomo di contrarre matri-

---

[1] Ser Francesco del Cappello scrive da Roma, 23 febbraio 1504, ai Dieci di Balìa in Firenze : « La Santità di Nostro Signore non poteva essere in maggiore speranza delle cose sua di Romagna, et starne più al sicuro. Ha di poi hauto lettere de' xviij dal vescovo di Raugia, et comprendo contenghino che quello signore Lodovico bastardo s'acorda con Venitiani; et che piglerà per donna la Venitiana o sua sorella; et sarà servito di xvᵐ. ducati, de' quali s'acorderà il castellano et ogni altri; et che il signore et suo stato verrà in protectione di quella Signoria. Di che il Papa sta di malissima voglia, et parli essere stato gabbato da' Venitiani.» (Arch. Fior. *Lettere ai Dieci*, febbraio-marzo 1503, stile fior., a c. 158.) Di questa Veneziana si ha più chiara notizia in un dispaccio dei Dieci predetti, del 25 febbraio, dal quale parrebbe che codesta donna fosse solamente promessa, ma non ancora moglie, del conte Antonio: « Et consentiva tôrre per donna.... quella medesima Venitiana, che toglieva il conte Antonio morto. »

monio con chi gli piacesse, e di dare il proprio denaro a chi volesse, essendo la terra libera. Il Papa non si mostra contento di tali scuse; e incarica l'Oratore di scrivere al suo Governo, che impedisca a ogni modo la pratica del matrimonio e dell'imprestito.

Entrato poi a parlare della tregua tra Francia e Spagna, il Pontefice se ne mostra poco contento, comecchè gli paia di non potere trarre dalla Francia tutto il vantaggio che sperava; e, dando all'Oratore copia dei capitoli, augura all'Italia una buona pace.

764. Colloquio del cardinale Ascanio coll'Oratore veneto.

Roma, 24 febbraio 1504.

Monsignore Ascanio manda a domandare all'Oratore se ha ricevuto risposta delle offerte da lui fatte alla Repubblica, e a chiedergli parere sull'opportunità di mandare un proprio nunzio a Venezia. L'Oratore alla prima domanda risponde che non ha ricevuto alcuna lettera da Venezia; alla seconda, ch'egli non è in grado di dare alcun parere; pur tuttavia consiglia il cardinale che, prima d'inviare questo nunzio, consideri bene se ciò non possa farlo cadere in maggior sospetto presso il Re di Francia.

765. Comunicazioni del cardinale di Napoli all'Oratore veneto circa la tregua conchiusa tra Francia e Spagna.

Roma, 25 febbraio 1504.

In Cappella oggi non s'è discorso d'altro che della tregua, la quale è risguardata come una lega contro la Repubblica. Il cardinale di Napoli, parlandone con qualche passione all'Oratore, s'è doluto del poco conto che il Re di Francia aveva fatto dei baroni del Reame; e dice d'averne fatto tesoro per l'avvenire. Crede che neppure il Pontefice sia molto contento di tale tregua, parendogli che le due parti abbiano avuto poco rispetto a lui, sebbene di quanto ha operato il suo nunzio in Francia[1] sia soddisfatto tanto, che lo stima degno di esser nominato cardinale. Finalmente riferisce in segreto, che una delle cause, per le quali il Papa mandò quel suo ambasciatore in Francia, era la pratica di un matrimonio tra il duca di Lorena e una figliuola di Sua Santità, sperando, se non avesse luogo la pace, di farla regina; e per questo stesso fine, accaduta la rotta dei Francesi presso Gaeta, il Papa aveva sempre consigliato di spedire nel Regno, a continuare l'impresa, il duca di Lorena.

766.   Venuta in Roma di Costantino Comneno,
     oratore del Re dei Romani, e di dodici Oratori genovesi.

Roma, 26 febbraio 1504.

Giunse iersera in Roma Costantino Comneno, il quale domani farà entrata con pompa. Entrarono nel giorno stesso dodici ambasciatori di Genova per prestare obbedienza al Papa, e furono molto onorati.[2]

[1] L'arcivescovo di Tebe: cfr. la nota 2, a pag. 363.
[2] Ser Francesco del Cappello scrive, a dì 25: « Arrivorono qui più giorni sono li oratori genovesi che sono xij et sono stati occulti: et non prima che hoggi hanno facto la loro entrata pubblica; et... sono stati honorati dalla Santità del Papa molto più che altri che sono venuti ad prestare ubidientia. » (Arch. Fior., *Lettere ai Dieci*, gennaio-marzo 1503, stile fior., a c. 459 t.)

767.   Spedizioni di ambasciatori.

Roma, 27 febbraio 1504.

L' Oratore, ricevute le lettere della Signoria, chiede udienza al Papa, il quale non può riceverlo, avendo destinato questo giorno al ricevimento segreto del Comneno cogli altri due oratori cesarei. Lettere di Francia incoraggiano il Papa ad unirsi in lega con Firenze, Siena, Bologna, Ferrara e Mantova: non è ben chiaro l' animo di Sua Santità, ma è certo ch' egli è molto amico dei Fiorentini, ed ha costituito suo nunzio in Spagna il vescovo Pazzi, oratore residente dei Fiorentini in Roma. Mariano da Perugia, che va in Germania, partirà fra due o tre giorni.

768. Ricevimento solenne degli Oratori genovesi in Concistoro. Colloquio tra l' Oratore e il Papa.

Roma, 28 febbraio 1504.

Questa mattina in Concistoro pubblico gli ambasciatori di Genova hanno prestata obbedienza al Papa, vestiti pomposamente, e ciascuno con qualche pietra preziosa al berretto.

L' Oratore dopo pranzo è ricevuto in udienza dal Papa, al quale dà lettura delle lettere della Signoria. Il Papa n' è contentissimo, e, circa al cenno ch' è fatto in esse, dei mali uffici dei nemici della Repubblica, Sua Santità dice che a quei malevoli non ha prestato, nè vuol prestare alcuna fede.

769. Affare delle ròcche di Romagna, e specialmente di quella di Forli. Risposta del Pontefice a lettere del Valentino. Ricevimento dei messi dei castellani di Romagna. Colloquio del Pontefice coll' Oratore veneto.

Roma, 29 febbraio 1504.

« Ozi, a ora del disnare, el cardinal de Salerno mandò a dirme che l'aveva ordene da Soa Santità de mandar per mi, e tra le 20 e 21 ora dovessimo insieme andare a Palazzo. Domandai al messo, s'el sapeva la causa; me disse de non: al quale io dissi che all'ora ditta io saria a Palazzo, dove aspetteria la Signoria Soa Reverendissima, e cosi fezi. Venuto el cardinal, fenze *etiam* lui non saper la causa: ben'è vero ch'el me disse che allora erano zonti messi di castellani di Cesena e Bertonoro, i quali lui aveva condutti con sì a Palazzo d'ordine del Papa, ma ch'el non sapeva quel ch'el voleva. Stando aspettare, perchè el Papa ancora dormiva, come fa ogni zorno, soprazonze el cardinal de Trani, e da po'lui quel de Capaze. Fussimo introdutti tutti in camera de Soa Santità, e la trovassemo con un secretario del cardinal de Santa Crose, e parlavano pur sopra le cosse del Valentino: el quale ' lesse alcune lettere a Soa Santità, che sollicitavano la ressoluzion delle cosse, dicendo ch'el Valentino se doleva molto de stare in quel luogo, dove li pareva esser pezo che in carzere, pregando la Santità Soa che lo volesse liberare, perchè lui aveva satisfatto già a tutte le obligazioni che l'aveva con quella. El Papa li respose, voler prima

---

' Intendi: *il segretario.*

aver le ròcche in le man, e che si adempisse tutto quel
che si contiene in la bolla fatta a ditto Valentino. E,
fazendo el detto secretario qualche difficoltà di quella
de Furlì, dicendo che la giera in potestà del castellano, e che lui non poteva far più di quel che aveva
fatto; el Papa li rispose che, se questa rason valesse,
el Valentino non doveria esser obligato darli niuna
delle altre, perchè tutte erano in man di castellani; e
che per tanto se aveva provisto in la bolla dove son
queste parole: — ch'el debba stare ad Ostia fino che
l'averà consegnate tutte le ròcche, che sono in man
sua *aut* di soi castellani; — e che quella de Furlì era
ancora in man del suo castellano. *Et dictis multis hinc
inde,* il Papa li dette speranza che, quando pure el
veda che l'effetto vegni dal castellano senza colpa del
Duca, ch'el faria. Et in questo conferimento più volte
el Papa replicò esser bene assegurato, che la Sublimità Vostra non s'impazza in quella ròcca; e ch'el
sperava averla presto per forza, quando el castellano
non la vogli dar per bontà. E stettero lungamente su
questo parlare, el Papa solo con questo secretario; e
da poi fu chiamato *etiam* li cardinali, i quali fin allora erano stati a parte, dove era *etiam* io; et *iterum*
parlarono de questa materia insieme, replicando *precise* quanto è soprascritto.

» Questo fatto, furono chiamati dentro i messi dei
castellani, i quali se mostravano pronti, per quanto
aspetta loro, a consegnare a Soa Santità quelle ròcche che avevano in mano, pregandola per la liberazion del Duca; e qui *iterum* entrarono in la medema
difficoltà della ròcca de Furlì, replicando *ut supra.*

Uno di questi messi disse che loro *principaliter* rizer-
cavano la libertà del Duca, della quale non vedendo
più di quel che vedevano, non vedevano come con
onor suo potessero fare consignazion di quelle fortezze. Queste parole fezero andare el Papa in collora;
e voltatose a loro, li disse: — Vui voleti bravizare.
Andate via; e fate el pezo che sapete. Se non le
darete per bontà, le darete per forza, al vostro dispetto. — Replicò *iterum:* — Fate el pezo che sapete: andatele a dare al Turco, a Veneziani, o vero a
chi volete ! — Et *immediate* subiunse : — Vui le avete
volute dare a Veneziani, e loro non le hanno volute
tòrre. — E li cazò fora de camera, e con quella collora Soa Santità se levò da catedra, e cusì sdegnato
andò per camera. I messi ussittero fori, e li cardinali
se accostarono alla Santità Soa, con la quale *iterum*
entrarono a parlare della medema materia, mostrando
el Papa d'aver presta espedizione delle cosse de Furlì, fazendo fondamento *principaliter* che la Serenità
Vostra non li daria impazo, della quale li par dover
esser bene assicurata.

» Da mi non vosse altro, se non che, da poi
fatto quanto è soprascritto, stando Soa Santità in piè
con i cardinali, me chiamò e disse: — Ambassador,
nui semo sopra queste cosse del Duca, come avete
inteso. — Poi mi disse che, per più facilità della
cossa, voleva che io scrivesse una lettera all'arzivescovo de Ragusi et a quelli altri ministri soi de
Romagna, conforme a quel che me scrive la Serenità
Vostra, aziò che questa lettera se potesse mostrare,
per la quale, constando più chiaramente a quelli ca-

stellani e populo de Furlì l' intenzióne dell'Excellenzia
Vostra, più prontamente vegnissero alla devozione di
Soa Santità. » L' Oratore risponde che non entra nel-
l' ufficio suo di scrivere tali lettere, nè fare altra cosa,
senza espresso ordine della Signoria di Venezia; ma
solo deve restringersi a « referire *utrinque* » quello che
gli viene imposto. Il Papa « strinse le spalle, dicendo
non voler da mi se non quel ch'io poteva; ma che
me pregava doverne subito scrivere all'Excellenzia
Vostra, e pregarla che lei el facesse con quella più
prestezza che se poteva, aziò che se metesse fine a
questa cossa. E con questo me parti', e dietro mi partirono *etiam* li dui cardinali Salerno e Trani.

» Da poi nui entroreno li dodici oratori zenovesi,
i quali furono accettati da Soa Santità, sentada in sedia papale, la quale aveva fatto preparare *ad hoc tantum* in quella camera dove nui eramo stati, che è la
sua capella, dove non è solito esser tal sedia. »

770.   Incontro dell'Oratore con Costantino Comneno.

Roma, 29 febbraio 1504.

Hora 4 noctis. Uscito dalla stanza del Papa, l'Oratore trova nell'anticamera Costantino Comneno cogli
altri due ambasciatori cesarei e con quello di Spagna;
e, fattogli l' ufficio commessogli dal Senato, è da lui e
dagli altri accolto con parole di buona amicizia.

DOCUMENTI.

Documento I.

1593, aprile 16. — Lettera della Signoria di Venezia al Giustinian, perchè raccomandi al Papa il cardinale Strigoniense per il patriarcato di Costantinopoli. [1]

La indefessa opera et perseverante inclinatione del reverendissimo cardinale Strigoniense in solicitar la defensione de la christiana Republica, sì apresso el serenissimo Re de Hungaria, come tuti gli altri principi et baroni de quel Regno, la Santità Pontificia, per le effectual provisione et portamenti de Sua Signoria Reverendissima, et per la informatione del reverendissimo cardinale legato de Sua Santità in quel Regno, l'ha manifestamente comprexe et cognoscute; el qual signo de ardentissima fede è sta' certamente de grande efficacia et vera dimostratione de prelato optimo, integerrimo et del ben de la Christianità zelante, et desiderosissimo una volta de liberarla da la rabie de cussì potente et superbo tyranno. Et benchè li proximi giorni ve habiamo scripto in commendatione del dicto reverendissimo cardinale, per una de le abbatie vacante per l'obito del reverendissimo cardinale Sant'Anzolo; considerando *tamen* la qualità de li benemeriti del dicto reverendissimo Strigoniense, et quanto a Sua Signoria si propria la dignità del patriarcato Constantinopolitano, sii per il titolo del loco, come per essere uno incentivo de farla cum questa dignità continuar et alacremente perseverar ne la sua laudabile et sanctissima dispositione verso la Chistianità...; volemo et, *auctoritate Senatus nostri*, ve commandamo, che, *visis presentibus*, conferir ve debiate al conspecto del Pontefice, al qual, *nostro et universe Reipublice nostre nomine*, cum reverente et accomodata forma supplicar debiate, se degni dicto patriarchato et abbatia conferir al prelibato reverendissimo Strigoniense, a ciò l'habi

[1] R. Arch. gen. di Venezia, *Senato Segreti*, Reg. 51, a c. 80: Vedi i dispacci 378 e 394.

causa da perseverar ne la sua optima mente, et gustar el
fructo de cussi laudabile, magnanime et virtuose operatione
sue.

Documento II.

1503, agosto. — Ricordo della sepoltura di Alessandro VI. [1]

Interim Papa stetit ut supra intra cancellos altaris maioris; et iuxta eum quattuor intorticia arxerunt, et continuo crevit turpido et nigredo faciei; adeo quod hora xxiij, qua eum vidi, factus erat sicut pannus vel morus nigerrimus; facies livoris tota plena; nasus plenus; os amplissimum; lingua duplex in ore, quae labia tota implebat; os apertum, et adeo horribile, quod nemo viderit unquam vel esse tale dixerit. In sero, post xxiiij horas, portatus fuit de dicto loco ad capellam de febribus, et depositum iuxta murum in angulo ad sinistram altaris per sex bifulcos seu fachinos ludentes et anuentes (?) circa Papam et duos magistros lignarios, qui capsam fecerunt nimis strictam et nimis curtam. Assettarunt sibi de parte mitram et cooperuerunt cum illo antiquo tapete, et cum pugnis pestarunt eum ut capsam intraret, sine intorticiis vel lumine aliquo et sine aliquo presbitero vel persona una vel lumine.

Il Papa, essendo pur anco avanti l'altare, cominciava a divenire nero e brutto; su l'ore 23 era divenuto tale e deforme, che pareva un negrissimo panno. La faccia era divenuta scurissima e bruttissima, che dava spavento a chi la vedeva; il naso pieno di fetore; la bocca era ingrandita et la lingua talmente ingrossata che empiva tutti li labbri, di modo tale che era orribile et spaventoso. La sera, dopo le 24 ore, fu portato alla cappella da sei facchini e sei falegnami; tutti giocavano et buffoneggiavano intorno; et havendo fatto cassa corta e stretta, lo pistavano et calcavano con pugni a ciò vi entrasse; avendolo prima spogliato della mitria et panni, et messove in cambio un tappeto vecchio et bruttissimo, et poi lo posero nel sinistro cantone dell'altare di San Pietro.

---

[1] A pag. 107 di questo volume abbiamo annunziato che avremmo pubblicata per intero la Relazione della morte e funerali di Alessandro e del Conclave per la elezione di Pio III; ma, essendoci poi accorti che era già edita in un libro stampato nel 1667, senza data di luogo, col titolo: *Conclavi dei Pontefici Romani, quali si sono potuti trovare fino a questo giorno;* e riputando superfluo ripubblicarla per intero; ci limitiamo a riferirne il brano che fa ricordo del seppellimento del Papa, secondo il testo della filza Strozziana 238, ponendovi di contro il testo latino del Burcardo. (Ms. Magliab., tomo IV, a c. 6.)

Documento III.

1503, agosto 14. — Lettera di Bertrando Costabili, oratore del duca di Ferrara, intorno alla malattia di papa Alessandro VI e del duca Valentino. [1]

Heri mattina intesi de bono loco che Sua Santità havea chiamato in Palatio il vescovo di Venosa, il quale stava a la casa sua amalato, et un altro medico de la terra, et più non li lasciava uscire de Palatio. Heri sera per bona via intesi che Sua Santità vomitò il sabato una collera citrina, et non senza alteratione di febre; et che heri mattina se havea facto cavar ix uncie de sangue; et tutto el dì de heri fece giocare ad alcuni signori cardinali nante Sua Santità a le carte, et lei stette assai reposata. Intendo anchora che questa notte passata non ha male dormito. Ma hogi, tra 18 et 19 hore, è sopravenuto el parasismo corrispondente a quello de sabato; in modo che tutta la Corte sta cum gran dubio del male de la Santità, et multo se ne parla. Tuttavolta io per ogni via vado investigando per intendere el certo; ma quanto più investigo, tanto più me è dicto non se ne potere intendere cosa alcuna de certo, per non lasciarse uscire nè medici, nè speciali, nè barbieri: el che dà gran suspetione ch'el male sia grande.

Lo illustrissimo signor Duca de Romagna anchora, per quanto intendo de bono loco, sta multo grave cum due tertiane et vomito et passione de stomacho. Non è però meraviglia che Sua Santità et Sua Excelentia siano inferme, chè tutti quasi li homini de computo de questa Corte sono infirmati, et de quelli del Palatio spetialmente, per la mala condictione de l'aere se li ritrova.

[1] R. Archivio di Stato in Modena. *Carteggi.*

Documento IV.

1503, agosto 23, 24. — Lettere del Senato Veneto al Sacro Collegio e all' oratore
Giustinian in Roma, circa la elezione del futuro Pontefice. [1]

A. Al Sacro Collegio.

(23 agosto.)

Doluimus certe, ut par est, obitum pontificie Sanctitatis:
dolere enim dominicum gregem convenit, sublato pastore.
Verum, quoniam ita fert cogitque humanarum rerum conditio
et inevitabilis necessitas, equum pariter est divine dispositioni
acquiescere, nec ipsius imperscrutabili iudicio reluctari, cum
ea lege nati simus, ut, quandocumque Altissimo omnium
Conditori videatur, nature debitum persolvamus. Hoc nos
plurimum consolatur, quod in isto Sacratissimo Collegio tot
amplissimos Patres conspicimus, religione, prudentia et bo-
nitate prestantes, ut in maximam spem erigamur videndi
prope diem successorem, qui iure merito, cum omnium
Christi fidelium comprobatione, vestraque laude singulari,
ac Sacrosancte istius Sedis gloria, domini nostri Iesu Christi
vicarius appellari possit.

Quoniam vero hoc est precipuum desyderium nostrum,
nostrique Senatus, maiorum nostrorum vestigia imitantis;
non alienum ab officio nostro existimavimus, in his rerum
ac temporum angustiis et difficillimis conditionibus, has no-
stras breves admodum dare ad Reverendissimas Dominationes
Vestras, quas, maiorem in modum, toto cordis affectu horta-
mur oramusque ut, Deum tantummodo pre oculis habentes,
sicuti eas facturas non dubitamus, et, quacumque animi perturbatione seposita, habitaque dumtaxat ratione ad honorem
Dei et istius Sanctissime Sedis, velint, curent et suadeant,
Spiritu Sancto cooperante, eum in futurum Pontificem deli-
gere, qui verbo, opere et exemplo, supreme isti dignitati ac
tanto regimini dignus sit et idoneus, quique labantis chri-
stiane reipublice precipuam curam gerat. Certissime persua-
demus nobis quod libera erunt Reverendissimarum Domina-

---

[1] R. Arch. gen. di Venezia. *Senato Secreti*, Reg. 54, a c. 102 t.-103 t.

tionum Vestrarum vota; voluntaria electio, omni prorsus vi ac suspitione carens; id modo unite et concorditer agatis, ad quod omnem opem et operam nostram apposumnus sedulo appositurique sumus, ut veros decet catholicos et istius Sancte Sedis devotissimos cultores.

B. *Oratori nostro in Urbe.*

(21 agosto.)

Heri ve scrivessemo per Zorzeto corrier, et ve mandassemo alligata a le nostre una letera directiva al Sacro Collegio de li reverendissimi signor cardinali, de la continentia harete veduta per lo exemplo de quella, da esser per vuy presentata; la qual *ad cautellam* ve mandamo replicata, a ciò che, se per adventura la prima fusse mal capitàta, possiate presentar questa secunda. Questa mattina habiamo recepute molte vostre, le ultime de le quale sono de di 21 del mese presente, copiose de tutte le cosse de li occorse. Haverete per la forma de dicta nostra lettera al Collegio de reverendissimi signor cardinali facilmente potuto comprehender la intentione et desyderio nostro circa la creatione del futuro Summo Pontefice, la qual vossamo fusse libera, voluntaria et syncera, si che la producesse bon effecto de uno Pontefice degno et conveniente a la qualità et importantia di tempi presenti. Et perhò, sì come le prime de dicte vostre lettere ne davaño de questo grande speranza et piacere, cussì, vedendo per le subsequente le cosse deviarse dal drecto camino, habiamo sentito molestia et displicentia singular, per esser simile perturbatione indicative de violentia, et fuora de proposito de la christiana religione. Hane piaciuto et laudamo le parole et modi per vuy usati in Consistorio et altrove, per esser stati in conformità de la mente nostra; et cussì haverete ad continuar, cum ogni però prudentia et dexterità, sì che da tutti sia cognosculo el desyderio nostro catholico et religioso.

Quanto dal reverendissimo Napoli ve è sta' confidentemente dicto, habiamo veduto, sì per queste ultime, come *etiam* per le penultime letere vostre; et veramente la Reverendissima Signoria Sua non se inganna de la bona opinion de la Signoria nostra verso de sè, per haverla nuy sempre in ogni tempo amada et grandemente existimata per la summa religione, bontà et prestantissime virtù sue, per le quale l'habiamo reputata et reputamo dignissima del governo de quella Sanctissima Sede, et ne la lettera scripta al Collegio dei reverendissimi signor cardinali se habiamo forzati tacitamente descriver la persona de la Reverendissima Signoria Sua; et per ogni mezo conveniente non siamo per mancar de prestarli favor al Pontificato, per esser questo non meno desyderio nostro che suo: et volemo *etiam* che secretamente debiate dechiarir questa nostra intentione a li reverendissimi cardinali nostri Grimani e Corner. Del che tutto, *captata opportunitate* de ritrovarvi *solus cum solo*, farete larga attestatione, *nomine nostro*, al prefato reverendissimo Napoli.

Quod reliquum est, volemo sapiate nuy haver inviati verso Ravenna homeni d'arme 300, sotto diversi conductori nostri, insieme cum el nostro magnifico capitano de le fantarie, cum bon numero de fanti, le qual tutte zente sono oltra quelle che ordinariamente allozano a Ravenna; *et hoc*, si per honor de la Signoria nostra, come *etiam* per tutti quelli respecti che se convien a la importantia de le cosse occorrente. Vuy veramente perseverate in scriverne hora per hora el successo de le cosse de li, che ne potriano più importar, come ben sapete per la prudentia vostra.

———

Documento V.

1503, settembre 1-14. Capitoli d'accordo del Valentino cogli agenti del Re di Francia; e lettere relative. [1]

A. *Capitoli tra il Valentino e gli agenti francesi.*

(1 settembre.)

Chapitres acordés entre tresreverend pere en Dieu, monseigneur le cardinal de Saint Severin, les seigneurs de Trans,

———

[1] Questi documenti stanno nel R. Arch. generale di Venezia, *Codice Giustinian*, a c. 546 e segg.; e *Senato Secreti*, Reg. 54: se non che, essendo i capitoli,

de Grammont, Evesque de Renes, Chancelier et general de Naples, pour et en nom du Roy de France treschretien, d'une part; et hault et puissant seigneur, monseigneur le Duc de Valentinois et de Romaigne, chevalier de l'ordre du Roy, notre dit seigneur, d'aultre.

Et premierement a esté dit et accordé entre les dessudits, que jacoit [1] que le dit Duc, puis le trepas de notre feu Saint Père pape Alexandre VI, ait envoyé querir les Colonnoys, estants au service du Roy d'Espaigne, ennemy du Roy notre dit seigneur, et les avoir faict venir en ceste ville et capitulé aveques eulx, sans l'avoir faict scavoir au Roy notre dit seigneur ne aulx dessudits cardinal, ambassadeurs et aultres officiers et serviteurs du dit seigneur, estans en ceste ville de Rome: pour occasion de quoy le Roy notre dit seigneur et dessudits vraysemblablement ayent eu suspecon contre le dit Duc, et qu'il eut semblablement capitulé aveques le Roy d'Espaigne et se adherer aveques luy et prendre son party; et aussy que iceluy Duc, depuis le deces de notre dit Saint Père, ne s'est en facon quelconque dit ne declairé pour le dit seigneur: neantmoyns avoir ouy puis troys ou quatre jours en sa, le dit Duc qui s'est declairé aus dessudits de vouloir servir le Roy notre dit seigneur envers tous et contre tous, sans null excepter, si non le Pape et Saint Siege Apostolique, *Sede vacante;* et luy ayder et securir presentement de toute sa puissance, tant de gens de guerre a cheval que de piè qu'il a de present et qu'il aura, selon son pouvoir, et les faire joyndre des a present aveques l'armée du dit seigneur; disant oultre le dit Duc que quelques capitulations qu'il eust faict aveques les dits Colonnoys, il n'avoit jamays capitulé aveques les Espaignols; ains avoit reservé le Roy notre dit seigneur en la dite capitulation: nous dessudits, pour et au nom du dit seigneur avons promis et acordé, prometons et acordons que le Roy notre dit seigneur prent des a present iceluy Duc et ses parens, ensemble leur terres et seigneuries heritaiges et aul-

---

nel detto codice, tradotti in veneziano, ne diamo il testo primitivo francese, secondo una copia autenticata da monsignor di Trans, ch'è nel R. Archivio di Stato di Firenze. *Lettere al Dieci,* settembre 1503, Cl. X, Dist. 4, num. 76, a c. 98.

[1] Così il documento.

tres biens, tant meubles que inmeubles, en sa protection et sauvegarde; et de lui ayder a preserver et garder toutes ses dites terres et seigneuries. Et la ou,[1] puis le dit trepas de notre dit Saint Pere, les dites terres du Duc ou aucunnes d'icelles auroient esté perdues par surprinse des ennemys du dit Duc, rebellion ou aultrement, luy ayder a les recouvrer et l'en reintegrer et faire reintegrer en son entier.

Et pareillement nous Cesar Borgia de France, Duc etc., avons promis et accordé, prometons et acordons au Roy notre dit seigneur et aulx dessudits, pour et au nom de iceluy seigneur, de servir le dit seigneur envers tous et contre tous, sans null excepter si non le Pape et Saint Siege Apostolique comme dessus est dit, de luy ayder et bailler des a present tous le gens de guerre que avons, tant de cheval que de piè, selon notre pouvoir, et iceulx des a present faire joyndre aveques l'armee du dit seigneur pour le servir en son present affaire du Royaulme de Naples et ailleurs, ou il luy plaira, et de tenir son party, luy obeir entierement et faire comme bon serviteur, vassaill et chevalier de son ordre doit faire. En tesmoing de quoy nous dessudits avons signé de nos propres seings manuelz et scellé du scel de nos armes cestes presentes, le premier jour de septembre l'an Mill cinq cens trois.

Copié a son prope orygynal, estrete par mon commandement, le vij de setembre Mil ͨͦ ͮ troys.[2]

TRANS.

B. *Lettera degli agenti francesi al Doge di Venezia.*

(6 settembre.)

Serenissime princeps. Essendosi declarato et in tutto posto a la obedientia et devotione della Maestà Christianissima, lo excellentissimo signor Duca di Romagna, al quale Sua Maestà intende non volergli mancar in cosa alcuna, essendosi cusì liberalmente exhibito con tutte le forze sue (come la Serenità Vostra potrà per li inclusi capitoli intendere, facti cum Sua Excellentia et sui ambassatori); però lo pre-

---

[1] Leggasi: *là où, laddove.*

[2] Quest'ultimo paragrafo è autografo del Trans, come autografa n'è la firma.

gamo la voglia operare ch' el preditto Duca sia reintegrato
tutte le cosse sue come prima, ancorchè per altri sia stato
molestato et perturbato; ch' el si crede che cum el mezzo de
Vostra Serenità sia stato in qualche parte aiutato; acciò che
la Maestà Christianissima non pigliasse qualche sdegno con la
Serenità Vostra, la quale se rendemo certi, che Sua Maestà
habbia et debba avere in quello stado et conto che sempre
ha habuto la Serenità Vostra e quella Illustrissima Signoria.
Campagnani, vj septembris 1503.

Li vostri buoni amici
DE HEDOUVYLLE. [1]
TRANS.

C. *Exemplum litterarum illustrissimi marchionis Mantue
ad illustrissimum Dominium.*

(6 settembre.)

Serenissime Princeps. La Serenità Vostra vederà per li
capitoli inclusi nelle lettere delli magnifici Orator della Maestà
Christianissima e Sandrocurto, directive a Vostra Sublimità,
lo accordio novamente facto con lo excellentissimo signor Duca
di Romagna, et come *liberalissime* si è dato a Sua Maestà cum
servirlo delle gente sue; et perchè la Maestà Sua intende a ogni
modo reintegrarlo de tutto novamente perso, pregamo la Serenità Vostra voglia fare ogni opera a lei possibile, acciò esso
Duca sia rimesso nei primi termini; chè, semo certissimi, la

---

[1] Luigi d'Hedouville, signore di Sandricourt (il *Sandricort, Sandrocurto,* e simili, degli storici e dei documenti italiani); il quale, sposatosi a
Francesca di Rouvroy de Saint Simon, diede origine alla discendenza dei Saint
Simon, signori e marchesi di Sandricourt. Cfr. Père Anselme, *Histoire généalo-
gique de la Maison de France,* etc., tomo IV. pag. 398, 402 e segg. — Hedouville è un piccolo villaggio, anche oggi esistente, nel dipartimento dell'Oise,
comune d'Ablainville, cantone di Méru. — Il Giovio, non sappiamo con quanto
fondamento, nella vita di Consalvo Ferrando (*Vite di decinove homini illustri:*
Venetia, 1561), a pag. 300, dice che il Sandricourt era bastardo; e a pag. 308
narra che, avviatosi alla patria dopo la grande sconfitta toccata ai Francesi presso
Gaeta nel dicembre del 1503, passate le Alpi, « volontariamente s'affrettò la
morte. » Certo è, che premorì alla moglie; dalla quale, per testamento del 1507,
ereditarono i figliuoli il titolo e la signoria di Sandricourt. Cfr. Père Anselme,
loco cit.

Maestá Christianissima non poteria intendere cosa di più sua sodisfattione, quando seguisca per mezzo della Serenità Vostra la reintegrazione del stato al predetto Duca. Et benchè fra la Maestà Sua et la Serenità Vostra gli sia intrinseco amore et benivolentia, tuttavia, per esser quella cosa molto a proposito della Maestà Sua et de importantia grande a questa impresa, sarà causa de farse Sua Maestà debitore; et nui. alla Serenità Vostra se raccomandemo. *Campagnani, vj septembris 1503.*

Servitor, FRANCISCUS *marchio Mantue, Christianissime Maiestatis locumtenens generalis.*

A tergo: *Serenissimo principi et excellentissimo domino Duci Venetiarum.*

D. Oratori nostro in Francia.

(14 settembre.)

Siamo certi habiate in memoria quello che non sono molti zorni ne significasti, del longo, serioso et passionato discorso factovi per il reverendissimo Rhotomagense in grandissimo secreto circa la persona del Duca Valentinoes, et i stati per lui occupati. Et perhò non volemo de ziò farvi superflua replicatione; perchè tutto vedrete et regustarete per il registro delle lettere vostre, in conformità de le quale el magnifico domino Accursio et domino Zuan Lascari, oratori de questa Christianissima Maestà, in nome de quella ne parlorono, ma cum tanta efficacia de rasone et persuasione, che in vero non ve lo possamo exprimer a sufficientia. Occorse poco da poi la morte del Pontefice; la qual intesa per el duca de Urbino et quelli altri signori, indebitamente expulsi et privati dei loro stati, et reducti ad habitar in questa nostra città (sì per esser loco a tutti libero, sì *etiam* per esser za gran tempo aggregati al numero della nobilità nostra), vennero a la nostra presentia, et tolsero licenzia de andare a la recuperatione dei loro stati, ai quali i erano chiamati dai populi sui, et per la divina iustitia et bontà li hanno recuperati, et in quelli se ritrovano. El signor veramente duca de Urbino, sì come nei tempi preteriti, cussì etiam *de presenti* è sta' tolto ai stipendi nostri, et desideramo che in quelli el continui, cum goder pacificamente el stato suo a lui *legitime et iuridice* spectante.

Questa mattina habiamo recepute lettere da monsignor de Trans et da l' altro orator de questa Christianissima Maestà, *nec non* dal signor marchese de Mantoa, che ne dichiarano esser sta' el signor duca Valentinoes tolto in protectione de la Christianissima Maestà, et che vogliamo operàre per la restitutione dei stati sui, sì come per la copia de esse lettere, qual ve mandamo inserta, *de verbo ad verbum* il tutto vederete. Ve confessamo che tal forma de lettere ne parve inconveniente, et funo moleste; i quali *etiam* iudicassemo la dovesse esser contra la mente de la Christianissima Maestà. Ma, consyderato da poi bene el tutto, iudicassemo che i prefati oratori sui havesseno operato quanto per loro era sta' facto et scripto, *solum* per servirse per hora de Valentinoes, et assecurarse de li mali modi et natura sua, molte volte per experientia conosciuta da la Christianissima Maestà: el che ne ha facto *equiore animo* tolerare tal forma de lettere, scriptene cum poco respecto de l'honor nostro, et non meno de la Christianissima Maestà, la sapientia et bontà de la quale a nuy è notissima; et oltra quello la ne ha fatto dir in questa materia, se rendemo certissimi la non vorà patir, non che commetter, che dicti poveri signori siano *denuo* spogliati dei stati sui, cum tanta offensione de Dio, per sustenir uno homo qualificato, come è Valentinoes, et cum azonzerse questa altra crudelità a tante altre da lui commesse per il passato. Farete explicatione de tutte sopraditte cose a la Christianissima Maestà in nostro nome; concludendo che noi non dubitamo quella vorrà far più capitale del stato nostro, sui specialissimi amici et confederati, che del duca Valentinoes, benissimo conosciuto et provato da la Maestà Sua.

Caeterum, se ad questi propositi essa Christianissima Maestà ve farà alcuno quesito o mentione de Cesenna o de altra cosa seguita in Romagna, responderete che vui non havete alcuna particular notitia de tal cossa; ma che sete indubitatamente certissimo che tutto quello è sta' facto per nui, è sta' facto cum gran fondamento de rasone, et sopratutto per conservatione de la libertá ecclesiastica et beneficio de la Apostolica Sede.

E. *Oratori nostro in Curia.*

(14 settembre.)

Questa matina habiamo recepute lettere da monsignor de Trans et dal collega suo, insieme cum altre del signor marchese de Mantua, de le qual ambe ve mandamo qui inclusa la copia; et *similiter,* un altro exemplo de capitoli inserti in dicte lettere de monsignor de Trans, conclusi, per quello appareno, cum el duca Valentinense, sotto il primo del mese presente. Ne è parsa tal forma de lettere mancho che rasonevole per diversi respecti; pur volemo creder che le siano sta'scripte ad importunità del dicto Duca. Ve mandamo el tutto per vostra instructione et mandamovi *etiam* la copia de quanto habiamo sopra ziò scripto in Franza per compita information vostra.

Et perchè novamente è seguito che alcune zente d'arme nostre da Ravenna, ad instantia de una de le parte et factione de Cesenna, sono andate ad favorirla, volemo che, se alcuno de reverendissimi cardinali, de oratori o ver altri ve facesseno mentione de questo, debiate *audacter* risponderli, che tutto quello per nui è sta' facto et fase è ad beneficio de la libertà ecclesiastica et de la Apostolica Sede, al che habiamo *de presenti* intenti tutti i spiriti nostri. Quello veramente è seguito a Cesenna, è questo: che, essendo sta' per una de le parte, come è dicto, dechiarito a quel nostro capitaneo che quella terra de Cesenna era disposita al tutto liberarse dal iugo et tyrannide ne la qual la era, cum sottometterse a la Chiesia, si come la era da prima; et *insuper* che qualche uno potentato aspirava et provedeva de metter el piedi in dicta terra, et altri lochi de Romagna cum el mezo de l'altre parte; parse al dicto nostro capitaneo, ad instantia de dicte parte, andar cum alcune zente; et cussì andò de lì per tuor dicta terra, et remetterla sotto la Chiesia, cum liberarla da chi *de presenti* la occupa: ma, presentita la cosa da quel governador, fo provisto, sì che l'ordine dato non potè haver loco, et le zente nostre se retirorono senza far alcuna minima offensione ad alcuno. Questo è quanto è seguito. [1] Dil che vuy parlarete cum chi ve ne parlarà a vuy per iustificatione de la Signoria nostra.

————

Documento VI.

1503, settembre 9. — Lettera del Consiglio dei Dieci al Giustinian con la commissione di fare riverenza al cardinale Giuliano Della Rovere, novamente giunto in Roma. [2]

Ne è sta' grato intendere per le lettere vostre, el zonzer in Corte del reverendissimo cardinale San Piero *in Vincula*, incolume et ben honorato da tuti: imperhò che, havendo sempre amata et grandemente estimata la Reverendissima Signoria Sua, come per molte experientie quella ha cognossuto; et *e converso*, havendo da quella veduti molti segni de optima correspondentia in ogni tempo, siamo constretti ad haver piacer de ogni sua prosperità et bene. Unde volemo, et *cum Consilio nostro X* ve commettemo, che cum la Reverendissima Signoria Sua debiate, quanto più presto potrete, allegrarvi *nomine nostro* de tale sua incolume venuta, usandoli tute quelle accommodate parole che seranno ad proposito: et li dechiarirete, *ultimo loco*, che havete ordine da nui de parlar cum li reverendissimi cardinali nostri per favorir quella al summo pontificato, al qual la reputamo dignissima per le sue rare et singular virtù et conditione; et cussì farete l'officio cum li reverendissimi cardinali nostri, ultra quel che per altre nostre ve imponessemo sopra tal materia.

[1] Un accenno ai fatti di Cesena è nel dispaccio 553 del Giustinian. I Dieci di Balìa di Firenze così ne scrivevano al loro ambasciatore Nasi in Francia, a dì 16 di settembre: « Venetiani..., tre dì fa, hanno assaltato Cesena, dove vennero una nocte; et pare che, venendo senza artiglieria, dovessero havervi drento intelligentia: ad che il presidente (*Antonio Del Monte*) obviò, et, armato il popolo, si difese gagliardamente da uno gagliardo assalto che vi dectono da due bande, in modo ne furono ributtati et si sono ritirati a Ravenna. » (Arch. Fior. *Lettere dei Dieci*, 1503, a c. 84.)

[2] R. Arch. gen. di Venezia. *Consiglio dei Dieci, Misti*, Reg. 29, a c. 191.

Et perchè ne le vostre letere voi tochate che fra li reverendissimi signori cardinali era opinione di far la electione del novo Pontefice per via de voti secreti, et non per la forma palese, che finora è sta' observata, questo ne piaceria, et laudessamo se l' havesse loco, perchè cum tal modo li suffragii se potriano reputar liberi: ognuno potria satisfar alla coscientia sua, et removeriasi molti inconvenienti che potriano intervenir da la nominatione manifesta. Questo ve habiamo voluto dir a fin che, per quelli mezzi che cum dexterità vi occorreranno, come da voi, possiate coadiuvar questa nova forma secreta, come opportuna a li tempi presenti.

Documento VII.

1503, settembre 22. — Lettera del duca Valentino alla Signoria di Firenze, per ringraziarla delle sue favorevoli disposizioni per la conservazione di esso Duca negli stati di Romagna. [1]

Magnifici et excelsi Domini, tanquam fratres praecipui. Essendo advisati da li nostri commissarii de Romagna de la bona dispositione de le Signorie Vostre in volerce liberamente prestare ogni subsidio, non solamente in deffensione de quilli stati nostri, ma in recuperatione de le cose perdute; certamente, come quilli che ad noi summamente è stata accepta tale oblatione, ne regratiamo quelle; offerendoli havere ad essere similmente sempre promptissimi ad ogni commodo honore et satisfactione de esse Vostre Signorie. Le quali instantemente pregamo, voglino perseverare con quello bono animo verso de noi, et provedere omninamente che decto subsidio sia prompto ad requisitione d' essi commissarii nostri; persuadendose indubitamente le Signorie Vostre che quelli adiuti ce prestano, sonno non meno per se medesimi, quanto che per noi, possendo disponere de noi et de le cose

---

[1] R. Archivio di Stato in Firenze. *Lettere alla Signoria,* 1503, Classe X, Dist. 2, num. 55, a c. 204.

nostre quanto che de le proprie. A le quali sempre ce re-commandamo. *Ex Nepete, xxij septembris M. D. iij.*

Caesar, *Dux Romandiolae, Valentiaeque* etc.

Cyprianus.

———

Documento VIII.

1503, ottobre 7-20. — **Lettere del Senato Veneto ai suoi oratori in Roma e in Francia, relative all'accordo di Bartolommeo d'Alviano e degli Orsini con Spagna.** [1]

A. *Oratori nostro in Curia.*

(7 ottobre.)

Demonstrate per le lettere vostre de' dì 27 del mese pre-terito (el che *similiter* per altre subsequente vuy replicate), desyderar de haver da nui alcuna maior declaratione de quello vi par haver, circa le practiche de Franzesi et Spagnoli de tirar a le parte sue li signori Ursini, et in particulari el magnifico domino Bartholameo d'Alviano. Nui veramente, havendovi ad sufficientia circa ciò dechiarita la mente nostra, non ne è parso dirvi altro per avanti; ma, ad vostra satisfactione, ve replicamo per le presente che, dove intervegni lo interesse o de la Christianissima Maestà de Franza o de le Catholice Maestà de Hispania, debiate abstinerve, per continuare ne la neutralità fina hora servata dal stato nostro, per la confoederatione habiamo cum l'una delle parte et bona amicitia habiamo cum l'altra. Quando *autem* ve occorrerà parlar o cum li signori Ursini, i quali par ve deferiscano molto, *aut etiam* cum li signori Colonnesi, li dechiarirete accomodatamente el piacere et contentamento recevessamo de la loro unione; la conclusione de la quale, *quantum in vobis erit*, procure-rete, per beneficio de le cose de Italia, *sed imprimis*, per comodo et securità de ambe quelle illustre famiglie; le quale *etiam* cum dexterità et cautamente admonirete, cum quelle rasone ve apparerano, et *potissimum* cum la experientia pre-terita, che è magistra de le cose future, che non voglino

[1] R. Arch. gen. di Venezia. *Senato Secreti,* Reg. 54, a c. 115 t., 117 t., 119 t.

fidarsi del duca Valentinoes; il quale stante, nui vedemo l'una et l'altra parte in manifesto periculo *non solum* dei stati, ma de le proprie persone loro. Il che, in conformità, de qui ad questi propositi habiamo nuy *similiter* facto intender ai nunzii del signor conte de Pitigliano, governador general de le zente d'arme nostre.

B. *Oratori nostro in Curia.*

(10 ottobre.)

Nui se persuademo che la continentia de le ultime lettere nostre ve haverà, se non *expresse, saltem tacite,* facto intender el sentimento nostro circha quelle pratiche francese et spagnole, havendove nui tochate due parte notande : l'una, che, *quantum in vobis est,* debiate procurar l'assettamento et compositione de quelle due illustre fameglie, Orsini cioè et Colonnese, per le cause commemorate ; l'altra veramente, che quelli signori se havesseno ad guardar dal duca Valentinoes, el qual stante, nui vedevemo i stati et persone loro in periculo manifesto. Habiamo da poi recepute le vostre de 3, 4, 5, del mese presente, per le quale, *inter cetera,* replicate rechiedendone et stringendone ad maior declaratione de quello habiate ad operar per la compositione del signor Bartholomeo d'Alviano et de quelli altri signori Ursini cum Francesi over Spagnoli, da l'uno et l'altro dei quali sono molto solicitati, *adeo* che i non possono più differir la resolutione. Devete per la vostra prudentia consyderare de quanta importantia sia ai tempi presenti, che, essendo sta' nui fin hora neutrali, al presente se scopriamo per alcuna de le parte ; dal che potriano resultar molti inconvenienti et periculi al stato nostro : et perhò intentione et desiderio nostro è, che demonstrate cum ogni exterior operatione la neutralità nostra. Questo ve dicemo tanto più volentieri, che nui vedemo i dicti signori Ursini, per quanto è in nostra noticia, redriciati et inclinati ad assecurarsi, concordandosi cum Spagnoli, per molti respecti, et *presertim* per il duca Valentinense. *Verum,* confidandose nui ne la prudentia, taciturnità et dexterità vostra, per nui in molte cose esperimentata cum vostra gran laude et commendatione, ne è parso del tuto aprirvi el cor nostro, visto *maxime* che li signori Ursini, come scrivete per le vostre lettere, recercano, se non *expresse, saltem tacite*, intender la opinione nostra. Pertanto ve dicemo et commettemo, che, se vui vederete periculo che i prefati signori Ursini se atachino cum Francesi, in tal caso debiate, cum quel più cauto et secretissimo modo vi apparerà, indicarli cum qualche bona et tacita forma, che li consigliate se accostino *potius* cum Spagnoli, et a tal modo dextro et cauto usarete, sì che mai se intendi questo esser processo da nui nè da vui: et che li medesimi signori Ursini non ve possino de questo accusar. *Caeterum*, se li signori Ursini fusseno za concordati, o ch' el vi paresse non fusse necessario el scoprirve, *aut* ch' el vi paresse pericoloso, in tal caso soprasederete da la presente executione, et procederete reservatamente. Et se mai fosti in alcuna cosa circumspecto, siate in questa, che supera tute le altre de extrema gravità et importantia: et quanto vi occorrerà scriverne in questa materia, sia tuto in zifra et de vostra propria mano. [1]

C. *Oratori nostro in Francia.*

(20 ottobre.)

Per lettere dell' Orator nostro in Corte, de xiij de l'instante, siamo advisati el signor Bartholomeo de Alviano et li altri signori Orsini essersi accordati cum le Catholice Alteze de Hispania, nova cussì come da nuy inexpectata, cussì *etiam* ingrata et molestissima. Unde, pensando nuy che Fiorentini et altri seminatori de zizania, inimici de la Christianissima Maestà et nostri, sì come hano facto a Roma et per tuta Italia, cussì de lì siano per procurar de darzi de questo graveza, ce è parso per le presente dinotarvi tuto el successo de la cossa, da esser per vuy explicato a la Maestà Christianissima, cum quella syncerità et rectitudine cum la quale in ogni tempo siamo ambulati, et sempre ambuleremo cum quella. Sapiate adunque come questi superior zorni el signor Bartholomeo de Alviano, intesa la morte di papa Alexandro, essendo a la fine de la conducta sua cum nuy (la quale finì a dì 7 del pre-

---

[1] In fine alla lettera è questa nota: « Volunt quod presens materia differatur quoad habebitur responsum aliarum litterarum nunc captarum. »

sente mexe), venuto a la presentia nostra, ce rechiese licentia de andarsene in quel de Roma, in adiuto di soy parenti, et per vindicarsi de le iniurie et grave offese recevute dal duca Valentino nel sangue et honor suo et de chaxa sua, cum rechiederne *etiam* la compagnia cum grandissima istantia. Nuy veramente gli negassimo tal licentia, sì de la persona sua come de la compagnia, ordinàndo che tutti i passi fussero observati et custoditi diligentemente, sì che alcun de li soy non se ne potesse andare, sì come sin qui non è seguito. Parse a luy de andarsene *insalutato hospite*, et cussì solo se partì. Et zonto in quelle parti, coadunate zente assay, et andato cum li altri de la chaxa perseguitando il Duca predicto, quale essendose reducto a Neppe, erano i dicti in ferma speranza de haverlo ne le mano, *etiam* in quel luoco; se non che luy, per salvarsi, vene in questi proximi zorni a Roma, assecurato dal Summo Pontefice et protecto dagli agenti de la Cristianissima Maestà, et ancora fin lì sono continuati in perseguitarlo, cum volerlo assaltare in la propria habitatione, che è la chaxa fu del *quondam* reverendissimo cardinal San Clemente, preparata da epso Duca in defensione cum stechati, disposte artelarie a le porte, et facendo stare li homeni d'arme soy cum li helmi in testa et le lanze su la cosa, [1] per timore continuo de essere assaltato da li dicti. Li quali, come se dice, per li grandi partiti havuti da Spagnoli, se sono, *ut supra*, adheriti a loro: il che, sì come habiamo predicto, è sta' da nuy inteso cum tuta quella displicentia che intender se suole una nova ingrata et despiacevole: ma nuy iudicamo che potissima causa de questa deliberation de dicti signor Orsini sia sta' la sede [2] et odio inextinguibile de vindicarse contro el duca Valentino, parendogli non poter altramente metter in executione el loro obiecto et proponimento contra el dicto, vedendolo protecto da li agenti de la Cristianissima Maestà. Et quantunque se rendiamo certi, la Maestà Christianissima di ciò ne harà avuto notizia per altra via, volemo *tamen* che vuy *etiam*, in nome nostro, gli nariate tuto el vero successo de la cossa, cum affirmargli la syncerità et rectitu-

---

[1] *Cosa*, coscia.
[2] *Sede*, sete.

dine nostra, et el nostro constante proposito et intentione de perseverare in la unione et allianza nostra indissolubile cum la Cbristianissima Maestà Sua.

———

Documento IX.

1503, settembre 25, ottobre 7. — Breve di Pio III al Doge di Venezia in favore del Valentino, e lettere del Senato Veneto relative al medesimo. [1]

A. *Breve di Pio III.*

(25 settembre.)

Dilecto filio nobili viro Leonardo Lauredano, duci Venetiarum.

Dilecte fili, salutem et apostolicam benedictionem Existimamus non latere Nobilitatem Tuam, civitates et terras ducatus Romandiolae, ad Sedem Apostolicam pertinentes, felicis recordationis Alexandrum papam Sextum, predecessorem nostrum, dilecto filio nobili viro Cesari Borgie, duci Romandiolae et Sanctae Romanae Ecclesiae confalonerio, de venerabilium fratrum nostrorum Sanctae Romanae Ecclesiae cardinalium (de quorum numero tunc eramus) Consilio, in vicariatum concessisse. Ad nostram quoque notitiam pervenit, istud inclitum Dominium postea eumdem Ducem ac predictum ducatum omnesque alios eius status, in suam protectionem et defensionem suscepisse; et insuper meminimus, quod, post prefati predecessoris nostri obitum, scriptum est ab eorumdem venerabilium fratrum nostrorum Collegio ad Tuam Nobilitatem, ab eodem Collegio eumdem Ducem et status eius, ubique existentes, in suam et eiusdem Ecclesiae protectionem et defensionem fuisse susceptos. Ex quo fit ut, cum non mediocri admiratione et gravi displicentia, intellexerimus istius Dominii gentes armigeras fines dicti ducatus Romandiolae transgressas; Cesenam, eiusdem ducatus civitatem, per vim et insidias capere tentasse; nec adduci possumus ut credamus, id voluntate Nobilitatis Tuae actum fuisse, in predicti Collegii

---

[1] R. Arch. gen. di Venezia, *Codice Giustinian*, a c. 549; *Senato Secreti*, Reg. 54, a c. 114 t., 116.

et suae ipsius protectionis contemptum, ac nostrum et huius
Sanctae Sedis grave preiuditium; quorum proprii iuris dictus
ducatus existit; et convenit christianos' principes Romanae
Ecclesiae iura tueri potius et augere, quam offendere et
diminuere. Quapropter Tuam Nobilitatem in Domino horta-
mur et attente requirimus, ut gentes ipsarum quamprimum
inde revocet, statuatque, ne in posterum eidem ducatui in-
comodum inferrant. Quod erit nobis pergratum, et in hoc No-
bilitas Tua faciet rem sua et eiusdem Dominii iustitia et equi-
tate dignam.

Datum Romae, apud Sanctum Petrum, sub annulo Pi-
scatoris, die xxv septembris 1503, ante nostram coronationem.

. N. Advogarius.

B. *Oratori nostro in Curia.*

(3 ottobre.)

Heri per uno a nuy incognito, ma da poi existimato
nuncio del duca Valentinoes, recevessemo, cum la consueta
reverentia nostra, uno breve de la Santità del Pontefice circa
le cose de Romagna: la copia del quale sarà qui inclusa
per vostra instructione. Et veramente ve confessamo che,
se non fussero state le parole previe dicteve paternamente
de bocha propria de la Santità del Pontefice in questa materia, declaratorie de la bona mente de Sua Santità, et che
tal breve la conveniva scriver ad importunità de altri; nui
havessamo sentita cordial displicentia, ch' el primo breve re-
ceputo da dicta Santità fusse sta' de la forma et continentia
di questo, certamente da nui inexpectato. Non habiamo *tamen*
voluto restar, seguendo la natural devotione nostra verso la
Sede Apostolica et Pontificia Beatitudine, de risponder per
mezo vostro et dir quanto ne occorre.

Nui vedemo in questo breve molte parole et termini
aculeati contra l'honor de la Signoria nostra. Et ad questa
parte non volemo commemorar le cose *longinque* de li meriti
nostri verso la Apostolica Sede, ma *solum* le recentissime;
la qual commemoratione servirà *etiam* ad iustificatione nostra. Morto el Pontifice, et intendendo nui ch' el proprio Pa-

lazo Apostolico era obsesso et occupato da arme, per violentar et opprimer la libertà ecclesiastica et la canonica electione del futuro Pontifice., imitando nui le vestigie de li progenitori nostri, in defensione de la Sede Apostolica, mandassemo alcune zente nostre in Romagna, per divertir et remover dicta violentia, non possando *pro tempore* darli altro remedio; et questo effecto facessemo *etiam* ad persuasione del Sacro Collegio de li reverendissimi signori cardinali, al quale scrivessemo duplicate lettere nostre, de la continentia che, senza altra replicatione, vui havete veduta. Quello che ne seguite vui lo sapete, et ognuno lo intende; *adeo* che *immediate* successe la voluntaria et canonica electione del novo Pontifice, a nui certamente et a tuto el nostro Senato gratissima, per la sapientia ef bontà de la Beatitudine Sua. Li stati de Romagna, per clementia et non meno per iusticia del Signor Dio, erano *pro maiori parte* ritornati ne li loro veri et legitimi signori, con satisfactione de tuta Italia et iubilo de quelli populi. Questi brevi, extorti da la Beatitudine Pontificia, directivi et a nui et ad altri, hano *pro primo* facto questo fructo, che in Arimino sono entraté molte zente per nome de Valentinoes, et cum grande strage et effusione de molto sangue de quelli poveri cittadini, hano presa quella terra et cazato *iterum* el signor Pandolfo. Dal qual principio se persuademo che continuarano de li mali modi et inconvenienti, che in quelli stati se hano veduti per el preterito: cossa horrenda et detestanda da tuti li boni, nel numero di quali reputamo optimo el Summo Pontifice; et aliena da la expectatione de tuti li christiani, i quali sperano veder la castigatione de li cattivi, et cessatione de tanti mali et scandali nel tempo del felice pontificato de la Beatitudine Sua. La quale se ricordamo, essendo *in minoribus*, abhominava le crudeltà et modi tyrannici, za molti centenara de anni non veduti, de la qualità se usavano per dicto Duca: et perhò, che hora el sia da la Sede Apostolica over da altri protecto et conservato, per continuar in quello che fin hora se ha veduto, cum gran gemiti et deploratione de tuta Italia, nui volemo creder et persuaderne che questo sii contra la paterna et religiosa dispositione de la Santità del Pontifice,

anchora che *per indirrectum* li brevi et lettere sue operino el
contrario de la voluntà sua. Questo tenimo ben per certissimo, che simile cose procedono cum grandissima offensione
de la Divina Maiestà, et non dubitamo *etiam* che li christiani principi et potentati non vorano tolerar più tanta
abhominatione.

Volemo che quanto è sopra dicto debiate seriosamente,
nomine nostro, explicare a la Pontificia Beatitudine, cum af-
firmarli la bona opinione et expectatione habiamo de la Santità Sua; *nec minus* la devotione nostra verso di lei. Quanto
haveremo *in futurum* in tale materia, ve lo notificheremo,
da esser comunicato a la Beatitudine Sua. [1]

C. *Oratori nostro in Curia.*

(7 ottobre.)

Novamente, per uno corriero a posta, habiamo rece-
puto uno breve de la Santità del Pontefice, circa le cose de
Romagna in favor del duca Valentinoes; il qual breve invero
ne haveria afferita singular displicentia per molte parte in
quello contenute, se non fussero state le parole previe, dicteve
circa de ziò da la Santità del Pontefice, che ben dichiarano
l' animo de la Beatitudine Sua, et che simili brevi l'ha convenuto fare ad importunità de altri. Eremo in dispositione de
scriver in risposta una bona lettera, secundo la qualità de la
propositione : ma visto per le vostre da poi recepute (le ultime de le quale sono de dì do del mese presente), [2] maxime
ad proposito de la risposta facta per la Sua Santità al signor
duca de Urbino, la bona mente de la Beatitudine Sua in conformità de quanto prima ne havevi significato, in modo che
comprehendemo indubitatamente simili brevi esser extorti
contro la voluntà de la Santità Sua; non ne è parso al breve
predicto fare altra risposta, per non fastidir Sua Santità et nui
insieme. Ne è ben parso mandarvi la copia de esso breve, qui

---

[1] Questa lettera non fu spedita, come si deduce dalla nota che vi è posta in
fine: « Volunt quod presens materia pro nunc differatur; » ed anche dal tenore
della lettera seguente.

[2] Vedi il dispaccio 566.

introclusa, per la vostra instructione. Et volemo in caso che
da Sua Beatitudine ve ne sii facta più parola, dobiate in risposta dir et dichiarir quanto è sopra dicto.

Documento X.

1503, dicembre 7. — Proposte del vescovo Tiburtino, legato di papa Giulio II al Senato Veneto, circa le terre acquistate dalla Repubblica in Romagna, e risposta fattagli dal Senato. [1]

A. *Oratori nostro in Curia.*

È zonto novamente de qui el reverendo domino episcopo
Tiburtino, orator pontificio, el quale, per due fiate venuto a la
presentia nostra, ha facto prima expositione generale, et poi
propositione particular de molte cose, le qual tute vuy poterete
facilmente comprehender per la nostra risposta che vi mandamo qui introclusa. *Solum* volemo dirvi che questo offitio lui
ha facto cum tanta efficacia et vehementia, et ne la prima
narratione et ne le replicatione subsequente, che in vero el
non è stato senza molestia nostra, et non senza dimonstra-
tione de grande affecto et passione. Nientedimeno la risposta
nostra habiamo voluto far modesta, ma ben iustificata. Et
volemo che, quanto più presto poterete, debiate conferirve a
la Pontificia Santità, et a quella lezer, et in tute parte ben
dechiarir essa nostra risposta. Et perchè el dicto Tiburtino
molte volte ha tochato et replicato, innuendo che li serenissimi Re de Romani, Franza et Spagna, son per haver mole-
sto che nuy habiamo obtenuti quelli lochi de Romagna, et
che sono per far pace insieme etc.; ad questo proposito ve
servirà in risposta la rasone che nuy habiamo tochato al Tiburtino, che da cadauno de quelle Maestà, et *signanter ac
potissimum* dal reverendissimo Rhoano siamo sta' longa, assi-
dua et instantissimamente sollicitati a quella impresa. Et porete *etiam*, a li proposti, subzonzer che, se tra quelle Maestà
seguiterà bona pace, questo ne serà molto grato, et quello che
cum ogni studio habiamo sempre procurato, sì per la osser-
vantia et bona intelligentia habiamo cum cadauna de esse Maestà, come per el beneficio et comodo de la christiana religione.

[1] R. Arch. gen. di Venezia. *Senato Secreti,* Reg. 54, a c. 138 t., 139 t.

Ne la ultima man de lettere vostre, una parte habiamo lecta et notata certamente cum admiratione et displicentia, dove la Santità del Pontefice in Consistorio, facendo la pubblicatione de quelli quattro cardinali creati, tolse el suo fundamento da le cosse de Romagna, non senza nota et carrico de la Signoria nostra; [1] chè certo, sì come fu termine non necessario, così ne è parso alieno da ogni merito et expectation nostra; vero è che le parole usateve da poy da la Santità Sua et dal reverendissimo San Zorzi, per suo nome, hano mitigato la molestia et displicentia nostra. Et volemo tuor tuto in buona parte, persuadendone cussì la rasone, et mesurando lo animo de la Beatitudine Sua verso nuy, da la devotione et observantia che sempre habiamo portato et portamo a la Beatitudine Sua. Nientedemeno volemo et commettemovi, che, *captata opportunitate*, cum gravità, modestia et dexterità debiate, *nostro nomine*, dolervene cum Sua Santità, supplicandoli devotissimamente che la vogli haver caro l'honor del stato nostro, che è proprio de la Beatitudine Sua et de tuti li sui. Et *in futurum* severete la regula datavi da la Santità Sua, che, quando non porete cussì haver el modo di retrovarvi cum quella, parlerete larga et confidentemente cum el reverendissimo San Zorzi, al qual, *etiam seorsum*, cum parole affectuose farete intender la bona disposition nostra de gratificarli. A li reverendissimi cardinali nostri veramente, Grimani et Cornelio, dechiarirete quanto ne è sta' grato l'officio et parole per loro usate in Consistorio, in iustification nostra et defension de la patria, rengraziandoli de ciò molto amplamente. Et ad ambi loro lezerete la copia de la risposta nostra facta al reverendo Tiburtino, aziò che, intendendo la mente nostra et firma intention del nostro Senato, sapino et possino accomodarsi a quella, et non variar da la deliberation nostra. *Similiter* rengraciarete et instruerete el signor duca de Urbino, cum lezerli la istessa copia de la risposta nostra; imperò che nuy se rendemo certissimi che la Excellentia Sua non mancherà da quel filial et debito officio, che se convien verso la Signoria nostra.

---

[1] Cfr. i dispacci 656 e 657.

B. *Quod Reverendo Domino Episcopo Tiburtino nuncio et oratori pontificio, ad propositiones ab eo factas, et nunc per serenissimum Principem relatas, huic Consilio, respondeatur in hac forma:*

Reverendo Monsignor. Non ne par hora necessario responder particularmente ad le propositione generale, factene ne la prima exposition vostra, per avervi alhora sufficientemente risposto et dechiarito lo obsequentissimo animo nostro verso la Beatitudine Pontificia, ad la quale in ogni tempo siamo stati propensi et studiosi de ogni suo et de tuti li sui honor, commodo et exaltatione, non havendo etiam manchato da l'officio nostro *in hac sua assumptione ad pontificatum:* molto più hora esser devemo et volemo, vedendola collocata dove sempre habiamo cum ogni nostro affecto desyderato et procurato. Nè accade che Sua Santità ne rendi gratie de alcuna operactione facta verso la Santità Sua, nè al presente, nè per li tempi preteriti, perchè nuy habiamo satisfacto a la naturale inclination nostra, et referimo immortal gratie al Signor Dio nostro, che ne habia exauditi de quello che za tanto tempo cum tuto el cor habiamo havuto in precipuo desyderio nostro. Et in questo non ne par dover molto insister, per esser cosa notoria et a la Santità del Pontefice et a la Reverenda Paternità Vostra.

Se restrenzeremo hora ad risponder a le proposte da vuy factene nel secundo congresso; et parleremo in questa materia cum quella confidentia et largeza, che se convien tra padre et fioli, come nuy siamo de la Pontificia Beatitudine. Ne havete adducte molte rasone inductive al voler far tre cose, in conclusione: l'una, che nuy mettiamo in mano de Sua Santità li lochi novamente per nuy acquistati in Romagna; l'altra, che nui leviamo quelle zente nostre; et *demum*, che manchamo da ogni continuatione de practiche in quelli altri lochi de Romagna, cum voler etiam adiutar la Santità del Pontefice ad sottometter quelli luogi a la iurisditione ecclesiastica. Seria necessario, volendo far una compita et exacta iustification nostra, far una longa et seriosa commemoratione et repetitione de molte cosse preterite: ma, per evitar tedio, pretermessi per hora molti termini essenziali, tocheremo, *breviter ex multis*, alcuni più importanti.

La impresa dei lochi per nui acquistati in la Romagna non è stata, nè per alcuno sano iudicio existimar se pol esser ad alcuna minima offensione nè de la Sede Apostolica, nè de la Santità del Pontefice; perchè questo non è stato nè mai sarà costume del stato nostro, per infinite experientie cognossuto, de qual disposition el sia verso la Apostolica Sede. Questa è una maxima et certissima, che nuy necessariamente se siamo mossi ad tuor quelli lochi, che per nuy fin hora cum gran rason sono sta' tolti, *non solum* cum dignità et reservatione de la superiorità de la Sede Apostolica, ma *etiam* contra uno inimico nostro, operator de molte machinatione contra el stato nostro, inimico de la Sede Apostolica, inimico della quiete de Italia, et crudel tyranno, de qualità che de pezor non se leze in alcuna historia antiqua. In questi lochi da nuy obtenuti la Sede Apostolica ha iurisditione mediata, per esser sta' *etiam* avanti el Valentino possessi da altri, i quali molte volte non pagavano i suo censi, *plerumque* turbavano la libertà ecclesiastica; et lo ultimo possessor, che è sta' Valentino, *non solum* la turbava et pessundava, ma etiam era absoluto da pagamento de censi. Nuy veramente intendemo *non solum integre* preservar illesa la auctorità ecclesiastica, cum pagar largamente el censo debito, et de questo prestar ogni possibile cautione; ma *etiam* proposito nostro è mai manchar da alcuna cosa che occorri ad beneficio de la Sede Apostolica et de la Pontificia Beatitudine, come sempre habiamo facto, et molto più siamo per far hora che ne è azonta questa nova obligatione. Reputamo dover haver de questa opera obligo et non biasimo, havendo *etiam*, cum el favor nostro, restituti quelli altri poveri signori, che tanto iniquamente erano sta' schaziati et spogliati et da tuti abandonati, excepto che dal solo stato nostro. Non è alcuna sì bona operatione, che da dectratori e maligni commentatori non possi esser sinistramente interpretata; ma chi cum rasone mesurerà le cosse per nuy fate, cognoscerà nuy meritar grandissima laude et commendatione, et non menor merito appresso el nostro Signor Dio et l'Apostolica Sede. Nè siane dicto quello che ha tocha la Reverenda Paternità Vostra, che per alcuni latratori se dice, nuy esserse mossi per ambitione

de amplificar el stato nostro, perchè, per la Idio gratia, nuy
l'habiamo assai amplo; et se tal passione ne havesse impulsi,
et avanti et in questa commotione de Romagna, nuy eremo
invitati, et potevemo cum pocha faticha et spesa haver tuti
quelli lochi, de li quali alcuni hora habiamo cum rasonevole
et legitima causa obtenuti, reservando quella medesima iurisditione che in essi havea la Sede Apostolica. El resto veramente non habiamo voluti tochar, sì per esser alcuni subiecti
immediate a la Chiesia, sì *etiam* per el particular respecto
de la Pontificia Beatitudine et de quelli che de sangue et benivolentia li sono strectamente conzonti.

Sapemo non manchare appresso la Beatitudine Soa de
quelli si forzano disseminar scandalo, ma le cause che li moveno non sono ignote a la sapientia de Sua Santità. Et, per
aprirli *ingenue* il cor nostro, li diremo pur che quella sa, che
Fiorentini haveano za introducto in Faenza suo commissario
et zente, sotto nome et pretexto de quel signor Francescheto,
havendosi facti patroni de quella terra;[1] el che *etiam*, per interesse del stato nostro, ne costrinse ad contra operar a li loro
mali dessegni, et *tamen* non era alhora alcuno ne parlasse,
nè che anchor ne parli, se ben i habino indebitamente occupati et tenghino alcuni lochi, sottoposti *immediate* a la Chiesia. Et perchè la Reverenda Paternità Vostra, a proposito de
quello povero signor de Faenza, ne ha dicto che l'era sta' de-
bitamente privato, et *consequenter* la Beatitudine Pontificia
voler usar le rason sue in quel loco, quantunque el fosse
posseduto da Valentinoes suo et nostro inimico; cade a questo
locho in consyderatione, che tutti li altri signori expulsi da
Valentinoes, cum la medesima et forsi mazor rasone che fu
privato quel de Faenza, hora sono per divina justitia et bontà
retornati, nè a loro vien facta la oppositione che solamente
vien facta a Faenza, per esser legitimamente, *et cum honore
et commodo Sedis Apostolicae*, pervenuta ne le man nostre.

Et non volemo tacer questo a la Reverenda Paternità Vostra, nè a la Beatitudine del Pontefice, che za gran tempo
nuy siamo sta' a questa impresa de Romagna invitati et suasi
cum grandissima instantia, et dal Christianissimo Re di Fran-

---

[1] Cfr. la nota 1 al dispaccio 598, e la nota 2 al dispaccio 606.

za, si per suí ambassadori, come per bocha del reverendissimo
Rothomagense, che non potria alhora esser più ardente de
quello se demonstrava, et da le Chatolice Maestà de Hispania,
per mezo de l'orator appresso nuy residente, et de uno altro
suo orator, agente appresso la Cesarea Maestà. La Santità veramente Pontificia, *dum esset in minoribus*, fece il medesimo
officio cum nuy, come la sa; et *tamen* nuy siamo andati con-
tenuti et reservati, procedendo in quelli luogi, che non hano
legitima oppositione, et *etiam* cum gran mesura et temperamento, come habiamo supra dicto. Et se non fusse sta' la
fama de la venuta de Valentinoes cum le sue zente in Romagna, et del suo maiordomo intrato cum presidio in Imola,
nuy havessamo za levata mano et sopraseduto da ogni ulte-
rior prosecutione, come za havevemo ordinato. Non facemo
particular mentione de Arimino, perchè ogniun sa in qual
termini se ritrova quel povero loco saccomanato, spogliato
et abandonato; ma molto meglio de ogniuno sa lo illustrissimo duca de Urbino, quale fu promotor et sollecitator de
quella pratica, et per la risposta nostra molto ben intese,
qual fusse circa ziò la mente nostra, da esser in ogni parte,
per el nostro iudicio, sommamente commendata. Et la forma
de la conclusione demonstra *non solum* la syncerità, ma *etiam*
la liberalità et munificentia nostra.

Degnase la Santità del Pontefice non aldire le calunnie
di emuli, ma admetter le verissime et irrefragabile iustification nostre, le quale in uno syncero animo non riceveno oppositione. Vogli conoscer la filial devotione nostra verso di sè,
quale mai fu, pare, verso alcuno che sedesse in quella Apostolica Sede. Et *demum*, cum la sapientia et bontà sua, et cum
lo paterno amor la ne ha sempre portato et porta, vogli consyderare le iustificate rason et la syncerità nostra; li quali te-
gnimo et volemo tegnier questi lochi ad honor, beneficio et
commodo de la Sede Apostolica, de la Beatitudine Sua et de
tuti li sui, el bene et securtà de i quali reputamo et sempre
siamo per reputar propria nostra. Se persuademo che la Beatitudine Sua ne recognoscerà, et ne harà per quelli special
et carissimi figlioli che nuy li siamo et esser volemo; la quale,
et nel mandare de le zente nostre ad li allozamenti, et in

servirse di quelle ad ogni suo beneplacito, potrà, et hora et sempre, disponer come li parerà, perchè nuy se forzaremo in tutte cosse possibile compiacergli et gratificarli.

―――

Documento XI.

1503, dicembre 30-31. — Due lettere di Prospero Colonna sopra la rotta de'Francesi al Garigliano e le conseguenti vittorie degli Spagnuoli. [1]

(30 dicembre.)

Multo magnifico signor nepote amatissimo. La Signoria Vostra intenderà per questa, como iovedì matino proximo passato lo signor gran Capitano fece buttare lo ponte nel Gariliano, apresso de Suyo; quale posto, subito passaro bona quantità de fanti et de cavalli, et de continente se hebbe Suyo et Castello, dove per quella notte stete lo prefato. signore cum tutti nui altri. Li nimici, quali erano per quelli luochi et in Traietto, havendone noticia del ponte et del passare si faceva, senza far altra provisione de resistentia, se unirono tutti nel passo diritto del Gariliano, dove stavano acampati et tenevano tutta loro artiliaria, et poi, circa meza notte, levaro campo et partèro per lo camino de Gaieta, cum lassare là circa nove pezi d'artiliaria de la più grossa, della quale parte ne annegaro nel fiume, et lassaro ancora la maior parte de le monitioni. Et, intesa la loro partita, lo prefato signore subito si levò, et volse che nui cavalcassemo davanti con li cavalli ligieri, et cavalcati in poco spacio, li fommo a le spalle, a fronte de Scaudi, [2] et ce posemo *de continenti* ad scaramuzare cum loro; et così li venemo sempre seguitando et damagiando. Et essendone conducti a lo ponte davanti la porta de Mola, per donare alcuno spacio a l'artigliaria che conducevano davante, alcuna parte de loro gente d'arme si

[1] R. Arch. di Stato in Firenze. *Lettere ai Dieci*, Classe X, Dist. 4, Num. 77, a c. 278-279. Le due lettere sono in copia; e dal carattere desumiamo che le mandasse a Firenze il cardinale di Volterra, il quale ne dovette avere comunicazione dal cardinale Colonna.

[2] *Scaudi*, Scauri, in Terra di Lavoro.

fermaro là ad fare resistentia; et spegnendoci nui, cum alcuna parte de fanti chi c'erano arrivati, li posemo galiardamente in fuga, con seguitarli fin dentro le porte de Gaieta; et per lo camino furo continuamente amazati et presi, de modo che foro constretti lassare tutta l'artiliaria che portavano, che a pena pochi de loro pottèro salvare *solum* le persone. Et così, tra morti et presi, hanno perso circa trecento huomini d'arme et mille fanti et grandissima quantità de cavalli, tra li quali sono tutti quelli de l'artigliaria. Perlochè, havendomoli così mal trattati et reposti in Gaieta, heri sera lo prefato signore con tutti nui altri ce ne tornamo ad possare qua nel Castiglione, dove se sta con tutto lo exercito. Ce have parso de tali optimi successi et victoria donarene particulare aviso a Vostra Signoria, ad ciò che uno cum nui se ne possi alegrare, et renderne gratie a nostro Signor Dio. Noi partemo hogi de qua per lo camino de Fundi, con alcuna quantità de gente da cavallo et da pedi. La Signoria Vostra ancora da loco attenda ad quello li parerà necessario, et sopra tutto stia attenta, se da quesse bande passassoro gente francese, contra le quale farà onne suo debito. Ben li dicemo che voglia fare opera de salvare quelli signori Savelleschi, che stanno alloggiati in Pastina, fandoli perhò promettere che con Francesi non habino da essere più, contra lo stato et servitio de le Catolice Maestà, chè così ce have ordenato lo prefato signore.

Avisa anchora a Fieramonte, et non perdere tempo a fare quanto bisogna, perchè, como tu sai, a Monticello, a Spelonga e quissi altri luochi allogiano gente d'armi francesi. Questa lettera mandala subito a Monsignore a Roma.[1]

In questo ponto m'è stato detto certissimo che è stato pigliato lo bali di Digione. In lo Castellone,[2] xxx de decembre.

                                                PROSPERO COLONNA.

A tergo: *Marco Antonio Colunne nepoti et filio amatissimo.*

---

[1] La forma affatto familiare di questo paragrafo, che si sostituisce alla cancelleresca di tutta la lettera, ci fa supporre che il medesimo fosse aggiunto di propria mano da Prospero Colonna. — Monsignore, a cui la lettera dev'essere spedita, è il cardinale Giovanni Colonna. Cfr. il dispaccio 697 del Giustinian.

[2] *Castellone*, Castiglione.

(31 dicembre.)

Dilecte nepos et fili salutem. Hogi, cum gratia del Signore Dio, siamo intrati in Fundi, dove havemo trovato el duca de Traietto essere partito et ritiratosi cum li suoi in Monticelli. Et perchè circa de questo se hanno da fare le provesioue necessarie, volemo che, vista la presente, lassate bene ordinate et disposte queste bande per le cose de Pophi, [1] lassandoce li soldati che bisognaranno, et vui venireti ad trovarce qui con deliberatione de restare per l' impresa de Monticelli; [2] et non curamo che habiate da menare homini d' arme, perchè qua ne havemo ad sufficientia. Venite solamente lo melio che posseti, et presto, perchè nui havemo ad tornare al signor gran Capitano, et lassaremo a vui lo carrico et lo governo de queste cose.

Ceterum, ve avisamo como le gente nostre hanno pigliato lo Monte de Gaieta con multo guadagno de cavalli francesi; la terra sta in maneggio d' acordio con conditione de ren-derse a le Maestá Catolice, onne volta che siano liberati et restituiti li presoni francesi tanto de monsignor de Ubegni, come de tutti li altri. In lo partire nostro non erano firmati li capitoli; speramo haverne aviso questa sera, et de tutto ve ne scriveremo. Mandate questa medesima lettera a Monsignore nostro reverendissimo, ad ciò intenda li progressi de queste bande, et fate intendere ad Suardino et ad Camillo de Veroli, che subito ce venghano ad trovare. *Nec alia. Fundis, ultima decembris 1503.*

PROSPERO COLONNA.

A tergo: *Mag.ᵒᵒ nepoti et filio Marco Antonio Colunne, nobis intime dilecto.*

[1] Così il testo.
[2] Oggi, Monte San Biagio, in Terra di-Lavoro.

FINE DEL VOLUME SECONDO.